조선왕실의 음악문화

조선왕실의 의례와 문화 11

조선왕실의 음악문화

초판 1쇄 인쇄 2020년 6월 23일

초판 1쇄 발행 2020년 6월 30일

지은이 송지원

펴낸이 이방원

편 집 정조연·김명희·안효희·윤원진·정우경·송원빈·최선희

디자인 손경화·박혜옥·양혜진 **영 업** 최성수

펴낸곳 세창출판사

출판신고 1990년 10월 8일 제300-1990-63호

주소 03735 서울시 서대문구 경기대로 88 냉천빌딩 4층

전화 723-8660 **팩스** 720-4579

이메일 edit@sechangpub.co.kr **홈페이지** http://www.sechangpub.co.kr

블로그 blog.naver.com/scpc1992 **페이스북** fb.me/Sechangofficial **인스타그램** @sechang_official

ISBN 978-89-8411-953-6 04900

978-89-8411-639-9 (세트)

ⓒ 한국학중앙연구원 2020

_ 이 도서의 국립중앙도서관 출판예정도서목록(CIP)은 서지정보유통지원시스템 홈페이지(http://seoji.nl.go.kr)와
국가자료종합목록 구축시스템(http://kolis-net.nl.go.kr)에서 이용하실 수 있습니다. (CIP제어번호 : CIP2020025559)

_ 이 도서는 2011년도 정부재원(교육과학기술부 학술연구지원사업비)의 지원에 의하여 연구되었음(AKS-2011-ABB-3101)

조선왕실의
의례와 문화
11

조선왕실의
음악문화

송지원
지음

세창출판사

머리말

조선은 유교적 이상국가를 지향하여 예악정치를 표방하였다. 예악정치 구현의 일환으로 펼쳐진 왕실의 음악과 음악문화의 여러 양상은 조선시대의 유교정치 지향이 왕실음악으로 어떻게 구체화되는지 하나하나 드러낸다. 왕실에서 예악정치의 틀로 연행되는 각종 음악 행위와 그것의 의미, 음악이 작동되는 방식과 내용, 왕실의 악서 편찬, 왕실의 음악 담론, 그리고 음악 행위를 가능하도록 하는 왕실 음악기관의 역사와 그 역할, 활동 양상 등에 이르는 내용을 고르게 살펴보면 조선왕실의 음악문화에 대한 윤곽이 그려진다.

조선을 건국한 태조는 예와 악을 균형적으로 추구하는 정치를 펼치고자 하여 건국 초기부터 각종 의례 시행에 대한 타당성을 검토하였으며, 의례 전반을 살펴 제정·정비·보완하는 방식으로 오례(五禮)의 틀을 마련해 나갔고, 이러한 방식으로 국가예제(禮制)를 정비하였다. 오례는 예와 악의 질서를 외부적으로 구현한 것으로, 여러 왕실의례에서 이를 시각적으로, 혹은 공간적으로 확인할 수 있다. 유학적 이념에 기반하여 만들어진 여러 의례와 음악은 각각의 의례에서 용도에 맞추어 쓰였다. 조선은 예와 악이 상보적으로 이루어지는 국가전례에서 연주될 악(樂)을 갖추기 위해 음악기관을 정비하거나 설치하였고 여러 악장(樂章)을 지어 건국의 정당성을 노래하였다.

주지하듯이 유가 악론에서 예란 질서를 위한 것으로 '구분 짓기 위한' 기능을 가지며, 악이란 화합을 위한 것으로 '같게 하기 위한' 기능을 가져 서로 상보적 관계를 이룬다고 설명한다. 예는 행실을 절도 있게 하고, 악은 마음을 온화하게 하며, 절도는 행동을 절제하고, 온화함은 덕을 기르며, 악이 지나치면 방종에 흐르고, 예가 지나치면 인심이 떠난다는 『예기(禮記)』「악기(樂記)」의 논리는 조선 예악정치의 기반을 이루었다. 예악정치는 예와 악 두 가지가 서로 균형을 이루어 실행될 때 진정한 가치를 발하게 된다. 조선조에 시행된 각종 국가전례에 음악이 수반되었던 것에는 곧 이러한 이념적 기반이 자리하고 있다.

조선조에 시행된 여러 국가전례는 각종 오례서와 악서(樂書), 그리고 법전(法典)에 그 틀과 내용이 기록되어 있다. 『세종실록오례(世宗實錄五禮)』, 『세종실록악보(世宗實錄樂譜)』를 필두로 세조 대의 『세조실록악보(世祖實錄樂譜)』, 성종 대의 『국조오례의(國朝五禮儀)』와 『악학궤범(樂學軌範)』, 『경국대전(經國大典)』은 조선 전기의 의례와 예법을 기록하였다. 오례서의 편찬을 통해 국가전례를 정비하고, 악서 편찬을 통해 음악을 정비하며, 법전 편찬을 통해 예법질서를 구축하는 것은 예악정치를 성실히 구현하기 위해 역대 제왕이 해야 할 가장 핵심적인 일이었기 때문이다. 이러한 작업은 조선 후기에도 이어져 영조 대에 『국조속오례의』, 『국조악장』, 『동국문헌비고』의 「악고」, 『속대전』 등이, 정조 대에 『국조오례통편』, 『춘관통고』, 『시악화성』, 『국조시악』, 『대전통편』과 같은 예서와 악서, 법전의 기록이 남게 되었다.

악장을 짓고, 오례를 제정하고 악서를 편찬하는 등과 같은 여러 움직임은 예악정치 구현을 위한 노력으로 전개된 것이었는데, 여기서 예와 악을 외부적으로, 가시적으로 구현한 것이 곧 왕실에서 행하는 온갖 의례들이다. 왕실의 의례에는 음악과 춤, 노래가 모두 포함되어 있으므로 먼저 공연예술사적 측면에서 주목된다. 이 경우 의례를 연행할 때 연주되는 음악과 춤에 대해 살펴보아야 하고, 의례의 종류에 따라 연행 공간이 달라지므로 '공연에 따른 공간'이라는 측면에서도 고찰할 수 있다. 그런가 하면 그 음악이 연주될 때 사용하는 여러 왕실악기와 그것의 제작 현황에 대한 내용도 살펴볼 수 있다. 이러한 요소들, 즉 조선왕실의 춤과 음악, 공연 공간, 왕실악기의 제작 현황 등을 파악하는 것은 조선왕실의 공연문화를 입체적으로 바라볼 수 있도록 돕기 때문에 주목할 필요가 있다.

또 조선왕실에서 행해지는 여러 의례, 즉 공연의 근저에는 조선왕실의 악학(樂學)이 이론적으로 담지하고 있는 음악사상의 흐름이 깔려 있다. 왕실의 악학을 담고 있는 여러 악서를 연구해야 하는 것이 그런 이유에서이다. 이는 조선왕실이 편찬한 악서의 이념과 구도를 파악해야 할 근거가 되므로 악서 제작의 실상과 내용에 대해 파악한다면 조선왕실 음악문화의 정신적 토대를 찾아낼 수 있으리라 생각한다. 조선왕실에서 행한 공연과 악서 등의 문헌 기록은 조선왕실의 음악문화를 입체적으로 조명하는 일을 가능케 한다. 비록 이들 문헌에 관하여 연구가 일부 이루어졌지만, 이를 보다 두텁게 읽고 치밀하게 분석하여 조선왕실의 음악문화를 총체적으로 진단할 것이 요구된다.

조선시대에 시행된 오례는 단순히 '왕실의 일회성 행사'라는 의미에 국한되지 않는다는 점에서 주목을 요한다. 일회성 행사가 아닌, 조선시대를 일관하는 예법질서의 외부적 구현태로서의 의례라는 다층적 의미를 지니는 것이며 그들이 지향하고자 하는 '예법질서의 이상적 모습'이 오례 각각의 개별 의례에 담겨 있다. 또 개별 의례 하나하나에서는 예(禮)와 상보적인 관계를 이루고 연행되었던 '악'의 존재 양상과 '예법적 의미에서 악의 실현'이라는 중층적 의미를 찾을 수 있기 때문에 조선왕실의 음악문화를 밝히는 일은 곧 조선왕실의 음악적 정체성을 밝히는 일과 맞닿아 있다.

조선왕실의 의례와 음악 연구에는 공시적·통시적 고찰이 필수적이다. 그 음악이 연행되는 문화의 실체에 대해 파악하기 위해서는 먼저 예악정치의 이념하에 행해졌던 오례에 대해 상세히 파악해야 한다. 조선 전기 오례의 틀을 담아 놓은 『세종실록오례』는 실록에 부속 편찬되어 독립된 오례서의 모습을 갖추지 못하였지만, 이후 성종 대에 『국조오례의』를 통해 오례서 편찬은 일단락되고 완성된 모습을 갖추게 되었다. 이후 시간이 흐르면서 조선왕실은 여러 시기별 오례서에 시의성이 반영된 의례 내용을 담아 놓았다.

조선왕실 음악문화의 전체상을 파악하기 위해서는 이와 같은 오례서의 내용 파악을 기본으로 하지만, 그것만으로는 그 전체상을 그릴 수 없다. 오례서의 기록은 조선왕실의 음악문화를 논의하는 기반은 되어 주지만, 왕실음악의 유교적 특징과 오례에서 음악을 쓰는 양상을 밝히고 예와 악의 담론을 이야기하거나, 아악(雅樂)과 속악(俗樂)의 화두를 끌어가고 악장 논의의 실상에 대해 파악하여 왕실의 음악문화를 다각적으로 논의하기에는 충분하지 못하다. 따라서 실록을 비롯한 의궤류, 악서, 경전류, 여러 관찬서, 문집류를 비롯한 다양한 문헌의 논의 내용이 동원되어야 한다.

이처럼 다양한 문헌 연구를 통하여 조선왕실의 음악문화를 논의한 성과들은 현재 부분적으로 이루어졌을 뿐 총체적으로 이루어지지는 않은 것이 현실이다. 그래도 최근 각 학문 분야에서 이루어진 왕실문화 연구의 진전이 음악 관련 분야 연구를 수행하는 데 큰 도움을 주어 위안이 된다. 또 그간 악보 연구에 많은 비중을 두고 연구하였던 음악학 분야의 연구 경향이 최근에 들어와 차츰 음악사상사적·문화사적·사회사적 접근으로 가기 위한 노력들로 시야가 확대되고 있는 점은 조선왕실의 음악문화 연구가 한단계 더 진전할 수 있는 기회가 되도록 돕고 있다.

이제 본서에서는 조선왕실의 음악이 운영되고 소통되는 양상을 총체적으로 파악하는 데에 중점을 두어 연구해 보고자 한다. 이를 위해 '조선왕실의 유교정치와 음악', '조선왕실의 공연과 악기 제작', '조선왕실의 예악서 편찬', '조선왕실의 음악 담론', '조선왕실의 음악기관'의 다섯 분야로 나누어 고찰하고자 한다. 이와 같은 다섯 주제는 '예악정치를 구현한 조선'이라는 시각을 견지하고 조선왕실의 음악을 바라보는 시각을 취한 것으로, 조선왕실의 음악문화를 전반적으로 드러내기 위해 선정한 것이다.

우선 조선왕실의 오례 운영과 실상을 먼저 파악하고 오례에서 음악의 쓰임을 구분하여 왕실음악의 유교적 특성을 밝혀야 할 것이다. 또 그러한 이념이 드러난 조선왕실의 공연에서 실제 이루어진 악무 및 공연 공간의 문제를 다루고 그때 연주되는 악기들의 이념성에 대해 논의해야 할 것이다. 아울러 조선왕실이 주도한 악학 부흥을 위한 여러 장치들의 작동 방식을 살피고 조선왕실의 주된 음악 담론이 무엇이며, 그 내용은 무엇인지 논의를 전개해야 할 것이다. 이러한 모든 이념을 실상으로 드러내기 위해, 음악을 관장한 음악기관이 조선조에 어떠한 방식으로 변화되고 운영되었는지 그 실상도 살펴보아야 할 것이다.

따라서 1장에서는 '조선왕실의 유교정치와 음악'을 살펴보았다. 이를 위해 조선 초 오례의 정립과 왕실음악, 오례에서 용악(用樂)의 양상, 왕실음악의 유교적 특징에 대해 논의하였다. 조선은 유교를 국시로 하여 운영되었으므로, 왕실의 의례와 음악에서 구현되는 유가이념의 실상을 드러내었고, 오례에 속하는 각각의 개별 의례에서 음악은 그 쓰임이 각각 다른데, 길례음악의 '보본반시(報本反始)' 정신, 가례에서 연주되는 음악의 '여민동락(與民同樂)' 정신, 군례에서 보이는 '균일절제(均一節制)'의 정신, 그리고 흉례에서 삼가는 의미로서, 악대는 펼쳐 놓지만, 음악을 연주하지 않는 '진이부작(陳而不作)'과 같은 방식을 용악의 특징으로 파악하였다. 또 음악을 통해 유가사상이 드러나는 양상에 대해 고찰하여 왕실음악의 유교적 특징을 파악해 보았다.

2장에서는 '조선왕실의 공연과 악기 제작' 상황에 대해 살펴보았다. 이를 통해 조선왕실에서 연행되었던 춤과 음악의 전체상을 그려 보았다. 조선왕실의 춤은 궁중정재와 일무로 나뉘는데 이들 각각은 조선의 아악·당악(唐樂)·향악(鄕樂), 혹은 아악과 속악이라는 범주에서 설행되었다. 이들 정재와 일무는 중국에서 유입된 전통을 가진 것이 있는가 하면, 우리 고유의 것, 혹은 조선에서 새롭게 만들어진 것이 있는데 이들 춤과 음악을 구현하기 위하여 여러 노력이 기울여졌던바, 그러한 정황을 설명하고자 하였다. 이를 『고려사』「악지」와 『악학궤범』의 기록을 비교 분석하여 설명하였으며, 19세기의 『정재무도홀기』를 통해 조선시대 궁중정재의 현황에 대하여 설명하고 대표적 정재를 살펴보았다.

또 그것이 연행되었던 공간, 그리고 공연에서 사용되는 악기를 유가적 관점에서 검토해 보았다. 조선왕실의 의례를 위한 '악'은 분화된 개념이 아닌 춤과 노래, 기악을 포괄하는 총체적 개념이므로 체계적 분류가 필요하다. 궁궐의 정전(正殿)과 편전(便殿), 혹은 사당, 누(樓)와 정(亭)에서 연주되는 음악은 '공간'이 쓰임을 나누는 사례로 파악되므로 일정한 시각으로 정리해 보았다. 공연 공간으로서의 활용 양상과 무대로서의 궁궐 인식의 시각을 살펴보았다. 아울러 왕실에서 연주되는 악기는 의례를 행할 때 춤, 혹은 노래의 반주악기로 쓰이기도 하며 때론 감상을 위한 악기로 쓰이기도 한다. 이 장에서는 왕실음악의 공간성과 시간성도 논의해 보았다. 이와 함께 왕실악기의 제작과 그것을 기록한 의궤에 대해 살펴보았다.

3장 '조선왕실의 예악서 편찬'은 조선왕실의 악학 운영을 논하는 장이다. 악서는 조선왕실 악학의 실상을 드러내는 것으로 조선왕실의 악학은 왕실의례를 위한 악의 구현이라는 측면에서 유지, 운영, 전개되기도 하지만 사대부로서 지녀야 할 악 일반에 대한 연구, 보급이라는 측면에서도 고찰할 부분이 있다. 특히 조선 후기 악서 편찬의 양상에서는 후자의 측면도 부각되는데, 왕실의례를 보존하고 구현하기 위한 목적으로 제작된 악서에 대하여는 많은 관심을 가지고 논의되었지만, 사대부로서 지녀야 할 악학의 측면에 관하여는 상대적으로 논의가 이루어지지 않았기 때문이다. 따라서 이 두 가지 측면을 상보적인 관계 속에서 진행된 것으로 파악하여 이에 대해 구체적으로 살펴보았다. 의례 구현을 위한 악서는 의례 시행을 위한 교과서로 활용되므로 예악정치 구현을 위한 '기록'의 추이가 파악되었으며, 또 왕실의 구성원으로서, 나아가 학자로서 갖추어야 할 '악학'을 위한 교과서로서의 악서라는 점에도 주목하여 조선왕실이 제작한 악서들의 실상을 파악하고 정리해 보았다.

4장에서는 '조선왕실의 음악 담론'에 대해 논의하였다. 조선조 내내 뜨거운 담론을 이룬 주요 주제에 대해 논의했는데, 먼저 조선왕실의 예와 악은 조선시대를 관통하는 정치이념인 예악사상의 큰 흐름을 조망하기 위해서도 긴요하여 그 의미가 크므로 이에 대해 정리하였다. 조선왕실의 아악과 속악은 '아악' 대(對) '당악'과 '향악'의 구분, 혹은 '좌방악'과 '우방악'의 구분에서도 보이듯 서로 대비되는 개념으로 소통되었다. 이는 나아가 '아(雅)'와 '속(俗)'이라는 가치개념이 개입된 양상으로 전개되기도 하므로 그 담론의 형성과 전개 과정에 대해 정리해 보았다. 또 악장 논의는 가장 논쟁이 치열한 종묘악장 논쟁을 중심으로 하되 이에 대해 가장 많은 논의가 치열하게 이루어졌던 시기를 중심으로 하여 그 내용을 고찰해 보았다.

5장은 '조선왕실의 음악기관'을 통시적으로 살펴보고 음악기관이 일원화된 이후인 장악원 체제를 중심으로 논의하였다. 고려시대의 전통을 이어받은 조선 전기의 음악기관은 아악서와 전악서 및 관습도감, 봉상시 등으로 다원화되어 있었다. 이것이 세조 대에 이르러 장악서와 악학도감으로 이원화되는데, 이는 음악 행정 방식의 개편을 의미하는 것으로 절대음감을 지녔던 세조가 음악기관 운영의 효율성에 대해 고민하고 효과적 운영 방식에 대해 탐색한 결과로 파악하였다. 조선의 음악기관은 이후 장악원으로 일원화되었다. 이 장에서는 음악을 운영하기 위한 기관이 조선 전기의 '여러 기관' 체제에서 '이원화' 체제를 거쳐 '일원화' 체제로 수렴되는 양상을 고찰하였고 일원화된 음악기관 '장악원'을 통해 조선왕실의 음악기관의 운영 양상과 구조, 내용 등에 대해 고찰하였다.

조선왕실이 표방하고 구현해 낸 음악문화의 전반적 양상을 밝히는 일은 조선왕실의 예법적 질서를 이해하고 나아가 왕실문화의 핵심을 이해하는 일과 맞닿아 있다. 조선왕실에서 시행된 오례는 단순히 '왕실의 일회성 행사'라는 의미에 국한되지 않으며 오례 각각에서 연행된 각종 의례와 음악은 단순히 즐기기 위한 것이 아닌, 조선시대를 일관하는 예법질서의 외부적 구현태로서의 의례와 음악이라는 다층적 의미가 있다. 그들이 지향하고자 하는 '예법질서의 이상적 모습'이 왕실음악에 담겨 있으므로 이번 기회에 조선왕실에서 연행된 왕실 음악문화의 총체적 모습을 진단해 보고자 하였고, 이는 나아가 유교 음악문화의 운용 방식과 의미 및 그 내용을 살펴본다는 의미도 함께 지니게 된다.

이 책이 조선왕실의 음악문화를 보다 구체적으로 이해하기 위한 안내서로서의 역할을 감당할 수 있기를 바란다. 더욱이 이 책은 11권으로 기획된 '조선왕실의 의례와 문화' 시리즈를 마감하는 책이기도 하다. 그간 이 시리즈에서 다양한 주제로 함께 연구를 진행한 연구책임자 이하 공동연구원 선생님들과 출간을 위해 애쓰신 모든 분께 진심으로 고마운 마음을 전한다.

2020년 6월

관악산 아래에서 송지원 쓰다

차례

조선왕실의 유교정치와 음악

1 조선 초 오례(五禮)의 정립과 왕실음악

1) 선초 오례의 정립

조선은 예(禮)와 악(樂)의 나라이다. 일찍이 고구려 소수림왕 2년(372) 이전에 유학(儒學)이 우리나라에 유입된 이후, 고려시대를 거쳐 조선시대가 되면 유학이 국가이념으로 채택되기에 이른다. 유학을 국가이념으로 채택한 조선은 유가적 이상국가 구현을 위해 예악정치를 표방하였고 치도(治道)의 실현을 위해 예와 악을 구현하고자 했다. 예와 악의 구현은 여러 방식으로 이루어지지만, 왕실의례 중의 하나로 연행된 각종 국가전례와 음악을 통해 외형적으로 드러나게 된다.

이미 고려시대에 유교의 기본 이념인 예치(禮治)의 개념을 모두 파악하였고 그러한 기반 아래 오례 운영의 경험을 지닌 일군의 학자들은 조선조에도 여전히『예기(禮記)』,『주례(周禮)』,『의례(儀禮)』등의 삼례서(三禮書)에 대한 깊은 이해를 바탕으로 조선왕실의 오례 운영을 위한 모색을 하고 오례의 정리를 위해 힘썼다. 그러한 학자들 가운데 대표적 인물로 양촌 권근(權近, 1352-1409), 허조(許稠, 1369-1439), 정척(鄭陟, 1390-1475)을 들 수 있다.[1] 이들은 예학 전문가로서 선초 예제 연구가 한 발 더 나아갈 수 있도록 한 주요 인물들이었다.

선초 예학에 밝은 인물들은『고금상정례(古今詳定禮)』,『고려사(高麗史)』「예지(禮志)」,『주관육익(周官六翼)』,『통전(通典)』,『예기』,『주례』,『의례』,『의례경

---

1 이범직,『韓國中世禮思想 研究』, 일조각, 1991, 171-195쪽.

전통해(儀禮經傳通解)』, 『사림광기(事林廣記)』, 『문헌통고(文獻通考)』 등의 다양한 문헌을 연구하여 조선의 오례 정립에 큰 역할을 담당하였다. 왕권이 교체되면서 채택된 유교의 오례 체제는 왕권의 교체를 설명하는 명백한 정치적 명분이기도 했고 새 정권의 안정을 위한 적극적 명분 논리로서 적절한 것이기도 했다.[2]

이러한 정황은 조선의 오례가 중국이나 고려조의 오례와 내용 면에서 세부적인 차이가 있다는 사실을 알려 준다. 고려조 오례의 차서가 길례·흉례·군례·빈례·가례의 순이었던 것과 달리 조선조의 오례는 길례·가례·빈례·군례·흉례의 체제에 따라 편제되었다.[3] 이는 오례를 제시한 가장 오래된 문헌인 『주례』의 오례 체제를 취한 것으로 인귀(人鬼)와 천신(天神), 지기(地祇)에게 제사를 지내는 길례(吉禮), 만민을 친하게 하는 가례(嘉禮), 나라를 화친하게 하는 빈례(賓禮), 나라를 한가지로 하는 군례(軍禮), 나라의 상(喪)을 애도하는 흉례(凶禮)의 체제이다.[4] 『주례』의 체제는 이후 두우의 『통전』이나 『송사(宋史)』 「예지(禮志)」로 이어지는데 조선은 이러한 틀을 따른 것이었다. 이러한 편제 이외에도 고려조의 오례와 조선조가 준행한 오례는 세세한 차이가 있었다.[5]

이처럼 태조 대부터 오례 체제에 의해 예제(禮制)가 운영되었지만, 그것이 정교하고 치밀한 것은 아니었다. 다만 새로운 왕조의 권위를 드러내고자 하는 정치적 의미는 반영되었고 보다 정밀한 예제 연구를 뒷받침하며 제도적 보완을 이루고자 하는 노력도 지속되었다. 결국, 심도 있는 예제 연구를 위한 기구의 필요성이 제기되었고 그 결과 태종 대에는 특별 기구로서 의례상정소(儀禮詳定所)가 설치되었다. 하륜(河崙), 변계량(卞季良), 이조(李

2　이범직, 앞의 책, 229쪽.
3　선초 오례의 운영에 관한 상세한 내용은 이범직, 앞의 책, 229-281쪽 참조.
4　『周禮』: "以吉禮祀邦國之鬼神示, 以嘉禮親萬民, 以賓禮親邦國, 以軍禮同邦國, 以凶禮哀邦國之憂."
5　선초 오례가 고려조의 그것과 다른 점에 대한 상세한 내용은 이범직, 앞의 책, 229-281쪽 참조.

惱), 허조 등의 인물을 비롯하여 정치적으로 중요하면서도 예제에 밝은 인물들이 기구의 주축 인물이 되었고, 태종 대 오례 운영의 중심적 기구 역할을 담당하였다. 의례상정소는 세종 대에 설치된 집현전(集賢殿)의 기능이 강화되기 이전까지 선초 오례의 핵심적 역할을 담당하는 기구로 존속하게 되었다.

건국 초기 태조의 즉위교서(即位敎書)를 작성한 정도전(鄭道傳, 1342-1398)의 『조선경국전(朝鮮經國典)』에서 강조한 "인(仁)으로 나라를 다스리고, 인으로 자리를 지키는 것이 마땅하다"라는 내용은 조선이 인을 최고 이념으로 삼는 '유교'를 통치이념으로 건국했음을 강조한 언표였다. 이어 "조선을 건국한 때가 곧 예악을 홍기시키는 적기"라 하여 예와 악을 홍기시키고자 하는 정치적 지향을 표방한 조선은 건국 초기부터 조선 국가전례(國家典禮)의 틀을 갖추기 위해 다양한 노력을 기울인 결과, 선초 오례의 정립 과정에서 일정 성과를 드러내기 시작하였으며, 세부적으로 개별 의례는 물론, 각 의례에서 사용할 수 있는 음악의 제정과 정비도 함께 이루어졌다.

2) 건국 초반 왕실음악의 정비 양상

오례의 정비 과정에는 예와 악의 정비가 함께 이루어졌다. 태조가 조선을 건국하자 개국공신들은 조선 건국의 당위를 노래하고 그 과정을 칭송하는 내용의 악장(樂章)을 만들기 시작하였다. 의례에 수반해야 하는 음악 제작의 필요성은 매우 당연한 것이었다. 1393년(태조 2)의 상황을 보자. 당시 왕실의 의례에서 쓰이는 음악은 대부분 고려조의 것을 이어받았다. 그러나 개국공신들은 새롭게 세운 나라에는 새로운 악장이 필요하다는 내용을 역설하였다. 정도전이 올린 전문(箋文)에 그러한 정황이 서술되어 있다.

"신(臣)이 보건대, 역대 이래로 천명(天命)을 받은 인군은 무릇 공덕(功德)이 있으면 반드시 악장(樂章)에 나타내어 당시(當時)를 빛나게 하고, 장래에 전하여 보이게 되니, 그런 까닭으로 '한 시대가 일어나면 반드시 한 시대의 제작(制作)이 있게 된다'고 하였습니다. 삼가 생각하옵건대, 주상 전하께서는 뛰어난 무용(武勇)은 그 계략을 도우셨고, 용기와 지혜는 하늘에서 주신 것이므로, 깊고 후한 인덕(仁德)이 민심에 결합된 지가 이미 오래되었다면, 천명을 받은 것은 반드시 인민들의 기대에서 나왔을 것이니 아침이 되기 전에 대의(大義)를 바루어야 될 것입니다. … 고려 왕조의 말기에 정치가 퇴폐하고 법도가 무너져서, 토지 제도[經界]가 바르지 못하여 백성이 그 해를 받게 되고, 예악(禮樂)이 일어나지 않아서 관원이 그 직책을 잃게 되었는데, 전하께서 일체 모두 바로잡아 정하였으므로, 천도(天道)로서는 저와 같았고 인도(人道)로서는 이와 같았으니, 공을 비교하고 덕을 헤아려 보매, 더불어 비할 데가 없습니다. 이것을 마땅히 성시(聲詩)로써 전파하고 현가(絃歌)에 올려서 한없는 세상에 전하여, 듣는 사람으로 하여금 성덕(聖德)의 만분의 일이라도 알게 해야 될 것입니다. … 신이 비록 불민하나 성대(盛代)를 만나서 개국공신의 말석에 참여하고, 다행히 문필로써 태사(太史)의 직책을 겸무하게 되었으니, 감격하여 뛰고 싶은 마음 견딜 수가 없습니다. 삼가 천명을 받은 상서(祥瑞)와 정치를 보살핀 아름다운 점을 기록하여 악사(樂詞) 3편을 지어 이를 써서 전문(箋文)에 따라 바치옵니다."[6]

"한 왕이 일어나면 한 시대의 제작이 있다"라는 말은 새로운 왕의 업적을 칭송하는 음악을 새롭게 제작해야 한다는 당위를 이야기한 것이다. 고려조에는 예악이 흥기하지 않았고 정치가 어지러웠지만, 태조가 일어나

---

6 『태조실록』 권4 태조 2년(1393) 7월 기사(26일).

그것을 바로잡았으니, 그 내용을 음악에 입혀 세상에 전해야 한다는 내용의 전문이다. 정도전은 전문과 함께 태조의 건국이 천명을 받은 것으로 시의적절했고 합당하다는 내용을 담은 〈몽금척(夢金尺)〉, 〈수보록(受寶籙)〉 등의 악장을 지어 전문과 함께 올렸다. 태조는 정도전에게 채색 비단을 내려주고 악공(樂工)들로 하여금 음악을 익히도록 명했다.

정도전은 이 전문을 바친 데 이어 예악정치의 중요함에 대하여도 강조하였다. 예악이란 규문(閨門)과 같은 은밀한 곳에서부터 나라에까지 이르는 것으로서 정치하는 요체이므로 온 나라에 두루 펼쳐져야 천하가 화평하게 된다는 내용이었다.

> "정치하는 요령은 예악(禮樂)에 있으니 가까이는 규문(閨門)에서부터 나라
> 에 이르게 됩니다. 우리 임금께서 이를 정하여 법칙을 전하였으니, 질서정
> 연하게 차례대로 되고 화락(和樂)으로써 기쁘게 되었습니다. 예악을 정한
> 것은 신의 본 바이오니, 공이 이루어지고 정치가 안정되어 천지에 필적(匹
> 敵)하겠습니다."[7]

이때 정도전은 〈몽금척〉, 〈수보록〉 외에도 특별히 태조의 무공을 별도로 서술하여 역시 악사(樂詞)를 바쳐 올렸는데, 〈납씨곡(納氏曲)〉, 〈궁수분곡(窮獸奔曲)〉, 〈정동방곡(靖東方曲)〉이 그것이다. 〈납씨곡〉은 태조가 나하추[納哈出][8]를 물리친 공을 노래한 것이고, 〈궁수분곡〉은 왜구를 물리친 공, 〈정동방곡〉은 신우(辛禑)[9]를 물리친 공을 칭송하여 노래한 것으로 조선을 새롭

---

7 『태조실록』권4 위와 같음.
8 納哈出: ?-1388, 원나라 말기에 심양을 근거로 하여 만주 지방에 세력을 뻗침. 함흥평야에서 동북면 병마사 이성계가 이끄는 고려군에게 참패하였다. 이후 명 태조 주원장에게 항복하였다.
9 辛禑: 고려 제32대 왕인 우왕(禑王, 재위 1374-1388)을 조선에서 폄하하여 부르는 이름. 신우는 신돈의 시녀였던 반야(般若)가 낳았다는 설이 있었으나 이는 논란의 여지가 있다.

게 건국하기에 합당한 무용(武勇)을 가진 인물로서의 태조를 묘사하고 있다. 이 가운데 태조실록에 기록된 〈납씨곡〉을 통해 무공을 찬양하는 방식의 전형을 살펴보자.

"〈납씨곡〉. 납씨(納氏)가 세력이 강함을 믿고 동북방에 쳐들어왔습니다. 방종하고 오만하여 힘으로써 자랑하니, 그 기세의 강함을 당해 낼 수가 없었습니다. 우리가 북을 치매 용기가 배나 나는데, 앞장서서 적의 심장부에 부딪혔습니다. 한 번 쏘아서 편비(偏裨)를 죽였으며, 두 번 쏘아서 괴수에게 미쳤습니다. 상처를 싸매고 미처 구원하지 못하는데 적군을 추격하여 성화(星火)처럼 달려갔습니다. 바람 소리는 진실로 두렵지만, 학(鶴)의 울음도 또한 의심할 만했습니다. 피로하여 감히 움직이지 못하니 동북방이 영구히 걱정이 없었습니다. 공을 이룸이 이번 거사(擧事)에 있었으니 이를 천만년에 전하겠습니다.【위는 납씨를 쫓은 공을 말한 것임.】"[10]

적이 쳐들어와 힘을 자랑하는데, 기세가 등등하여 당해 내기 힘든 가운데, 용기 백배 내어 적의 심장부에 들어가 불처럼 달려 나가 적을 추격하자 동북방이 평정되었다는 내용이다. 나하추의 무리가 결코 만만치 않은 적이었음을 강조하면서, 적을 쉽지 않게 물리쳤음을 노래하여 적을 평정하는 과정이 지극히 어려웠음을 이야기하고 있다. 태조의 무용을 표현하는 서사가 뛰어나다.

이때 태조의 무공을 노래한 가사는 만들어졌지만, 음악의 선율은 없었다. 고려가 조선으로 바뀌면서 새롭게 음악이 필요했으나 노랫말 외에 선

10 『태조실록』 권4 위와 같음: "《納氏曲》. 納氏恃雄强, 入寇東北方. 縱傲誇以力, 鋒銳不敢當. 我鼓倍勇氣, 挺身衝心胸. 一射斃偏裨, 再射及魁戎. 裹瘡不暇救, 追奔星火馳. 風聲固可畏, 鶴唳亦堪疑. 喙矣莫敢動, 東北永無虞. 功成在此擧, 垂之千萬秋【右言其逐納氏之功】"

　　　　　　　　　　　　　　제1장　조선왕실의 유교정치와 음악

율까지 모두 새롭게 만들어 쓰는 것은 현실적으로 어려운 일이었기 때문이다. 이는 조선이 건국되었을 때 조선만을 위한 특별한 음악 선율을 만들어 쓰지 않았음을 의미하는 것이다. 따라서 새로운 노랫말이 제작되었다 하더라도 그 선율은 고려조의 것을 그대로 쓸 수밖에 없었다. 〈납씨곡〉의 경우 고려시대부터 전해지던 〈청산별곡(靑山別曲)〉의 선율을 가져와서 노래 가사만 바꾸는 방식으로 음악이 만들어진 것이다.

왕의 건국을 합당한 것으로 만들고, 왕의 무력 역시 용맹했고 적절했다는 내용의 음악은 전조(前朝)를 치고 새로운 왕조를 건국한 주역들이라면 마땅히 만들어야 하는 노래였다. 일종의 개국찬가이기 때문이다. 다만 새로운 악장에 얹어 부르는 음악의 선율은 기존의 것을 그대로 따를 수밖에 없었다.[11]

따라서 태종 대에는 의례상정소를 중심으로 조선왕실의 음악을 새롭게 제정하여 써야 한다는 움직임이 일기 시작하였다. 음악이란 예악정치의 핵심 가운데 하나이며 정사(政事)를 알 수 있도록 하는 지표와 같은데 당시의 음악은 삼국시대 말기의 음악을 이어받은 고려조의 음악을 그대로 쓰고 있으므로 적합하지 않다는 것이다. 또 조회와 연향음악의 경우 송조(宋朝) 교방(敎坊)의 음악을 따라 써서 음란한 소리[哇淫之聲]가 많았다는 것도 음악을 새롭게 제정해야 하는 이유였다.

바로 그와 같은 이유로 음악을 개혁해야 한다는 논의가 활발하게 일었고 그에 부응하여 예조는 의례상정소 제조와 함께 조회와 연향에서 쓸 음악을 새롭게 제작하여 올렸다. 고려조부터 전승되는 음악 가운데 성음(聲

11 이러한 현상은 조선의 일만은 아니다. 서양음악의 경우도 유사하다. 가톨릭에서 파생된 프로테스탄트의 경우, 가톨릭 교회의 성가선율을 프로테스탄트 예배에서도 가사만 바꾼 채 그대로 썼다. 이처럼 기존 선율을 그대로 쓰고 노랫말만 바꾸어 쓰는 일은 다반사였다. 이렇게 노래 가사를 바꾸어 부르는 방식을 라틴어로는 콘트라팍툼(Contrafactum), 독일어로는 콘트라팍타(Kontrafact) 혹은 콘트라팍툼(Kontrafactum)이라 했다.

音)이 다소 바른 것을 취했고, 『시경』 풍(風)과 아(雅)의 시(詩)를 참고하여 조회와 연향의 음악을 정하기에 이르렀다. 그런데 이때 제정된 연향음악은 국왕을 위한 음악만이 아니었다. 국왕은 물론 군신, 외국 사신, 1품 이하의 대부(大夫)와 사(士) 및 서인(庶人)을 위한 것을 아우르고 있었다.

이때 제정되어 올려진 음악으로는 국왕이 사신에게 잔치할 때 쓰는 국왕 연사신악(國王宴使臣樂), 국왕이 종친·형제들과 잔치할 때 쓰는 국왕 연종친형제악(國王宴宗親兄弟樂), 국왕이 군신들과 함께 잔치할 때 쓰는 국왕 연군신악(國王宴群臣樂), 국왕이 우리나라 사신을 떠나보낼 때 사용하는 국왕 견본국사신악(國王遣本國使臣樂), 국왕이 우리나라 사신을 위로할 때 쓰는 국왕 노본국사신악(國王勞本國使臣樂), 국왕이 장신(將臣)을 보낼 때 쓰는 국왕 견장신악(國王遣將臣樂), 국왕이 장신을 위로할 때 쓰는 국왕 노장신악(國王勞將臣樂), 국왕이 의정부에서 중국 사신에게 잔치할 때 쓰는 의정부 연조정사신악(議政府宴朝廷使臣樂), 의정부에서 우리나라 사신에게 잔치를 베풀 때 쓰는 의정부 연본국사신악(議政府宴本國使臣樂), 의정부에서 우리나라 장신을 전송할 때 쓰는 의정부 전본국장신악(議政府餞本國將臣樂), 의정부에서 장신을 위로할 때 쓰는 의정부 노장신악(議政府勞將臣樂), 1품 이하의 대부와 사를 위한 공사(公私) 연향 때 쓰는 1품 이하 대부·사 공사연악(一品以下大夫士公私宴樂), 서인이 부모 형제를 위해 잔치할 때 쓰는 서인 연부모형제악(庶人宴父母兄弟樂) 등의 음악이 있었으며[12] 이러한 의례와 음악 대부분은 『세종실록오례』를 만들 때 반영되었다.

오례 가운데 길례에 속하는 종묘제례나 사직제례 등의 제례음악은 상대적으로 그 틀을 갖추기 위한 움직임이 활발하여 여러 노력이 경주되고 있었음에 비해 상대적으로 연향음악은 소위 '음란한 소리'를 면하지 못했던

---

12 『태종실록』 권3 태종 2년(1402) 6월 정사(5일).

것이 당시 현실이었다. 이러한 현실이 다음의 실록 기사에 기록되어 있다. 예조에서 당시 연향음악을 제정한 후 왕에게 올릴 때의 배경을 보자.

"신 등이 삼가 고전(古典)을 상고해 보니, '음(音)을 살펴서 악(樂)을 알고, 악을 살펴서 정사(政事)를 안다' 하고, 또 말하기를, '악을 합하여 신기(神祇)를 이르게 하며 나라를 화(和)하게 한다' 하고, 또 말하기를, '정성(正聲)은 사람을 감동시키되 기운이 응함을 순하게 하고, 간성(姦聲)은 사람을 감동시키되 기운이 응함을 거슬리게 한다'고 하였습니다. 그러므로 『주관』「대사악」에서 음성(淫聲)·과성(過聲)·흉성(兇聲)·만성(慢聲)을 금하였습니다. 신 등이 가만히 보건대, 전조(前朝)에서 삼국 말년의 악을 이어받아 그대로 썼고, 또 송조(宋朝)의 악을 따라 교방(教坊)의 악을 사용토록 청하였으니 그 말년에 이르러 또한 음란한 소리[哇淫之聲]가 많았사온데 조회(朝會)와 연향(宴享)에 일체 그대로 썼으니 볼 만한 것이 없습니다. 지금 국초를 당하여 그대로 인습(因襲)하는 것은 불가하옵니다. 신 등이 삼가 양부(兩府)의 악에서 그 성음(聲音)이 약간 바른 것[稍正]을 취하고 풍아(風雅)의 시(詩)를 참고로 하여 조회와 연향의 악을 정하고 신민(臣民)이 통용하는 악에 이르기까지도 미쳤습니다. 아래에 갖추 열거하였사오니, 성상께서 밝히 보시고 시행하시어 성음을 바루고 화기(和氣)를 부르소서."[13]

의례상정소에서는 『예기』「악기(樂記)」의 "음(音)을 살펴서 악을 알고, 악을 살펴서 정사를 안다"[14]는 내용을 인용하면서 바른 소리의 중요함을 강조하였다. 음성·과성·흉성·만성이 아닌 정성(正聲)은 사람의 기운을 순하게 하지만 조선조에 이어진 음악은 모두 삼국, 고려조의 말년의 음악을 이어

<hr>

13 『태종실록』 권3 위와 같음.
14 『禮記』「樂記」'樂本': "審聲以知音, 審音以知樂, 審樂以知政."

받아 음란한 소리가 많다고 본 것이다. 그러나 그와 같은 현실을 알면서도 음악 선율 자체를 전면 새롭게 만들지는 않았다. 이는『예기』「악기」에서 제시한바, 제례작악(制禮作樂)의 원칙, 즉 예를 제정하고 악을 만드는 원칙이 '술이부작(述而不作)', 즉 술(述)하되 작(作)하지 않는다는 전통을 따르기 때문인 것이다. 따라서 그 대안으로 전조의 음악 중에 조금이라도 바른 것[稍正]을 취하고 『시경』의 시를 참고해서 음악을 만든 것이라 했다. 그와 같은 과정을 거쳐 의례에 맞추어 정한 악무(樂舞)를 용도별로 살펴보자.[15]

태종 대에는 이처럼 의례상정소를 중심으로 주요 연향의례를 정비하면서 의례에 쓰일 악무를 제정하였고 이러한 악무가 각 의례의 어떠한 절차에서 쓰이는 것인지 제시해 놓았다. 전조의 음악 중에 바른 것을 취했다고 하는 음악의 곡조를 보면 당악과 향악이 두루 포함되어 있는데, 악곡으로는 〈하성조령(賀聖朝令)〉, 〈중강조(中腔調)〉, 〈전화지조(轉化之調)〉, 〈금전락조(金殿樂調)〉, 〈하운봉조(夏雲峰調)〉, 〈수룡음〉, 〈금잔자〉, 〈억취소〉, 〈수룡음조〉, 〈낙양춘조〉, 〈하성조조〉, 〈태평년〉, 〈금강성조〉, 〈자하동조〉, 〈문덕곡〉, 〈금강성조〉, 〈오관산〉, 〈방등산〉, 〈권농가〉 등과 삼현(三絃)의 연주, 정재로는 오양선정재(五羊仙呈才), 연화대정재(蓮花臺呈才), 포구락정재, 아박정재, 몽금척정재, 무고정재 등, 고려조로부터 조선으로 이어지는 당악정재와 향악정재가 두루 포함되어 있다.

악곡의 명칭에 〈수룡음조〉, 〈낙양춘조〉 등 '-조(調)'로 표시한 것은 해당 곡조를 차용했다는 의미로서 그 곡조에 『시경』의 노랫말을 입혀 사용하는 방식으로 의례음악을 만들어 쓴 경우이다. 위에 열거된 음악은 소위 '조금이라도 바른 것'의 조건에 맞는 음악으로 채택된 것이다. 선율과 노랫말을 선택할 때는 하나의 곡조에 여러 시를 얹어 부르기도 했고, 하나의 시에 여

---

15 『태종실록』권3 위와 같음.

표 1-1   태종 대에 제정한 연향음악

용도	악곡과 정재
국왕 연사신악	〈하성조령〉, 〈중강조〉, 〈전화지조〉, 〈금전락조〉, 오양선정재, 〈하운봉조〉, 연화대정재, 〈수룡음〉, 포구락정재, 〈금잔자〉, 아박정재, 〈억취소〉, 무고정재, 〈수룡음조〉, 〈낙양춘조〉
국왕 연종친형제악	〈하성조조〉, 〈태평년〉, 〈금강성조〉, 수보록정재, 몽금척정재, 〈자하동조〉, 오양선정재, 포구락정재, 무고정재, 〈문덕곡〉
국왕 연군신악	〈금강성조[獻花時]〉, 나머지는 위와 같음
국왕 견본국사신악	첫째 잔과 셋째 잔에 『시경』의 다른 부분 노래, 나머지는 같음
국왕 노본국사신악	첫째 잔과 셋째 잔에 『시경』의 다른 부분 노래, 나머지는 같음
국왕 견장신악	헌화 시 다른 음악, 나머지는 같음
국왕 노장신악	헌화, 셋째 탕을 올릴 때 『시경』의 다른 부분, 나머지는 같음 시조(視朝) 시 당악, 대가 앞에서는 당악과 호부악, 강무 시 종고, 대사(大射) 시 「녹명」 노래
의정부 연조정사신악	연화대정재, 아박정재, 무고정재, 삼현 연주, 〈문덕곡〉, 〈낙양춘조〉
의정부 연본국사신악	위와 같음
의정부 전본국장신악	첫째 잔과 조(俎)를 올릴 때 『시경』의 다른 부분, 나머지는 위와 같음
의정부 노장신악	첫째 잔과 조를 올릴 때 『시경』의 다른 부분, 나머지는 위와 같음
일품 이하 대부·사 공사연악	〈금강성조〉, 〈오관산〉, 〈자하동조〉, 삼현 연주, 〈방등산〉, 〈낙양춘조〉
서인 연부모형제악	〈오관산〉, 〈방등산〉, 〈권농가〉

러 곡조를 얹어 부르기도 했다. 예컨대 '〈금강성조〉'로 『시경』의 「행위」시, 「녹명(鹿鳴)」시를 부르기도 했고, 『시경』의 「녹명」시를 〈중강조〉와 〈금강성조〉로 노래하기도 했다. 『시경』의 시와 곡조를 선택한 양상을 표로 보이면 〈표 1-2〉와 같다.

표1-2 연향음악과 노랫말

곡조	『시경』의 시
〈중강조〉	「녹명」
〈전화지조〉	「황황자화」
〈금전락조〉	「사모」
〈하운봉조〉	「어리」
〈수룡음조〉	「신공」
〈낙양춘조〉	「남유가어」, 「칠월」
〈풍입송조〉	「남산유대」
〈금강성조〉	「행위」, 「녹명」
〈자하동조〉	「갈담」

태종 대에 제정된 앞의 의례에서 연행된 궁중정재는 조선조 내내 연주되었고, 악곡의 경우 몇몇 곡을 제외하고는 『경국대전』의 '악공취재(樂工取才)' 조에 곡명이 기록되어 있어 그 역사적 지속성을 확인할 수 있다.

이러한 과정을 거쳐 오례의 각 영역에서 차츰 의례와 음악이 정비되는 수순을 밟는데, 이처럼 국초 국가전례와 음악의 제정에 박차를 가할 수 있었던 것에는 앞서 언급한 바와 같이 의례상정소의 설치와 활동이 있었기에 가능했다. 의례상정소는 원래 1401년(태종 1)에 의례상정사(儀禮詳定司)라는 예조 산하 기구로 출범했다가 개칭을 한 기관으로 특별히 고례(古禮), 고제(古制) 연구를 바탕으로 새로운 의례와 제도 등을 제정하거나 정비하였다. 1435년(세종 17), 집현전의 기능 강화와 함께 폐지되기 전까지 의례상정소에서 한 일 가운데 특히 국가전례와 관련된 일이 가장 많이 포함되어 있으므로 이 무렵 이 기구에 대한 역할이 주목된다. 특히 하륜·변계량 및 세종 대의 황희·허조·정초 등의 역할이 두드러졌는데, 이들의 국가전례 정비 노력은 『세종실록오례』에서 그 틀이 이루어졌고 성종 대의 『국조오례의』편찬의 기반이 되었다.

3) 오례의 정착과 예악

세종 대에는 오례를 실록에 편입하는 것에 관한 논의가 있었다. 세종이 당시 경창부윤(慶昌府尹) 변효문(卞孝文)과 첨지중추원사(僉知中樞院事) 정척 등에게『오례의주(五禮儀注)』편찬을 명했을 때, 그 의주를 실록에 편입하는 것이 옳은지 아닌지에 대한 논의가 이루어졌다. 당시 논의 중에는『오례의주』가 완성된 글이 아니라는 이유로 실록에 편입해서는 안 된다는 설이 제기된 바 있으나 정인지(鄭麟趾)는 그 내용이 왕의 재결에 의한 것이므로 편입시키는 것이 옳다는 주장을 하였다. 이에 대해 김종서는 정부의 고정(考定)을 거치지 않았고, 일이 시행되지 않았다는 이유로 편입을 반대하였다. 그러나 정인지는 이에 굴히지 않고 "나라를 다스리는 데 예악은 가장 큰 것이니, 일대(一代)의 예악을 전하지 아니할 수 없다"라고 답하면서『오례의주』를 실록에 실어야 한다는 주장을 펼쳤다. 결국『오례』는 "세종께서 친히 쓰고 지우며, 취하고 버리고, 덜고 더하는 것을 스스로 단정하여 손때[手澤]가 아직 남았고, 우리들이 오랫동안 외람되이 시종(侍從)하며 평소에 목격했는데, 세종이 정력(精力)을 둔 바가 이보다 더함이 없었다"라는 이유를 들어 실록에 수록할 수 있게 되었으며 현재『세종실록』에 포함되어 있다.[16]

여기서 당시 오례를 이야기하면서 "나라를 다스리는 데 예악이 가장 큰 것이니 일대의 예악을 전하지 않을 수 없다"라는 방식으로 설명했던 정인지의 시각을 알 수 있는바, 오례란 "예악을 전하는 가장 중요한 틀"로 이해되고 있었음을 알 수 있다. 정인지의 이러한 시각은 조선조 내내 지속된

---

16 『단종실록』권3 단종 즉위년(1452) 9월 임인(13일).

다. 이후 중종 대의 시독관(侍讀官) 김수성(金遂性)이 석강(夕講) 때 발언한 내용을 보자.

"예악(禮樂)은 천지에 근본하고 사람의 마음에 근원한 것인데, 임금의 마음 하나는 실로 예악의 근원인 것입니다. 마음으로 체득하고 몸으로 실행하고 정사에 시행한다면 만사가 올바른 천리(天理)에 부합되어, 일이 순서를 얻게 되고 사물(事物)이 화평을 얻게 되어 예악이 천하에 행해지는 것입니다. 이른바 예(禮)라는 것은 순서가 있음을 말하는 것이고 악(樂)이라는 것은 화평이 있음을 말하는 것으로 예가 있는 데에는 악도 있기 마련인 것입니다. 때문에 예가 중도에 맞게 되면 악도 거행되지 않는 것이 없게 되는 법입니다.
예는 오성(五性: 인의예지신)에 근본한 것으로 곧 천리의 절문(節文)이자 인사(人事)의 의칙(儀則)인 것인데, 또 상세한 도수(度數)와 절목(節目)이 있어 경례(經禮) 3백과 곡례(曲禮) 3천이 예 아닌 것이 없습니다. 그러나 그중에 큰 것인 오례로써 나라를 경륜하는 것입니다."[17]

왕의 덕을 칭송할 때 예악의 제도 정비와 오례의 제도를 정한 일을 가장 큰 업적으로 칭송하는 내용 또한 그러한 맥락에서 이루어진 것이다. 결국 세종에 의해 예악의 제도가 이루어졌고, 성종 대에 오례의 제도를 정했다고 하여 『세종실록』에 부록된 오례와 성종 대의 오례서인 『국조오례의』의 완성이 곧 조선 전기 오례의 제도적 틀을 갖추는 주요 흐름으로 정리되고 있음을 알 수 있다. 인조 대의 다음 기사가 그와 같은 정황을 알려 준다.

17 『중종실록』 권77 중종 29년(1534) 3월 경오(4일).

제1장 조선왕실의 유교정치와 음악

"오직 우리나라의 태조·태종은 명을 받아 나라의 터전을 개척하시느라 문치(文治)할 틈이 없었는데 세종께서 이어받아 예악(禮樂)의 제도를 만들어 교화(敎化)를 크게 행하시니 동방의 성주(聖主)로 일컬어졌습니다. 세조께서는 일시를 무정(武定)하여 공이 창업과 같았으며, 성종에 이르러서는 위엄을 은혜로 바꾸고 엄함을 관용으로 대신해 오례(五禮)의 제도를 정하고 대전(大典)의 글을 기술하셨으니 제작의 성대함이 세종과 짝하고 인후한 깊은 은택으로 태평을 이룬 것은 백년 후인 오늘날에 이르도록 칭송하는 소리가 그치지 않습니다."[18]

성종 대에 이루어진 『국조오례의』(1474)의 완성은 이후 악서(樂書)인 『악학궤범』(1493)의 완성과 함께 조선조 예서와 악서의 전형적 모델이 되었다. 이는 성종 대 이후에도 내내 회자되면서 성종 대에 이루어진 위 문헌의 완성을 통해 조선의 예악제도는 크게 갖추어졌다는 인식이 자리 잡게 되었음을 알 수 있다.

"성종 때에 이르러 『오례의』·『악학궤범』이 완성되어 제도가 크게 갖추어지고 예악(禮樂)을 제술하게 되었습니다."[19]

『국조오례의』와 『악학궤범』은 편찬에 그친 것이 아니라 간행까지 이르렀으므로 『세종실록오례』가 제한된 사람만이 볼 수 있었던 것과는 달리 그 보급률과 활용도가 훨씬 높은 전적으로 자리하게 되었으며 조선 예악서의 전범으로서의 위상을 갖추게 되었다.

예와 악의 화두는 이처럼 조선시대 내내 사람들의 의식을 지배하였고,

---

18 『인조실록』권26 인조 10년(1632) 3월 갑인(17일).
19 『숙종실록』권39 숙종 30년(1704) 7월 갑진(6일).

그러한 의식은 실제 예와 악의 제정과 정비 과정에서 현실적 고민으로 이어졌다. 이처럼 주요 시기마다 예악서가 편찬되었던 것은 그러한 고민의 결실이기도 하다. 상보적 관계를 이루고 있는 예와 악이 외형적으로 어떻게 드러나야 하는지, 그 내용이 예서와 악서에 담기는 것은 당연한 일이었다.

영조는 예와 악의 상보적 관계를 잘 알고 있었다. 다음의 실록 기사를 보자.

"예악은 사람의 한 몸에 근본하는 것으로서, 종고(鍾鼓)와 옥백(玉帛)은 곧 그 의절(儀節)인 것이다. 세종조[英廟朝]에 해주에서 거서(秬黍)가 나고 남양에서 경석(磬石)이 나와 성조(聖朝)의 명신(名臣)[20]이 찬연하게 제작하였으므로, 우리나라에 일찍이 음악이 없지 않았었다. 다만 지금은 성률(聲律)을 이해하는 사람이 없으므로, 곡조가 매우 번촉(煩促)해졌으니, 〈여민락〉 1장만 하더라도 옛날에는 두 대궐에 오르내렸는데, 지금은 절반에도 미치지 못하고 있다. 예법으로 말하면 우리나라에 『오례의』가 있지만, 누가 잘 알아서 행할 수 있는 자가 있겠는가? 다만 통례원(通禮院)의 관리가 억견(臆見)으로 그때그때 변통해 가고 있으니, 어찌 한심한 일이 아니겠는가? 조정에 있는 선비들이 문호(門戶)를 분할하여 서로 다투며 다시는 서로 스승으로 본받는 화기(和氣)가 없으므로, 예악을 아는 선비가 나오지 않는 것이다."[21]

영조는 예와 악은 "사람의 한 몸에 근본하는 것"으로 종고(鐘鼓)와 옥백(玉帛)은 그 의절이라 하는 『논어』의 문구를 인용하여 예와 악에 대한 생각을 피력했다. 의례를 행할 때 필수적인 악기와 의례의 진행 절차는 의례의 외

---

20 박연을 이름.
21 『영조실록』 권47 영조 14년(1738) 10월 갑신(5일).

제1장 조선왕실의 유교정치와 음악

연이지만 그것이 내포를 규정하는 것이라 파악하고 있음을 알 수 있다. 그러나 시간이 지날수록 음악을 이해하는 사람이 없어져 음악이 변하고, 『오례의』가 있다 해도 그 내용을 이해하는 사람이 없어 심지어는 관리가 억견으로 그때그때 변통하는 방식으로 의례를 수행해 가는 현실을 지적하면서 예악의 내포와 외연이 『오례의』를 통해 수행되는 것이라는 화두를 설파하고 있다.

조선의 역대 왕 가운데 자신의 시대에 예악이 모두 흥기했다고 전제하는 왕은 없었다. 다만 예악이 흥기하지 않고, 예악이 무너져 있는 현실이니 자신의 통치 시기에 그것을 회복하고자 하는 노력을 끊임없이 기울였다는 사실을 한결같이 강조하고 있다. 영조 대 역시 당시 시임·원임 대신들에 의해 "무너져 가는 악을 회복해야 한다"는 요구가 지속되었으며 악의 회복을 위한 노력 또한 다양한 방식으로 이루어졌지만, 실제 음악의 회복이라는 문제는 간단한 것이 아니며 긴 시간을 요구했기에 잘 행해지지 않는 것이 보통이었다. 그러자 당시 대신들은 다음의 내용으로 예와 악을 회복할 것에 대해 다시 요청하였다.

"「악기」에 이르기를, '예악은 잠시라도 몸에서 떠날 수 없다'고 하였으니, 지금 이 장악(藏樂)은 5월 이전에 이미 그 중정(中正)함을 잃었으니, 5월 이후에는 더욱 근거기 없습니다. 전하께서도 일찍이 곤룡포를 입으시고 문에 임하시어 그 달[朔]을 마치신 뜻을 보이셨는데, 아! 대정(大庭)의 하례(賀禮)를 거행하는 데에 이미 축(柷)과 어(敔)의 설치를 폐하였고 난로(鑾輅)를 타실 때에 관(管)과 약(籥)의 소리를 듣지 못한 것이 지금 몇 달째입니까? 나라의 예가 갖추어지지 못하니, 여론이 더욱 대단합니다. 신들이 어찌 감히 예가 아닌 것으로써 전하를 인도하겠습니까? 삼가 원하건대 빨리 악(樂)을 회복하는 명령을 내려서 위로는 천심에 보답하시고 아래로는 뭇 신하의

뜻에 따르소서. 신들이 또 요청을 얻지 못하면 감히 그치지 못할 것이 있습니다. 탄일(誕日)의 진하(陳賀)는 『오례의』에 실려 있고, 열성(列聖)이 행하신 것인데, 금년 상서로운 절기에 이르러서는 국조(國朝) 4백 년에 처음 있는 경사인데, 나라에 전례(典禮)가 없으면 몰라도 진실로 전례가 있다면 이번 탄신의 하례를 그만둘 수 있겠습니까?"[22]

이 실록 기사에서 영조는 자신의 탄신하례를 그만두라고 명한 듯하며 신하들은 그와 다른 견해를 보이고 있다. 영조는 평소 절검(節儉)을 강조했던 왕으로서 그와 같은 입장을 드러낸 것이다. 아울러 하례(賀禮)에 음악이 제대로 쓰이고 있지 않다는 신하들의 견해도 함께 펼쳐지고 있어 왕과 신료들의 생각이 충돌되는 듯 보이지만 궁극적으로 예악을 갖추어야 한다는 점에서는 한결같은 견해로 결집됨을 알 수 있다.

정조 대 부총관 유의양(柳義養, 1718-?)[23]도 오례를 제대로 갖추어야 하는 내용의 상소를 올린 바 있다. 유의양은 조선조 주요 시기마다 이루어진 오례의 찬술의 역사와 현황에 대해 논의하면서 예악의 완성이 어려운 것이라는 점을 강조하고 있다. 역대로 논의되었던 구체적인 상소 내용을 찾아 일일이 열거하면서 오례를 갖춘다는 것의 의미를 구체적으로 드러내고 있다. 다음의 기사를 보자.[24]

"신이 연전에 『오례의』를 보집(補輯)하라는 명을 삼가 받고 대략 고준(考準)

---

22 『영조실록』 권111 영조 44년(1768) 9월 병술(1일).
23 정조 대의 예조참의. 『춘관지』와 『영희전지』, 『춘관통고』, 『국조오례통편』 등을 저술하였다.
24 당시 유의양의 상소 내용 대부분은 의례를 행할 때 놓는 기물의 위치, 신주 출납, 의식의 제도, 제품, 축문 제도, 위판 서식 등에 관한 것이다. 가장 먼저 상소한 내용은 일무를 출 때 등가와 헌가, 일무가 일렬을 이루어야 한다는 내용이고 그 밖에 음악과 관련된 내용은 문묘제례 시 주요 절차에서 사용하는 악장의 유무와 악장 사용의 방법에 대한 것 등이 있다.

하여 바야흐로 찬차(撰次)하였습니다마는, 그 가운데에 여쭈어서 고치지 않아서는 안 될 예절이 있습니다. 『오례의』는 세종 경술년[25]에 시작하여 성종 갑오년[26]까지 다섯 성조(聖朝)의 45년을 거쳐서 비로소 완성되었고, 영종 갑자년[27]에 이르러 또 『속오례의』를 이루었는데, 이것이 『오례의』의 시말입니다. 그러나 시행하여 온 3백여 년 동안에 손익(損益)한 것이 매우 많았는데 연혁은 상고할 데가 없습니다. 예전에 숙종 신유년[28]에 대신에게 명하여 설국(設局)하고, 참작하여 증보하게 하시고 또 명하여 실록(實錄)에서 상고하여 내게 하셨으나 여전히 완성하지 못하였습니다.

이제 우리 전하께서 신축년[29]에 특별히 천신(賤臣)에게 명하여 유(類)에 따라 모아서 찬집(撰輯)하게 하셨는데, 신유년부터 신축년까지는 101년이 됩니다. 예악은 반드시 백 년을 기다려야 이루어지니, 바로 큰 기회입니다. 연혁의 고사로 말하면 믿을 만한 공사(公私)의 서적을 모았으나, 대개 『오례의』는 본디 소략하여 빠진 것이 많아서 고의(古意)에 모두 맞지는 못하고 또 혹 지금 준행(遵行)하지 않는 것도 있으니, 반드시 다시 바로잡아야 타당할 수 있을 것입니다. 대저 큰 예절이 잘못된 곳은 그것이 중대하다 하여 감히 말하지 못하고 작은 예절이 잘못된 곳은 그것이 미세하다 하여 감히 번거롭게 하지 못하니, 이렇게 하면 크고 작은 예절을 끝내 바로잡을 수 있는 날이 없을 것입니다."[30]

유의양은 세종 대에 시작하여 성종 대에 완성된 『국조오례의』의 완성 이

---

25 세종 경술년: 1430년(세종 12).
26 성종 갑오년: 1474년(성종 5).
27 영종 갑자년: 1744년(영조 20).
28 숙종 신유년: 1681년(숙종 7).
29 신축년: 1781년(정조 5).
30 『정조실록』 권24 정조 11년(1787) 7월 무진(3일).

후 영조 대의 『국조속오례의』가 형성된 역사를 열거하며 숙종 대에 오례서 개정을 명하던 때로부터 정조 대가 백여 년이 되므로 좋은 기회임을 강조하고 있다. 이때 유의양이 강조한 말은 "예악은 반드시 백 년을 기다려야 이루어진다"라는 것이다. 오례서를 편찬하는 일이 곧 예와 악을 정비하는 것이라는 인식을 읽을 수 있다. 유의양은 결국 정조 대의 중요한 국가전례서 『춘관통고』와 『국조오례통편』을 편찬함으로써 정조 대 예악의 전범서를 만들기에 이르렀다.

『세종실록오례』에 이어 성종 대의 『국조오례의』, 영조 대의 『국조속오례의』, 정조 대의 『국조오례통편』과 『춘관통고』로 이어지는 예악서 편찬의 역사는 조선의 예악정치의 역사를 여실히 보여 주는 것이다. 특히 정조 대의 『국조오례통편』은 그 이전에 나온 오례서의 내용을 모두 수렴하여 조선시대 예악의 외부적 구현태를 총체적으로 드러내는 전범이 되고 있다.

2 오례에서 용악(用樂)의 양상

1) 보본반시(報本反始)의 길례음악

오례 중의 길례로 행해지는 제사에 깃든 정신은 그 근본을 생각하도록
하는 '보본반시'[31]에 기인한다. 보본반시하는 대상에 따른 차이는 제사의 형
식과 내용을 규정한다. 『국조오례의』에 따르면 조선시대의 제사는 지내는
대상에 따라 용어를 네 가지로 구분하여 사용하였다. 즉 천신에 지내는 것
은 '사(祀)', 지기에 지내는 것은 '제(祭)', 인귀에 지내는 것은 '향(享)' 그리고
문선왕 즉 공자에게 지내는 것은 '석전(釋奠)'이라 하였다.[32] 이러한 구분은
제사의 내용과 형식의 세세한 차이를 포함하는 것이기도 하다. 또 제사의
등급을 대사(大祀), 중사(中祀), 소사(小祀), 기고(祈告), 속제(俗祭), 주현(州縣)으
로 구분하였다.

대사에는 사직·종묘제향 등이, 중사에는 선농(先農)·선잠(先蠶) 그리고
문묘제례 등이, 소사에는 명산대천·둑제(纛祭) 등이 포함된다. 기고는 기도
와 고유(告由)의 목적으로 올리는 것으로, 홍수나 가뭄, 전염병, 병충해, 전
쟁 등이 있을 때 기도하였고, 책봉, 관례, 혼례 등 왕실의 중요한 일이 있을
때 고유하여 각각 해당하는 대상에 제사를 올렸다. 속제는 왕실의 조상을
속례(俗禮)에 따라 제사하는 것이며, 주현은 지방 단위에서 지방관이 주재
자가 되어 사직과 문선왕, 여제(厲祭) 등의 제사를 올리는 것을 말한다. 이

---

31 報本反始: 나를 키워 주고 낳아 준 天地, 父祖의 은혜를 갚는다는, 즉 근본을 갚고 시초로 돌아간다
는 의미로 『禮記』 「郊特牲」에 보인다.
32 『국조오례서례』 권1 「吉禮序例·辨祀」.

가운데 대사와 중사, 소사가 궁중에서 행하는 주요 제사에 속한다.

대·중·소의 등급은 실제 제사에서 헌관(獻官)의 수나 위격, 재계(齋戒)하는 날수, 음악의 사용 규모와 유무, 제기의 종류와 숫자 등의 면에서 구분된다. 이들 제사에는 몇몇 경우를 제외하고 대부분 음악이 사용되었다. 이때의 음악은 넓은 의미의 악에 해당하는 악·가·무를 모두 포함한 형태로 연행된다.

조선왕실이 길례 가운데 가장 중요하게 여긴 것은 역대 왕과 왕비의 신위를 모신 종묘에 올리는 종묘제향과, 국토의 신과 곡식의 신에 제사하는 사직제로 이 둘은 대사에 속한다. 또 공자와 그의 제자, 중국의 역대 거유(巨儒), 조선의 역대 유학자를 모신 문묘에 제사하는 문묘제와 농사신에게 제사하는 선농제(先農祭), 양잠신에게 제사하는 선잠제(先蠶祭)를 비롯하여 산천제(山川祭), 기우제(祈雨祭) 등의 제사도 중요했다. 이러한 모든 제사 행위는 하늘과 땅, 그리고 인귀에 대해 사람으로서 갖출 수 있는 최대한의 예와, 천·지·인 삼재사상(三才思想)을 음악적으로 드러내는 악을 구비하여 행해졌다.

종묘제례악은 세종 대에 만들어진 회례악무를 세조 대에 제례악무로 채택해 만든 것이다. 당상(堂上)에서 연주하는 등가(登歌)와 당하(堂下)에서 연주하는 헌가(軒架) 그리고 묘정(廟廷)에서 열을 지어 추는 춤인 일무(佾舞)가 의례와 함께 특정 절차에서 연행된다. 여기에서 등가는 하늘[天]을 상징하고, 헌가는 땅[地]을 상징하며, 일무는 사람[人]을 상징하여 천·지·인 삼재사상을 악을 통해 드러내고자 하였다. 일무에서 춤을 추는 열의 수는 제사의 대상에 따라 차등화되는데, 천자는 팔일무(八佾舞), 제후는 육일무(六佾舞),[33]

33　제후국을 자처한 조선은 육일무 제도를 시행하였다. 그러나 춤을 추는 인원수에 대하여는 이견이 있었다. 팔일무의 경우 열과 행이 동일하여 8×8=64명이 추는 제도이지만 육일무의 경우 6×6의 36명이 춘다는 것과 6×8의 48명이 춘다는 두 가지 해석이 있었다. 전자는 진의 두예의 설이고 후자는 후한의 복건의 설이다. 『論語』「八佾」편에 대한 집주를 쓴 주희는 어느 것이 옳은지 알지 못한다

대부는 사일무(四佾舞), 사는 이일무(二佾舞)로 차등화된다. 조선왕조는 제후국의 위상을 따라 육일무를 채택하였고, 고종이 황제로 등극한 대한제국 시기부터 현재까지는 64인이 열을 지어 추는 팔일무를 연행해 오고 있다.

종묘제례악의 악무는 왕의 공덕을 칭송하는 내용으로 이루어진다. 왕의 문덕을 칭송하는 내용은 〈보태평(保太平)〉, 무공을 칭송하는 내용은 〈정대업(定大業)〉이다. 〈보태평〉은 문무(文舞)를 추고 〈정대업〉은 무무(武舞)를 춘다. 신을 맞이하는 영신례(迎神禮), 폐백을 올리는 전폐례(奠幣禮), 첫 번째 술잔을 올리는 초헌례(初獻禮) 때 〈보태평〉의 악무를 연행하며, 두 번째 술잔을 올리는 아헌례(亞獻禮)와 마지막 술잔인 세 번째 술잔을 올리는 종헌례(終獻禮) 때 〈정대업〉의 악무를 연행한다. 육일무를 기준으로 보면, 문무를 출 때는 왼손에 약(籥)을, 오른손에 적(翟)을 들고 추며, 무무를 출 때는 앞의 2줄 12명은 검(劍), 중간 2줄 12명은 창(槍), 뒤의 2줄 12명은 궁시(弓矢)를 들고 춘다. 그러나 성종 대 이후 궁시는 쓰지 않고 앞의 3줄은 검, 뒤의 3줄은 창을 들고 추었다. 현재는 64명의 팔일무를 추는데, 앞의 4줄은 목검, 뒤의 4줄은 목창을 들고 춤을 춘다.

사직제례를 행하는 사직단은 동쪽의 사단(社壇)과 서쪽의 직단(稷壇) 두 개의 단으로 되어 있는데, 사단에는 국토의 신인 국사(國社)의 신주를, 직단에는 오곡의 신인 국직(國稷)의 신주를 모셔 놓는다. 종묘나 문묘, 선농, 선잠의 신위는 북쪽에서 남향하여 두는 데 비해 국사, 국직의 신은 남쪽에서 북향하여 둔다. 북쪽이 음이고 남쪽은 양이기 때문이다. 대한제국을 수립하고 조선이 황제국임을 선언하면서 국사와 국직은 태사(太社)와 태직(太稷)으로 개칭되었다.

조선시대의 사직제례악은 1430년(세종 12) 아악을 정비할 당시에 『주례』

고 주석을 썼다. 조선시대에도 이 두 설에 대해 논란이 있어서 36명이 추는 제도와 48명이 추는 제도가 모두 보인다.

를 근거로 정비되었다. 지기에 제사할 때는 당하의 헌가에서 태주궁(太簇宮)의 선율을 연주하고, 당상의 등가에서 응종궁(應鍾宮)의 선율을 노래하는 음양 합성의 원칙을 따랐다. 즉 헌가에서 양률(陽律)인 태주궁을 연주하고, 등가에서 음려(陰呂)인 응종궁의 선율을 연주함으로써 음과 양을 조화롭게 하는 연주를 실현한 것이다.

사직제례에서 음악이 연주되는 순서는 영신, 전폐, 진찬, 초헌, 아헌, 종헌, 철변두(徹籩豆), 송신의 순이다. 사직제례악의 악대는 세종 대 초기만 하더라도 고제를 따라 등가에 현악기와 노래를 편성하고, 헌가에 관악기를 편성하였다. 그러나 1430년 이후 등가에도 관악기를 설치하면서 고제와 어긋나게 되었으며, 이러한 전통이 조선 후기까지 계속되었다. 사직제례의 일무 역시 조선조에는 육일무, 대한제국 시기에는 팔일무를 추었다. 문무를 출 때는 왼손에 약, 오른손에 적을 들었고, 무무를 출 때는 왼손에 간(干), 오른손에 척(戚)을 들었다. 간은 방패 모양으로 생명을 아낀다는 뜻을 지니며, 척은 도끼 모양으로 업신여김을 방어한다는 뜻을 지닌다.

2) 여민동락(與民同樂)의 연향음악

왕실의 연향은 '백성들과 함께 더불어 즐긴다'라는 여민동락[34]의 정신에 기반하여 베풀어진다. 연향은 오례 중의 가례와 빈례에 속하여 행해졌는데, 왕이나 왕비의 생신, 세자의 탄생, 왕의 즉위 기념, 책봉, 존호(尊號), 양로연(養老宴), 음복연(飮福宴), 정월 초하루나 동짓날, 단오와 추석 등을 위한 의례는 가례로 행해졌고 외국 사신의 영접과 그들을 위한 연향은 빈례로 행해졌다. 이러한 연향은 목적에 따라 회례연(會禮宴), 양로연, 음복연, 사객

---

34 여민동락이라는 말은 『孟子』 「梁惠王章句」 下에 나온다.

연(使客宴), 기타 진연(進宴) 혹은 진찬, 진작(進爵) 등으로 나누어 볼 수 있다. 이들 연향은 왕실의 권위와 위엄을 선보이는 자리이기도 했지만 나아가 백성에게도 여러 혜택을 베풂으로써 왕과 백성이 경사를 함께 나누며 화합하며 통합된 사회를 이루기 위한 자리라는 더 큰 의미를 지닌다.

회례연은 왕과 신하, 문무백관이 서로 화합하기 위한 목적으로 설행되어 다른 연향과 구분된다. 음식을 서로 나누는 가운데 상하의 정이 두터워지도록 하기 위한 것이다. 회례연은 왕과 문무백관은 물론 중궁과 내명부, 외명부도 내전에서 각각 행하였다.

양로연은 노인에 대한 공경을 실천하기 위한 목적으로 왕실과 지방에서 각각 베풀어졌다. 왕실에서는 왕과 중궁이 연향에 참여하였고 지방에서는 수령이 해당 지역의 노인을 위해 연향을 베풀었다. 임금이 노인에게 음식을 대접하며 공경하는 모범을 보이면 온 백성도 그에 감화되어 노인을 공경하게 되므로 양로연은 효를 실천하는 모습을 드러내기 위한 연향의례로 자리하였다.

음복연은 음복(飮福)의 절차가 포함된 제사 등의 의례를 행한 후 연이어서 하는 연향이다. 초헌관으로 참여한 왕이 복주(福酒), 즉 제사 지낸 술을 마시는 절차가 핵심을 이룬다. 왕이 복주를 마시고 나면 제사에 참여한 관원이 이어 복주를 마신다. 복주를 골고루 나누어 마시는 행위는 제사를 잘 치른 후에 내리는 복을 고르게 나눈다는 의미를 지닌다.

사객연은 중국과 일본, 유구국(琉球國) 등에서 특정한 목적을 띠고 온 사신을 위해 베푼 연향이다. 복잡한 외교관계에 바탕을 두고 베풀어지는 것이지만 궁극적으로는 우호 증진의 목적을 두고 있다. 조선시대에는 중국의 사신에 대해서는 사대(事大)의 예로, 일본이나 유구국의 사신에 대하여는 교린(交隣)의 예로 연향을 베풀었다.

진연은 진찬, 진작, 진풍정(進豊呈)을 모두 아우르는 의미로 쓰이지만 시기적으로 그 의미를 구분하여 쓰기도 했다. 진연이란 나라에 경사가 있을 때 궁중에서 베푸는 연향 일반을 지칭하며 진찬, 진작은 왕이나 왕비, 왕대비의 특정 기념일을 맞이하여 음식을 올리는 연향을 지칭하였다. 진풍정은 헌풍정(獻豊呈)이라고도 하는데, '연향을 올린다'는 일반적 의미로 조선 전기에 주로 쓰였고 성종 대 이후에는 드물게 사용되었다.

이 외에도 왕이 기로소(耆老所)에 입소했을 때, 왕, 왕비, 왕대비 등의 회갑, 또는 칠순에, 왕의 즉위를 기념하는 날에 연향이 크게 베풀어졌고, 종묘제례나 사직제례와 같은 대사를 왕이 친히 행하거나 큰 경사나 상서(祥瑞) 등이 있을 때, 혹은 군대가 출정하여 승리를 거두었을 때는 이를 축하하는 의례인 하의(賀儀)를 가례의 하나로 행하였다. 이러한 연향에서는 다양한 음악과 함께 각종 궁중정재를 연행하였다.

1744년(영조 20) 영조가 기로소에 입소(入所)할 때에는 연향 가운데 가장 큰 규모인 전체 아홉 잔의 술잔, 9작(爵)을 올렸고, 술을 올릴 때에는 반주에 맞추어 다양한 궁중정재(宮中呈才)를 연행하였다. 정재의 반주는 장악원에 소속된 악공이, 춤은 무동(舞童)이 담당하였다. 첫 번째 술잔[一爵]과 두 번째 술잔[二爵]을 올릴 때에는 〈여민락만(與民樂慢)〉이 춤 없이 연주되었고, 세 번째 술잔[三爵]을 올릴 때에는 〈오운개서조(五雲開瑞朝)〉의 반주에 맞추어 무동이 초무(初舞)를 춤추었고, 네 번째 술잔[四爵]을 올릴 때에는 〈정읍만기(井邑慢機)〉의 반주에 맞추어 아박무(牙拍舞)를, 다섯 번째 술잔[五爵]을 올릴 때에는 〈보허자령(步虛子令)〉의 반주에 맞추어 향발무(響鈸舞)를, 여섯 번째 술잔[六爵]을 올릴 때에는 〈여민락만〉의 반주에 무고정재(舞鼓呈才)를, 일곱 번째 술잔[七爵]을 올릴 때에는 〈보허자령〉의 반주에 광수무(廣袖舞)를, 여덟 번째 술잔[八爵]을 올릴 때에는 〈여민락령〉의 반주에 맞추어 다시 향발무를, 마지막 잔인 아홉 번째 술잔[九爵]을 올릴 때에는 〈보허자령〉의 반주에 맞추어 광수무를 추었다. 연향의 끝부분에서는 〈여민락〉과 〈향당교주(鄕唐交奏)〉를 연주하는 가운데 처용무를 추어 마무리했다.

또 종묘제나 사직제, 문소전(文昭殿)제향, 회맹제(會盟祭), 부묘의(祔廟儀) 같은 의례를 행한 후에는 음복연을 행하였다. 음복연은 "신의 은혜를 멈추지 않는다(不留神惠)"라는 의미이고, 또 복을 받는 것이 중요한 일이라 여겨 배풀었는데, 이때에도 주요 절차마다 음악을 연주하였다. 술을 올릴 때, 찬안(饌案)을 올릴 때, 꽃을 올릴 때, 선(膳)을 올릴 때, 왕세자가 절할 때, 정재를 연행할 때, 모두 음악을 연주하였다. 이때 연주할 음악과 춤의 종류는 왕의 교지를 받들어 결정하였다. 조선시대 궁중의 여러 의례에서, 특히 가례의 경우에는 대부분 이와 같은 방식으로 잔치에서 연행할 악무의 종류가 결정되었다. 특정 의례에서 어떠한 악무를 연행할지에 대해서는 대개 선행 의례를 참고하여 예조가 왕에게 품(稟)하면 왕이 이에 대해 지(旨), 즉 결재하는 방식으로 이루어졌다.

음복연은 일반 연례(宴禮)에 준하여 행하였기 때문에 외연(外宴)으로 베풀 때는 초무, 아박무, 향발무, 무고, 광수무, 처용무 등의 정재를 연행하였다. 이들 정재는 모두 무동이 출 수 있는 정재이다. 외연이기 때문에 여성 무용수인 여령(女伶)이 아닌, 나이 어린 무동이 추는 종목으로 구성되었다. 내연(內宴)으로 베풀어지는 음복연도 있는데, 이때에는 외연과는 다소 다른 공연 종목을 갖추게 된다.

빈례의 하나로 행해지는 잔치는 외국 사신을 위해 베푸는 연향의례가 주를 이룬다. 특정한 목적을 띠고 우리나라에 찾아온 중국의 사신을 위해 왕이나 왕세자, 종친 등이 베풀어 주는 잔치와 일본이나 유구국의 서폐(書幣)를 받은 후 베푼 잔치의 의례가 빈례에 포함되었다. 연조정사의(宴朝廷使儀), 왕세자 연조정사의, 종친 연조정사의, 수린국서폐의(受隣國書幣儀), 연린국사의(宴隣國使儀)[35] 등의 의례가 여기에 속한다.

중국 사신이 서울로 들어오는 경로는 조선의 최북단인 압록강을 건너자

마자 바로 마주치는 의주에서 시작된다. 압록강 물가에 있는 의순관(義順館)에 여장을 풀고 머문 이후 사신들은 정주, 안주, 평양, 황주, 개성부 등지를 거쳐 고양의 벽제관에서 1박을 하고 입경한다. 사신들은 입경 이후 통상 열흘 이상을 서울에 머무는데, 서울에 도착한 후 곧바로 행하는 하마연(下馬宴), 하마연을 행한 다음 날에 베푸는 익일연(翌日宴)에 이어 회례연·상마연(上馬宴)·별연(別宴)·전연(餞宴) 등의 공식 연향이 행해졌다.

중국 사신이 입경한 후 베푸는 연향 가운데 가장 큰 규모는 역시 아홉 번 술잔을 올리는 잔치이다. 『통문관지(通文館志)』의 내용을 보면 중국 사신을 위한 연향에서 연행한 악무와 복식에 대해 기록해 놓았다. 전체 아홉 차례 정재가 연행되었는데, 〈보허자〉·〈정읍〉·〈여민락〉 등의 반주에 맞추어 광수무·아박무·향발무·고무 등의 춤을 추었다.

왕실에서 큰 규모의 연향을 행한 후에는 이를 의궤(儀軌)에 기록하여 상세한 내용을 남겨 놓았다. 1719년(숙종 45) 9월에 숙종이 기로소에 입소한 것을 경축하기 위해 올린 진연에 대한 기록인 『숙종기해진연의궤』, 1744년(영조 20) 영조가 기로소에 입소한 것을 경축하는 진연을 기록한 『영조갑자진연의궤』, 1828년(순조 28) 순조비 순원왕후가 40세 되는 해를 경축하는 연향을 기록한 『순조무자진작의궤』, 1848년(헌종 14) 순원왕후가 60세 되는 해를 경축하는 연향을 기록한 『헌종무신진찬의궤』 등이 궁중에서 행해진 연향을 기록한 의궤이다. 1795년(정조 19) 정조가 어머니 혜경궁 홍씨의 회갑을 맞아 수원의 현륭원으로 행차한 내용을 기록한 『원행을묘정리의궤』에는 화성의 봉수당에서 행한 회갑연(그림 1-1)과 낙남헌에서 행한 양로연의 내용이 기록되어 있다. 봉수당의 회갑연에서는 모두 일곱 잔의 술잔이 올려졌다.

---

35 『국조오례의』 권5 「賓禮」.

그림 1-1　『원행을묘정리의궤』의 〈봉수당진찬도〉

　첫 번째 술잔은 정조가 올렸는데, 이때에는 〈여민락〉과 〈환환곡(桓桓曲)〉
의 반주에 맞추어 헌선도정재(獻仙桃呈才)를 춤추었고, 두 번째 술잔은 내명
부가 올렸는데, 〈여민락〉과 〈청평악〉의 반주에 맞추어 몽금척과 하황은정
재(荷皇恩呈才)를 춤추었으며, 세 번째 술잔은 외명부가 올렸는데, 〈여민락〉,
〈오운개서조〉의 반주에 맞추어 포구락(抛毬樂), 무고정재를 춤추었다. 네 번
째 술잔은 종친이 올렸는데, 〈향당교주〉, 〈천년만세〉의 반주에 맞추어 아
박무와 향발정재를 춤추었고, 다섯 번째 술잔은 의빈이 올렸는데, 〈유황곡
(維皇曲)〉과 〈여민락〉의 반주에 맞추어 학무를 춤추었으며, 여섯 번째 술잔
은 척신(戚臣)이 올렸는데, 〈환환곡〉과 〈여민락령〉의 반주에 맞추어 연화
대정재를 춤추었다. 일곱 번째 술잔은 배종관(陪從官)이 올렸는데, 〈하운봉
곡(夏雲峰曲)〉, 〈여민락〉, 〈향당교주〉, 〈정읍〉, 〈낙양춘〉 등의 반주에 맞추어
수연장(壽延長), 처용무, 첨수무(尖袖舞), 검무(劍舞), 선유락정재(船遊樂呈才) 등
을 춤추었다.

이와 같은 궁중의 잔치를 행한 후에는 백성에게 쌀과 음식을 내리기도 하여 백성과 함께 즐긴다는 의미의 '여민동락' 정신을 실현하고자 하였다. 연향의 의미를 온 백성과 함께 나누기 위해 세금을 줄여 주거나 환곡을 탕감해 주기도 했으며 굶주리는 백성을 구제하는 일도 아울러 행하였다. 사대문에서 사미(賜米), 즉 쌀을 나누어 주기도 했다.

3) 균일절제(均一節制)의 군례음악

『국조오례의』에 규정되어 있는 군례에는 사우사단의(射于射壇儀), 관사우사단의(觀射于射壇儀), 대열의(大閱儀), 강무의(講武儀), 구일식의(救日食儀), 계동대나의(季冬大儺儀), 향사의(鄕射儀)의 일곱 가지 의례가 포함되어 있다.[36] 이 가운데 사우사단의와 관사우사단의는 활쏘기와 관련된 의례이며 대열의는 국왕이 군사훈련을 교열(敎閱)하는 의례, 강무의는 사냥하는 의례, 구일식의는 일식 현상을 구제하기 위해 행하는 의례, 계동대나의는 음력 12월에 행하는 대나(大儺)의례를 말한다.

군례에 해당하는 이들 의례에도 각각 다양한 절차에서 다양한 목적으로 음악이 연주되었다. 군례의 경우 다른 의례에 비해 음악의 비중은 낮아지지만 그 가운데 활쏘기와 관련된 의례는 음악적 비중이 가장 높은 편이다(그림 1-2). 활쏘기와 관련된 의례의 경우 〈고취(鼓吹)〉와 〈전정헌가(殿庭軒架)〉악대가 음악을 연주했는데, 주로 왕이 의례를 행하기 위해 자리로 나오는 절차나 왕의 이동에 〈고취〉가 연주되었고 왕이 활쏘기를 하기 위해 사단에 오르거나 혹은 어좌에 오를 때에는 〈전정헌가〉를 연주하였다.[37] 『세종실록오례』에는 왕이 어좌에 오를 때 헌가에서 〈융안지악(隆安之樂)〉을

---

36 『국조오례의』권6「軍禮」.
37 『세종실록오례』권133「吉禮·射于射壇儀」. 〈전정헌가〉의 악대 편성은 부록에 표로 제시해 놓았다.

제1장 조선왕실의 유교정치와 음악

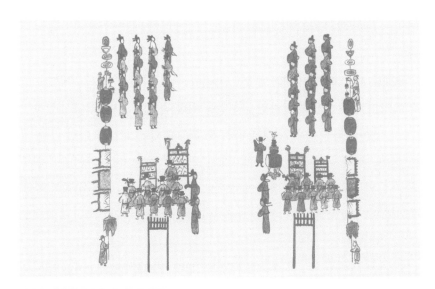

그림 1-2 『대사례의궤』 중 악대 부분

연주하고 왕이 첫 번째 화살을 쏘려 할 때 〈화안지악(和安之樂)〉을, 시사자
(侍射者)가 첫 번째 화살을 쏠 즈음 〈성안지악(誠安之樂)〉을 연주했다고 기록
되어 있다.[38]

　　『국조오례의』의 사우사단의와 관사우사단의의 절차에서도 유사한 절
차에서 음악이 연주되었지만 『세종실록오례』의 경우처럼 그 구체적인 곡
명을 표기하지는 않고 있다. 따라서 이 경우 유사 시기에 편찬된 악서인
『악학궤범』의 기록을 통해 구체적인 곡명을 확인할 수 있다. 『악학궤범』
권2를 보면 성종 대의 〈전정헌가〉의 악기 편성을 도설로 그려 놓은 후 그
와 같은 편성으로 어떠한 의례에서 음악을 연주하는지 일일이 기록해 놓
고 있다. 이 기록을 보면 대사례(大射禮)와 관사우사단의 등에서도 〈전정헌
가〉 편성에 의한 음악을 연주하였음을 알 수 있다.[39] 또 왕이 활쏘기를 할

38　『세종실록오례』 권133 위와 같음.
39　『악학궤범』 권2 「俗樂陳設圖說·時用殿庭軒架」. 성종조 〈전정헌가〉의 악기 편성은 총 60명이 연주하

때에는 〈보태평〉 중의 역성(繹成) 선율로 〈전정헌가〉에 맞추어 악장을 노래
했다.[40]

　군례를 행할 때 왕이 어좌에 오르는 절차, 혹은 화살을 쏠 즈음에 연주했
던 음악의 경우 엄밀히 말하면 군례만을 위한 음악이 아니다. 다시 말하면
〈융안지악〉, 〈화안지악〉, 〈성안지악〉과 같은 음악은 군례가 아닌 다른 의
례에서도 왕이 어좌에 오르는 절차에서 쓰였기 때문이다. 성종 대에 연주
되었던, 악장을 노래하는 음악의 경우도 마찬가지이다. 따라서 이들은 군
례의 음악이라고 하기보다는 어좌에 오를 때 연주하는 일반적인 음악으로
보는 것이 맞다.

　활을 쏠 때에 동원되는 악기로서, 먼저 활을 쏘라는 신호로 사용되는 북
이 있다. 활을 쏘라는 신호를 위해서는 북을 세 번 치는데, 이를 추고삼성
(搥鼓三聲)이라 한다. 또 화살이 적중했을 때도 북을 친다. 징의 경우에는 화
살이 적중하지 못했을 때 치는 악기로 활용된다.

　왕이 군사훈련을 교열하는 대열의의 경우 천아성(天鵝聲), 즉 군사를 모으
기 위한 신호로 울리는 나발의 소리와 함께 의례를 시작하고, 행렬이 나아
가고 물러서는 절차는 북(鼓)과 징으로 행한다. 나아갈 때는 북을 치고, 그
칠 때는 징을 쳐서 알린다.[41] 말에서 오르고 내리는 신호 또한 북으로 한다.
징과 북이 나아가고 물러섬 혹은 그침의 신호를 위한 악기로 활용되고 있
음을 알 수 있다. 군사의례에서 나아가고 물러서는 일은 매우 중요한 의미
를 지니는 것이다. 따라서 엄격하게 지켜져야 하는 것으로, 북과 징의 신호
에 따라 일사불란하게 대열을 유지하면서 균일하며, 절제된 모습으로 연

　며 악기로는 건고, 삭고, 응고, 박, 축, 어, 편종, 편경, 당비파, 향비파, 가야금, 현금, 월금, 방향, 피
리, 당적, 대쟁, 아쟁, 통소, 대금 등이 포함된 대규모 편성이다. 악대 편성의 그림은 부록에 수록하
였다.
40　『악학궤범』 권2 「俗樂陳設圖說・正殿禮宴女妓樂工排立」.
41　『국조오례의』 권6 「軍禮・大閱儀」.

행되었다. 이처럼 군례에서 가장 활발하게 활용되는 악기로 대표되는 것은 북과 징과 같은 타악기이다. 이제 군례의 하나인 '구일식의'와 '구월식의(救月食儀)'를 통해 북과 징이 사용되는 양상을 살펴보자. 일식(日食, 日蝕)은 태양이 달에 의해서 일시적으로 가려지는 현상이고 월식(月食)은 지구가 달과 태양 사이에 위치하여 지구의 그림자에 달이 일시적으로 가려지는 현상이다. 이는 자연스러운 우주적 현상이지만 조선시대에는 이러한 현상을 인사(人事)와 관련지어 해석하는 것이 일반적이어서[42] 이때 왕은 공구(恐懼)·수성(修省)하면서 일식·월식을 구하는 의례를 거행하였다.

일식과 월식 현상을 구제하기 위해 장악원 소속의 전악(典樂) 혹은 가전악(假典樂), 악생(樂生) 등이 북이나 쟁(징 혹은 정)을 치기 위해 동원되었다. 장악원 소속의 음악인들은 해와 달이 이지러지기 시작하여 제 모습을 회복할 때까지 각각 북과 쟁을 지속적으로 울려서 양기와 음기를 돕는 의례를 거행하였다. 일식이 있을 때면 북을 쳤고 월식이 있을 때면 쇳소리 악기인 쟁을 쳤다.

의례는 왕이 친히 행하기도 했고, 대행하기도 했는데, 왕이 친히 행하지 않더라도 북을 치거나 쟁을 울려 구하는 절차는 빠뜨리지 않았다. 일식 때에 북을 울리고 월식 때에 징을 울리는 일은 단순한 '연주 행위' 이상의 중요한 의식 절차로서, 가죽으로 만든 악기가 울리는 북소리와 쇠로 만든 악기가 울리며 경계하는 소리는 특정한 기운을 지녀, 해와 달의 모습을 회복하는 데 일정한 도움을 주는 것으로 파악하였다.[43]

42　『조선왕조실록』에 이러한 인식을 알려 주는 기록들이 흔히 보인다. 『중종실록』 중종 24년 7월 병신(3일) 기사에 '가뭄이 들었으니 제왕이 근신해야 한다'라는 내용을 담은 유순원의 상소문에서도 그 한 예를 볼 수 있다. "전하께서 여러 소인들에게 비난을 당하자 일식(日蝕)이 일어났고, 간신이 역모를 일으키자 우뢰로 경계했으며, 뽑은 정승이 마땅한 사람이 아니자 지진이 발생하였다"라고 하여 천재지변과 인사(人事)를 관련지어 인식하는 것이 일반적이었음을 알려 준다.

43　월식 때에 鉦을 쳐서 경계하지 않았다는 이유로 한성부 오부 관원을 추고하기도 했다. 『인조실록』 권29 인조 12년 2월 계유(16일): "'일식이나 월식을 수습하는 것[日月收食]이 망매한 일인 듯하지만, 선

일식을 구하는 의례에서 연주하는 북의 종류가 어느 것인지 대해 오례서의 기록으로는 알 수 없다. 오례서에는 '고(鼓)'라고만 기록되어 있기 때문이다. 주지하듯이 '고'의 종류는 뇌고(雷鼓), 영고(靈鼓), 진고(晉鼓), 노고(路鼓), 삭고(朔鼓), 응고(應鼓), 건고(建鼓), 절고(節鼓), 교방고(敎坊鼓), 무고(舞鼓), 장고(長鼓) 등 매우 다양한데 일식 때 어떠한 고를 연주하는 것인지 명시해 놓지 않았다. 따라서 몇 가지 근거자료를 통해 추정해 볼 수 있다.

먼저 정조 대의 『시악화성(詩樂和聲)』에 일식을 구(救)할 때는 하늘에 제사할 때 치는 6면북인 '뇌고'를 쓰는 것으로 기록되어 있다.[44] 그러나 조선조 전반에 걸쳐 구일식의의 실제 의례에서 뇌고를 쳤는지는 명확하지 않다. '뇌고'(그림 1-3)는 하늘에 제사할 때 치는 악기로서 통이 검은색으로 되어 있다. 구일식의를 위해서는 각각 동쪽에 청색, 서쪽에 백색, 남쪽에 적색의 고를 배치하므로 색깔이 다른 세 대의 고가 필요하였다. 따라서 검정색의 뇌고가 아닌 청색, 백색, 적색의 뇌고를 새로 제작해서 썼는지 그 여부는 확인할 수 없다. 만일 뇌고를 치지 않았다면 진고를 쳤을 가능성이 커진다(그림 1-4). 뇌고는 대개 진고를 따라 치기 때문이다.

월식을 구할 때에 치는 악기는 『춘관통고』에 쟁(錚)으로 기록되어 있고 실록에는 쟁 혹은 정(鉦), 종(鐘)으로, 『증보문헌비고』에는 정으로 기록되어 있다. 이 가운데 정은 『악학궤범』에서 탁(鐲)과 같은 것으로 설명하고 있는 악기이다. 『악학궤범』에서는 '탁'에 대해 진양(陳暘)의 『악서(樂書)』를 인용하여 "대개 그 소리가 탁(濁)하여 탁이라 하고, 사람을 깨우치므로 정녕(丁寧)

왕이 제도를 만든 의도가 범연한 것이 아니었습니다. 밤사이에 개기월식의 변고가 있어 보기에도 처참하였는데, 길거리와 관부에서 끝내 징을 울리며 월식을 구제하지 않았으니 매우 놀라운 일입니다. 한성부 오부의 해당 관원을 추고하소서' 하니, 상이 따랐다."

44 『시악화성』 권4 「樂器度數」 '革音晉鼓': "救薄蝕, 則以祭天之雷鼓." 북을 쓰는 제도는 『周禮』 「大司樂」의 '樂六變, 則天神皆降, 可得而禮矣, 樂八變, 則地示皆出, 可得而禮矣, 樂九變, 則人鬼可得而禮矣'의 해석에 따라 하늘 제사祀天에는 여섯 면으로 된 뇌고를 썼고 지기에 대한 제사에는 여덟 면으로 된 영고를 썼다.

제1장 조선왕실의 유교정치와 음악

그림 1-3   육면북 뇌고(국립국악원)   그림 1-4   진고(국립국악원)

이라 하고, 스스로 사람을 바르게[正] 하므로 정이라 한다"[45]라고 기록하였
다. 탁은 크기가 작아 왼손에 탁의 자루를 쥐고, 오른손에 퇴(槌)를 잡고 치
는 악기이므로 월식을 구할 때 정을 썼을 것으로 생각되지는 않는다. 『춘
관통고』에 '쟁'으로 기록된 '징'(『악학궤범』에는 '大金', 『국조오례의』에는 '金'으로 기
록)이 구월식의에 쓰였을 가능성이 있고, 기타 지역에서는 종을 쳐서 월식
을 구했을 것으로 보인다. 따라서 구월식의에서 쓰인 악기는 정이나 쟁이
고 종을 쓰는 경우도 있었던 것으로 추정된다. 이 악기들은 모두 쇠로 만든
것으로 쇳소리 악기라는 점에서는 같은 기운을 가진 악기이기 때문에 나
름의 의미를 가진다.

　조선시대에 일식과 월식을 추산(推算)하는 기관은 서운관(書雲觀)이었는
데, 서운관은 세종 7년(1425) 이후 관상감(觀象監)으로 개칭한 이후 지속적으
로 추산을 수행하였다.[46] 일식·월식의 추산은 매우 중요한 일이었다. 예정

45　『악학궤범』 권9 「雅部樂器圖說」 '鐲'.
46　일식과 월식을 추산하는 사람을 '日月食述者'라고 한다. 『이전등록』에 일월식술자에게는 散官을 주

일을 미리 파악하여 그 기간이 되면 재계하면서 해와 달을 구하도록 해야 했기 때문이다. 따라서 예측을 잘한 경우, 상을 내렸고 예측을 잘못하였을 경우 벌을 내리기도 했다. 일식을 정확히 맞힌 사람에게는 상으로 아마(兒馬)를 주었고, 월식을 정확히 맞힌 사람에게는 상으로 의복을 내리기도 했다. 또 잘못 맞힌 사람에게는 형률(刑律)에 의하여 논죄하였다.[47] 『조선왕조실록』에 나타난 기록을 통해 보면 간혹 예측이 어긋나기도 했으나 대개는 맞혔기에 비교적 추산을 잘 한 것으로 생각된다.

이처럼 과학적으로 그 현상을 예측할 수는 있었으나 일·월식 현상에 대해 취하는 태도, 특히 통치자가 취해야 하는 태도는 조선시대를 통해 일관된 형태로 강조되고 있다. 즉 왕 스스로가 공구·수성해야 한다고 인식하였고, 공구·수성하는 태도를 통해 일식·월식을 비껴갈 수 있는 것으로 파악하기도 했다.[48] 그런 이유에서 일식이나 월식이 있을 때면 왕실은 대부분의 일을 멈추고 오로지 이 현상을 구하기 위해 전념했다.

반찬의 가짓수를 줄이거나 음악 연주를 중단하는 것은 물론 수리도감의 역군들은 역사(役事)를 중단했다. 또 각종 행사를 미리 치르거나 혹은 뒤로 연기하기도 했으며 때로는 생략하기도 했다. 친제(親祭)를 날짜 혹은 시간

지 못하고 軍職遞兒職을 주도록 되어 있다[『성종실록』 권10 성종 2년 6월 신미(30일)]. 중종 대에는 일식·월식을 추산하는 관원을 두 사람으로 늘레[『중종실록』 권91 중종 34년 9월 정유(3일)] 추산하는 일을 중요한 것으로 인식하고 있음을 알 수 있다.

47 『성종실록』 권146 성종 13년 9월 임자(17일): "承政院에 傳教하기를, '일식과 월식은 天變의 큰 것이니, 근신하지 않을 수가 없다. 내가 관상감의 推步하는 사람에게 상벌을 시행하여 권선징악하려고 하니, 그 일식이 틀림이 없는 사람은 兒馬로써 상을 주고, 월식이 틀림이 없는 사람은 의복으로써 상을 주고, 그들의 벌도 또한 이에 준하여 헤아려서 아뢰도록 하라' 하였다. 승정원에서 아뢰기를, '일식이 틀린 사람은 형률에 의거하여 논죄하고, 또 응당 관직을 받은 사람은 1都目을 건너뛰게 하고, 월식이 틀린 사람은 본 형률에 1등을 더 벌하게 하소서' 하니 전교하기를 '좋다' 하였다."

48 『중종실록』 권28 중종 12년 6월 을사(1일): "일식·월식은 비록 일정한 度數에 따라 있는 것이지만, 임금이 능히 恐懼修省하면 일식·월식을 해야 할 경우에 하지 않는 수도 혹 있는 것이다. 더구나 해라는 것은 모든 陽의 대종이요, 임금의 상징으로서 그 재변이 중한 것이기 때문에 내가 친구하고자 하여 어제 이야기 끝에 마침 친구하겠다는 뜻을 말한 것이다. … 이는 마땅히 소복을 입고 친구해야 할 것이다."

을 앞당겨 미리 거행하거나,[49] 종묘제사 후에 베풀어지는 음복연을 정지했고,[50] 조참(朝參)을 열지 않았으며, 월식으로 인해 납향대제를 중단하기도 했다.[51] 왕세자의 생신하례를 정지하기도 했으며[52] 사신연(使臣宴)의 일정을 조절하기도 하고, 사신연을 행하되 음악을 연주하지 않았으며, 왕이 출궁·환궁할 때에는 악기를 벌여 놓기만 하고 연주하지 않는[陳而不作][53] 등의 실제적 조치를 취했다. 특히 조선시대인들에게 일식은 양(陽)의 대종이며 왕의 상징인 '해'가 가려지는 것이었으므로 중대한 천재(天災) 가운데 하나로 파악되었고, 월식 또한 유사한 맥락에서 천재로 여겨졌다.[54]

"일식과 월식은 모두 나타나는 시기가 있는 것으로서 추산하여 알 수 있으니 통상적인 일로 여길 법한데도 옛사람들은 이를 변고로 여겼습니다. 그 까닭은 잘 다스려지는 세상에는 기운이 화평스러워 음이 양을 이기지 못하는 관계로 식(食)이 있어야 할 때에도 그런 현상이 일어나지 않는 데 반해 쇠미한 시대에는 인사(人事)에 잘못이 있어 음이 성하고 양이 미약하게 된 나머지 그때가 되면 반드시 그런 현상이 있게 되는 것입니다. 그렇다면 일식과 월식이 으레 나타나는 현상이라 하더라도 사실은 큰 변고인 것입니다."[55]

앞의 실록 기사를 통해 조선시대인들의 일식·월식에 대한 인식의 수위를 파악할 수 있다. 그러나 순조 대 이후의 실록 기사에서는 일식·월식에

49 『인조실록』 권13 인조 4년 윤6월 기사(29일).
50 『광해군일기』 권64 광해 5년 3월 임오(24일).
51 『인조실록』 권17 인조 5년 12월 정미(14일).
52 『세조실록』 권2 세조 1년 9월 정해(15일).
53 『명종실록』 권24 명종 13년 3월 경신(12일).
54 『周禮』 「春官·小宗伯」의 疏에 日食·月食을 天災로 보았다.
55 『인조실록』 권13 인조 4년 윤6월 기사(29일).

대한 기록 태도에서 변화가 보인다. 즉 일식, 혹은 월식 그 자체에 집중하여 일식·월식의 진행 경과를 시각별로 나누어 객관적으로 기록하여 일반적인 자연현상 가운데 하나로 인식하고 있다는 태도를 취하고 있음이 확인된다.[56] 이는 조선 후기 천문학의 진전과 밀접한 관련이 있는 것이라 생각된다.

구일식의는 『세종실록오례』에서부터 그 기록이 보인다. 『세종실록오례』의 의주 내용은 『국조오례의』에 그대로 수용되었다. 관직 명칭의 변화에 따른 차이, 즉 세종 대에 판통례(判通禮)가 성종 대의 좌통례(左通禮)로, 세종 대의 봉례랑(奉禮郎)이 성종 대의 인의(引儀)로 바뀌는 변화 외의 의주(儀註) 내용은 같다. 따라서 『국조오례의』의 구일식의의 의주 내용을 통해 그 진행 과정을 살펴보도록 한다.

"액정서(掖庭署)는 왕의 욕위(褥位)를 근정전(勤政殿) 섬돌 위 북쪽 가까이에 남향하여 설치하고 향안(香案)을 그 앞에 설치한다. 전악(典樂)은 북[鼓] 세 개를 섬돌 위[階上] 남쪽 가까이에 두는데 청색은 동쪽, 적색은 남쪽, 흰색은 서쪽에 둔다. 병조정랑은 청색 휘(麾), 적색 휘, 백색 휘를 북의 안쪽 각 방위에 따라 벌여 놓고, 세 가지의 병기로서 모(矛)는 동쪽에 극(戟)은 남쪽에 월(鉞)은 서쪽에 놓는데 북의 바깥쪽에 벌여 놓는다.

해가 이지러지기 전 5각(刻)에 병조는 여러 위(衛)를 거느리고 군사를 벌여 세워 둔다. 시신(侍臣)들은 모두 소복(素服)을 갖추어 입고 근정문 밖에 나아가 동서로 나뉘어 차례대로 선다. 해가 이지러지기 전 3각에 여러 호위하는 관원 및 사금(司禁)은 기복(器服)을 갖추어 입고 사정전 합문 밖에 나아가

---

56 『순조실록』 권4 순조 2년 8월 기해(1일): "일식이 있었다. 【신시 초부터 유시 초까지 8분 44초 동안 일식이 진행되었는데 처음에는 서남쪽이 이지러졌고 정남쪽에서 몹시 심한 일식 현상이 일어났으며 다시 동남쪽에서 둥글어졌다.】"

대기한다. 좌통례가 중엄(中嚴)을 계청하면 왕이 소복을 갖추어 입고 사정전(思政殿)으로 거둥한다. 해가 이지러지기 전 1각에 인의(引儀)는 시신들을 인도하여 동서 편문(偏門)을 지나 자리에 나아간다. 좌통례가 왕에게 준비가 되었음[外辦]을 아뢰면 왕이 여(輿)를 타고 온다.

왕이 욕위에 이르러 해를 향해 앉는다. 관상감에서 "변고가 있음[有變]"을 아뢰면 소복을 입은 사향(司香)이 향을 피우고 전악 3인이 소복을 입고 북을 친다[伐鼓]. 해가 밝은 빛을 회복하면[明復] 북 치는 것을 그친다. 왕이 내전으로 돌아간다. 시신들도 나간다. 당일에 백관들은 각각 본사(本司)에서 북을 청사(廳事)의 앞에 두고 소복을 입고 해를 향하여 선다. 해가 이지러지기 시작하면 향을 피우고[焚香] 북을 치다가 밝은 빛을 회복하면 그친다."[57]

이에 따르면 의식을 행하는 장소는 근정전이다. 액정서(掖庭署)에서 행사를 위한 진설(陳設)을 마치면 왕 이하 시신, 호위관원, 군사, 전악, 병조정랑, 관상감 관원 등이 의례에 참여한다. 본 행사에 참여하지 않은 백관은 각각 소속된 본사에서 향을 피우고 북을 치는 의례를 동일하게 행한다.

해가 이지러지기 전 5각부터 의례가 시작된다. 해가 이지러지기 시작하면 향을 피워 하늘에 오르게 하고 전악 3인이 각 방향에 놓인 북을 각각 하나씩 담당하여 두드린다. 북의 연주는 해가 밝은 빛을 다시 회복할 때까지 계속된다. 해가 가려지기 시작하는 시점부터 온통 어두워지는 시점을 지나 다시 밝아지기까지는 일식이 진행되는 시기나 양상에 따라 다르지만 북의 연주도 이 시간 동안 지속되는 셈이다.

일식에서 북을 울리는 이유는 해가 '양'에 속하기 때문에 가죽으로 만든 북을 쳐서 양기를 돕기 위해서다. 또 오방색(五方色)의 빛깔과 방향을 일치

---

57 『국조오례의』 권6 「軍禮」, '救日食儀'.

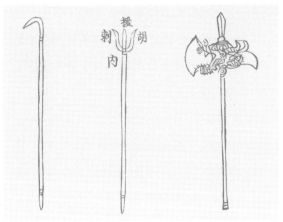

그림 1-5

『국조오례서례』 권4의 모와
극, 월

시켜 동쪽에 청색, 남쪽에 적색, 서쪽에 흰색의 악기를 배치함으로써 자연
의 원리를 따른다.

또 북의 안쪽에는 의장기의 하나인 휘를 배치시킨다. 북의 빛깔과 마찬
가지로 동쪽에는 청색 휘, 남쪽에는 적색 휘, 서쪽에는 백색 휘를 북의 안
쪽 각 방위에 맞게 벌여 놓는다. 휘는 오방색, 즉 청·황·적·백·흑의 다섯
빛깔이 있고 기의 가장자리에는 3개의 술이 달려 있는 모양을 하고 있다.

병기는 모두 방어용이 아닌 공격용이다. 동쪽과 남쪽에 배치하는 모
(矛)[58]와 극(戟)[59]은 모두 찌르는 병기이고 서쪽에 배치하는 월(鉞)은 찍기 위
한 병기이다(그림 1-5). 왕을 상징하는 '해'를 가리는 대상을 '찌르거나', '찍어

---

58 矛: 『說文』에 모를 '酋矛'라고 한다. 兵車에 세우는 창으로서 길이는 2丈이다. 象形이 완만한 것을 勾
　　兵이라고 한다. 『禮書』에 '矛의 위는 예리하고 옆은 구부러졌다. 위를 날카롭게 한 것은 식물이 처음
　　날 때의 가시랭이를 상징한 것이고, 옆으로 구부러지게 한 것은 식물이 나서 구부러지는 것을 상징
　　한 것이다'라고 하였다(『국조오례서례』 권4「軍禮·兵器圖說」 '矛').
59 戟: 『韻府群玉』에 '극의 길이는 1장 6척이고, 너비는 1촌 반이다. 雙枝가 있는 것을 극이라 하고 單
　　枝인 것을 戈라 한다'고 하였다. 《周禮圖》에 援의 길이는 7촌 반이고, 胡의 길이는 6촌이며 剌의 길
　　이는 6촌이고 內長은 4촌 반이다. 戈는 날이 2개, 戟은 날이 3개이며, 과는 작고 극은 큰 것이다.
　　內를 胡라 하는데, 호는 내로서 柲(자루비)에 접한 것이다. 호는 창의 옆으로 나간 가지를 이르는 것
　　으로 牛胡처럼 굽은 것을 말한다. 원은 直刃이고 비는 자루를 말한 것이며 길이는 14척 8촌인데 안이
　　4촌 반이고 援이 7촌 반, 합하여 전체 길이가 1장 6척이다(『국조오례서례』 권4「軍禮·兵器圖說」 '戟').

　　　　　　　　　　　　　　　　　　　　　　　제1장　조선왕실의 유교정치와 음악

서' 물리쳐야 한다는 상징적 의미를 지닌다.

의례에 참여하는 사람들이 입는 복식은 왕 이하 시신, 전악, 사향 모두 소복(素服)을 입는다. 소복은 국상 등의 흉한 일이 있을 때 입는 옷이다. 이는 일식을 흉한 일로 바라보는 시각을 보여 준다.

성종 대에 '구일식의'로 행해지던 의례는 영조 대에 제정된 『국조속오례의』(1744, 영조 20)에 「친림구일식의(親臨救日食儀)」로 기록되어 왕이 친히 임할 때의 구체적 의례 내용이 기록된다. '친림'이란 왕이 친히 임한다는 의미로 길례에서 섭행(攝行)이 아닌 친제로 행해지는 의례와 비교된다. 『국조오례의』의 '구일식의'에 비해 의례의 큰 틀에서 달라지지는 않지만 왕이 친히 참석하는 의례라는 의미가 강조되어 몇 가지 내용이 추가되고, 의례에 참여하는 사람들의 복식이 달라진다.

'구일식의'를 행할 때 친림하는 경우와 섭행하는 경우 의례에 참여하는 악인(樂人)이 달라진다. 왕이 친림하는 경우 북을 치는 사람은 가전악 3인이지만, 섭행 때에는 악생(樂生)이 북을 치는 것으로 규정되는 차이가 있다. 또 지하일식(地下日食), 지하월식(地下月食)일 경우에는 왕이 구식(救食)하지 않는다. 장악원에서 구식할 때에는 장관 1원, 차관 1원이 참여하고 관현맹인이 북을 울린다.[60]

조선시대에 월식을 구하는 의례는 일식을 구하는 의례에 비해 상대적으로 중요도가 덜했던 것으로 보인다. 월식은 왕을 상징하는 '해'를 가리는 것은 아니기 때문일 것이다. 따라서 영조 대의 『국조속오례의』에도 '구월식의'는 의주로 기록되어 있지 않고 정조 대의 『춘관통고』에 비로소 기록된다. '구월식의'는 큰 틀에서 '구일식의'와 유사하다. 『국조오례의』의 '구일식의'와 비교하여 몇 가지 차이점을 중심으로 설명하고자 한다.

---

60 『증보문헌비고』「樂考」, '樂人'.

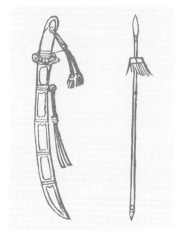

그림1-6 『국조오례서례』 권4의 검과 창

정조 대의 '구월식의'가 행해지는 장소는 인정전이고 행사 준비를 위해 진설을 담당한 기관은 액정서가 아닌 전설사(典設司)이다. '구일식의'에서 전악이 북 3대를 설치하고 연주하던 것에 비해 '구월식의'에서는 전악 대신 악공이 징 5대를 설치하고 연주하는 차이가 있다. 월식에서 징을 치는 이유는 달이 음(陰)에 속하기 때문에 쇳소리를 내서 음기를 돕기 위해서이다.[61] 또 징의 안쪽에 벌여 놓는 휘도 청색, 백색, 적색, 흑색, 황색의 오방색을 두고, 징의 바깥쪽에 벌여 놓는 병기는 동쪽에 모, 남쪽에 극, 서쪽에 월, 북쪽에 검, 중앙에 창을 각각 배치함으로써 '구일식의'에 비해 검과 창이 추가되는 차이가 있다(그림 1-6). 다섯 가지 종류의 병기 모두 공격용이라는 상징이 있어 '월식' 역시 물리쳐야 할 대상으로 인식하고 있음을 알 수 있다. 그 밖의 의례는 '구일식의'와 크게 다르지 않다.

이상 '구일식의'와 '구월식의'에 대해 의주를 중심으로 하여 변화양상을 시기별로 살펴보았다.

일식과 월식은 자연현상 가운데 하나이지만 조선시대인들은 이러한 현

61　실제로 조선시대에는 '음기가 성하여 재해와 옥사가 빈발하다'라는 이유로 절의 종을 치지 말 것을 청하기도 하였다. 『성종실록』 성종 1년 1월 경인(11일) 기사를 보면 綾城君 具致寬이 "지금 도성 안의 鐘閣·鍾樓와 禪宗의 원각사에서 모두 鍾를 치니, 이것은 모두 陰氣를 돕는 것입니다. 근년에 난신 및 도적 중에 誅死된 사람이 많은데, 이는 아마 음기가 성하여 초래된 듯합니다. 故事를 자세히 상고하여 여러 절의 종은 치지 못하게 하는 것이 어떻겠습니까?'라고 하는 기사가 나온다. 불교와 관련되어 내려진 조치라는 측면이 더 강하지만 氣의 이론으로 설명하고자 하는 논리도 함께 포함하는 내용이다.

　　　　　제1장　조선왕실의 유교정치와 음악

상을 인사(人事)와 밀접한 관련이 있는 것으로 생각하였다. 따라서 재계하면서 군례를 갖추어 '구일식의'와 '구월식의'를 거행하였다. 해와 달, 즉 양과 음의 기운을 돕기 위해 구일식의에는 가죽으로 만든 악기 북을, 구월식의에는 쇠로 만들어 쇳소리를 내는 악기인 징을 쳐서 구하고자 했다. 해의 모습, 달의 모습을 회복하기 위해 각각 양기와 음기를 돕는 의식을 거행하였다. 또 일식이나 월식이 둥글지 않을 경우에는 불을 놓아 인위적으로 둥글게 하려고 하려는 노력을 보이기도 하여 비판의 대상에 오르기도 했다.

이처럼 조선시대에는 일식과 월식을 물리쳐야 하는 재변으로 파악함으로써 북과 징을 울리며 일식과 월식을 구하는 의례를 시행하였다. 따라서 군대용 악기로 대표되는 북과 징이 일식과 월식을 행할 때 쓰이는 것은 자연스러운 일이다. 일식과 월식을 '물리쳐야 할 대상'으로 파악했기 때문이다.

4) 진이부작(陳而不作)의 흉례음악

국상(國喪)이 났을 때는 음악 소리를 바깥으로 내보내서는 안 되었다. 따라서 모든 절차에서 음악 연주는 없어진다. 그러나 왕실의 악대는 왕의 위용을 드러내는 것이기도 하므로 평소 왕을 위한 악대는 모두 악기를 갖추고 참여한다. 다만 진설을 하되 연주는 하지 않는다. 그런 의미에서 흉례에서의 악대 배치 방식을 '진이부작'이라 한다.

왕이 승하하면 국장도감(國葬都監)과 함께 빈전도감(殯殿都監), 혼전도감(魂殿都監), 부묘도감(祔廟都監), 산릉도감(山陵都監) 등의 임시기구가 각각 설치되어 국장과 관련한 일을 담당한다. 이 가운데 국장도감에서는 왕이 승하하는 순간부터 시작되는, 국장에 관련된 모든 행사를 총괄하고 관련 기록을 남긴다. 영조의 국장을 치른 예를 통해 조선시대 국장의 일반 절차를 살펴보자.

영조가 승하하자 내시(內侍)가 복의(復衣)를 받들고 동쪽 낙수받이에 사다 리를 놓고 올라가 고복(皐復)하였다. 이어 협시(挾侍)는 왕세손을 부축하 여 침문 밖에 나가 거애(擧哀)하였다. 고복이 끝나 가면, 예방승지(禮房承旨) 가 복의를 받들어 어상(御床) 옆에 놓은 뒤, 자리[位]를 설치하고 곡(哭)을 하 였다. 같은 날 승정원에서는 장례의 여러 전례에 대해 아뢰었는데, 이미 행 하였던 국상의 예와 『국조상례보편(國朝喪禮補編)』 같은 전례서(典禮書)의 기 록을 기준으로 하여 행례 절차 일반을 마련하였다. 초상(初喪)부터 졸곡(卒 哭)까지는 대사, 중사, 소사 등의 모든 제사를 멈추도록 하였다.

향탕(香湯)으로 시신을 씻기는 목욕례를 행한 후에는 습례(襲禮)와 반함례 (飯含禮)가 이어지는데, 영조의 경우 왕세손(후에 정조)이 반함례를 행하였다. 손을 씻은 후 숟가락으로 쌀을 떠서 대행왕(大行王)인 영조의 입 오른쪽에 넣고, 이어서 구슬[珠] 하나를 먼저 넣은 후 왼쪽, 가운데에도 쌀을 떠 넣었 다. 다음 날에는 여묘(廬墓) 살 곳으로 3칸 규모의 초가를 세웠으며, 같은 날 소렴례(小殮禮)를 행하였다. 소렴을 치른 다음 날에는 시신에 옷을 거듭 입 히고 이불로 싸서 베로 묶는 대렴례(大殮禮)를 한 후 재궁(梓宮)을 내렸다. 계 속하여 성복례(成服禮)를 행한 후 대행대왕의 시호(諡號)와 묘호(廟號)·전호(殿 號)·능호(陵號)를 정하였다. 이후 발인하기 직전에 문 앞에서 올리는 견전의 (遣奠儀), 왕의 상여인 대여(大輿)를 능으로 운구하는 발인의(發引儀), 성문 밖 에서 지내는 노제의(路祭儀)에 이어 천전의(遷奠儀), 입주전의(立主奠儀), 반우 의(返虞儀), 안릉전의(安陵奠儀) 등의 의례를 행하였다.

국상이 났을 때에는 기본적으로 음악을 연주하지 않는다. 따라서 3년 동 안은 온 나라에서 음악 소리를 내지 않았다. 음악 소리를 내는 것은 불법이 었다. 왕의 발인행렬인 발인반차(發引班次)는 각종 길의장(吉儀仗)과 흉의장

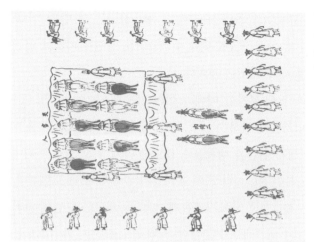

그림 1-7

『정조국장도감의궤』의
곡을 하며 발인행렬을
따르는 곡궁인

(凶儀仗) 등이 따르고, 왕이 살아서 능행(陵幸)을 할 때의 규모 이상으로 온갖
의장이 따른다. 발인행렬의 앞부분에는 곡을 하며 따라가는 궁인을 배치
시켰다. 이들을 곡궁인(哭宮人)이라 하는데, 숫자는 대개 10-20명으로 하였
지만 시기에 따라 다소 차이가 있다. 영조·숙종·경종의 국장 시에는 20명
의 곡궁인이, 정조의 국장 시에는 10명이, 순조의 국장 시에는 14명이, 명
성황후의 국장 시에는 16명이 동원되었다. 이들은 사방을 휘장으로 둘러
친 채 곡을 하면서 행렬을 따른다(그림 1-7).

발인행렬에는 악대도 포함된다. 발인행렬의 악대와 왕의 생전에 수행하
는 악대의 차이는 왕의 생전에 수행하는 악대가 연주를 우렁차게 하여 왕
의 위엄을 드러낸다면 발인행렬에서는 악기만 갖추고 소리는 내지 않는다
는 점에 있다. 이러한 방법을 "베풀기는 하지만 연주하지 않는다"라는 의
미에서 "진이부작"이라 한다. 왕의 시신을 눕힌 대여가 궁궐을 나와서 왕
이 묻힐 능까지 가는 길에 수행하는 악대는 전부고취(前部鼓吹)와 후부고취
(後部鼓吹)이다. 이때 전악은 악대를 이끈다. 악대는 악기만 갖추었을 뿐 소
리를 내지 않은 채 묵묵히 행렬을 따르는데, 그 규모는 살아 있을 때 행하

는 대가(大駕)의 절반 규모로 감한다. 슬픔을 극진히 한다는 의미에서이다. 또 비록 연주는 하지 않지만, 전부고취와 후부고취를 행렬에 따르게 하는 것은 왕의 위의(威儀)를 갖추기 위한 것이다.

왕의 재궁을 광중(壙中)에 부장할 때에는 여러 기물과 악기 등의 명기(明器)를 함께 묻는다. 명기를 부장하는 것은 죽은 이가 사후에 머물게 될 지하 세계에서도 일상 세계와 같은 생활을 누리도록 하기 위한 상징적 의미이다. 명기 이외에도 복완(服玩)이라 하여 몸차림과 관련된 것이 포함된다. 명기 악기(明器樂器)는 축소형으로 제작하는데, 만드는 재료나 방법에 따라 담당 제작처가 달랐다. 예컨대 자기(磁器)는 사옹원(司饔院)이, 와기(瓦器)는 공조(工曹)가, 목기와 죽기는 국장도감의 이방(二房)에서 제작하는 것이 보통이다. 부장하는 악기의 종류와 숫자는 시기별로 차이가 있다.

『영조국장도감의궤(英祖國葬都監儀軌)』의 명기 악기는 종·경(磬)·훈(壎)·지(篪)·금(琴)·슬(瑟)·생(笙)·소(簫)·고(鼓)·축(祝)·어(敔) 등 11종 아악기(雅樂器)가 있는데, 이들 악기는 악기궤채여(樂器櫃彩輿)로 운반되어 악기궤(樂器櫃)에 넣어져 부장되었다(그림 1-8).

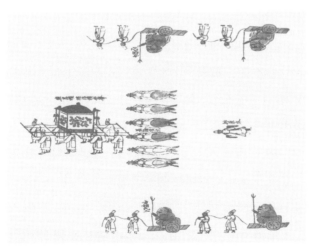

그림 1-8
『정조국장도감의궤』
의 악기궤채여

제1장 조선왕실의 유교정치와 음악

악기들을 궤에 넣을 때의 배열도가 각종 국장도감의궤에 보인다(그림 1-9). 명기 악기는 주척(周尺)을 단위로 하며, 모두 축소형으로 매우 작게 만든다. 광중에 부장하는 물건의 종류가 많기 때문에 크기를 작게 해야 한다. 명기 악기의 구체적인 치수는 〈표 1-3〉 『영조국장도감의궤』의 명기 악기 치수와 현대 수치 비교'와 같다.

영조의 국장 때 부장한 명기 악기는 모두 아악기였지만 그 이전 시기에는 일반적으로 아악기, 당악기(唐樂器), 향악기(鄕樂器)를 모두 부장하였다. 방향(方響)·당적(唐笛)·

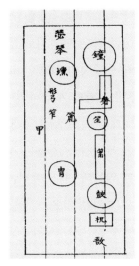

그림 1-9 『정조국장도감의궤』의 광중에 묻히는 명기 악기 배열도

표1-3 『영조국장도감의궤』의 명기 악기의 치수와 현대 수치 비교

악기	영조 국장 명기 치수	현대 수치 환산[1주척(周尺)=20cm]
종	길이(선충 포함) 4치, 위 1치, 아래 2치	길이(선충 포함) 8cm, 위 2cm, 아래 4cm
경	거장 2치, 구장 1치 5푼	거장 4cm, 구장 3cm
훈	위 2치, 중간 원경 1치 4푼	위 4cm, 중간 원경 2.8cm
지	길이 3치	길이 6cm
금	길이 4치 7푼, 너비는 위 1치 3푼, 아래 1치	길이 9.4cm, 너비는 위 2.6cm, 아래 2cm
슬	길이 6치 5푼, 너비 1치 5푼, 25현	길이 13cm, 너비 3cm, 25현
생	박의 높이 1치 5푼, 원경 1치	박의 높이 3cm
소	틀의 길이 1치 8푼	틀의 길이 3.6cm
고	길이 2치 5푼, 원경 2치	길이 5cm, 원경 4cm
축	높이 2치 3푼, 윗변 길이 2치 5푼	높이 4.6cm, 윗변 길이 5cm
어	길이 3치, 너비 1치 5푼	길이 6cm, 너비 3cm

당비파(唐琵琶)·대쟁(大箏) 등의 당악기와 거문고·가야금·향비파(鄕琵琶)·
대금 같은 향악기도 명기 악기에 포함되어 있었다. 또 나무로 만든, 음
악 연주자인 목공인(木工人) 33개와 노래를 부르는 사람인 목가인(木歌人)
8개도 함께 부장하였다. 거기에 더하여 나무로 만든 노비인 목노(木奴)
50개와 목비(木婢) 50개도 광중에 함께 묻었다. 그러나 나무로 만든 사람
을 부장하는 전통은 정조 대에 제작한 『영조국장도감의궤』부터는 보이
지 않는다. 목노비·목공인·목가인 등 사람의 형상을 한 것을 부장품에
서 제외한 이유는 『예기』에 나오는 공자의 "산 사람을 사용하는 것과 가
깝지 않은가?"[62]라는 설을 따른 것이다. 사람의 형상을 한 것을 부장한다
면 마침내는 사람을 순장하게 될 것이라는 우려로 인하여 결국 폐지된 것
이다.[63]

정조 대의 『영조국장도감의궤』부터 명기를 아악기로만 부장하는 전통
은 정조의 아악 부흥 노력과 일치하는 것이다. 정조는 집권 초반부터 고악
(古樂)을 회복하기 위한 일련의 조치를 취하였고, 당시에 편찬한 악서 『시악
화성』의 악기 항목에서도 아악기만을 기록해 놓아 그러한 노력의 일단을
보여 준다. 정조 대 이후 왕의 광중에 부장하는 악기는 아악기로 고정되었
다. 세종 대부터 고종 대까지의 명기 악기의 종류는 〈표 1-4〉 '명기 악기의
시기별 비교'와 같다.

명기 악기는 국장도감의 이방에서 제작과 조달을 주로 담당했는데, 정
조 대를 기점으로 악기의 종류와 재료 등이 변화한다. 정조 대 이전의 명
기 악기에는 아악기, 당악기, 향악기가 모두 포함되어 있어 악기의 종류
가 31종으로 다양하였으나 정조 대 이후에는 아악기만 부장하여 11종으로

62　『禮記』「檀弓 下」: "孔子謂 爲芻靈者善, 謂爲俑者不仁, 不殆於用人乎哉."
63　『국조오례의』「序例考異」'凶禮考異': "明器木奴婢五十今罷. 今上甲子, 以木奴婢, 恐啓後日, 用殉之弊,
　　特命革罷."

표1-4 명기 악기의 시기별 비교[64]

왕(황후) \ 악기	세종오례	숙종 국장	경종 국장	영조 국장	정조 국장	명성황후 국장
편종(編鐘)	와종(瓦鐘) 16	와종 16	와종 16	×	×	×
편경(編磬)	와경(瓦磬) 16	와경 16	와경 16	×	×	×
특종(特鐘)	특종 1	와특종	와특종	종 (鐘: 동으로 만듦)	종 (동으로 만듦)	종
특경(特磬)	와특경(瓦特磬) 1	와특경	와특경	경 (磬: 자기를 씀)	경 (백토를 씀)	경
방향(方響)	와방향(瓦方響) 16	와방향 16	와방향 16	×	×	×
훈(塤)	와훈(瓦塤) 1	와훈	와훈	와훈	와훈	와훈
지(篪)	지 1	○	○	○	○	○
관(管)	관 1	○	○	×	×	×
당적(唐笛)	적(笛)	당적	당적	×	×	×
약(籥)	약 1	○	○	×	×	×
우(羽)	우 1	○	○	×	×	×
통소(洞簫)	통소 1	○	○	×	×	×
당필률(唐觱篥)	필률(觱篥) 1	○	○	×	×	×
향필률(鄕觱篥)	향필률 1	○	○	×	×	×
대금(大琴·大笒)	대금(大琴) 1	○	대금(大琴)	×	×	×
당비파(唐琵琶)	비파(琵琶) 1	○	○	×	×	×
향비파(鄕琵琶)	향비파 1	○	○	×	×	×
현금(玄琴)	현금 1	○	○	×	×	×
가야금(伽倻琴)	가야금 1	○	○	×	×	×

64　송지원, 「조선시대 명기 악기의 시대적 변천 연구」, 『한국음악연구』 제39집, 한국국악학회, 2006.

박(拍)	박 1	○	○	×	×	×
생(笙)	생 1	○	○	○	○	○
우(竽)	우 1	○	○	×	×	×
화(和)	×	○	○	×	×	×
금(琴)	금 1	○	○	○	○	○
슬(瑟)	슬 1	○	○	○	○	○
소(簫)	×	×	×	○	○	○
대쟁(大箏)	대쟁 1	○	○	×	×	×
아쟁(牙箏)	아쟁 1	악쟁(樂箏)	○	×	×	×
절고(節鼓)	절고 1	○	○	×	×	×
장구[杖鼓]	장구 1	○	○	×	×	×
고(鼓)	교방고(教坊鼓)	×	×	○	○	○
축(祝)	축 1	○	○	○	○	○
어(敔)	어 1	○	○	○	○	○
	31종	31종	31종	11종	11종	11종

축소되었다. 또 일부 악기는 제작 재료도 달라졌다. 경종 대에 제작된『숙종국장도감의궤(肅宗國葬都監儀軌)』의 명기 악기인 종과 경은 진흙을 구워 만드는 와종(瓦鐘)과 와경(瓦磬)이지만 정조 대의 영조 국장부터 그 이후로는 종은 동으로 만들어서 악기의 원 재료에 가깝게 되었고 경은 백토를 사용한 자기로 만들어서 견고함을 더하였다. 이렇게 만든 명기 악기는 악기궤에 넣고 어교(魚膠)로 바닥을 고정시킨 후 악기궤채여에 실려 능으로 옮겨진다.

초상으로부터 27개월째에 지내는 담제(禫祭) 이후에는 왕의 신주를 종묘에 모시게 되는데, 이를 부묘의라 한다. 부묘의는 흉례에 속하지만 만 3년을 모두 채운 이후 시향제(時享祭) 즉 매해 봄·여름·가을·겨울과 납일(臘日)

에 지내는 제사로 옮겨 가는 과정에 있는 의례이기 때문에 그 의례의 성격이 보통의 흉례와 다르다. 따라서 신주를 종묘로 모시고 갈 때 신련(神輦)의 앞뒤를 따르는 악대가 음악을 연주한다. 발인반차에서 악대를 배치하는 하지만 연주하지 않는 것과 차별화된다. 부묘의에서 신주를 신좌(神座)에 안치한 이후에는 흉례의 예가 아닌 길례 시향의 예로써 행하므로 등가와 헌가, 문무와 무무가 모두 제례악을 연주한다. 이후 왕의 행렬이 궁으로 돌아가면 제사 의례를 마치고 돌아가는 것과 같은 예로써 기로(耆老)와 유생(儒生) 그리고 교방에서 가요(歌謠)를 올리고, 환궁한 이후에는 가례의 영역에 속하는 하례와 음복연을 잇따라 행함으로써 흉례-길례-가례라는 연속성의 측면에서 의례를 연행하였다.

3 왕실음악의 유교적 특징

예악을 국시로 했던 조선왕실에서는 각종 의례에서 음악을 사용하였다. 이러한 의례에서 사용되는 음악은 유교적 질서가 극대화되어 드러나는 방식으로 만들어지고 쓰였다. 음악적 쓰임의 면에서 볼 때 왕실의 의례 가운데 특히 길례에서 그 특징이 잘 드러난다. 조선왕실의 음악이란, 곧 넓은 의미의 악을 말하는 것으로 거기에는 기악과 노래, 춤을 포괄하고 있다.[65] 이 가운데 '기악'에서는 선율의 구성, 악대의 구성과 배치(악현), 악기의 음색과 빛깔, 모양, 소리 등에서 그 특징을 드러낸다. '노래'에서는 노래의 선율과 노랫말의 내용을 통해, '춤'에서는 춤추는 인원수, 춤의 동작, 춤추는 도구의 차별화, 도구를 사용하는 방식 등의 면에서 유교적 특징을 드러내고 있다. 이러한 여러 요소 가운데 몇 가지 사례로써 왕실음악의 유교적 특징을 설명해 보기로 한다.

1) 음의 높이에 부여된 유교적 질서

먼저 선율을 구성하는 음의 높이에 부여된 질서로서 오음(五音)의 사례를 들 수 있다. 오음이란 곧 궁(宮)·상(商)·각(角)·치(徵)·우(羽)의 다섯 음을 말하는 것으로 각각의 상징을 지니고 있다. 즉 궁음은 임금, 상음은 신하, 각음은 백성, 치음은 일, 우음은 사물을 상징한다. 각 음에 부여된 상징은 상

---

65 『禮記』「樂記」.

하의 질서 개념과 맞물려 적용되어 선율을 구성하는 방식을 제한하였다. 이러한 음의 질서가 어지러워지는 경우 "신하가 임금을 업신여기고, 백성이 신하를 능가하여 차례를 뺏는 것"으로 설명하고 있다. 이러한 까닭에 특히 제례음악의 선율을 구성할 때 선율 구성에 일정한 한계를 부여하는 방식으로 실제 음악에 적용되었다. 그 전거는 곧 유가 악론의 정수를 이루는 『예기』「악기」에서 찾을 수 있다.

> "궁(宮)은 임금이요 상(商)은 신하이며 각(角)은 백성이요 치(徵)는 일이며 우(羽)는 사물이다. 이 다섯 가지가 어지럽지 않으면 막히고 어지러운 음이 없게 된다."[66]

위의 다섯 음 가운데 궁이 가장 낮은 음이고 우가 가장 높은 음이다. 율관의 길이로 볼 때 궁음의 길이가 가장 길고 우음의 길이가 가장 짧다. 낮은음은 율관의 길이가 길어 가장 존귀하며 높은음은 율관의 길이가 가장 짧아 음이 높아질수록 그 차서가 낮아지고 있음을 알 수 있다. 이러한 방식은 예의 '위치를 규정하고 질서를 구분하는 원리'에 기반하고 있기 때문이다.[67] 음에 부여된 상징은 음의 쓰임을 제한하게 되어 음악의 선율 구성의 방식을 제한한다. 예컨대 음악에서 전조(轉調)가 되는 경우 궁음이 상음, 각음보다 높아지는 현상이 생길 수 있다. 그럴 경우에는 옥타브 위의 음을 대체 사용하여 그와 같은 현상을 방지하는 방식으로 선율을 구성하였다. 이는 음에 부여된 상징 때문인 것으로 '임금', '신하', '백성'이 각각의 이치를

---

66 『禮記』「樂記」 '樂本'.
67 『禮記』에는 커서 귀한 것, 많아서 귀한 것, 낮아서 귀한 것, 작아서 귀한 것 등 尊卑貴賤에 따라서 그 내용을 각각 차등화하는 여러 사례가 제시되어 있다. 예컨대 제례악을 연행할 때 추는 佾舞의 경우 '많아서 귀한 것'이 적용되는 사례이다. 天子를 위한 일무는 八佾舞, 諸侯는 六佾舞, 大夫는 四佾舞, 士는 二佾舞와 같은 방식으로 차등화하는 방식도 그 하나의 예이다.

얻어 어지럽지 않게 하고자 함이었다.[68]

이와 같은 특징은 특히 아악을 연주하는 제사음악에서 충실하게 구현되었다. 『국조오례서례』의 「길례서례·아부악장」[69]에 제시되어 있는 선율을 통해 실제 음악의 선율 구성의 측면에서 이러한 현상을 이해해 보자.

「아부악장」에는 모두 15개의 아악선율이 제시되어 있다. 이때 음역은 모두 12율 4청성의 제도를 따라 황종(黃鐘-c)부터 청협종(淸夾鐘-d#)까지의 음역 안에서 이루어지게 된다. 이렇게 12율 4청성의 제도를 취한 것이 곧 각 음에 부여된 상징으로 인한 것이다. 편종, 편경과 같은 악기는 12율 4청성으로 그 음역이 제한되어 있는 것도 유사한 이유이다.

먼저 황종음을 궁음으로 하여 기조필곡(起調畢曲)[70]하는 황종궁의 선율을 보면 다음과 같다.

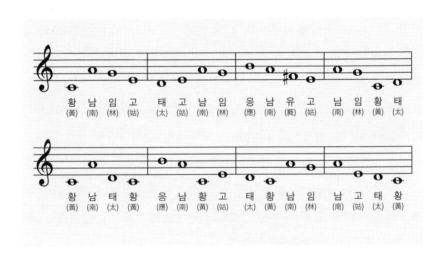

---

68 그러한 특징을 잘 드러내는 음악으로 아악을 쓰는 문묘제례악이 대표적이다.
69 『국조오례서례』 권1 「吉禮序例·雅部樂章」.
70 기조필곡: 음악을 시작한 음과 같은 음으로 곡을 끝마치는 것을 말함.

앞의 황종궁 선율은 나머지 대려궁, 태주궁, 협종궁, 고선궁, 중려궁, 유빈궁, 임종궁, 이칙궁, 남려궁, 무역궁, 응종궁, 송협종궁, 송임종궁, 송황종궁의 14개 선율과 같은 선율이다. 다만 기준 음높이만이 다를 뿐이다. 이러한 선율구조를 그대로 지키면서 기준음의 높이가 올라가게 되면 12율 4청성의 선율 구성에 위배되는 현상이 일어나게 된다. 그런 경우 결국 청협종음 이하의 음으로 옥타브를 낮추어서 노래해야 하는 것이다. 남려궁 선율의 예로써 그와 같은 현상을 설명해 보기로 한다.

『국조오례서례』에 제시되어 있는 남려궁 선율을 예로써 살펴보면 다음과 같다.

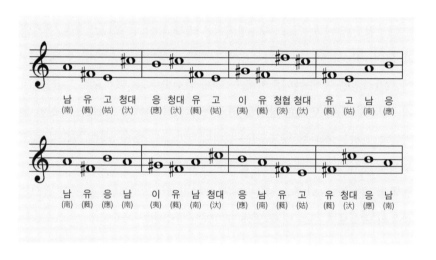

남려궁 선율의 경우 원칙적으로 황종궁 선율을 수직적으로 장6도 높여서 만들어야 하는 선율이다. 그러나 모두 수직적으로 6도를 높이게 되면 12율 4청성의 제도에 어긋나는 선율이 나오게 되어 음역을 벗어나게 되며 편종, 편경과 같은 악기로 연주하는 것은 불가능하게 된다. 12율 4청성 제도를 무시하고 남려궁의 선율을 형성한다면 다음과 같이 될 것이다.

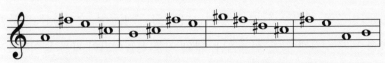

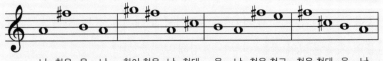

이처럼 청유빈음, 청고선음, 청이칙음의 세 음이 한 옥타브 위로 올라가게 되며 이는 최상음이 청협종음인 편종과 편경으로는 연주할 수 없게 되어 12율 4청성 안에 들어오지 않는 음이 출현한다. 결과적으로 『예기』「악기」에서 각 음에 부여된 상징을 위배하게 되어 신하가 임금을, 백성이 신하를 능만하는 결과를 낳게 되는 것이다.[71] 따라서 12율 4청성 제도를 둠으로써 음높이에 부여된 신분적 질서를 지켰으며 그것이 선율을 변형시키는 결과를 가져오게 되었다. 이는 다른 음높이에서 구현되는 유교적 질서는 선율의 변형보다 훨씬 더 중요한 일이었기 때문이다.

2) 악대와 일무를 통해 구현된 삼재사상

다음으로 제례를 행할 때 연주를 담당하는 악대와 일무의 상징이다. 유

71　『禮記』「樂記·樂本」: "宮爲君, 商爲臣, 角爲民, 徵爲事, 羽爲物. 五者不亂則無怗懘之音矣. 宮亂則荒, 其君驕. 商亂則陂, 其官壞. 角亂則憂, 其民怨. 徵亂則哀, 其事勤. 羽亂則危, 其財匱. 五者皆亂, 迭相陵, 謂之慢. 如此則國之滅亡無日矣."

가(儒家)의 악론에서 넓은 의미의 '악'이란 악가무(樂歌舞), 즉 기악·노래·춤의 삼자가 모두 갖추어진 총체적 개념인데[72] 총체적 의미의 '악'이란 '성인이 천지, 자연의 형상을 본떠 만든 것'으로 상정하기 때문에 이 세 가지가 모두 구비되어야 악의 온전한 형태를 갖추게 된다. 이러한 악은 천지와 조상에게 제사를 올리는, 보본반시[73]하는 의식에서 쓰일 때 그 진정한 가치를 발하게 된다. 제사의식에서는 반드시 악의 온전한 형태를 갖추어 올려야 예에 흠결됨이 없으므로 일무는 악가(樂歌)와 함께 제례에서 필수적 요소가 된다.

따라서 제례에서 연행되는 일무는 그 기거동작의 의미가 고도의 상징체계를 가지고 설명된다. 물론 그 상징체계는 유가 예악론을 바탕으로 하고 있어서 유가적 설명체계 안에서 이해해야 한다. 제례의식에서 음악을 연주하는 악대의 위치라든지 악기의 위치와 색깔, 일무를 추는 무원의 숫자와 위치, 춤추는 동작의 의미 등은 유가 예악론 안에서 하나의 소우주처럼 질서정연하게 설명된다.

제례악에서 연행하는 악대와 일무의 공간 배치 방식에는 유가 우주관의 기초를 형성하는 천지인 삼재사상이 담겨 있다. 제례악을 연주할 때 악대는 댓돌 위, 즉 상월대와 댓돌 아래인 묘정(廟廷)에 각각 편성된다. 댓돌 위에는 당상악(堂上樂)인 등가가 편성되고 묘정에는 당하악(堂下樂)인 헌가[74]가 편성되며 등가와 헌가 사이에는 곧 일무가 위치한다. 공간적으로도 위와

---

72 유가의 악론에서 '樂'이란 용어는 '聲', '音'과 구분되어 사용된다. 사람의 마음이 외물에 감동되어 비로소 움직여 나타난 것이 '聲'이고 소리가 서로 감응하여 변화가 생겨 곡조를 이룬 것이 '音'이고 음이 어울려 樂이 생성되는데 간척과 우모(문무와 무무)가 곁들여진 것을 '악'이라 한다. 따라서 '악'이라 할 때에는 樂, 歌, 舞 모두 갖추어진 형태를 이른다. 이와 관련된 내용은 『禮記』「樂記」에 있다 (凡音之起, 由人心生也. 人心之動, 物使之然也. 感於物而動, 故形於聲, 聲相應, 故生變, 變成方, 謂之音. 比音而樂之及干戚羽旄謂之樂).

73 『禮記』「樂記」: "樂也者施也, 禮也者報也, 樂樂其所自生, 禮反其所自始, 樂章德, 禮報情反始也."

74 軒架의 명칭도 신분에 따라 다른데, 천자의 악현은 宮架(宮懸), 제후는 軒架(軒懸), 대부는 判架(判懸), 사는 特架(特懸)이라 한다. 이때 악기의 구성도 달라진다.

아래의 구분을 분명히 이루고 있다. 이는 서명응(徐命膺, 1716-1787)의 논의를 통해 확인할 수 있다.

"당상악은 일전(日躔)[75]이 하늘 위에 응하는 것을 형상한 것이고 당하악은 두건(斗建)[76]이 지상을 가리키는 것을 형상한 것이다. 천지 양위 사이에 반드시 인사(人事)의 자리가 갖추어진 후라야 삼재의 상이 비로소 크게 구비된다. 인사 가운데 중요한 것은 문덕과 무공 두 가지에서 벗어나지 않는다. 이것이 문무(文舞)·무무(武舞)가 당상악과 당하악의 사이에 위치하는 이유이다."[77]

제례악에서 당상악은 곧 해가 운행하는 궤도가 하늘 위에서 응하는 방식을 상징한 것이고 당하악은 북두칠성의 자루가 지상을 가리키는 것을 형상하고 있다. 그리고 하늘과 땅 사이에서 사람의 일이 일어나므로 사람, 혹은 사람의 일, 인사를 상징한 일무를 당상악과 당하악의 사이에 위치시켜 음악을 연행할 수 있도록 한 것이라 하였다. 아울러 왕의 일 가운데 가장 중요한 것은 곧 문덕(文德)과 무공(武功)의 범위에 있으므로 그러한 내용을 일무로 형상화한 것이라 하였다.

여기에서 각각의 공간적 배치도 주목할 만하다. 즉 천(天)을 상징하는 당상악은 공간적으로 가장 높은 곳에, 인(人)을 상징하는 일무는 그 중간에, 지(地)를 상징하는 당하악은 가장 아래쪽에 배치하는 원리가 그것이다. 당상악과 당하악, 일무가 제례의식에서 함께 연행되면, 그것은 곧 성인이 천

---

75 일전: 해가 운행하는 궤도.
76 두건: 북두칠성의 자루.
77 서명응, 『보만재총서』 집류 「攷事十二集」: "堂上之樂, 旣象日躔之應天上, 堂下之樂, 又象斗建之指地上, 則天地兩位之間, 必有人事之位, 然後, 三才之象於是大備, 而人事之大, 不外於文德武功二者, 此二舞所以居堂上堂下二樂之間也."

제1장   조선왕실의 유교정치와 음악

지, 자연의 형상을 본떠 만든 악의 창조적 의미가 가장 잘 구현되는 것이고 이러한 악가무는 우주 그 자체가 된다.

다음으로 사람의 일을 상징하는 일무의 무(舞)는 곧 공덕(功德)에서 나오는 것으로 동작 하나하나가 때론 힘차게, 때론 읍양하며 절도에 맞게 연행하는데 그 의미는 다음과 같이 설명되고 있다.

"악(樂)이 귀에 들리는 것은 소리[聲], 눈에 보이는 것은 용모[容]라고 한다. 소리는 성정(性情)에서 나오는 것이고 용모는 공덕에서 형성된다. 성인이 종·경·관·생을 빌려 성정을 문채 나게 하고, 힘차게 움직이고 읍양하여 공덕을 드러내었다. 그러므로 음악만 있고 춤이 없으면 장님이 음악을 아는 것과 같고, 춤만 있고 음악이 없으면 벙어리가 뜻을 깨닫는 것과 같다. 음악과 춤이 절도에 맞는 것을 일러 '중화(中和)'라 한다."[78]

이는 18세기 학자군주 정조의 어정서(御定書)인 「악통(樂通)」의 설명이다. 소리는 성정에서 나오고 춤은 공덕에서 생겨나는데, 이 둘이 상호 보완적이며 필수적인 관계를 형성하고 있음을 알려 준다. 음악만 있고 춤이 없다면 마치 장님이 음악을 아는 것과 같이 불완전하며, 춤만 있고 음악이 없어도 마치 벙어리가 뜻을 깨닫는 것처럼 불완전한 것이라 설명하고 있다. 제례악에서 악가무를 모두 갖추는 이유를 명확하게 설명하고 있다.

일무란 사람의 공덕, 즉 문덕과 무공을 기리기 위하여 만들어진 것인데 이러한 전통은 이미 요·순·우·탕의 시절부터 있었다. 문덕과 무공을 춤으로 표현하기 위해서는 그 상징을 잘 드러낼 만한 도구, 즉 무구를 사용하

---

78 『홍재전서』 권61 「樂通」 '樂舞': "樂之在耳曰聲, 在目曰容. 聲出於性情, 容生於功德. 聖人假鍾磬管笙, 以文其性情, 蹈厲揖讓, 以表其功德, 故有樂而無舞, 如瞽者之知音也, 有舞而無樂, 如啞者之會意也. 樂舞合節, 是謂中和."

게 된다. 무구의 전통도 요·순·우·탕의 악무인 함(咸)·소(韶)·하(夏)·호(濩)
에서 사용된 전통을 따른 것으로 문무를 출 때는 약(籥)과 적(翟)을, 무무를
출 때는 간과 척을 각각 사용하였다.[79] 이러한 도구들도 각각의 상징적 의
미체계를 지닌다.

> "문무와 무무를 출 때 손에 잡는 도구로, 문무의 경우 왼손에 약(籥)을 잡는
> 것은 성(聲)을 위주로 하기 때문이고, 오른손에 적(翟)을 잡는 것은 용(容)을
> 위주로 하기 때문이다. 무무의 경우 왼손에 간(干)을 잡는 것은 생명을 아
> 껴서이고, 오른손에 척(戚)을 잡는 것은 업신여김을 방어하기 위함이다."[80]

「악통」의 설명을 참조하면, 성정에서 나
오는 '소리[聲]'는 악과 가(歌)를 포함하고,
공덕에서 생겨나는 용은 무(舞)를 말하는
것이었다. 이 '성용(聲容)'은 문무를 추는 도
구인 약과 적(그림 1-10)의 상징으로 다시
설명된다. 문무를 출 때 왼손에 잡는 약은
주나라 때부터 있었던 아악기로, 12율만을
낼 수 있는 아악기로서 '성(聲)'을 상징한다
고 하였다.

『문헌통고』에서는 약의 의미를 이렇게
설명하였다. "약은 도약하는 뜻이다. 기가
도약하여 나온다는 것이다. 옛날에는 묘방

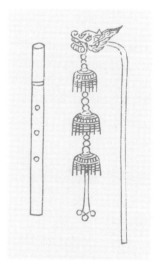

그림 1-10 『국조오례서례』 권1의 문
무를 출 때 손에 들고 추는 약과 적

---

79 종묘제례의 武舞에서 사용되는 무구는 이와 다르다. 이에 대해서는 '보본반시의 길례음악' 중 종묘
제례악의 무구 설명 내용 참조.
80 서명응, 『보만재총서』 집류 「攷事十二集」: "舞秉執之器, 文左籥主聲, 右翟主容, 武左干好生, 右戚禦侮."

제1장 조선왕실의 유교정치와 음악

(卯方)에 있는 땅에서 대나무를 취하여 약을 만들었는데, 약이 춘분의 음이고 춘분에는 만물이 떨쳐 약동하여 나오기 때문이다."[81]

그러나 '약이 춘분의 음'이라는『문헌통고』의 설명은 조선 후기의 지악지신(知樂之臣) 서명응에 의해 비판된다. 이는『시악화성』「악기도수」편에서 제기되는데, "하나의 악기가 하나의 절기를 모방하여 본떴다면 한 해 24절기를 상징하는 악기가 각기 있어야 하므로 이러한 기존 학설은 옳지 않다"라고 비판한 후에 약의 의미를 "약은 성음의 근본이다. 춤추는 사람이 약을 잡고서 춤을 추는 것은 성음의 근본을 얻기 위함이다"라고 설명하였다.

문무를 출 때 오른손에 잡는 적은 꿩꼬리 3개를 3척짜리 장대에 꽂아 만든 것으로 그 끝단에 용의 머리를 새겨 도금하였다. 문무의 무구인 약과 적은 넓게는 평화를 상징한다.

무무를 출 때 왼손에 잡는 간은 방패 모양의 것으로 생명을 아끼는 뜻[好生]을 지니며 오른손에 잡는 척은 도끼 모양의 것으로 업신여김을 방어하는 뜻[禦侮]이다(그림 1-11). 따라서 춤을 출 때는 장단에 맞추어 움직이다가 오른손에 든 척으로 왼손에 든 간을 딱 소리가 나도록 내리치는데 이러한 동작은 생명을 아끼는 뜻과 업신여김을 방어하는 두 가지 의미를 동시에 지니는 것이다. 진양의『악서』에서는 "간은 순[방패]이어서 도끼를 막아 내고 적을 방어한다. 간은 바탕에 붉은 칠을 하고 용을 그린다"라고 하였다.

그림 1-11 『국조오례서례』 권1의 무무를 출 때 손에 들고 추는 척과 간

---

81   『文獻通考』: "籥躍也, 氣躍而出也. 古者取卯地之竹, 以爲籥, 春分之音, 萬物振躍而出也."

이상과 같이 문무와 무무를 출 때 사용하는 무구는 각각 '문'과 '무'의 상징을 잘 드러낼 만한 도구라 할 수 있다. 이러한 무구인 약과 적, 간과 척의 함의에 대한 설명은 『시악화성』에서 좀 더 진전된다.

"약은 경륜의 근본이 되고, 적은 문장의 지극함이 되는 까닭에 문무를 출 때 이것을 손에 쥔다. 간에는 방어하는 지(智)가 있고, 척에는 용감함의 의 (義)가 있는 까닭에 무무를 출 때 이것을 손에 쥔다. 문은 양(陽)인 까닭에 왼쪽을 숭상하여 왼손에 약을 잡고 오른손에 적을 잡는다. … 무는 음(陰) 인 까닭에 오른쪽을 숭상하여, 오른쪽에는 척을 잡고 왼쪽에는 간을 잡 는다."[82]

문덕과 무공을 드러내기 위한 의미로 사용된 문무와 무무의 상징에 대한 설명은 이처럼 무구의 상징적 의미와 결합하면서 조선 후기 유가 악론의 대표적 저술인 『시악화성』에서 서명응에 의해 보다 견고한 상징 세계를 확보하게 되었다.

일무의 동작이 지니는 의미도 유가 악론에서 일정 맥락으로 설명된다. 일무의 동작은 얼핏 보기에는 매우 단순해 보인다. 한자리에 서서 손을 들었다가 내리고 몸을 구부렸다 펴는가 하면 오른쪽으로 돌고 왼쪽으로 돌기도 하는 동작을 끊임없이 반복하기 때문이다. 그러나 이러한 동작 또한 각각의 상징적 의미체계를 지닌다.

일무의 동작을 시작하기 전의 정지된 상태부터 그 상징이 나타난다. 문무의 경우에는 약을 안쪽으로 하고 적을 바깥쪽으로 잡으며 약은 가로로, 적은 세로로 잡는다. 무무의 경우에는 척을 안쪽으로 하고 간을 바깥쪽으

---

82 서명응, 『시악화성』 권9 「樂舞擬譜」. 이 부분의 번역은 김종수·이숙희 공역, 『역주 시악화성』(국립국 악원, 1996)을 참고하였다.

제1장 조선왕실의 유교정치와 음악

로 잡으며, 척은 가로로, 간은 세로로 잡는다. 이는 인의(仁義)와 경위(經緯)의 표리관계로 설명된다.

> "기거동작에 있어서, 춤추기 시작하기 전에, 문무의 경우 약을 안쪽으로 적을 바깥쪽으로 하고, 약을 가로로 적을 세로로 하는 것은 인(仁)이 안이 되고 의(義)가 바깥이 되는 뜻이다. 무무를 출 때 간을 바깥쪽으로, 척을 안쪽으로 하고, 간을 세로로, 척을 가로로 하는 것은 인이 경(經)이 되고 의가 위(緯)가 되기 때문이다."[83]

서명응의 설명을 빌려 부연하면, 문무에서 춤을 시작하기 전에 약을 안쪽에, 적을 바깥쪽에 위치하게 하는 것은, 경륜(經綸)은 안에서 운영되고 문장(文章)은 바깥에서 선양되기 때문이다. 또 무무에서 척을 안쪽으로 하고 간을 바깥쪽에 위치하도록 하는 것은 용감함은 안에서 앞장서고, 방어함은 바깥에서 막기 때문이라고 하였다.

처음의 정지 동작에 이어 첫 시작 부분의 동작은 종묘제례나 문묘제례의 일무가 같다. 양자 모두 문무의 첫 부분에서는 몸을 숙이며, 무무의 첫 시작 부분은 반드시 몸을 우러르는 동작으로 시작한다. 또 문무에서는 왼손과 발을 먼저 들고 무무에서는 오른손과 발을 먼저 든다. 이러한 동작의 상징성은 서명응에 의해 다음과 같이 설명된다.

> "춤이 이미 시작된 뒤, 문무는 반드시 몸을 숙이는 것은 양은 음으로 용(用)을 삼기 때문이다. 무무에서 반드시 몸을 우러르는 것은 음은 양으로 용을 삼기 때문이다. 문무에서는 먼저 왼손과 발을 먼저 들고 왼쪽으로 도는 것

83　서명응, 『보만재총서』 집류 「攷事十二集」: "其容止之法, 未開舞時, 文籥內翟外, 籥橫翟縱者, 仁裏而義表也. 武干外戚內, 干縱戚橫者, 仁經而義緯也."

은 양이 왼쪽을 위[上]로 삼기 때문이다. 무무를 출 때 먼저 오른손과 발을 먼저 들고 오른쪽으로 도는 것은 음이 오른쪽을 위로 삼기 때문이다."[84]

춤의 시작에서 문무는 먼저 몸을 구부리고 무무는 몸을 우러르는 동작을 하는 이유는 음양의 논리로 설명됨을 알 수 있다. 즉 문무는 양이지만 음으로 용(用)을 삼기 때문에 몸을 먼저 구부리는 것이다. 즉 양이기 때문에 음으로 용을 삼아 겸손과 물러남을 주로 하는 것이고, 무무는 음이지만 양으로 용을 삼기 때문에 몸을 먼저 우러른다. 즉 음이기 때문에 양으로 용을 삼아 발양(發揚)과 힘참을 위주로 한다. 도는 방향도 문무는 왼쪽을 위로, 무무는 오른쪽을 위로 삼기 때문에 각기 다른 것이라 하였다.

이러한 동작을 종묘제례나 문묘제례의 일무 절차를 통해 살펴보도록 한다. 먼저 문무의 경우 종묘제례의 문무는 〈보태평〉 11곡의 음악에 따라 춤동작을 각각 달리한다. 그러나 문묘제례의 문무는 4음 4박의 음악이 끝날 때까지 4박 한 단위의 같은 동작을 반복한다. 즉 첫 박에서는 북향하고 서서 약과 적을 들고 오른쪽 다리를 들었다가 손발을 동시에 내리면서 허리를 구부린다. 문무이므로 몸을 먼저 구부리는 것이다. 둘째 박과 셋째 박은 첫 박과 같지만 각각 동향과 서향을 하는 점이 다르다. 넷째 박은 다시 첫 박과 같다.[85]

무무의 경우에도 종묘제례는 〈정대업〉의 11곡에 따라 춤동작이 모두 다르다. 그러나 문묘제례의 무무는 문묘제례악의 일정한 4음 4박이 끝날 때까지 4박 한 단위의 같은 동작을 반복한다. 무무를 추는 아헌(亞獻)의 절차를 예로 들면 첫 박에서는 북향하고 서서 간과 척을 왼쪽 목 옆으로 돌려

---

84 서명응, 『보만재총서』 집류 「攷事十二集」: "開舞後, 文必俯者, 陽以陰爲用也. 武必仰者, 陰以陽爲用也.
    文先擧左手足左旋者, 陽以左爲上也. 武先擧右手足右旋者, 陰以右爲上也."
85 송지원, 「佾舞, 그 상징과 함의」, 『문헌과 해석』 통권 11호, 문헌과 해석사, 2000.

들고, 둘째 박에서는 오른쪽 목 옆으로 동작을 바꾸게 된다. 또 셋째 박에서는 간을 왼쪽 허리 옆의 위치로 벌리고 척은 오른쪽 어깨 위로 들어 올려 내려칠 준비를 한다. 넷째 박에서는 척으로 간을 힘차게 내려치면서 허리를 약간 구부린 다음 준비자세로 돌아가는 식이다.[86]

일무의 이와 같은 기거동작은 각각의 상징적 의미체계를 지니는 것으로 동작이 시작되기 전의 정지 상태조차도 그 의미를 지니게 된다. 일무 전체 동작에 대한 의미체계를 전체적으로 파악해 본다면 일무의 보이지 않는 다른 세계가 드러날 것이다.

3) 제례악기에 드러나는 유교적 상징

제사의례는 오례 가운데 가장 중요한 것 가운데 하나로 여겨져 의례의 절차와 내용, 의례 세부 시행규칙, 악무 사용 등의 면에서 그 의미 하나하나가 분석되어야 할 사항이 많다. 악대의 방향, 악기의 특성, 악기의 빛깔, 악기의 쓰임 등이 모두 유교적 상징체계를 지니고 이루어지기 때문이다. 유교적 상징이 가장 잘 담겨 있는 것이 당연하다. 따라서 이 절에서는 특히 천지인(天地人) 제사에 해당하는 의례를 대표적으로 하나씩 들어 그 제사에서 사용되는 상징적 악기를 중심으로 논의해 보고자 한다.

보본반시[87]의 의미를 지니는 길례에서 "존재하는 것의 근본을 갚고, 그 시초를 돌이킨다고 할 때 그 근본의 주체는 곧 천지인 삼재 가운데 하나가 된다. 앞서 언급한 『국조오례의』와 마찬가지로 『국조오례서례』 권1 「길례서례」 '변사(辨祀)' 조에서도 천신에 지내는 것을 '사', 지기에 지내는 것을

---

86 송지원, 같은 글.
87 『禮記』「禮器」: "萬物本乎天, 人本乎祖, 禮主於報本反始, 不忘其所由生也", "樂也者施也, 禮也者報也, 樂樂其所自生, 禮反其所自始, 禮報情反始也."

'제', 인귀에 지내는 것을 '향'이라 하였다.[88] 제사를 지내는 대상에 따라 그 용어를 구분하여 쓰고 있는 것은 그 제사 대상에 따라 제사의 세부 절차와 내용이 부분적으로 달라짐을 암시한다.

종묘나 사직제와 같은 주요 제사에는 반드시 기악[樂]과 노래[歌], 춤[舞], 즉 넓은 의미의 '악'이 수반된다는 점에서 공통적이다.[89] 넓은 의미의 '악'이란 성인이 천지, 자연의 형상을 본떠 만든 것으로서, 이 우주에서 생산되는 물질 가운데 소리를 낼 수 있는 여덟 가지 재료, 즉 팔음(八音)[90]으로 만든 악기들로 연주하는 기악과 사람의 목소리로 부르는 노래, 그리고 사람의 일을 형상화하는 춤을 갖추고서 그 근본을 갚고 시초를 돌이키기 위한 제사를 올리는 것이다. 악·가·무를 연행함으로써 제사의 대상인 신령을 불러들이는 것이다.

사직제례를 행할 때 신을 맞이하는 영신(迎神) 절차에는 음악 팔변(八變)을 연주한다. 영신 절차에서 임종궁(林鍾宮)과 유빈궁(蕤賓宮), 응종궁,유빈궁의 순으로 연주하는 것은 『주례』의 전거를 따른 것이다. 『주례』「춘관·대사악」에서는 "함종위궁(函鍾爲宮: 林鍾爲宮)·태주위각(太簇爲角)·고선위치(姑洗爲徵)·남려위우(南呂爲羽)의 악과 영고·영도(靈鼗)와 손죽(孫竹)의 관(管)과 공상(空桑)의 금슬과 함지(咸池)의 춤을 하지(夏至)에 못 가운데의 방구(方丘)에서 연주하는데, 악이 팔변하면 지기가 모두 나와 예를 올릴 수 있다"[91]라고 하였다. 세종 대의 아악을 정비한 박연이 해석한 바에 따르면 함종위궁이란 곧 임종궁이고, 또 태주위각은 유빈궁, 고선위치는 응종궁, 남려위우는 유

---

88 『국조오례서례』권1「吉禮」'辨祀': "凡祭祀之禮, 天神曰祀, 地祇曰祭, 人鬼曰享."
89 75쪽 각주 72 참조.
90 八音: 쇠붙이[金]·돌[石]·실[絲]·대나무[竹]·박[匏]·흙[土]·가죽[革]·나무[木]의 여덟 가지 악기 제작 재료를 말한다.
91 『周禮』「春官·大司樂」: "凡樂函鍾爲宮, 大簇爲角, 姑洗爲徵, 南呂爲羽, 靈鼓, 靈鼗, 孫竹之管, 空桑之琴瑟, 咸池之舞, 夏日至於澤中之方丘奏之, 若樂八變, 則地示皆出, 可得而禮矣."

빈궁이 된다.

따라서 이와 같은 조로 된 선율을 연주하고 또 『주례』의 전거에 따라 사직제례악에서는 여덟 면을 가진 두 종류의 북, 영고와 영도를 사용하여 음악을 연주하였다. 〈그림 1-12〉의 악현도를 보면 남단에 지기를 제사할 때 감응하는 영고와 영도가 편성되어 있음이 확인된다.

하늘에 제사하는 원구제와 같은 제사에는 6면북인 뇌고와 뇌

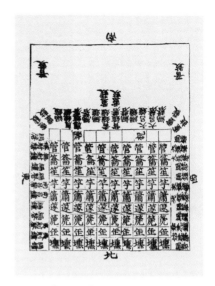

그림 1-12 『국조오례서례』 권1 〈사직헌가악현도〉

도(雷鼗)를 사용하지만, 땅에 제사하는 사직제에는 8면북인 영고와 영도를 사용한다. 악기의 빛깔도 땅의 색인 황색을 사용한다. 영고와 영도를 만드는 재료는 곧 '쇠가죽'이다. 천제에 쓰이는 뇌고와 뇌도에 말가죽을 쓰는 것과 비교된다. 이는 하늘인 '건(乾)'이 '말[馬]'에 해당되고 땅인 '곤(坤)'은 곧 '소[牛]'에 해당되기 때문이다.

치는 북인 '고(鼓)'와 흔드는 북인 '도(鼗)'를 모두 쓰는 것은 '고'로 조절하고 '도'로 조짐을 보이는 것이기 때문으로, 이것이 악을 연주하는 도(道)라고 진양의 『악서』의 주(注)에서 설명하였다. 영고를 치는 절차는 대개 '진고'를 치는 부분과 함께 친다.

다음으로 천신을 제사하는 것으로 대표되는 사례로서 원구제례악(圓丘祭禮樂)의 경우를 보자. 원구제례의 경우 그 대상이 천신이므로 지기를 제사할 때 8면북인 영고와 영도를 쓰는 것과 달리 6면북인 뇌고와 뇌도를 쓴다. 이는 『주례』「춘관·대사악」의 "천신을 제사할 때에는 악육변, 지기를 제사

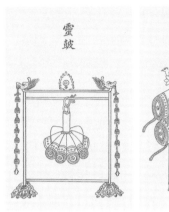

그림 1-13　영고와 영도(국립국악원)　　　　　그림 1-14　『사직서의궤』의 영고와 영도

할 때에는 악팔변"이라는 전거를 따른 것이다.[92] 이 숫자는 음악을 연주하는 횟수와도 관계가 있지만 특정 제사에 사용하는 북의 면수와도 관계되는 것이다.

　그러나 세종 대와 세조 대의 뇌고는 그 북의 면수가 8면이다. 이는 정현(鄭玄)이 "뇌고는 8면이요, 영고와 노고는 4면이다"라고 해석한 견해를 받아들였기 때문이다.

　성종 대 『악학궤범』의 뇌고와 뇌도가 6면으로 되어 있는 것으로 볼 때 8면 뇌고의 제도를 채택한 것은 조선 전기만의 상황으로 이해된다. 성종 대 이후 뇌고와 뇌도는 다시 6면의 제도를 채택하게 되었다. 『주례』의 전거를 충실히 따른 것이다.

　다음으로 인귀에 대한 제사의 하나로 선농제와 선잠제의 악기 편성을 보자. 이때에는 땅을 제사하는 사직제와 달리 북면이 넷인 아악기 노고와 노도(路鼗)를 사용한다. 선농제와 선잠제례악을 연주할 때 가장 특징적인

92　『周禮』, 「春官·大司樂」: "若樂六變, 則天神皆降, 可得而禮矣. … 若樂八變, 則地示皆出, 可得而禮矣."

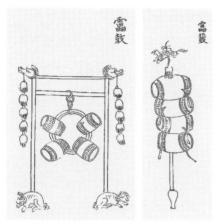

그림 1-15 『세종실록오례』의 뇌고와 뇌도

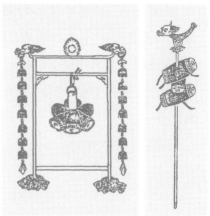

그림 1-16 『악학궤범』의 뇌고와 뇌도. 세종 대의 것과 달리 6면으로 되어 있다

그림 1-17 선농제·선잠제를 거행할 때 헌가에서 연주하는 노고와 노도

아악기는 노고와 노도이다. 노고의 '노(路)'는 사람의 도리, 즉 인도(人道)를 의미하는 것이다. 노고를 치는 부분은 곧 진고를 치는 부분과 일치한다. 노고와 노도는 주홍색으로 칠한다.

이상에서 살펴본 바와 같이 제사 대상이 천·지·인의 차이를 보일 때 상징적으로 선택하는 악기도 각각 달라져 하늘 제사에는 6면북인 뇌고와 뇌도, 땅 제사에는 8면북인 영고와 영도, 사람 제사에는 4면북인 노고와 노도를 각각 사용하여 『주례』에서 제시하고 있는 '감응'의 횟수에 따라 악기를 취하고 있음을 알 수 있다. 아울러 악기의 재료 또한 상징체계를 반영하여 제작함으로써 유가의 상징을 충실히 드러내어 악기를 선택했던 현실을 파악할 수 있다.

제 2 장

조선왕실의 공연과 악기 제작

1 조선왕실의 춤과 음악

1) 조선왕실에서 연행된 춤과 음악

조선왕실의 춤과 음악은 각종 의례에서 필수적인 것으로, 예와 악의 외부적 구현태로 드러났다. 따라서 왕실의 의례에서 연행되는 춤과 음악도 일정한 기준에 맞는 것이 아니면 안 되었다. 건국 초반에 왕실의 의례를 행할 때 쓰일 음악이 어떠한 조건을 갖추어야 하는지에 대해 예조를 중심으로 다양한 논의가 오고 갔던 것이 그러한 정황을 잘 알려 준다. 1402년(태종 2) 예조가 의례상정소(儀禮詳定所)의 제조와 함께 여러 의례음악을 제정하며 올리던 당시의 논의를 보면 조선을 건국했음에도 각종 의례에서는 '조선의 음악'이라 할 만한 내용을 갖추지 못하고 있다는 내용이 주를 이룬다. 또 악(樂)을 살펴서 정사를 알고, 악을 합하여 신기(神祇)를 이르게 하며, 이것이 나라를 조화롭게 하는 것이라는 내용, 정성(正聲), 즉 바른 소리가 사람을 감동시켜 순하게 기운이 응하도록 한다는 내용을 강조하고 있다.

그러나 고려시대의 경우 삼국시대 말기의 음악을 그대로 쓰고, 송나라의 교방악을 써 그 말년에 이르러서는 음란한 음악이 많았음에도 불구하고, 이를 조회와 연향에 그대로 사용했기 때문에 문제가 있었다고 지적하였다. 이러한 상황은 조선에 이르러서도 마찬가지였다. 따라서 조선이 고려조처럼 전조의 음악을 그대로 인습(因襲)하는 것은 옳지 않다고 하면서 새로운 음악을 제정해야 하는 필요성에 대해 역설하고 있다. 그 방법으로 전조의 음악이라 하더라도 성음이 바른 것은 고르고, 『시경』의 풍(風)과 아(雅) 중에서 골라 조회와 연향에서 사용할 음악을 정했다는 맥락이 27쪽의 실록 기사에서 잘 드러나고 있다.

이로써 보면 선초에 연행된 음악 자원은 고려조의 전통을 이은 것이 많았음을 알 수 있다. 기실 조선 전기에 각종 의례에서 사용한 음악의 경우 노랫말만 새롭게 제작하고 그 선율은 고려시대의 속악인 〈서경별곡〉, 〈청산별곡〉 등을 차용하여 썼으며, 고려시대에 당악정재로 연행되었던 헌선도(獻仙桃), 수연장(壽延長), 오양선(五羊仙), 포구락(抛毬樂), 연화대(蓮花臺)와 더불어 역시 고려시대의 속악정재로 연행되었던 무고(舞鼓), 동동(動動), 무애(無㝵) 등을 그대로 이어받았다.[1]

이에 의례의 성격상 맞지 않는 것이나 이념상 옳지 않은 악무는 원래의 형태와 다소 다르게 만들어 쓰거나 폐지하자는 논의가 제기되기 시작한다. 이는 세종 대의 일로서, 그 하나는 연화대정재(蓮花臺呈才)를 사악(賜樂)에서 연행할 때 악장 일부가 그 성격에 맞지 않으므로 삭제하고 써야 한다는 지적이 일었다. 즉 연화대정재의 미신사(微臣詞)에 쓰이는 노랫말 가운데 "왕의 덕화에 감격하여 가무의 즐거움을 올린다"라는 의미가 포함되어 있는데, 왕이 하사하는 음악에서 '왕께 올린다'라는 의미는 맞지 않는다 하여 몇몇 의례에서 연화대정재의 미신사 부분을 삭제하여 악무를 연행하기도 했다. 『세종실록』의 다음 기사에서 그러한 정황이 잘 보인다.

예조에서 아뢰기를, "연화대정재(蓮花臺呈才)의 미신사에, '임금의 덕화(德化)에 감격하여 노래와 춤의 즐거움을 받자옵니다' 한 여섯 구(句)가 있사온데, 그 말마디는 위에 붙여 말한 것이므로 사악(賜樂)에 쓰기는 진실로 적당하지 못하옵니다. 그러나 동궁 및 종친·의정부·육조 등이 사신을 위로하는 잔치에 모두 연화대정재를 써 왔고, 또 무애정재(無㝵呈才)는 오로지 불가

---

1   『태종실록』 권3 태종 2년 6월 정사(5일).

　　　　　　　　　　　　　제2장　조선왕실의 공연과 악기 제작

(佛家)의 말을 써서 매우 허탄하고 황망하니 … 금후로는 무릇 모든 사악(賜樂)에 무애정재를 그만두고 연화대를 쓰되, 미신사만을 빼내면, 향악(鄕樂)과 당악(唐樂)이 모두 온전하고, 신하의 악을 쓰는 절차가 차서가 있게 될 것입니다" 하니, 그대로 따랐다.[2]

고려시대의 당악정재(唐樂呈才)와 향악정재(鄕樂呈才)가 건국 초기에도 그대로 사용되었던 정황은 앞서 이야기한 바 있다. 그렇다면 조선 초기에 고려시대의 정재를 연행할 때 그 원형을 그대로 썼을지, 아니면 일부 개작을 하여 썼을지 궁금해진다. 그러나 그 여부에 대하여는 어느 곳에도 기록되어 있지 않다. 다만, 위의 실록 기사는 조선 초기에도 궁중정재를 얼마든지 상황에 따라서, 혹은 연행 맥락에 따라서 원래 자원을 개작하거나 삭제하는 방식으로 연행해 왔다는 사실을 확인해 주고 있다.

위 실록 기사에서 이야기하고 있는 또 하나의 사실은 무애정재(無㝵呈才)를 모든 사악(賜樂)에 사용하지 않기로 했다는 점이다. 그 이유는 무애정재가 불가(佛家)의 말을 써서 허망하기 때문이라 했다. 이후 고려시대의 무애정재는 더 이상 쓰이지 않았다.

건국 초반에는 궁중의 여러 의례에서 고려조에서 쓰이던 악무를 사용하는 것에 대해 진지한 논의를 할 겨를이 없었던 듯 보인다. 1434년(세종 16) 8월의 논의 이전에는 이와 관련된 논의가 전혀 보이지 않기 때문이다. 사실 연화대정재의 경우 '연화대'라는 제목만 보더라도 그것이 '부처상과 보살상을 앉히는 자리'라는 의미가 있는 것에서 알 수 있듯이, 선초부터 얼마든지 이념적 논쟁의 대상이 되고도 남을 만한 상황일 수도 있다. 그러나 연화대정재를 두고 그와 같은 이념적 시비는 제기되지 않았으며 다만 무애

---

2 『세종실록』 권65 세종 16년 8월 임술(18일).

정재만이 이념적인 면에서 그 배척의 대상에 오르게 되었음을 알 수 있다. 무애정재는 이후 1449년(세종 31)에 다시 산정(刪定)하여 연행되었음이 확인되는데, 다음의 실록 기사에 그 정황이 기록되어 있다.

의정부에서 예조의 계문(啓文)에 의거하여 품신하기를, "종묘(宗廟)·조회(朝會)·공연(公宴)의 음악에 전조(고려조)의 잡성(雜聲)을 엮어 넣음은 심히 타당하지 못하오니, 지금 새로 정한 제악(諸樂)과 구악(舊樂) 안에서 쓸 만한 여러 소리[諸聲]를 다시 더 산정(刪定)하게 하시되, 발상정재(發祥呈才) 11성(聲), 정대업정재(定大業呈才) 15성, 보태평정재(保太平呈才) 11성, 봉래의정재(鳳來儀呈才) 5성, 외양선정재(外羊仙呈才) 6성, 포구락정재(抛毬樂呈才) 4성, 연화대정재(蓮花臺呈才) 4성, 처용정재(處容呈才) 3성, 동동정재(動動呈才) 1성, 무애정재(無㝵呈才) 1성, 무고정재(舞鼓呈才) 3성, 향발정재(響鈸呈才) 1성과 제악(祭樂)으로 초헌 1성, 아헌 1성, 종헌 1성과 〈여민락만(與民樂慢)〉 1성, 〈치화평중(致和平中)〉 2성, 진작사체(眞勺四體) 4성 등 합계 75성으로써 항상 예습(隸習)하게 하옵소서" 하니, 그대로 따랐다.[3]

위의 실록 기록을 통해서 1449년(세종 31) 당시까지는 일부 정재를 고려시대의 정재 그대로 쓰고 있었지만, 이후부터는 고려시대의 것을 전조의 '잡된 소리'라 진단하고 쓸데없는 글자나 구절을 삭제하고 다듬어 쓰는 산정 작업을 거쳐 쓰도록 하는 역사가 이루어졌다는 사실을 확인할 수 있다.

이상 고려시대의 정재로서 전승되었던 당악정재와 속악정재의 조선시대 수용사를 잠시 점검해 보았는데, 고려시대 당악정재 5종의 경우 1449년(세종 31)에 일부 산정 작업을 거쳐 계속 사용됐음을 알 수 있으며 속악정재

3　『세종실록』 권126 세종 31년 10월 경술(3일).

의 경우 정재 각각에 따라 사정이 달랐음을 알 수 있다. 즉 무고정재는 지속적으로 사용되었지만 무애무는 일부 연행되었다가 사라진 후 다시 산정하여 쓰였고, 동동정재 역시 산정의 역사를 거쳤음이 확인되었다.

그렇다면 조선시대의 궁중정재는 고려시대의 전통을 잇는 것 외에 어떤 것이 있었을까? 성종 대에 완성된 『악학궤범』(1493)을 보면 『고려사』「악지」에 수록된 당악정재 다섯 가지와 속악정재(俗樂呈才) 세 가지를 소개하고 있는데 헌선도, 수연장, 오양선, 포구락, 연화대가 당악정재 5종이며 무고, 동동, 무애가 속악정재 3종으로 기록되어 있다. 이 가운데 다섯 종의 당악정재는 고려조에 이어 조선조에도 내내 연행되어 『악학궤범』의 '시용당악정재(時用唐樂呈才)', 즉 당시 연행되고 있는 당악정재에 포함되어 있으며 나머지 3종의 향악정재 가운데 무애를 제외한 무고와 동동(아박무)이 성종 대에도 여전히 연행되는 향악정재로 남게 되었다.

『악학궤범』에 위의 정재들을 제외한 당악정재와 향악정재 목록을 보면 건국 초기부터 성종 대까지 우리나라에서 어떠한 정재들이 새롭게 만들어져 연행되었는지 그 현황을 알 수 있다. 먼저 당악정재를 보자. 『악학궤범』의 당악정재 부분에는 중국에서 수입된 고려시대의 당악정재 5종의 목록이 먼저 보이고 그에 이어 금척(金尺), 수보록(受寶籙), 근천정(覲天庭), 수명명(受明命), 하황은(荷皇恩), 하성명(賀聖明), 성택(聖澤), 육화대(六花隊), 곡파(曲破)의 9종의 정재가 기록되어 있어 성종 대에 이르면 총 14종의 당악정재를 확보하게 되었음을 알 수 있다.[4] 아홉 종의 당악정재는 조선에서 만들어진 것임에도 불구하고 당악정재라는 이름을 써서 '조선의 당악정재'라는 위상을 확보하게 된다. 조선에서 만들어진 것에 '당악'이라는 호칭이 붙는 것이 의아하지만 그것은 '당악정재 양식'을 따라 제작한 것이므로 그와 같은 호

---

4   『악학궤범』 권4 「時用唐樂呈才圖說」.

칭을 쓰는 것으로 이해할 수 있다. 이미 고려조에 이어받은 정재가 조선으로 그대로 들어와 자리 잡게 되었지만 조선왕실이 여기에서 그치지 않고 조선의 방식으로 조선식 당악정재를 창제하기 위해 노력을 기울인 결과, 조선에서 만든 당악정재가 만들어지게 된 것이다. 이는 중국에서 수입된 궁중정재를 써 왔던 고려시대와 차별화되는 사실로서, 더 이상 수입하는 것이 아닌, 당악정재의 틀로 새로운 당악정재를 만드는 전통의 시작을 알렸다는 점에서 주목된다.

또 향악정재로서 성종 대에 쓰이는 10종이 보이는데, 이는 보태평(保太平), 정대업(定大業), 봉래의(鳳來儀), 아박(牙拍), 향발(響鈸), 무고, 학무(鶴舞), 학·연화대·처용무 합설(鶴蓮花臺處容舞合設), 교방가요(敎坊歌謠), 문덕곡(文德曲)이다.[5] 향악정재로서 고려시대의 것이 그대로 이어지는 것은 무고정재 하나이고 나머지는 모두 조선시대에 제작된 것임을 알 수 있다.

이상 건국 초기부터 성종 대의『악학궤범』까지 조선왕실에서 각종 의례에 쓰인 정재들의 목록을 확인하였다.『악학궤범』에 수록된 궁중정재는 14종의 당악정재와 10종의 향악정재가 더해져 총 24종이 있음을 알 수 있다.『악학궤범』이후 수많은 궁중정재가 만들어졌는데, 조선 말기를 기점으로 본다면 40여 종에 가까운 궁중정재가 연행되고 있었다. 그러한 정황은 1893년(고종 30)에 편찬된『(계사)정재무도홀기(呈才舞圖笏記)』에 기록되어 있는 정재의 종류를 통해 확인할 수 있다. 이제『악학궤범』에 보이는 정재와 음악에 대하여 당악정재와 향악정재 가운데 주요한 것, 혹은 주목할 만한 몇 가지 정재를 골라 살펴보되 먼저『악학궤범』에 기록된 내용을 중심으로 하여 논의한 후 그 이전과 이후 시기의 연행 양상과 비교하여 이야기해 보고자 한다.

---

5   『악학궤범』권5「時用鄕樂呈才圖說」.

2) 『악학궤범』에 보이는 정재와 음악

(1) 당악정재: 몽금척

몽금척정재는 조선을 건국한 태조가 잠저(潛邸)에 있을 때, 꿈에 신인(神人)이 금척을 받들고 하늘에서 내려와 태조에게 주었다는 내용을 형상화한 궁중정재로 조선 초기에 창작된 당악정재에 속한다. 일명 금척정재(金尺呈才)라고도 하며,[6] 1393년(태조 2) 10월에 정도전이 몽금척의 악장(樂章)을 새로 지어 태조 이성계에 헌정한 악장으로 만든 정재이다. 같은 해에 전악서 소속의 무공방을 거느리고 〈수보록〉과 함께 올린 음악이므로[7] 당악정재로서 건국 초기에 만든 것임을 알 수 있다. 태조가 조선을 건국하는 것이 이미 예고되어 있었다는 사실을 담아 조선 건국의 타당성을 강조하였다. 따라서 악장은 태조 이성계의 조선 건국을 칭송하는 내용으로 "성인이 일어나 덕을 베풂에 만물이 모두 바라보고, 신령스러운 상서가 하도 많아서 온갖 복이 다 이르네. 길게 말하여도 부족하여 노래하고 춤을 추도다. 즐겁고도 질서가 있음이여, 우리 군왕은 만수를 누리소서"[8]의 4언 8구로 이루어져 있다.

몽금척정재는 경축 목적의 연향에서 주로 연행되었다. 1630년(인조 8)에는 대왕대비의 진풍정 때, 1744년(영조 20)에는 영조가 기로소(耆老所)에 들어간 것을 경축하여 올린 연향에서, 1795년(정조 19)에는 화성에서 혜경궁 홍씨의 회갑연 때, 1828년(순조 28)에는 2월과 6월에 순조의 즉위 30년과 보령 40세를 경축하여 올린 연향에서, 1873년(고종 10)에는 신정왕후의 대비 책봉 40주년 기념 연향의 내진찬(內進饌)에서, 1877년(고종 14)에는 신정왕후의

---

6   성종 대의 『악학궤범』에는 금척으로 기록되어 있다.
7   『태조실록』 권4 태조 2년 10월 기해(27일).
8   "聖人有作 萬物皆覩 靈瑞繽紛 諸福畢至 長言不足 式歌且舞 於樂且倫 君王萬壽."

칠순을 경축하여 올린 연향에서 각각 연행되었다.

궁중정재 연행사적 관점에서 볼 때 각종 의례에서 연행된 궁중정재의 횟수는 정재의 역사와 일치하거나 정재 개개의 인기도와 비례한다. 고려시대부터 연행되었던 궁중정재가 조선시대에 받아들여지고, 그것이 조선시대 궁중에서 여전히 연행되었다는 것은 그럴 만한 이유가 있기 때문일 것이다. 헌선도, 포구락, 수연장 등의 당악정재는 조선시대에도 여전히 많이 연행된다. 헌선도정재의 경우 수명장수를 기원하는 의미를 지니기 때문에 특별히 회갑연, 양로연 등의 의례에서 애호되었고, 포구락은 오락적 의미를 지니므로 또 다른 맥락에서 애호되었다.

몽금척정재 또한 조선 건국의 타당성을 그린 것이며, 조선을 건국한 태조와 관련된 내용을 지니므로 조선조 내내 애호되었던 정재였다. 또 몽금척정재는 고려시대에서 이어져 온 여타 당악정재와 달리 조선조 내내 큰 변화 없이 연행되었던 정재라는 것을 짐작해 볼 수 있다.

몽금척정재는 12명의 무원(舞員)이 연행한다. 정재도를 보면 한 명이 금

그림 2-1 『순조기축진찬의궤』에 보이는 〈몽금척정재도〉

척을 들고, 두 명이 죽간자(竹竿子)를, 1명이 황개(黃蓋)를, 1명이 족자(簇子)를 들고 나머지 12명이 춤을 추게 된다. 여기(女妓)가 추기도 하고 무동(舞童)이 출 수도 있다. 몽금척정재를 연행할 때 사용하는 금척에는 "天錫金尺 受命 之祥(하늘이 준 금척, 천명을 받은 상서)"라는 여덟 글자를 새겨 놓는다.

　몽금척정재의 정재도에는 두 가지 유형이 보인다. 먼저, 무원의 대열이 가로로 되어 있고 황개와 족자를 드는 사람이 무원 대열 중앙에 서 있는 유형은 작대도를 그린 것으로『순조기축진찬의궤』에 보인다. 또 하나는 초입 배열도인데,『고종신축진찬의궤』등의 그림으로, 무원의 대열이 세로로 되어 있고 황개와 족자를 드는 사람만 별도로 중앙의 대열에 서 있도록 그린 것이다. 두 가지 도형도 모두 금척과 족자, 황개가 일렬이 되도록 선다는 점에서는 동일하다. 〈표 2-1〉 '1795년부터 1902년 사이에 연행된 몽금척정재의 정재도'에서 이를 확인할 수 있다.

표 2-1　1795년부터 1902년 사이에 연행된 몽금척정재의 정재도

몽금척			
『원행을묘정리의궤』 권수	『순조기축진찬의궤』 권수 〈내진찬정재도〉	『헌종무신진찬의궤』 권수 〈정재도〉	『고종무진진찬의궤』 권수 〈정재도〉

『고종정축진찬의궤』 권수 〈정재도〉	『고종정해진찬의궤』 권수 〈정재도〉	『고종임진진찬의궤』 권수 〈내진찬정재도〉	『고종임진진찬의궤』 권수 〈외진찬정재도〉
『정재무도홀기』(1893)	『여령각정재무도홀기』 (1901.5) [1]	『여령각정재무도홀기』 (1901.5) [2]	『고종신축진찬의궤』 권수 〈정재도〉

『여령각정재무도홀기 [신축]』(1901.7)	『외진연시무동각정 재무도홀기[신축]』 (1901.7)	『고종신축진연의궤』 권수 〈내진연정재도〉	『고종신축진연의궤』 권수 〈외진연정재도〉
『고종임인진연의궤』 (1902.4) 권수 〈내진연정재도〉	『고종임인진연의궤』 (1902.4) 권수 〈외진연정재도〉	『고종임인진연의궤』 (1902.11) 권수 〈내진연정재도〉	『고종임인진연의궤』 (1902.11) 권수 〈외진연정재도〉

그림 2-2 『악학궤범』「금척정재」
의 〈회무도〉

　몽금척정재가 시작되는 초입배열도 부분은 세로로 대형이 보이고, 작대
도를 그린 경우 가로로 대형이 보이도록 되어 있다. 『악학궤범』의 「금척정
재」에는 초입배열도와 작대도에 더하여 모든 무원이 원을 그리며 도는 〈회
무도(回舞圖)〉까지 그려 놓았다.

　이제 『악학궤범』의 기록을 통해 몽금척정재에서 연주되는 음악에 대
해 살펴보고자 한다. 몽금척정재를 연행할 때 가장 먼저 연주되는 음악
은 곧 〈오운개서조(五雲開瑞朝)〉 인자(引子)[9]이다. 〈오운개서조〉는 고려시대
에 유입된 당악정재인 오양선정재(五羊仙呈才)를 출 때도 역시 연주되므로
음악 또한 고려시대부터 연주되었음을 알 수 있다. 정재의 앞부분에서 연
주한다. 고려시대부터 성종 대까지 음악에 변화가 있었는지 여부는 알 수
없다.

9　〈오운개서조〉 인자는 『악학궤범』의 당악정재 가운데 하나인 근천정(覲天庭)을 연행할 때에도 정재
　의 앞부분에서 연행하여 정재를 여는 부분에 많이 연주되었던 음악임을 알 수 있다. 또 정재의 후반
　부, 퇴장하는 부분에서 〈오운개서조〉 인자를 연주하는 것도 몽금척과 동일하다.

다음으로 연주되는 음악은 금척을 든 사람이 나오는 순서에 연주하는 〈최자령(嗺子令)〉이다. 금척을 든 사람의 치어(致語)를 마치면 다시 〈최자령〉을 연주한다. 이어 '유황감지공명혜(惟皇鑑之孔明兮)'의 일곱 자로 시작하는 〈금척사(金尺詞)〉를 노래하는데, 이때에는 〈금척령(金尺令)〉을 연주한다. 후반부에는 〈소포구락령〉을 연주하고 '성인유작(聖人有作)'으로 시작되는 사(詞)를 노래한 후 퇴구호가 이어지고 나서 끝 음악으로 다시 첫 부분에서 연주한 〈오운개서조〉인자를 연주하고 정재가 마무리된다.

정재가 연행될 때 함께 연주된 음악은 그 실체를 확인하기가 어렵다. 건국 초에 연행되었던 몽금척정재의 음악이 성종 대에 그대로 이어졌는지, 또 그 이후에 음악 변화가 있었는지 여부 또한 확인할 수 없다. 후일 1893년(고종 30)의 『정재무도홀기』에 보이는 몽금척정재에서 쓰인 음악이 "〈수령지곡(보허자령)〉-〈향당교주〉-〈향당교주〉-〈보허자령〉-〈향당교주〉-〈향당교주〉-〈보허자령〉"이라는 점과 비교해 볼 때, 시간의 흐름과 함께 정재에서 쓰이는 음악이 달라졌다는 정황만을 알 수 있을 뿐이다. 이로 볼 때 시간이 흐르면서 동일한 궁중정재라 하더라도 쓰이는 음악의 변화는 다양하게 수반되었을 것이라는 사실이 짐작된다.

(2) 향악정재: 교방가요(教坊歌謠)

『악학궤범』에 수록되어 있는 향악정재 항목에 정재가 아닌 것이 단 하나 포함되어 있다. 이는 교방가요로서 왕이나 왕비가 궁 밖을 나갔다가 환궁할 때 왕(왕비)의 대가(大駕) 앞에서 왕(왕비)에게 가요축(歌謠軸)을 올리기 위한 거대한 공연물과도 같은 의례이다.

이는 왕이 종묘제향이나 사직제, 문소전제향, 부묘의(祔廟儀) 등의 의례를 행한 후 다시 궁으로 돌아올 때 행한다. 기로(耆老)와 유생(儒生), 교방(教坊)의 기녀(妓女)들이 연도를 화려하게 꾸미고 왕의 행렬을 맞이하며 송축의

의미를 담은 가요를 축(軸)의 형태로 만들어 올리는데, 가요축을 올리기 위한 일련의 의식을 교방가요라 이르는 것이다. 이때 장악원에서는 여러 공연물을 준비하여 왕이 다시 궁으로 들어가기 전, 바깥 세계의 잡된 기운을 떨쳐 내기 위한 의미를 담은 공연을 행한다. 이는 『악학궤범』에 수록되어 있는 도설을 통해 전체 모습을 파악할 수 있다.[10]

『악학궤범』에서 그려 놓은 교방가요의 초입배열도(그림 2-3)를 보자. 먼저 화면의 위쪽에는 왕이 탄 가마인 대가(大駕)가 있고 대가의 왼쪽 앞에는

그림 2-3 『악학궤범』의 〈교방가요초입배열도〉

가요축을 놓은 함탁(函卓)이 있다. 대가 앞에는 화전벽(花甎碧), 즉 꽃무늬가 있는 푸른 벽돌이 깔려 있고, 배열도의 중앙에 산 모양의 무대장치인 침향산(沈香山)이 설치되어 있다. 그 좌우로는 백학과 청학이 학무를 추기 위해서 있으며 주변에는 여기가 좌우로 각각 50명씩, 전체 100명이 도열하여서 있다. 대가의 전후에는 악대가 따르는데, 앞은 전부고취(前部鼓吹), 뒤는 후부고취(後部鼓吹)이다.[11] 이 두 악대는 각각 악사 1인, 악공 50인이 동원되므로 도합 100명의 연주자가 도열하였다. 초입배열도에 도열해 있는 여기와 악공의 수는 200명을 넘는다. 이때 학무는 무대의 중앙에서 대가가 멈추어 섰을 때 연행하는데, 모든 무원과 여기, 악공들은 대가를 향해 악무를

10 『악학궤범』 권5 「時用鄕樂呈才圖儀·敎坊歌謠初入排列圖」.
11 전부고취, 후부고취의 악대 편성은 부록에 수록되어 있다.

연행하므로 왕의 대가가 위치한 자리가 1등 객석이 된다. 초입배열도에 도열해 있는 것으로만 보아도 교방가요는 단일한 정재가 아니라 거대한 공연물의 하나임을 알 수 있다. 일단 학무를 출 두 마리의 학이 도열해 있고 여기가 100명, 전부고취, 후부고취를 연주할 악공이 100명 등이 각각의 절차에 맞추어 공연을 하는 것이기 때문이다.[12]

여기서 1433년(세종 15) 세종이 헌릉(獻陵)에 제사 지내고 돌아올 때 연행된 교방가요에서 당시 성균관과 오부(五部)의 학생 725명이 올린 가요의 내용을 보자.

"엎드려 살피건대, 주상 전하께서는 신성한 자질로 융성한 운수를 만나, 백성이 편안하고 만물이 풍성하며, 예악이 일어나고 모든 일이 다 밝아 구공(九功)을 이루었으나, 오히려 모든 정무가 다스려지지 못할 것을 염려하여, 항상 시각을 아끼고 정치에 힘써 성체(聖體)가 지나치게 근심되므로, 군신들이 그 조섭(調攝)을 청하였습니다. 이에 화창한 때를 당하여 대가가 온천에 행차하였는데, 양궁께서 다 가시어 수순(數旬)을 유하셨습니다. 멀리 있는 채운(綵雲)을 바라보고 지나가던 옥연(玉輦)의 모습을 상상하니, 비록 시골 사람은 기쁘게 바라보고 다투어 만세를 부를지라도, 도성 사람들의 괴롭게 기다리는 마음은 일각이 삼추(三秋)와 같습니다. 이에, 4월 13일에 용기(龍旗)가 길을 떠나고 난여(鑾輿)가 바퀴를 돌이키니, 아름다운 기운이 성궐(城闕)에 자욱하고, 기뻐하는 소리가 신민의 입에서 흘러나오옵니다. 신 등은 학교에 매인 몸으로 요(堯)와 같은 성세를 만나, 오래도록 인재를 기르는 교화를 받으면서 한갓 은혜만 입었는데, 마침 대가가 돌아오심을 보고

---

12 이때 음악을 연주할 여기와 악공의 수는 시기적으로 늘 차 있었던 것은 아니다. 실록 기록을 보면 악공과 여기의 수가 현저하게 부족하다는 내용의 논의가 많이 보이기 때문이다.

기쁨을 이기지 못하여, 삼가 두 번 절하고 송축을 올립니다."[13]

가요를 올릴 때는 먼저 왕의 정사가 잘 이루어져 백성이 편안하고 예악이 일어났다는 송축의 의미를 지닌 헌사를 올린다. 헌사의 내용은 그것을 올리는 주체에 따라 그 내용이나 표현을 달리할 수 있지만, 왕이 궁을 나와 합당한 일을 마치고 돌아오시니 환영한다는 내용은 일관된다. 헌사에 이어지는 것은 시 형식을 지닌 송(頌)이다. 역시 성균관과 오부의 학생 725명이 올린 송의 내용을 보자.

"밝으신 성주(聖主)께선 거룩한 덕을 하늘에서 받으셨네. 큰 유업 이어받아 우리 조선 다스리니, 도덕이 높고 교화가 흡족하여 문물(文物)이 빛나도다. 태평한 이 업적은 옛날보다 높았건만, 다스렸다 않으시고 밤낮으로 힘쓰시어, 건강에 해를 끼쳐 3월이라 늦은 봄에 온천에 행차하사, 성궁(聖躬)이 편안하고 병환이 쾌하셨네. 백성의 괴로움을 살피시고 놀이를 않으시니, 난여(鑾輿)가 이르는 곳에 거리마다 사람일세. 남녀노소 머리 조아려 수레 앞에 절하면서, '우리 임금 은덕으로 어깨를 쉴 수 있고, 우리 임금 어짊으로 편안하게 잠을 자니, 성은(聖恩)을 생각하매 보답할 길 없나이다. 아무쪼록 무병하사 만년 향수하옵소서' 축원하네. 교외에 머무신 지 수순(數旬)이 지나도록 돌아오지 않으시니 도성 사람 오랫동안 기다렸네. 수레를 돌이키자 많은 사람 시종(侍從)하고 깃발이 휘날리니, 신민이 기뻐하고 산천도 반기는 듯, 모든 사람 노래하고 춤추네. 부모가 오시니 즐겁지 않으리

---

13 『세종실록』 권60 세종 15년 4월 병오(23일): "伏覩主上殿下, 以神聖之資, 撫盈盛之運, 民安物阜, 禮備樂興, 庶績咸熙, 九功攸敍, 尙慮萬幾之未理, 常惜寸陰而勵精, 聖體過於優勤, 群臣請其調攝. 於是時方和煦, 駕幸溫泉, 兩宮偕行, 數旬而駐. 望紫雲之迢遞, 想玉輦之經過. 雖郊野之欣瞻, 爭呼萬歲; 乃都人之苦後, 如過三秋. 乃於四月一十三日, 龍旗啓行, 鸞輿旋軫, 佳氣藹於城闕, 歡聲溢於臣民. 臣等跡寄虞(痒)[庠], 身遭堯日. 久承菁莪之化, 徒荷恩私; 屬覩翠華之廻, 不勝慶抃. 謹拜手稽首."

　　　　　　　　　　　　제2장　조선왕실의 공연과 악기 제작

오. 변변치 못한 소신들도 교화를 입었사와 이 가사(歌詞)를 올리옵고, 충성한 마음 이기지 못하여 원하노니, 성수는 산같이 변함없고 길이 태평을 누리시어 자손만대에 전하소서."[14]

송은 4언 50구의 구성이며 내용은 왕의 교화로 문물이 빛나고, 정사에 몰두하여 건강을 해치게 되었으나 온천을 다녀오셔서 쾌차하시니 기쁜 일이라는 내용에 이어 왕의 무병장수를 기원한다는 내용으로 되어 있다.

자수와 구수, 혹은 시의 형식은 올리는 대상, 시기, 경우에 따라 각각 다르다. 같은 날에 여기가 올린 것[15]은 5언과 7언이 어우러진 사이며 그 길이는 앞의 성균관과 오부의 학생이 올린 것에 비할 때 매우 짧아졌음을 알 수 있다.

교방가요를 연행할 때 연주되는 악무를 보자. 먼저 왕의 거가(車駕)가 이르게 되면 전부고취 악대가 여기의 뒤에 좌우로 나누어 서서 〈여민락령(與民樂令)〉을 연주한다. 이때 여기는 노래를 부른다. 박을 치면 도기(都妓)가 나아가 가요축을 승지에게 전하고, 승지가 이를 내시에게 다시 전하면, 내시는 이를 함에 담아 왕에게 올린다. 이러한 절차를 마친 후 학무와 연화대무(蓮花臺舞)가 연행된다. 연화대무를 마친 후에는 전부고취와 후부고취가 〈환궁악(還宮樂)〉을 연주하는 가운데 왕의 거가가 움직인다. 왕의 거가가 다시

---

14 『세종실록』 권60 세종 15년 4월 병오(23일): "獻頌曰: 明明聖主, 盛德膺天. 光承景緖, 御我朝鮮. 道隆化治, 文物煥然. 太平之業, 超越古先. 不謂已治, 惟日乾乾. 每勤宵旰, 稍違節宜. 乃於暮春, 巡幸靈泉. 聖躬載寧, 微痾永痊. 因而省民, 匪爲遊畋. 鑾輿所至, 巷溢街塡, 耋倪士女, 稽首輦前. 我后之德, 我得息肩. 我后之仁, 我得晏眠. 我思聖恩, 圖報無緣. 庶幾無疾, 永享萬年. 駐蹕于郊, 數旬未旋. 都人久俟, 車駕言旋. 徒御侁侁, 旗旐翩翩. 歡騰臣庶, 喜動山川. 無小無大, 抃舞相傳. 父母孔邇, 胡不樂焉? 微臣狂簡, 亦被陶甄. 獻此歌詞, 不勝拳拳. 益願聖壽, 如山不騫. 永保太平, 垂裕綿綿."

15 『세종실록』 권60 세종 15년 4월 병오(23일): "詞曰: 漂緲湯泉淨, 清和霽景鮮. 煌煌鑾輅好言旋, 草木亦欣然. 羅綺都門外, 笙歌輦路前. 利園子弟奏新篇, 願獻壽齊天(아름다운 온천물도 맑은데, 화창하게 갠 날은 밝기도 하다. 빛나는 난연 무사히 돌아오니, 초목도 또한 즐거워하네, 도성문 밖에는 비단이 휘날리고, 난연의 길 앞에는 젓대와 노랫소리, 이원의 젊은이들 새 곡조 연주하며, 하늘같이 수하기를 축원하옵네)."

멈추면 또 다른 정재를 연행하는데, 정재의 연행 횟수는 미리 상의하여 정한다. 이때 연행하는 궁중정재에는 학무와 연화대무 외에 사수무(四手舞), 금척무(金尺舞) 등이 포함되기도 했으며 무대장치로는 침향산, 지당(池塘), 화전병 등이 동원된다. 왕(왕비)의 거가가 궐문에 도착하면 교방가요 의례를 마무리한다.

이처럼 교방가요는 『악학궤범』에 향악정재로 수록되어 있지만, 엄밀히 말하면 이는 단일한 궁중정재가 아니라 거대한 공연물의 하나로 인식할 수 있다. 또 교방가요를 연행하는 것은 반드시 왕이나 왕비가 궁 밖을 나갔다가 돌아오는, 앞선 행사를 수행한 후 행한다는 특징을 지닌다. 따라서 교방가요가 독립된 공연물로 연행된다 하더라도 가요의 내용이 포함되는, 즉 가요를 올려 그것을 송축할 만한 내용을 지닌 선행 행사에 이어 연행된다는 점에서 특별한 위치를 점하고 있다.[16]

(3) 향악정재: 학무

학무정재(鶴舞呈才)는 『악학궤범』의 향악정재에 기록되어 있다. 학무는 『고려사』「악지」에 포함되어 있지 않고 조선조에는 늦어도 세종 대에는 연행되었을 것으로 추정되므로 그 발생도 늦어도 세종 대일 것이라는 사실을 확인할 수 있다.[17] 학무는 청학과 백학 두 마리의 학이 나와 학의 움직임을 묘사하며 추는 춤으로 조선왕실에서는 궐내와 궐외에서 연행되었다. 학무가 궐 밖에서 연행되는 경우는 대부분 왕 혹은 왕비의 거가가 출궁했다가 환궁할 때인데, 이때에는 학무만이 단독으로 연행되는 것이 아니라 여타 정재 혹은 잡희, 교방가요 등과 함께 이루어지는 것이 일반적이다. 이

---

16 이는 음복연의 경우와 유사하다. 음복연은 반드시 음복해야 할 의미가 있는 선행 의례에 이어 행해지는 것이기 때문이다.

17 송지원, 「조선시대 鶴舞의 연행양상 연구」, 『공연문화연구』 제15집, 한국공연문화학회, 2007.

경우 궐내의 공간에서 연행하는 것과 그 내용적 차이가 있다.

학무가 궐내에서 연행되는 경우는 전각의 월대나 계단을 이어 가설한 보계(補階)를 무대로 활용하여 연행하거나 실외 공간인 궁중의 뜰에서 공연하기도 한다. 보계를 무대로 활용하여 연행하는 것은 각종 궁중 진연(進宴), 진찬(進饌) 등에서 이루어지고 궁중 뜰에서의 연행은 12월의 나례(儺禮) 등의 의례와 함께 행해진다.

12월 그믐날에 연행되는 학무도 교방가요 절차에서 연행되는 것처럼 학무 단독으로 행해지지 않는다. 이때에는 학무가 연화대무, 처용무와 함께 연행되어 '학·연화대·처용무 합설'의 형태로 이루어진다. 학·연화대·처용무 합설은 세 가지 정재가 연합되어 '춤의 대형화(隊刑化)'가 이루어진 전형을 보인다.

학무가 궁중 안에서 열리는 각종 연향(宴享)에서 독립된 정재로 연행되는 경우를 『조선왕조실록』과 각종 의궤 기록에 나타난 정재의 연행 목록을 통해 보면, 먼저 1615년(광해군 7)에는 왕비의 친잠의(親蠶儀)[18]를 마치고 주연을 베풀 때 학무를 연행한 바 있고, 1795년(정조 19) 윤2월 13일에 화성의 봉수당에서 베풀어진 혜경궁 홍씨의 회갑을 위한 진찬에서 다섯 번째 잔을 올릴 때 학무가 연행되었다. 이때 학무의 반주음악은 〈유황곡〉과 〈여민락만〉이었고[19] 학무에 바로 이어 여섯 번째 잔을 올리는 순서에서 연화대 정재를 연행했다. 또 1877년(고종 14), 신정왕후(神貞王后)의 칠순을 경축하는 연향 때 익일야연의 진찬에서 학무를 〈창운송지곡(昌運頌之曲)〉의 반주에 맞추어 연행한 바 있으며, 1892년(고종 29) 고종의 보령 41세, 즉위 30년을 경축하는 연향[20] 중, 9월 25일의 야진찬(夜進饌)에서는 학무와 연화대무가 〈만

---

18 親蠶儀: 왕비가 친히 누에고치를 치고 고치를 거두는 일련의 의식이다. 백성에게 양잠의 중요성을 인식시키고 이를 널리 장려하고자 하는 목적으로 치러졌다.
19 『원행을묘정리의궤』.
20 『고종임신진찬의궤』.

세춘지곡(萬歲春之曲)〉의 반주에 맞추어 연행되었다. 이후 1901년(광무 5), 1902년(광무 6)의 궁중연향에서도 학무가 연행되었다.

『악학궤범』에 기록된 학무의 연행 양상은 네 부분으로 나뉘어 설명되고 있다. 여러 기녀가 노래하는 가운데 박을 치면 청학(靑鶴)과 백학(白鶴)이 나는 듯 등장하여 지당판 앞에 나아가 동서로 나뉘어 북쪽으로 서는 순서가 첫 부분이다. 둘째 부분에서는 박의 연주와 함께 학이 몸을 흔들고 부리를 마주치는 동작으로 시작된다. 또 박의 연주와 함께 두 마리 학이 족도하며 나아가거나 안쪽을 돌아보거나, 바깥쪽을 돌아보거나 하는 동작을 하며 역시 지당판을 향해 나아가 양쪽을 돌아보거나, 쪼거나, 머리를 들어 부리를 마주치거나, 부리를 땅에 닦거나, 다시 머리를 들어 부리를 마주치다가 양쪽을 돌아보는 동작이 이어진다. 셋째 부분에서는 두 마리 학이 지당판을 향해 2보 나아가 양쪽을 돌아보고, 다시 박을 친 후 안쪽 다리를 들었다 발을 디디고, 연통의 내면을 보고, 다시 바깥쪽 다리를 들었다 발을 디디고 연통의 외면을 보거나 하는 등의 동작이 이어진다. 마지막 부분에서는 학이 지당판을 향해 나아가 양쪽을 돌아보거나 안쪽 다리를 들었다 디디거나, 연통의 내면을 보거나, 바깥쪽 다리를 들었다 디디고 연통의 외면을 보는 등의 동작에 마지막으로 박의 소리와 함께 연통을 쪼아 열어 그 속에서 두 동녀(童女)가 나오면 두 마리 학이 놀라 뛰어서 물러가는 동작으로 이어진다.

『악학궤범』에는 이처럼 학무의 전체 동작을 동선별로, 동작별로 상세하게 묘사하고 있다. 그런데 『악학궤범』 권8의 '향악정재악기도설·학(鶴)' 부분에는 학의 모양만을 소개하고 있다. 따라서 학무의 대형이나 상세한 도상은 〈학·연화대·처용무 합설〉의 설명 내용을 통해 학이 위치하는 곳이나 학의 움직임 등을 유추해 볼 수 있다.

잠시 『원행을묘정리의궤』에 기록된 1795년(정조 19) 혜경궁 홍씨 회갑연 공연의 학무를 살펴보자.

혜경궁 홍씨 회갑연에서의 학무
정재는 화성의 봉수당에서 연행되
었고 그 연행 내용은 『원행을묘정
리의궤』의 도설과 팔폭병풍도에 그
림으로 남아 있다. 제5작 때 추어진
학무의 그림을 보면 『악학궤범』과
는 달리 지당판이 보이지 않는다(그
림 2-4). 지당판은 갖추지 않고 연꽃
두 개만을 독립시켜 무대에 올려놓
고 학무를 공연하는 장면을 연출하
고 있다. 궁중이 아닌 화성행궁(華城
行宮)에서 진찬이 치러졌으므로 지당

그림 2-4   『원행을묘정리의궤』의 학무

판과 같은 큰 무대장치는 생략된 것으로 보인다.[21] 이제 각종 의궤의 도상
자료를 통해 학무정재가 연행된 모습을 시기별로 살펴보도록 한다(표 2-2).

학무의 시기별 연행 양상을 살펴보았을 때, 학무의 변화는 지당판의 유
무 외에 학의 빛깔이 바뀌었다는 사실에도 드러난다. 즉 『악학궤범』에서는
백학과 청학이 등장하여 춤을 추었지만 19세기 어느 무렵부터 학은 황학
(黃鶴)과 청학으로 바뀌었다. 그러나 나머지 학의 동작 변화라든지 동선의
변화 등의 내용은 역시 자세히 알기 어렵다.

이제 『악학궤범』의 기록을 통해 학무정재를 연행할 때 연주되는 음악에
대해 살펴보고자 한다. 학무정재를 연행할 때 가장 먼저 연주되는 음악은
곧 〈보허자령(步虛子令)〉이다. 〈보허자령〉을 연주할 때 여기들이 노래를 하

---

21 반면 궁중에서 행해졌던 공연에는 모두 지당판을 갖추고 있음이 각종 의궤의 정재도에서 확인
    된다.

표 2-2　1795년부터 1902년 사이에 연행된 학무정재의 정재도

학무			
『원행을묘정리의궤』 권수	『고종정축진찬의궤』 권수 〈정재도〉	『고종정해진찬의궤』 권수 〈정재도〉	『고종임진진찬의궤』 권수 〈내진찬정재도〉
『정재무도홀기』(1893)	『외진연시무동각정재 무도홀기』(1894)	『고종신축진찬의궤』 권수 〈정재도〉	『여령각정재무도홀기』 (1901.5)

『고종신축진연의궤』 권수 〈내진연정재도〉	『여령각정재무도홀기』 [신축](1901.7)	『고종임인진연의궤』 (1902.4) 권수 〈도식·내진연정재도〉	『고종임인진연의궤』 (1902.11) 권수 〈내진연정재도〉
鶴舞	池塘板 蓮筒 蓮筒 黃鶴 青鶴	鶴舞	鶴舞

『무동각정재무도홀기』 (미상)	『여령각정재무도홀기』 (미상)
池塘板 蓮筒 蓮筒 李應根 劉錫範 黃鶴 青鶴	池塘板 蓮筒 蓮筒 蓮筒 黃鶴 青鶴

고 박을 칠 때 청학과 백학이 등장하여 서면 학무가 본격적으로 시작된다.

『악학궤범』에 기록되어 있는 학무는 주로 학의 동작에 집중되어 있고 정재를 출 때 연주하는 음악에 관련된 기록은 찾아볼 수 없다. 첫 시작 부분의 〈보허자령〉 외에 악곡의 명칭은 보이지 않는다. 학무에 이어지는 학·연화대·처용무 합설에서도 학이 나와 춤을 추는 절차가 있지만, 여기에서도 역시 〈보허자령〉 외의 악곡은 보이지 않으며 "박을 치면 청학·백학은 보(譜)에서와 같이 나아가고 물러가며 춤추다 연화(蓮花)를 쪼고, 연꽃에서 두 동녀가 나오면 두 학은 놀라 뛰어서 뒤로 물러가고, 음악이 그치면 다시 처음 자리에 선다"[22]라는 정도로 설명하여 역시 학무에서 쓰인 음악에 대해 설명하고 있지 않다.

『악학궤범』에 수록되어 있는 궁중정재의 목록과 정재 연행 시 연주되는 음악과 노래를 정리하면 〈표 2-3〉과 같다.

표2-3 『악학궤범』에 수록된 궁중정재 및 연행 시 연주되는 음악

분류	정재명	음악
당악정재	헌선도	〈회팔선인자〉, 〈진구호〉, 〈회팔선미〉 이하, 〈회팔선〉, 〈치사〉, 〈회팔선〉, 〈헌천수만〉, 〈헌천수만미전사〉, 〈헌천수최자〉, 〈헌천수최자사〉, 〈금잔자만〉, 〈금잔자최자〉, 〈금잔자만미전사〉, 〈금잔자최자〉, 〈금잔자최사자〉, 〈서자고만〉, 〈서자고최자〉, 〈서자고만사〉, 〈서자고최자사〉, 〈퇴구호〉, 〈천년만세〉
	수연장	〈연대청인자〉, 〈중강령〉, 〈중강급박미전사〉, 〈중강급박〉, 〈중강령〉, 〈청평악〉, 〈파자사〉, 〈중강령〉, 〈퇴구호〉
	오양선	〈오운개서조〉, 〈진구호〉, 〈오운개서조〉, 〈치어〉, 〈최자〉, 〈만엽치요도〉, 〈최자〉, 〈보허자령〉, 〈보허자령미전사〉, 〈보허자령미후사〉, 〈보허자급박〉, 〈보허자령〉, 〈파자〉, 〈파자사〉, 〈오운개서조인자〉, 〈퇴구호〉, 〈오운개서조〉, 〈치어〉, 〈오운개서조〉
	포구락	〈절화삼대〉, 〈절화삼대사〉, 〈소포구락령〉, 〈소포구락령사〉, 〈15사〉, 〈수룡음인쇄〉, 〈퇴구호〉, 〈수룡음〉
	연화대	〈전인자〉, 〈진구호〉, 〈중선회인자〉, 〈미신사〉, 〈후인자〉, 〈퇴구호〉, 〈후인자〉
	금척	〈오운개서조인자〉, 〈진구호〉, 〈오운개서조〉, 〈최자령〉, 〈치어〉, 〈최자령〉, 〈금척령〉, 〈금척사〉, 〈소포구락령〉, 〈사〉, 〈퇴구호〉, 〈오운개서조인자
	수보록	〈회팔선인자〉, 〈회팔선〉, 〈치어〉, 〈보허자령〉, 〈보록사〉, 〈금전악령〉, 〈회팔선인자〉, 〈퇴구호〉, 〈회팔선〉

22 『악학궤범』 권5 「鄕樂呈才·鶴蓮花臺處容舞合設」.

제2장 조선왕실의 공연과 악기 제작

	근천정	〈오운개서조〉, 〈진구호〉, 〈오운개서조〉, 〈최자령〉, 〈금전악령〉, 〈근천정사〉, 〈금전악령〉, 〈중강령〉, 〈오운개서조인자〉
	수명명	〈회팔선인자〉, 〈회팔선〉, 〈보허자령〉, 〈최자령〉, 〈치어〉, 〈보허자령〉, 〈수명명사〉, 〈금잔자만〉, 〈보허자령〉, 〈최자령〉, 〈회팔선인자〉, 〈퇴구호〉
	하황은	〈회팔선인자〉, 〈진구호〉, 〈회팔선〉, 〈금최자〉, 〈금전악령〉, 〈하황은사〉, 〈중강령〉, 〈서최자〉, 〈금전악령〉, 〈서최자〉, 〈회팔선인자〉, 〈퇴구호〉, 〈회팔선〉
	하성명	〈천년만세인자〉, 〈최자령〉, 〈최자령〉, 〈헌천수만〉, 〈천년만세인자〉, 〈하성조령〉, 〈하성명사〉, 〈천년만세인자〉, 〈천년만세〉, 〈퇴구호〉, 〈천년만세〉
	성택	〈천년만세인자〉, 〈진구호〉, 〈천년만세〉, 〈치어〉, 〈최자〉, 〈하성조령〉, 〈성택사〉, 〈헌천수만〉, 〈중강령〉, 〈하성조령〉, 〈중강령〉, 〈천년만세인자〉, 〈천년만세〉
	육화대	〈천년만세인자〉, 〈문화심사〉, 〈화심답사〉, 〈천년만세〉, 〈홍두제일념시〉, 〈천년만세〉, 〈남제일념시〉, 〈홍두제이념시〉, 〈천년만세〉, 〈남제이념시〉, 〈천년만세〉, 〈홍두제삼념시〉, 〈천년만세〉, 〈남제삼념시〉, 〈천년만세〉, 〈최자령〉, 〈중강령〉, 〈최자령〉, 〈천년만세인자〉, 〈퇴구호〉, 〈천년만세〉
	곡파	〈회팔선인자〉, 〈진구호〉, 〈회팔선〉, 〈석노교〉, 〈석노교미전사〉, 〈미후사〉, 〈전편〉, 〈입파〉, 〈허최〉, 〈최곤〉, 〈최박〉, 〈중곤〉, 〈헐박〉, 〈쇄곤〉, 〈회팔선인자〉, 〈퇴구호〉, 〈회팔선〉
향악정재	보태평	〈희문인입〉, 〈기명〉, 〈귀인〉, 〈형가〉, 〈집녕〉, 〈융화〉, 〈현미〉, 〈용광〉, 〈정명〉, 〈대유〉, 〈역성인출〉
	정대업	〈대고 10통〉, 〈소무인입〉, 〈독경〉, 〈탁정〉, 〈선위〉, 〈신정〉, 〈분웅〉, 〈순웅〉, 〈총수〉, 〈정세〉, 〈혁정〉, 〈영관인출〉, 〈대금 10통〉
	봉래의	〈전인자〉, 〈구호〉, 〈전인자〉, 〈여민락령〉, 〈해동장〉, 〈치화평〉, 〈취풍형〉, 〈근심장〉, 〈원원장〉, 〈석주장〉, 〈금아장〉, 〈적인장〉, 〈야인장〉, 〈천세장〉, 〈자자장〉, 〈오호장〉, 〈치화평 3기〉, 〈해동장〉, 〈주국장〉, 〈적인장〉, 〈칠저장〉, 〈상덕장〉, 〈불근새장〉, 〈태자장〉, 〈일부장〉, 〈우예장〉, 〈오년장〉, 〈말숨장〉, 〈성손장〉, 〈양자강장〉, 〈도망장〉, 〈천세장〉, 〈취풍형〉, 〈해동장〉, 〈불휘장〉, 〈주국장〉, 〈적인장〉, 〈칠서장〉, 〈상덕장〉, 〈불근새장〉, 〈태자장〉, 〈천세장〉, 〈후인자〉, 〈구호〉, 〈후인자〉
	아박	〈동동만기〉, 〈기구〉, 〈정월-12월사〉
	향발	〈향당교주〉, 〈보허자령〉
	무고	〈정읍사〉, 〈정읍만기〉, 〈정읍중기〉, 〈정읍급기〉
	학무	〈보허자령〉

학· 연화대· 처용무 합설	〈처용만기〉, 〈처용가〉, 〈봉황음중기〉, 〈봉황음중기사〉, 〈봉황음급기〉, 〈삼 진작〉, 〈삼진작사〉, 〈정읍급기〉, 〈북전급기〉, 〈북전급기사〉, 〈영산회상만 기〉, 〈영산회상불보살사〉, 〈영산회상령〉, 〈보허자령〉, 〈처용만기〉, 〈처용 가〉, 〈미타찬〉, 〈본사찬〉, 〈관음찬〉
교방가요	〈여민락령〉, 〈환궁악〉
문덕곡	〈소포구락령〉, 〈치어〉, 〈개언로장〉, 〈보공신장〉, 〈정경계장〉, 〈정예악장〉

3) 『정재무도홀기』를 통해 본 정재와 음악

『(계사)정재무도홀기』[23]에는 조선조 내내 연행되었거나 조선 말기에 새롭게 제작된 궁중정재가 대부분 포함되어 있고, 각 정재에 사용된 악장, 춤의 대오(隊伍) 등은 물론 반주음악 등이 춤의 연행 절차와 함께 상세히 기록되어 있다. 따라서 이를 통해 조선시대의 각종 의례에서 연행된 정재와 악장, 음악의 실상을 파악해 볼 수 있다.[24]

『정재무도홀기』에 수록된 정재를 순서대로 보면 봉래의, 몽금척, 경풍도, 헌선도, 향발무, 아박무, 무산향, 고구려무, 첨수무, 헌천화, 침향춘, 만수무, 제수창, 수연장, 무고, 보상무, 가인전목단, 포구락, 연백복지무, 초무, 박접무, 오양선, 하황은, 사선무, 장생보연지무, 첩승무, 춘앵전, 연화대무, 향령무, 무애무, 최화무, 검기무, 학무, 처용정재, 선유락, 항장무, 사자무 등 38종이 보인다.

고려 때부터 전하는 당악정재 5종(헌선도, 수연장, 오양선, 포구락, 연화대)과 향악정재 3종(무고, 동동, 무애무)을 비롯하여 조선 초기부터 전하는 당악정재(몽

---

23 『정재무도홀기』는 현재 여러 이본이 존재하지만 국립국악원이 소장하고 있는 『(계사)정재무도홀기』
　　의 기록이 가장 상세하므로 이하 언급하는 계사년의 정재무도홀기는 『정재무도홀기』로 기록할 것
　　이다.
24 실제 의례에서 연행된 궁중정재의 현황은 각종 의례에 수록되어 있는 의주(儀註) 부분을 보면 상세
　　하다.

금척, 하황은, 육화대)와 향악정재(봉래의, 향령무, 학무, 처용무)는 물론, 조선 말기
에 새롭게 창작된 궁중정재(장생보연지무, 연백복지무, 제수창, 최화무, 가인전목단,
검기무, 경풍도, 고구려무, 공막무, 관동무, 광수무, 만수무, 망선문, 무산향, 박접무, 보상무,
사선무, 선유락, 침향춘, 영지무, 첨수무, 첩승무, 초무, 춘광호, 춘대옥촉, 춘앵전, 향령무, 헌
천화) 등을 모두 아우르고 있으므로 조선시대 각종 연향에서 쓰인 정재를
총망라하고 있음을 알 수 있다.

　『정재무도홀기』에 수록되어 있는 정재와 음악의 목록을 일별해 보면
〈표 2-4〉와 같다.

표 2-4 　『정재무도홀기』에 보이는 38종의 궁중정재와 음악

정재명	악곡명
봉래의	〈정상지곡(여민락령)〉, 〈오운개서조(보허자령)〉, 〈치화평지곡(향당교주)〉, 〈취풍형지악[가곡 농(弄)과 악(樂)]〉, 〈향당교주〉, 〈가곡 계악(界樂)〉, 〈가곡 편(編)〉, 〈하승평지곡(향당교주)〉
몽금척	〈수령지곡(보허자령)〉, 〈향당교주〉, 〈향당교주〉, 〈보허자령〉, 〈향당교주〉, 〈향당교주〉, 〈보허자령〉
경풍도	〈길상지곡(보허자령)〉, 〈향당교주〉, 〈가곡 편(창사)〉
헌선도	〈낙만춘지곡(보허자령)〉, 〈여민락령〉, 〈보허자령〉, 〈보허자령〉, 〈미전사(창)〉, 〈향당교주〉, 〈최자사(창)〉, 〈향당교주〉, 〈서자고사(창)〉, 〈보허자령〉
향발무	〈일승월항지곡(향당교주)〉, 〈향당교주〉
아박무	〈정읍만기〉, 〈정읍만기〉
무산향	〈경춘광지곡(향당교주)〉, 〈향당교주〉
고구려무	〈기라향(향당교주)〉, 〈향당교주〉
첨수무	〈만전춘지곡(향당교주)〉
헌천화	〈해옥첨주지곡(보허자령)〉, 〈향당교주〉
침향춘	〈천보구여지곡(향당교주)〉
만수무	〈만년장환지곡(보허자령)〉, 〈가곡 편(창사)〉, 〈향당교주〉
제수창	〈축천보지곡(보허자령)〉, 〈향당교주〉, 〈향당교주〉, 〈향당교주〉, 〈향당교주〉, 〈향당교주〉

수연장	〈축성인지곡(보허자령)〉, 〈중강(中腔)〉, 〈미전사(창)〉, 〈미후사(창)〉, 〈향당교주〉, 〈청춘사(창)〉, 〈중강〉
무고	〈경만년지곡(향당교주)〉, 〈향당교주〉, 〈향당교주〉
보상무	〈태령지곡(향당교주)〉, 〈향당교주〉, 〈향당교주〉, 〈향당교주〉, 〈향당교주〉
가인전목단	〈축유여지곡(향당교주)〉, 〈향당교주〉
포구락	〈화봉삼축지곡(향당교주)〉, 〈향당교주〉, 〈향당교주〉, 〈향당교주〉, 〈향당교주〉, 〈향당교주〉, 〈향당교주〉, 〈향당교주〉
연백복지무	〈만억천춘지곡(보허자령)〉, 〈보허자령〉, 〈향당교주〉, 〈보허자령〉, 〈향당교주〉, 〈성수무강사(창)〉, 〈향당교주〉, 〈해동금일사(창)〉, 〈향당교주〉, 〈응천장지사(창)〉, 〈파자사(창)〉, 〈향당교주〉, 〈보허자령〉, 〈보허자령〉
초무	〈풍운경회지악(보허자령)〉
박접무	〈만정방(향당교주)〉
오양선	〈청평악지곡(보허자령)〉, 〈보허자령〉, 〈향당교주〉, 〈보허자령〉, 〈향당교주〉, 〈보허자령〉, 〈보허자령〉, 〈보허자령〉
하황은	〈감황은지곡(여민락령)〉, 〈여민락령〉, 〈보허자령〉, 〈향당교주〉, 〈여민락령〉
사선무	〈선려지곡(향당교주)〉, 〈가곡편(창)〉, 〈중강사(창)〉, 〈향당교주〉
장생보연지무	〈팔천춘추지곡(보허자령)〉, 〈보허자령〉, 〈향당교주〉, 〈보허자령〉, 〈향당교주〉, 〈장생보연지악〉
첩승무	〈태평춘지곡(향당교주)〉, 〈향당교주〉
춘앵전	〈유초신지곡(향당교주)〉, 〈향당교주〉
연화대무	〈낙승평지곡(보허자령)〉
향령무	〈천보구여지곡(계락)〉, 〈계락(무두사)〉, 〈중박사(창)〉, 〈미후사(창)〉
무애무	〈만년환지곡(향당교주)〉, 〈가곡 편(성인미채사)〉, 〈향당교주〉, 〈가곡 편(남산송백사)〉, 〈향당교주〉, 〈가곡 편(수성사)〉, 〈향당교주〉
최화무	〈청평악지곡(보허자령)〉, 〈향당교주〉, 〈향당교주〉, 〈향당교주〉, 〈향당교주〉, 〈향당교주〉
검기무	〈무령지곡(향당교주)〉
학무	〈채운선학지곡(향당교주)〉
처용정재	〈영산〉, 〈북전급기〉, 〈본사찬〉, 〈관음찬〉
선유락	〈명금이하〉, 〈취타〉, 〈어부사(창)〉, 〈명금삼하〉

항장무	〈명금이하〉, 〈명금삼하〉, 〈고삼통〉, 〈대취타〉, 〈명금이하〉, 〈명금삼하〉, 〈고일통〉, 〈뇌고삼통〉, 〈명라삼통〉, 〈명금일하〉, 〈뇌고삼통〉, 〈명라삼통〉, 〈명금일하〉
사자무	〈만방령지곡(영산회상)〉
육화대[25]	〈천년만세지곡(보허자령)〉, 〈보허자령〉, 〈향당교주〉, 〈일념시(창)〉, 〈향당교주〉, 〈일념시(창)〉, 〈향당교주〉, 〈이념시(창)〉, 〈향당교주〉, 〈이념시(창)〉, 〈향당교주〉, 〈삼념시(창)〉, 〈향당교주〉, 〈삼념시(창)〉, 〈향당교주〉, 〈일념가(창)〉, 〈향당교주〉, 〈일념가(창)〉, 〈향당교주〉, 〈이념가(창)〉, 〈향당교주〉, 〈이념가(창)〉, 〈향당교주〉, 〈삼념가(창)〉, 〈향당교주〉, 〈삼념가(창)〉, 〈향당교주〉, 〈향당교주〉

〈표 2-4〉에 보이듯 38개의 정재를 연행할 때 시작 부분에서 연주하는 음악은 〈여민락령〉과 〈보허자령〉, 〈향당교주〉, 〈계락(界樂)〉의 네 곡이지만 그 각각에 모두 다른 아명(雅名)을 붙여 놓고 있음을 알 수 있다. 즉 〈여민락령〉의 아명은 〈정상지곡〉, 〈감황은지곡〉이라 하고, 〈보허자령〉은 〈오운개서조〉, 〈수령지곡〉, 〈길상지곡〉, 〈낙만춘지곡〉, 〈해옥첨주지곡〉, 〈만년장환지곡〉, 〈축천보지곡〉, 〈축성인지곡〉, 〈만억천춘지곡〉, 〈풍운경회지악〉, 〈청평악지곡〉, 〈팔천춘추지곡〉, 〈낙승평지곡〉, 〈청평악지곡〉, 〈천년만세지곡〉 등의 이름으로 각각 다르게 불리고 있음을 알 수 있다. 또 〈향당교주〉는 〈치화평지곡〉, 〈하승평지곡〉, 〈일승월항지곡〉, 〈경춘광지곡〉, 〈기라향〉, 〈만전춘지곡〉, 〈천보구여지곡〉, 〈경만년지곡〉, 〈태령지곡〉, 〈화봉삼축지곡〉, 〈만정방〉, 〈선려지곡〉, 〈태평춘지곡〉, 〈만년환지곡〉, 〈무령지곡〉, 〈채운선학지곡〉 등의 명칭으로 쓰이고 있다. 그 의미가 좋은 것, 고사

---

25 육화대는 『정재무도홀기』의 가장 끝부분에 보이는데, 유독 육화대만 한글로 기록해 놓았다. 그 이유는 알 수 없다. 신축년의 『여령정재무도홀기』에 기록된 육화대의 음악은 다음과 같다. 〈축유여지곡(보허자령)〉, 〈문화심사(구호)〉, 〈보허자령〉, 〈화심답사(창)〉, 〈향당교주〉, 〈일념시(창)〉, 〈향당교주〉, 〈일념시(창)〉, 〈보허자령〉, 〈이념시(창)〉, 〈보허자령〉, 〈이념시(창)〉, 〈보허자령〉, 〈삼념시(창)〉, 〈보허자령〉, 〈삼념시(창)〉, 〈향당교주〉, 〈가곡 농락(일념가)〉, 〈향당교주〉, 〈가곡 계락(일념가)〉, 〈향당교주〉, 〈가곡편(이념가)〉, 〈향당교주〉, 〈이념가(창)〉, 〈향당교주〉, 〈삼념가(창)〉, 〈향당교주〉, 〈삼념가(창)〉, 〈향당교주〉, 〈향당교주〉.

와 얽힌 내용의 제목 등이 모두 동원되어 있음을 알 수 있다. 이러한 명칭은 고정되어 쓰이는 것이 아니라 연향의 목적에 따라 같은 악곡이라 하더라도 매번 다르게 명명하여 썼다. 이는 궁중정재를 연행할 때 연주되는 음악을 그 아명만으로는 알 수 없도록 하는 요인이 되었다. 특히 왕실의 연향을 기록한 각종 의궤 기록에는 악곡명 대신 아명만을 기록하는 경우가 많다는 상황을 감안한다면 악곡명과 아명을 같이 표기하는 『정재무도홀기』의 기록 방식은 실제 악곡을 알 수 있도록 했다는 점에서 매우 중요한 자료가 되고 있다. 또 이로써 각 정재를 시작하는 음악에는 반드시 아명을 붙이는 전통도 아울러 확인할 수 있다.[26]

〈표 2-4〉에 정리해 놓은 악곡 명칭 기록을 보면 특정한 곡 같은 음악의 명칭이 계속 반복되고 있는데, 이는 『정재무도홀기』에 보이는 악곡명을 순서 그대로 적어 놓았기 때문이다. 이로써 조선 말기를 기점으로 하여 궁중정재에서 연행되었던 정재와 악곡 명칭이 파악되었다. 다만 조선조 내내 그와 같은 악곡이 연주되었는지 여부는 정확히 알 수 없다. 또 음악이 연주되긴 했어도 악곡명을 드러내지 않은 경우에는 연주 악곡이 무엇인지 알 수 없는 부분도 있다. 『정재무도홀기』의 기록에는 악곡의 명칭 없이 '악작(樂作)'이라는 표기만을 해 놓은 부분이 보이는데, 이 경우 실제 어떠한 음악을 연주한 것인지 드러나지 않는다. 〈표 2-4〉에 기록한 악곡 명칭은 그와 같은 부분이 모두 생략되어 있어, 실제 음악을 연주했다 하더라도 어떠한 음악을 연주한 것인지는 알 수 없으므로 〈표 2-4〉의 기록에서 제외시켰다. 따라서 〈표 2-4〉에 정리한 정재와 그에 수반하여 연주하는 음악에 관한 정보는 다소 완전하지 못한 것일 수 있다. 그러나 조선 말기를 기준으로

---

26 후일 이왕직아악부 시절부터 국립국악원으로 전승되는 음악에서는 이처럼 임시적으로 쓰였던 아명(雅名)을 일대일 관계로 고정시켜서 쓰기도 했다. 현재 쓰이고 있는 아명은 그러한 과정에서 하나의 아명으로 고착화된 것이다.

제2장 조선왕실의 공연과 악기 제작

하여 조선의 궁중정재에서 쓰이고 있는 음악을 전반적으로 정리했다는 의미는 있을 것이다.

이제 『정재무도홀기』에 포함되어 있는 정재 가운데 조선 후기에 제작되어 각종 궁중의 연향에서 연행되었던 몇몇 정재를 중심으로 살펴볼 것이다. 『악학궤범』 이후 19세기 사이에 새롭게 생겨난 궁중정재의 목록을 염두에 둔다면 궁중정재의 변화상이 파악될 수 있을 것이다.

먼저 순조 대에 향악정재의 하나로 제작된 가인전목단(佳人剪牧丹)을 살펴보자. '가인전목단'이란 말은 '가인(佳人)이 모란[牧丹]꽃의 가지를 꺾는다[剪]는 의미로서, 꽃을 꺾으며 즐기는 내용을 형상화한 궁중정재이다. 원 소재는 중국 송나라로 거슬러 올라가는데, 송나라 태조 당시 한림학사(翰林學士)였던 도곡(陶穀)이 조칙을 받들어 지은 춤을 바탕으로 하여 순조 대에 효명세자가 당시 장악원 악사의 도움을 받아 만들었다.

가인전목단은 19세기와 20세기 초반 궁중의 연향에서 연행되었다. 1829년(순조 29) 2월과 6월에 순조의 즉위 30년과 보령 40세를 경축하여 올린 연향을 기록한 『순조기축진찬의궤』에도 수록되어 있으며, 1828년(순조 28) 순원왕후(純元王后)의 40세 생신 연향을 기록한 『무자진작의궤』와 1848년(헌종 14) 순원왕후의 육순 연향을 기록한 『헌종무신진찬의궤』, 1902년(광무 6) 고종황제의 망육순(望六旬)과 즉위 40년을 맞아 황태자와 신하들이 고종에게 존호(尊號)를 올리면서 개최한 연향을 기록한 『고종임인진연의궤(高宗壬寅進宴儀軌)』 등에도 가인전목단의 정재도가 수록되어 있다.

이처럼 가인전목단은 즉위를 기념하기 위한 연향, 생신을 경하하는 연향 등 경축의 목적으로 설행된 연향에서 주로 연행되었음을 알 수 있다. 구체적으로 시행된 내역을 잠시 보면 1828년에는 내진작의(內進爵儀)에서 어찬(御饌)과 찬반(饌槃)을 올리는 절차에서, 1848년에는 내진찬에서 대왕대비가 내려 준 술을 왕비가 마시는 절차에서 연행되었다. 같은 해의 대전회작

그림2·5 『순조기축진찬의궤』에
보이는 가인전목단

의(大殿會酌儀)에서는 왕에게 찬안(饌案)과 시접을 올리는 절차에서 〈희신춘
지곡(喜新春之曲)〉의 반주에 맞추어 연행되었으며 대전야연의(大殿夜讌儀)에서
는 왕에게 휘건을 올리는 절차에서 〈염양춘지곡(艶陽春之曲)〉의 반주에 맞추
어 각각 연행되었다.

　『순조기축진찬의궤』의 그림을 통해 보면 목단화준(牧丹花樽)을 가운데 두
고 춤을 추는 장면이 묘사되어 있다. 가인전목단을 추는 무원의 수는 연향
의 규모나 내용 등에 따라 각각 달라 대개 4인, 12인, 14인, 18인 등으로 구
성되는데, 위의 도상에서는 그중 18인이 춤을 연행하고 있는 모습을 볼 수
있는데, 18인의 무원 가운데 3인이 꽃의 가지를 꺾어 들고 다 함께 원형을
그리며 춤을 추고 있는 모습이 보인다. 위의 18인 가운데 몇 명은 협무(挾
舞)로 추정되지만 그림으로는 구분되지 않는다. 가인전목단의 창사(唱詞)는
효명세자가 지은 것으로 세 번째 박을 치는 부분에서 노래한다.

　가인전목단은 연향의 성격에 따라 무동이 추는 경우와 여기가 추는 경
우가 있다. 일반적으로 여성이 연향의 주인공인 내연(內宴)에서는 여기가

춤을 추고 남성이 연향의 주인공인 경우 무동이 춤을 춘다. 내연에 속하지만, 여기가 아닌 무동이 정재를 공연한 경우는 1828년 2월과 6월의 연향, 1829년 6월의 연향뿐이다. 『순조기축진찬의궤』에 보이는 가인전목단은 무동이 춤을 추는 경우에 해당한다. 무동의 복식은 아광모(砑光帽)를 쓰고 홍라포(紅羅袍)를 입으며 주전대(珠鐫帶)를 띠고 무우리(無憂履)를 신었다.

이제 시기별 도상 자료를 통해 가인전목단이 연행되는 장면을 살펴보자. 〈표 2-5〉의 도상들을 통해 가인전목단의 연행 양상을 보면, 앞서 언급한 바와 같이 무동이 연행하는 경우와 여기가 연행하는 두 가지 경우를 볼 수 있다. 『순조무자진작의궤』를 비롯하여 『순조기축진찬의궤』, 『고종임인진찬의궤』, 『고종신축진연의궤』 등에서는 무동이 연행하였고 그 외의 의궤에서는 여기가 연행하는 모습을 알 수 있다. 『순조기축진찬의궤』에는 내연과 외연이 모두 기록되어 있기 때문에 무동이 연행하는 것과 여기가 연행

표 2-5 1829년부터 1902년 사이에 연행된 가인전목단의 정재도

가인전목단			
『순조무자진작의궤부편』 권수 〈정재도〉	『순조기축진찬의궤부편』 권수 〈정재도〉	『순조기축진찬의궤』 권수 〈내진찬정재도〉	『헌종무신진찬의궤』 권수 〈정재도〉

『고종무진진찬의궤』 권수 〈정재도〉	『고종정축진찬의궤』 권수 〈정재도〉	『고종정해진찬의궤』 권수 〈정재도〉	『고종임진진찬의궤』 권수 〈내진찬정재도〉
『고종임진진찬의궤』 권수 〈외진찬정재도〉	『정재무도홀기』(1893)	『고종신축진찬의궤』 권수 〈정재도〉	『여령각정재무도홀기』 (1901.5) (1)
『고종신축진연의궤』 권수 〈외진연정재도〉	『고종신축진연의궤』 권수 〈내진연정재도〉	『여령각정재무도홀기 [신축]』(1901)	『외진연시무동각정재 무도홀기[신축]』(1901)

『고종임인진연의궤』 (1902.4) 권수 〈내진연정재도〉	『고종임인진연의궤』 (1902.4) 권수 〈외진연정재도〉	『고종임인진연의궤』 (1902.11) 권수 〈내진연정재도〉	『고종임인진연의궤』 (1902.11) 권수 〈외진연정재〉

『무동각정재무도홀기』 (미상)	『여령각정재무도홀기』 (미상)

하는 것이 함께 실려 있다.

　다음으로 인원수의 측면이다. 〈표 2-5〉의 도상에 보이듯 가인전목단을 연행하는 무원 수는 가장 적게는 4명에서 시작하여 8명, 12명, 14명, 18명이 보인다. 이는 시기별 변화라 할 수는 없고 연향의 규모나 내용 등의 면에서, 혹은 상황에 따라 달라지는 경우라 할 수 있다.

　이제 『정재무도홀기』의 기록을 통해 가인전목단을 연행할 때 연주되는 음악에 대해 살펴보고자 한다. 가인전목단을 연행할 때 추는 춤은 먼저 시작 부분에서 〈축유여지곡(祝有餘之曲)〉을 연주하는데, 이는 〈향당교주〉의 아명으로 쓰인 것이므로 가인전목단을 시작하는 음악은 〈향당교주〉임을 알수 있다. 악사가 화준(花罇)을 받든 무기(舞妓) 2인을 거느리고 들어와 전 안에 들어와 놓고 나가는 부분에서 연주를 시작한다. 박을 4회 친 후에는 '만타선개조전홍(萬朶先開照殿紅)'의 일곱 글자로 되어 있는 노랫말로 시작하는 음악을 무기들이 창을 하고, 창을 마치고 한 박을 더 친 후 〈향당교주〉를 다시 연주한다. 이후 더 이상 새롭게 연주되는 음악은 없으므로 가인전목단을 연행할 때 연주하는 음악은 〈향당교주〉가 중심이 됨을 알 수 있다.

2 조선왕실의 공연 공간과 음악

조선의 궁궐은 전 영역이 공연 공간이라 해도 큰 무리가 없다. 이 가운데 각 궁의 외전(外殿)과 내전(內殿), 묘(廟)와 단(壇), 문(門), 당(堂), 각종 누정(樓亭) 등은 왕실의 여러 행사를 치렀던 공간으로서 주요 공연 무대가 되었던 곳이기도 하다. 조선시대에는 왕실의 여러 의례들이 왕실의 행사로서 연행되었지만 지금 이 시대의 시각으로 본다면 모두 중요한 공연 작품이기도 하다. 다양한 방식의 공연예술 작품이 궁궐의 각 공간에서 다양하게 연행되었다는 시각으로 볼 수 있다. 이는 한 단의 평면적 무대와 객석의 구조로 되어 있는 근대식 극장의 무대와는 또 다른, 입체적 공연 공간이라는 점에서도 주목되며 자연경관을 무대로 끌어온 살아 있는 무대와 객석이라는 점에서 궁궐의 여러 영역을 주목하게 하도록 한다.

궁궐의 외전은 왕의 공식적 공간으로서 신하들과 함께 치르는 각종 의례 혹은 연회를 치르며 내전은 왕, 왕비의 일상 공간으로 각종 진찬, 진연 등 각종 연향이 이루어진다. 왕실 공연의 공간은 의례의 성격과 밀접한 관련이 있다. 외전인 법전(法殿)에서는 조회를 비롯하여 책봉례, 방방(放榜), 양로연, 중국 황제의 조서나 칙서를 맞이하는 의례 등이 이루어졌으며 내전에서는 각종 진찬, 진연, 진작 등의 연향의례가 주로 베풀어졌다. 이러한 의례들은 현대적 의미에서 볼 때 넓은 의미의 '공연'이라 볼 수 있다. 이처럼 궁궐의 여러 공간은 '공연 공간'이라는 의미가 이미 부여되어 있었다. 이제 궁궐의 주요 공간에서 이루어진 대표적 의례를 통해 공연 공간으로서의 궁궐에 대해 생각해 보는 기회를 갖고자 한다.

1) 전과 당에서 행해지는 의례

(1) 경희궁 경현당

경희궁의 연향 중에 가장 주목되는 것으로 1719년(숙종 45), 숙종 임금이 59세 되는 해이며 즉위 45년을 맞이하는 해에 숙종이 기로신(耆老臣)들을 위해 베푼 경희궁의 경현당(景賢堂) 연향을 들 수 있다. 1719년 당시 조선 땅에는 전염병이 유행하여 수많은 사람이 목숨을 잃었는데, 여기에 흰 무지개가 해를 꿰뚫는 이변이 일어났으며, 1월 1일에는 해가 먹히는 일식도 있었으므로 민심은 흉흉했고 나라는 어지러웠던 시기였다. 재이(災異)를 당했으니 왕은 근신해야 한다는 상소가 이어졌고 온 나라에서 사치하는 풍습을 없애고 검약의 생활을 해야 한다는 반성도 이어졌던 시기였다.

숙종은 바로 그러한 해에 즉위 45년을 맞이했다. 조선의 왕이 즉위한 지 45년차가 된 것은 처음 있는 일이었고[27] 그 이듬해가 되면 숙종이 육순이 되기 때문에 즉위 45년은 왕실의 큰 경사로 인식되었다. 이에 신하들은 숙종에게 기로소[28]에 들기를 청했다. 숙종은 신하들의 청을 받고 처음에는 사양했으나 몇 차례를 사양한 이후 입소할 것을 수락하였다. 조선을 건국한 태조가 이미 기로소에 들어간 적이 있으니 선왕을 따르는 뜻이 되고, 노인을 숭상하는 풍속이 된다는 이유에서였다. 결국 숙종은 1719년 음력 2월 12일에 기로소에 들어가게 되었다.

숙종은 이러한 경사를 맞이하여 중죄인이 아닌 사람은 사면하고 관직에 있는 사람은 품계를 올려 주었다. 또 품계를 더 이상 올려 줄 수 없는 사람은 대신 그 아들이나 사위, 동생, 조카들에게 혜택을 주도록 했다. 왕의 기

---

27 그 이전의 선조는 41년 재위하였다.
28 기로소는 관품 정2품 이상, 나이 70세 이상의 문신을 예우하기 위해 설치한 일종의 친목 기구이다. 왕으로는 태조가 60세에 처음 기로소에 들어갔다.

로소 입소를 기해 '온 백성이 함께 기쁨을 나누고 그 혜택이 널리 미치도록 한다'는 여민동락(與民同樂)의 정신을 실현한다는 의미에서였다.

당시 세자와 신하들은 숙종의 기로소 입소와 함께 진연을 올려 기쁨을 나누고자 했다. 그러나 숙종은 전염병이 심하고 백성이 어려운 시기에 잔치를 받는 것은 옳지 않다는 이유로 우선 기로신들에게만 잔치를 내리도록 했다. 1719년 4월 18일, 경희궁의 경현당에서 베풀어진 연향은 기로신들을 위해 숙종이 내려 준 잔치였다.

이제 경현당에서 베풀어진 연향의 절차를 묘사함으로써 경희궁의 대표적 연향의 모습과 그에 수반하는 음악 등에 대해 살펴보기로 한다. 숙종은 아침 아홉 시 가까운 시간이 되어 익선관(翼善冠)과 곤룡포(袞龍袍)를 갖추어 입고 소여(小輿)에 올라 연향이 마련된 경현당으로 이동을 시작했다. 왕의 행렬이 움직이기 시작하자 장악원의 악대는 〈여민락만〉을 연주했다. 〈여민락만〉은 느릿하고 장엄한 선율로 인해 왕이 이동할 때 자주 연주되는 음악이다. 장악원 악인들은 세 차례의 예행 연습을 마치고 연주에 임했다. 악대의 삼면에는 편종과 편경이 놓여 있는데, 이는 제후국의 악대인 헌현(軒懸)의 위의를 갖춘 것이다. 연주의 시작은 협률랑이 휘를 들면서 시작된다. 삭고(朔鼓)를 한 번 치고, 그다음에 응고(應鼓)를, 이어 음악의 시작을 알리는 축(祝)을 친 다음 건고(建鼓)를 세 번 울렸는데, 이러한 연주는 음악을 시작한다는 의미로, 일종의 서주처럼 연주하는 음악이다. 〈여민락만〉의 연주에 맞추어 왕은 숭덕문(崇德門)을 지나 경현당에 들어가 연향에 참가하였다.

연향이 열린 경현당의 배치를 보면, 앞의 중앙에 왕의 어좌를 놓고, 어좌의 왼편에는 왕세자의 자리를 설치하였다. 영중추부사 이유(75세), 영의정 김창집(72세), 판중추부사 김우항(71세), 행지중추부사 황흠(81세)과 강현(70세), 행사직 홍만조(75세)와 이선부(74세), 한성판윤 정호(72세), 우참찬 신임(81세), 지중추부사 임방(80세) 등 10명이 당시 기로연에 참여했는데, 행판돈녕부사 최규서(70세)는 서울이 아닌 곳에 있어 행사에 참여하지 못했으며 임방은 뒤늦게 기로당상에 오르게 되어 가까스로 기로연에 참여할 수 있었다. 모두 70세 이상의 원로였다.

기로연이므로 내시는 궤(几)와 장(杖)을 받들어 어좌의 곁에 두었고, 상서관(尙瑞官)은 어보(御寶)를 받들어 안(案)에 놓았다. 의례에 참여하는 사람들 각각이 제자리를 찾아 의례를 행할 준비를 마치자 왕세자가 여러 기로신을 거느리고 네 번 절한 후 자리에 나아갔다. 경현당에서 열린 연향은 왕이 기로신에게 베풀어 주는 것이기 때문에 보통의 진연과는 차이가 있다. 대개의 진연 때에는 제1작(爵)과 제2작을 올릴 때 탕(湯)을 올리는 절차 없이 만두(饅頭)만 바치고 두 번째 술잔을 마친 후에 비로소 탕을 올렸지만, 이때의 잔치는 여러 신하들을 위하여 왕이 특별히 내려 주는 것이었으므로 제1작부터 제5작까지 다섯 차례 모두 탕을 들어 차별화한 것이다. 이는 보다 예를 풍성하게 내린다는 의미를 지니는 것으로, 의례의 위격을 보다 후하게 한 것으로 해석할 수 있다.

의례의 순서는 음악 연주에 맞추어 왕세자 이하의 관원들이 자리를 나란히 하여 엎드리고, 사옹원 제조가 왕을 위한 술을 준비하면 음악 연주를 그치게 된다. 다시 음악이 연주되면 왕에게 휘건(揮巾)을 담은 휘건함을 올리고, 다시 연주가 그친다. 또다시 음악이 연주되면 왕을 위한 찬안과 기로신들을 위한 찬탁(饌卓) 등이 준비되고, 이어 화반이 준비되면 내시가 왕에게 꽃을 바친다. 이어서 왕세자의 스승인 보덕(輔德)이 왕세자에게도 꽃을 올리게 된다. 여러 기로신들에게도 각각 담당자들이 꽃을 나누어 주고 음식이 들어오기 시작하는데, 이러한 모든 절차에는 음악이 끊이지 않고 연주되었다.

이어 전악(典樂) 2인은 악장을 올리라는 명을 받고 나와 동서로 나누어 서

　　　　　　　　　　　　　　제2장　조선왕실의 공연과 악기 제작

서 존숭악장(尊崇樂章)인 〈유천지곡(維天之曲)〉을 노래하게 된다. 노래를 마치면 왕을 위한 첫 번째 술잔이 준비되고, 〈천년만세〉의 연주에 맞추어 무동이 들어와서 초무(初舞)를 추었다. 이때 왕세자와 여러 기로신들에게도 골고루 술이 돌아간다. 왕이 술을 모두 마시고 잔을 내려놓으면 음악 연주를 마친다. 이때 사옹원 제조는 고기를 베어 왕에게 올린다.

다시 음악이 〈오운개서조〉를 연주하면 제조는 숙종에게 만두를 올린다. 올리기를 마치면 연주를 그치고, 제조가 탕을 올리면 음악 연주가 시작되었다.

두 번째 술잔을 올릴 때는 무동이 들어와 아박무(牙拍舞)를 추었는데, 반주음악은 〈정읍만기(井邑慢機)〉였다. 다시 탕을 올리자 〈청평곡(淸平曲)〉을 연주하였다. 세 번째 술잔을 올릴 때는 무동이 향발무(響鈸舞)를 추었는데, 반주음악은 〈보허자령(步虛子令)〉이었다. 탕을 바칠 때는 〈하운봉(夏雲峰)〉을 연주했다. 네 번째 술잔을 올릴 때는 역시 무동이 무고를 추었다. 반주음악은 〈천년만세〉였다. 탕을 바칠 때는 〈낙양춘(洛陽春)〉을 연주했다.

네 번째 술잔을 나누기까지는 짧지 않은 시간이 흘렀으므로 이때 왕은 잠시 휴식을 취하였다. 어좌 앞에 있는 푸른 휘장을 내리고 잠시 휴식을 마치게 되면 휘장을 걷어 올리고, 연향을 계속한다. 이때 내시가 은으로 만든 술잔인 은배(銀杯)를 준비해 놓았는데, 이는 왕이 기로신들을 위해 마련한 선물이었다. 숙종은 다섯 번째 술잔은 은배로 술을 돌리라 하였고, 그 술잔을 기로소에 내렸다. 술잔의 가운데에는 '기로소에 하사한다'라는 의미의 '사기로소(賜耆老所)' 넉 자가 새겨져 있었다. 기로신들은 마지막 다섯 번째 술잔을 은배로 돌려 마셨다.

다섯 번째 술잔을 나눌 때는 무동이 들어와 광수무(廣袖舞)를 추었고 반주음악은 〈여민락〉이었다. 제조가 대선(大饍)을 준비해 올릴 때에는 〈태평년(太平年)〉과 〈여민락〉을 연주했다. 잔치의 끝부분에는 파연악무인 처용무(處

容舞)가 연행되는데, 동, 서, 남, 북, 중앙을 상징하는 오방처용이 각각 청색, 백색, 적색, 흑색, 황색의 옷과 가면을 쓰고 춤을 춘다. 이는 잔치를 마무리하는 즈음, 온갖 삿된 기운을 물리친다는 의미를 지닌다.

기로연을 마칠 무렵에는 여러 기로신들이 어전에 나아가 숙종에게 축하하는 말을 올리게 된다. 당시 영의정 김창집은 은배를 가지고 기로소에서 2차 모임을 가지면서 남은 기쁨을 다하고 왕의 은혜를 자랑하겠다고 숙종에게 아뢰었다. 그러자 왕은 장악원의 악대를 대동할 것을 허락하였고 왕세자 이하 모든 관원은 숙종에게 네 차례 절한 후 연향을 마쳤다.

연향을 마무리하는 무렵을 보면, 악공이 축을 두드리자 잔치를 마무리하는 음악 연주가 시작되었다. 음악에 맞추어 왕이 자리에서 나갈 준비를 하는데 왕이 여(輿)에 오르면 내시가 궤와 장을 받들고 따라가는 방식이다. 왕이 자리에서 떠나면 악공이 어(敔)를 그어 음악 연주를 그치고, 왕세자 이하 신하들이 이어 나간 후 기로연이 마무리된다. 숙종은 악대가 연주하는 〈여민락〉에 맞추어 숭덕문을 지나 다시 대전(大殿)으로 돌아가게 된다. 〈그림 2-6〉은 당시의 의례를 묘사한 것이다.

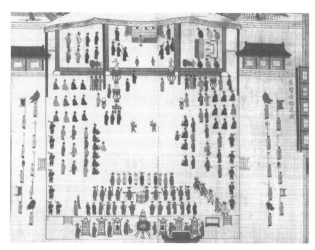

그림 2-6
〈경현당석연도〉[29]

제2장 조선왕실의 공연과 악기 제작

지금까지 1719년의 기로연을 통해 경희궁의 경현당에서 베풀어지는 연향의 모습을 살펴보았다. 이때 음악은 왕의 이동부터 동원되었고 연향에서는 매 작을 올릴 때마다 각종 궁중정재가 연행되었으며 여러 음악이 연주되었다. 기로연은 외연에 해당하므로 정재의 담당자는 무동이었으며 연향을 마치고 왕이 다시 대전으로 돌아가는 순간까지 장악원의 음악이 연주되었다는 사실을 알 수 있다.

(2) 창경궁 명정전

명정전의 진찬 가운데 가장 주목되는 것은 순조가 40세가 되는 동시에 재위 30년이 되던 1829년(순조 29)에 이를 기념하기 위해 베풀어진 진찬이 있다. 순조는 순조비인 순원왕후와 동갑이었으므로 이 해는 왕비의 사순이 되는 해이기도 하였다. 이 행사의 기록은 『순조기축진찬의궤(純祖己丑進饌儀軌)』에 남아 있다.

명정전 진찬은 1829년 2월 9일 오시(午時)에 창경궁의 명정전에서 왕과 왕비, 왕세자, 문무백관과 종친, 의빈 등이 참여하는 가운데 행해졌다. 본 행사를 위한 예행 연습은 진찬소에서 2회, 명정전에서 1회 치러졌고 작헌례(酌獻禮)는 9작까지 행해졌으며 매 작이 올려질 때마다 각종 궁중정재가 연행되었다.

명정전 진찬도는 크게 다섯 공간으로 분류된다. 첫 번째 공간인 대청의 중앙에는 어좌(御座), 그 왼편으로는 왕세자좌가 마련되어 있다. 이는 왕과 왕세자를 위한 공간으로 활용되며 궁중정재를 관람할 때 1등석의 위치가 된다.

---

29 1719년 숙종의 기로소 입소를 기념하여 기로신들에게 내린 연회를 그린 그림. 화면 아래에 장악원의 악공들이 음악을 연주하는 모습이 보이고 화면 중앙에는 소년 무용수인 무동 두 명이 춤을 추고 있다.

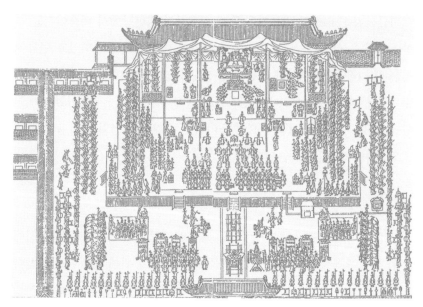

그림 2-7 〈순조기축명정전진찬도〉[30]

　두 번째 공간인 명정전의 기단은 임금의 거동 시 쓰는 수정장(水晶杖)과 일산(日傘), 그리고 행사를 위해 피우는 향을 놓는 향안(香案), 행사에 쓰일 술을 놓는 주정(酒亭)을 놓는 공간으로 활용된다. 주정 앞에는 사옹원 제조가 대기하여 임금에게 술을 올리는 일을 전담한다.

　세 번째 공간인 상층 보계는 궁중정재가 공연되는 공간이며 연향에 참여한 사람들의 자리로 활용된다. 가운데 부분의 넓은 공간에서는 무동이 초무를 추고 있으며 그 아래인 남쪽에는 공연을 하기 위해 대기 중인 무동들이 서 있다. 보계의 끝부분에는 전상악(殿上樂)이 진설되어 있어 악무(樂舞)를 연행할 때 해당되는 음악을 연주한다. 무대의 양옆에는 서쪽에 서반(西班), 동쪽에 동반(東班)의 관리가 각각의 서열에 맞게 배치되어 앉아 있다.

30　순조의 사순 겸 재위 30년을 기념하기 위해 창경궁 명정전에서 열린 진찬을 그린 그림. 무동이 추는 궁중정재인 초무가 연행되고 있다.

바로 뒤에는 임금의 어가(御駕)를 호위하고 온 별감들과 군사들이 서서 도열하고 있다.

네 번째 공간인 하층 보계에는 통례와 대치사관(代致詞官) 등이 대기하고 있는데, 보계의 동쪽과 서쪽의 끝단은 '불승전자위(不陞殿者位)', 즉 전(殿) 위에 올라갈 수 없는 품계가 낮은 신하들의 좌석으로 마련되었다.

다섯 번째 공간인 마당에는 중앙에 소여(小轝)와 대련(大輦)이 세워져 있고 양쪽 옆에는 헌가악(軒架樂)이 진설되어 있다. 헌가악대는 해당되는 악무를 연행할 때 반주하는 역할을 담당한다. 보계의 동서쪽에는 시위대가 도열해 있다.

명정전 진찬의 작헌(酌獻)과 치사(致詞)는 제1작이 왕세자, 제2작이 영의정 남공철, 제3작이 판부사 이존수, 제4작이 영돈녕 김조순, 제5작이 영명위 홍현주, 제6작이 동녕위 김현근, 제7작이 봉조하 김이양, 제8작이 상호군 김재창, 제9작이 상호군 조동영에 의해 올려졌으며 매 작이 올려질 때마다 궁중정재가 연행되었다. 이때 연행된 악무는 제1작에는 〈보허자〉의 반주로 초무가, 제2작에는 〈정읍〉의 반주로 아박무가, 제3작에는 〈오운개서조〉의 반주로 향발무가, 제4작에는 〈향당교주〉의 반주로 무고정재가, 제5작에는 〈향당교주〉의 반주로 광수무가, 제6작에는 〈향당교주〉의 반주로 첨수무가, 제7작에는 〈정읍〉의 반주로 아박무가, 제8작에는 〈향당교주〉의 반주로 향발무가, 제9작에는 〈오운개서조〉의 반주로 무고정재가 각각 연행되었다.

명정전의 규모는 정면 5간(間), 측면 3간으로 되어 있는데, 큰 규모의 연향을 위해서는 무대를 더 넓혀야 했다. 따라서 임시 가설무대인 보계를 상·하층의 월대에 각각 덧붙여 무대를 확장했다. 보계는 상층 월대에 동서 8간, 남북 10간인 80간을, 하층 월대에 길이 10간, 너비 2간 반의 규모를 덧대어 가설하여 무대로 활용하였다.[31]

표 2-6 명정전 진찬 시 연행된 음악과 정재

작헌	헌작과 치사	음악	정재
제1작	왕세자	〈보허자〉	초무
제2작	영의정 남공철	〈정읍〉	아박무
제3작	판부사 이존수	〈오운개서조〉	향발무
제4작	영돈녕 김조순	〈향당교주〉	무고
제5작	영명위 홍현주	〈향당교주〉	광수무
제6작	동녕위 김현근	〈향당교주〉	첨수무
제7작	봉조하 김이양	〈정읍〉	아박무
제8작	상호군 김재창	〈향당교주〉	향발무
제9작	상호군 조동영	〈오운개서조〉	무고

2) 묘와 단의 의례

(1) 묘에서 행하는 의례: 종묘제례

묘에서 행하는 의례로 대표되는 것은 국가대사(大祀)의 하나로 행하는 종묘제례이다. 조선시대의 종묘제례는 오례(五禮) 중 길례(吉禮)로 행해졌는데, 오향제(五享祭)라 하여 사계절의 맹월(孟月)인 음력 1·4·7·10월의 상순과 납일(臘日)[32]의 다섯 차례에 종묘에서 정기적인 제사를 거행하였다. 이 가운데 음력 1월과 7월에는 영녕전(永寧殿)의 제향도 함께 올렸다. 현재 매년 5월 첫 번째 일요일에 한 차례 거행하는 것과 차이가 있다. 종묘제례를 지내는 가운데 특정 절차가 되면 기악 반주에 맞추어 악장을 노래하고, 또 왕의 공덕을 형상화한 춤인 일무(佾舞)를 추어 기악과 노래, 춤이 어우러지는 종합예술 형태의 종묘제례악이 연행되었다.

31　『만기요람』「財用·補階」.
32　납일: 동지 후 세 번째 未日을 말함. 조선의 태조 이전에는 동지 후 세 번째 戊日을 납일로 정했었다.

이러한 악은 천지(天地)와 조상에게 제사를 올리는, 다시 말하면 그 근본을 생각하게 하는 의식에서 쓰일 때 그 진정한 가치를 발하게 된다. 제사의식에서 악·가·무 삼자, 즉 악의 온전한 형태를 갖추어 올리는 이유가 곧 여기에 있다.

악·가·무는 종묘제례악을 이루는 등가와 헌가, 일무를 갖춤으로써 전체 모습이 구현된다. 당상에서 연주하는 등가(登歌), 당하에서 연주하는 헌가(軒架), 그리고 등가와 헌가의 사이에서 연주하는 일무의 세 가지는 유가(儒家)의 천·지·인 삼재사상(三才思想)을 반영한 것이다. 등가는 하늘(天)을 상징하고, 헌가는 땅(地)을 상징하며 일무는 사람(人), 혹은 사람의 일(人事)을 상징한다. 하늘을 상징하는 등가는 공간적으로도 가장 높은 당상, 즉 상월대에 배치된다. 땅을 상징하는 헌가는 낮은 당하, 하월대에 배치되며, 사람을 상징하는 일무는 하늘과 땅 사이 즉 당상과 당하 사이에 배치되어 공간적인 구도 또한 그대로 구현된다. 이때 일무가 문무(文舞)와 무무(武舞)로 구성되는 것은, 인사 가운데 중요한 것이 문덕과 무공 두 가지에서 벗어나지 않기 때문이라 하였다.[33] 등가와 헌가, 일무가 종묘제례에서 함께 연행되면 성인이 천지, 자연의 형상을 본떠 만든 악의 창조적 의미가 잘 구현되는 것이고, 이러한 악가무는 우주 그 자체가 된다. 또 이들이 연행하는 악가무는 우주의 소리가 된다.

조선시대 전 시기를 통해 등가와 헌가에서 연주하는 악기는 여덟 가지 악기의 제작 재료인 팔음(八音)을 두루 갖추어 연주하고자 하였다. 팔음이란 금(金: 쇠붙이), 석(石: 돌), 사(絲: 실), 죽(竹: 대나무) 포(匏: 바가지), 토(土: 흙), 혁(革: 가죽), 목(木: 나무)의 여덟 가지를 말하는데, 온 땅에서 나는, 소리 낼 수

---

33 서명응, 『보만재총서』 집류 「攷事十二集」: "堂上之樂, 旣象日躔之應天上, 堂下之樂, 又象斗建之指地上, 則天地兩位之間, 必有人事之位, 然後, 三才之象於是大備, 而人事之大, 不外於文德武功二者, 此二舞所以居堂上堂下二樂之間也."

있는 제작 재료를 두루 말하는 것이다. 이처럼 종묘제례악을 연주하는 악기는 팔음을 모두 갖추어야 한다는 원칙이 있었지만, 역사적으로 임진왜란·병자호란을 치른 이후의 일부 시기에는 팔음을 모두 구비하지 못한 채 제례악을 연주하던 시기도 있었는데, 심지어는 종묘제례를 거행하지 못했던 역사도 있었다. 그러나 성종 대의 오례서인 『국조오례의』와 정조 대의 『춘관통고』를 보면 팔음을 모두 갖추어 연주했다는 사실을 알 수 있다.

종묘제례악을 연주하는 악기로는 아악기와 당악기, 향악기를 두루 갖추었다. 현재 연주되고 있는 종묘제례악의 악기 편성은 등가에 편종과 편경, 방향, 축, 절고, 장구, 어, 당피리, 대금, 해금, 아쟁과 노래가, 헌가에 편종과 편경, 방향, 진고, 어, 장구, 축, 징, 태평소, 당피리, 대금, 해금, 노래가 편성된다. 이 가운데 아악기에는 편종과 편경, 축, 어, 절고, 진고가, 당악기에는 방향, 장구, 당피리, 해금, 아쟁, 태평소가, 향악기에는 대금이 해당된다.

그러나 현행 종묘제례악의 악기 편성을 성종 대의 편성과 비교해 보면 큰 차이가 있다. 성종 대의 오례서인 『국조오례서례』에 기록되어 있는 종묘악현에는 위의 악기 외에도 거문고, 가야금, 월금, 당비파, 향비파 등의 현악기와, 중금, 소금, 생, 화, 우, 훈, 지, 관, 당적, 통소 등의 관악기, 그리고 인귀(人鬼)에게 제사 지낼 때 필수 악기였던 노고와 노도, 외에 특종, 특경, 교방고 등의 타악기가 더 편성되어 있어서 현행과 달리 대부분의 현악기를 포함하였고 관악기와 타악기도 다양한 편성을 갖추었다.

또 종묘제례의 각 절차에서 연주되는 음악을 보면, 신을 맞이하는 영신(迎神) 절차에서는 〈영신희문〉을, 폐백을 올리는 전폐(奠幣) 절차에서는 〈전폐희문〉을, 첫 번째 술잔을 올리는 초헌 절차에서는 〈보태평〉과 문무를, 두 번째 술잔을 올리는 아헌, 세 번째 술잔을 올리는 종헌 절차에서는 〈정대업〉과 무무를, 찬을 올리는 진찬 절차에서는 〈풍안지악(豊安之樂)〉을, 변두를 거두는 철변두(撤籩豆) 절차에서는 〈옹안지악(凝安之樂)〉을, 신을 보내 드리는 송신(送神) 절차에서는 〈흥안지악(興安之樂)〉을 각각 아악기와 당악기, 향악기를 갖추어 연주한다.

여러 악기의 반주에 맞추어 노래로 부르는 악장에는 왕의 공덕을 송축하는 의미가 담겨 있다. 악장은 "한 왕이 일어나면 반드시 그 왕의 음악이 제정되고, 훌륭한 임금은 공(功)을 이루고 정치를 안정케 한 후 음악을 만들어 모두 각각 그 덕을 형상화한다"[34]는 의미에서 지어진 것이다. 음악의 한 곡을 이룰 때 '이룰 성(成)' 자를 사용하는 것이 곧 왕이 이룬[成] 업적을 기리는 맥락을 드러낸 것이다.

반면 현재 종묘제례악의 악장은 역대 제왕의 문덕(文德)을 기리는 〈보태평〉 11곡과 무공(武功)을 기리는 〈정대업〉 11곡으로 구성되어 있다. 〈보태평〉 11곡으로는 희문·기명·귀인·형가·즙녕·융화·현미·용광정명·중광·대유·역성이 있고 〈정대업〉 11곡으로는 소무·독경·탁정·선위·신정·분웅·순응·총유·정세·혁정·영관이 있다. 〈보태평〉은 왕의 문덕을 칭송하는 내용이며, 〈정대업〉은 무공을 칭송하는 내용을 갖추고 있다. 신을 맞이하는 영신례(迎神禮), 폐백을 올리는 전폐례(奠幣禮), 첫 번째 술잔을 올리는 초헌례 때에 〈보태평〉의 악무를 연행하며, 두 번째 술잔을 올리는 아헌례와 세 번째 술잔을 올리는 종헌례 때에 〈정대업〉의 악무를 연행한다.

종묘제례에서 연행하는 춤은 줄지어 추는 춤이라 해서 '일무'라 한다. 일무에서 '일'이란 춤추는 열인 무열(舞列)을 의미하는데,[35] 제사 지내는 대상의 신분에 따라 열수가 달라 천자의 제사에는 팔일무, 제후는 육일무, 대부는 사일무, 사는 이일무를 각각 연행한다. 조선은 제후국을 자처하였으므로 육일무를 연행하였다.

---

34 『증보문헌비고』 권90 「樂考」 1: "一王之興, 必有一王之樂 … 古之聖王, 功成治定, 制爲聲樂, 皆各象其德."
35 『論語集註』 「八佾」: "舞, 舞列也."

1897년 고종의 칭제(稱帝) 이후부터는 황제국의 위격을 따라 64명이 추는 팔일무를 연행하였는데, 앞의 4줄은 목검(木劍) 뒤의 4줄은 목창(木槍)을 들고 춤을 추었다. 악현(樂懸)의 명칭도 등가와 헌가가 아닌, 천자의 악현 명칭인 등가와 궁가(宮架)로 칭하였다. 그러나 1910년 한일합방 이후 대한제국 황실의 위상이 일본 천황의 친족 수준으로 격하되면서 다시 종묘제례의 위격이 낮아져 일무도 육일무가 되었다. 이후 종묘제례는 간헐적으로 치러지다가 광복 이후에는 중단되기에 이르렀다.

그러다가 지난 1964년에 종묘제례악이 중요무형문화재(현재의 국가무형문화재) 제1호로 지정되었고, 다시 연주하기 위한 준비기간을 거쳐 1969년에 복구되었으며, 이때 팔일무로 다시 회복하였다. 이후 1971년부터 전주 이씨 대동종약원에서 매년 5월 첫째 일요일에 종묘대제를 봉행하는 전통이 시작되어 현재까지 그대로 이어지고 있다.

(2) 단에서 행하는 의례: 사직제례

단에서 행하는 의례로 대표되는 것은 국가대사에 속하는 사직제례[36]이다. 사직은 국토의 신과 곡식의 신에게 제사를 올리는 곳으로 궁궐의 오른쪽에 위치한다. 이는 궁궐의 왼쪽에 위치한 종묘와 대칭적인 관계를 가진다. 사직이 도성의 서쪽에, 종묘가 도성의 동쪽에 위치하는 이유는 땅의 도[地道]는 음(陰)을 숭상하고, 사람의 도[人道]는 양(陽)을 향하는데, 서쪽은 음이고 동쪽은 양이기 때문이라는 『예기』의 해석에 근거를 두고 있다.[37] 지방 군현의 경우도 읍치(邑治)의 오른쪽에 사직이 위치한다.

사직은 동쪽의 사단(社壇)과 서쪽의 직단(稷壇), 두 개의 단으로 구성되는데, 사단에는 국토의 신인 국사(國社)의 신주를, 직단에는 오곡의 신인 국직

---

36 社稷祭는 地祇에 대한 제사이다.
37 『禮記』「祭儀」·「郊特牲」.

(國稷)의 신주를 모셔 놓는다.[38] 농본국인 우리나라는 삼국시대부터 이미 사직단이 있었는데[39] 조선조에 들어와서는 태조 3년(1394)에 건설되었다.[40] 그 위치는 종로구 사직동으로서 현재 사직단의 위치와 같다.

조선 전기의 사직제례에 대해 상세히 알 수 있는 기록은 『세종실록오례의(世宗實錄五禮儀)』가 있고 이후 성종 대의 『국조오례의』와 『국조오례서례(國朝五禮序例)』, 영조 대의 『국조속오례의』와 『국조속오례의서례』, 정조 대의 『국조오례통편(國朝五禮通編)』, 『춘관통고(春官通考)』가 있으며 대한제국기의 『대한예전(大韓禮典)』은 황제국의 예제를 기록하고 있다.

오례서가 아닌 의궤에 사직제가 기록된 것은 정조 7년(1783)의 『사직서의궤(社稷署儀軌)』가 처음이다. 『사직서의궤』는 『국조오례의』와 『악학궤범』, 『사직서등록(社稷署謄錄)』 등을 참고하여 만든 것으로, 정조 7년에 정조가 사직제를 지내기 위해 사직서에 머무르던 당시 사직 관련 의궤가 만들어지지 않았다는 사실을 알고 곧바로 편찬을 명하여 책이 이루어진 것이다.

사직제례의 의식 절차, 즉 의주(儀註)는 조선 초기에서 대한제국 시기까지 큰 틀에서의 변화는 없지만 재관의 명칭이라든지, 일부 제례악, 배례의 내용, 망예(望瘞)의식의 변화 등 부분적인 변화가 감지된다.

매해 봄과 가을, 즉 음력 2월[중춘(仲春)]과 8월[중추]의 첫 번째 무일[상무일(上戊日)]과 납일에 사단과 직단에서 국사의 신과 국직의 신을 정위(正位)로 하고 후토씨(后土氏)와 후직씨(后稷氏)를 배위(配位)로 하여 지냈던 대사라는 점에서는 조선조의 각 시기가 같다.[41]

---

38 풍운뢰우·종묘·문묘·선농·선잠의 신위는 북쪽에서 남향하여 두지만, 국사·국직의 신은 남쪽에서 북향하여 둔다. 북쪽이 음이고, 남쪽은 양이기 때문이다(고려시대에는 이와 달리 대사·태직의 신위도 북쪽에서 남향하여 두었다).

39 신라 선덕왕 4년(783)에 처음으로 사직단을 세웠고 고구려는 고국양왕 9년(392)에 國社을 세웠다(『증보문헌비고』 권54 「禮考」 1 「社稷」).

40 『궁궐지』 권5 「都城志」 「社稷」.

41 맹춘의 첫 번째 辛日에는 祈穀祭를 지냈고 특정한 사유가 있을 때 祈告祭와 報祀를 지내기도 했다.

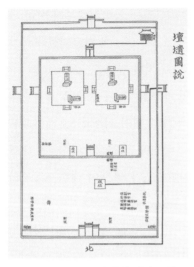

그림 2-8 『사직서의궤』의 사직 〈단유도설〉

다만 대한제국 시기에는 조선이 황제국을 선언함에 따라 '국사'와 '국직'이 '태사(太社)'와 '태직(太稷)'으로 개칭되었으며 복식은 구류, 구장복(九章服)[42]에서 십이류, 십이장복(十二章服)[43]으로 바뀌고 악대의 명칭도 당하악인 '헌가'를 '궁가'라 칭하였으며 일부 재관의 명칭도 바뀌었다.

왕이 친히 행하는 사직제의 의식은 제사 전부터 이미 그 일정이 시작된다. 왕은 제사가 시작되기 전 7일 동안 몸과 마음을 가다듬고 삼가며 재계(齊戒)한다. 재계하는 7일 중 4일 동안은 별전(別殿)에서 산재(散齋)하는데, 이때에는 조상(弔喪)이나 문병을 하지 않으며 음악을 듣지 않는다. 또 관리들은 형살(刑殺)과 관련된 문서를 올리지 않는다. 나머지 3일 동안은 치재(致齋)하는데, 이때에는 제사에 관한 일에만 전념하여 제사에 흠이 없도록 힘쓴다. 제사의 전 과정은 실제 행하기에 앞서 그 의식을 미리 익히는데, 이를 '이의(肄儀)'라 한다.

제사 3일 전부터는 제사를 위해 필요한 각종 시설을 진설(陳設)하기 시작한다. 전설사(典設司)는 왕이 임시로 기다리는 장막[大次]과 신하들이 대기할

『사직서의궤』 권1 '時日'; 『국조오례서례』 권1 「吉禮」 '序例'.

42 구장복: 아홉 가지 수를 놓은 冕服이다. 상의인 衣에는 山(등에 수놓음)·龍(어깨에 수놓음)·火(소매에 수놓음)·華蟲(꿩, 소매에 수놓음)·宗彝(제사 지내는 기물, 소매에 수놓음)의 다섯 가지를, 하의인 裳에는 藻(당초식 곡선문)·粉米(쌀)·黼·黻의 네 가지 무늬를 수놓는다.

43 십이장복: 열두 가지 수를 놓은 면복이다. 구장복의 무늬 외에 日·月·星辰의 세 가지 무늬를 더 수놓는다.

제2장 조선왕실의 공연과 악기 제작

막차를 설치하고, 제사 2일 전에는 사직단을 관장하는 관리가 소속 관리를 이끌고 사직단의 안팎을 청소하며, 장악원(掌樂院) 소속의 6품관인 전악(典樂)은 당상에서 연주하는 악대 '등가'와 당하에서 연주하는 악대 '헌가'를 각각의 자리에 설치해 놓는다. 또 제사 1일 전에는 국사, 국직의 신좌(神座)와 후토씨, 후직씨의 신좌를 설치하고 왕이 서는 자리版位와 왕이 음복할 자리, 두 번째 술잔을 올리는 아헌관(亞獻官)의 자리, 세 번째 술잔을 올리는 종헌관(終獻官)의 자리, 기타 제사에 참여하는 모든 제관의 자리를 마련하고 향로, 향합, 촛대, 술잔 등을 모두 준비해 놓는다.

제사 1일 전에는 왕이 사직단으로 향하기 위해 거가를 타고 궁을 나가기도 한다. 이때 장악원은 궁 안에 제후국의 위격에 맞는 악대인 헌현을 설치만 해 놓고 음악을 연주하지는 않는다陳而不作. 아직 제사를 치르기 전이므로 악대는 음악을 연주하지 않는 것이다. 왕은 제사를 위해 수행하는 여러 관리를 비롯, 종친(宗親)과 문무백관이 시립해 있는 곳을 지나 대가에 올라 사직단으로 향하여 그곳에서 하루를 유숙한다.

사직단에서 거행되는 사직제의 본 의례는 축시(丑時), 즉 새벽 1시경에 시작된다. 제사에 참여하는 모든 인원이 각자의 정해진 자리에 서고, 각종 제기(祭器)에는 제사를 위한 음식을 담아 놓으며, 각 절차마다 연행될 악무를 위해 당상악인 등가, 당하악인 헌가, 그리고 줄을 지어 추는 춤인 일무가 대기하고 있다가 각각의 절차에서 악기 연주와 노래, 춤을 연행한다. 이어서 신을 맞이하는 영신, 폐백을 올리는 전폐, 첫 번째 술잔을 올리는 초헌, 두 번째 술잔을 올리는 아헌, 마지막 술잔을 올리는 종헌, 제사 지낸 술과 고기를 나누는 음복수조(飮福受胙)에 이어 제기를 거두는 철변두, 그리고 축판과 폐백을 묻는 망예[44] 절차가 착오 없이 이어진다.

---

44 望瘞란 묻는 것을 바라본다는 뜻이다. 사직제는 地祇를 제사하는 것이기 때문에 天神을 제사할 때 '燎', 즉 태우는 것과는 달리 축판과 폐백을 땅에 묻는다. 성종 대의 『국조오례의』에는 축판과 폐백

이러한 모든 절차를 마치고 나면 왕의 거가는 다시 궁으로 돌아온다. 왕이 환궁할 때에는 기로와 유생, 교방의 기녀들이 길가에 채붕(綵棚)을 설치해 놓고[45] 왕의 행렬을 맞이하며, 그날의 행사가 합당하고 의미 있다는 내용의 가요를 지어 올린다. 『악학궤범』의 '향악정재도설(鄕樂呈才圖說)'에서 그러한 가요를 적어 놓은 '가요축'을 올리는 행사에 대해 기록하고 있다. 이러한 행사를 '교방가요'라 하는데 『악학궤범』의 '교방가요' 부분이 곧 송축의 내용을 담은 가요를 올리는 절차에 대한 기록이다. 이때 장악원에서는 여러 공연물을 준비하여 왕이 다시 신성한 궁의 공간으로 들어가기 전, 바깥 세계의 온갖 잡된 기운을 떨쳐 내기 위한 의미로 공연을 행하는데, 이것이 곧 왕의 환궁의례이다.[46]

왕이 사직제를 친행(親行)한 후 환궁의례를 마치고 다시 궁으로 돌아오면 궁의 정전(正殿)에서 이를 경하하는 의례, 즉 하의(賀儀)가 열린다. '하의'는 친행 이외에 큰 경사 혹은 상서(祥瑞)가 있거나 군이 출정하여 승리를 거두었을 때에도 거행된다. 하의는 오례 중 가례(嘉禮)에 그 의주가 규정되어 있다. 7일간 재계하는 가운데 몸과 마음을 삼가며 정결히 한 후 토지신과 곡식신에 대해 제사하고 다시 궁궐로 돌아와 제사를 무사히 마친 것에 대하여 경하한다는 의미를 지닌다. '하의'의 절차에서 치사, 즉 치하하는 말을 대신 읽는 대치사관이 "대사가 이미 예를 이루었으니 마땅히 경하할 일입

을 땅에 묻었지만, 정조 대에는 폐백은 불사르고 축판만을 묻었으며 의주도 '望瘞' 대신 '望燎'라 기록하였다.
45 환궁할 때 길가에 綵棚을 설치하는 일에 대해서는 조선조 내내 논란이 계속 있었다. 채붕의 전통은 이미 고려시대부터 있었으나 수놓은 비단이나 綾紗 등으로 문과 담장을 꾸미고 구슬(珠璣)과 같은 물건으로 기둥을 매어 놓는 등, 화려하게 꾸미는 장치는 성리학적 이념이 심화되어 가는 조선시대인들에게 차츰 성리학적 이념에 배치되는 장치로 해석됨에 따라 그 논란이 표면화되었기 때문이다.
46 왕의 환궁의례에서 베풀어지는 공연 내용은 『악학궤범』 권5 「時用鄕樂呈才圖說」 '敎坊歌謠'에 그 내용이 상세하다. 이와 관련된 내용은 송지원, 「조선시대 鶴舞의 연행양상 연구」, 『공연문화연구』 제15집, 한국공연문화학회, 2007; 사진실, 「宮中呈才의 공연 공간과 연출원리」, 『한국음악연구』 제38집, 한국국악학회, 2005 참조.

니다"[47]라는 내용의 하사(賀詞)를 읽은 후 머리를 세 번 조아리는 삼고두(三叩頭)를 행하고 나면 하의가 마무리된다. 하의를 행하는 장소는 정전으로 시기에 따라 근정전, 인정전, 명정전 등에서 행해졌다. 하의에 이어서는 제사지낸 술과 음식을 나누는 음복연(飮福宴)이 열리는데, 음복연은 하의를 마치고 나서 자리를 정돈한 후 연이어 같은 장소인 정전에서 행한다. 초헌관으로 참여한 왕이 제사 지낸 술, 즉 복주(福酒)를 마시는 절차가 음복연의 중심이 된다. 왕이 복주를 마시고 나면 제사에 참여한 관원이 이어 복주를 마신다. 제사 지낸 제주(祭酒), 즉 복주를 골고루 나누어 마시는 행위는 제사를 잘 치른 후에 내리는 복을 고르게 나눈다는 의미를 지닌다. 왕과 왕세자를 비롯하여 종친, 의빈, 제관(祭官) 등이 모두 참석하여 음복연까지 행하면 사직제는 마무리된다.

하의와 음복연은 오례 가운데 가례의 영역으로 넘어온 것으로, 길례에속하는 사직제를 가례에 속하는 하의와 음복연으로 마무리함으로써 제사를 잘 마친 것에 대한 기쁨을 나눈 것이다.

3) 문의 의례

(1) 즉위의례

문에서 행해지는 의례로 대표되는 것은 곧 즉위의례이다. 즉위의례는왕의 즉위 형태에 따라 네 가지로 나뉘는데, 나라를 개창하여 왕위에 오르는 경우의 것, 선왕이 승하함에 따라 왕위를 잇는 사위(嗣位), 선왕이 생존해 있는 상태에서 왕위를 잇는 선위(禪位), 반란을 일으켜 선왕을 왕위에서끌어내린 후 오르는 반정(反正)이다. 이 네 가지 경우에 따라 즉위의례를

---

47 『국조오례의』 권4 「嘉禮」 '賀儀': "大祀旣成禮, 當慶賀."

행하는 공간도 각각 달라지는데, 선왕의 승하에 따라 왕위를 잇는 사위의 경우 즉위의례는 문에서 행한다. 조선시대의 왕실에서 행한 의례 가운데 문(門)에서 거행하도록 만들어진 대표적인 의례가 사위에 의한 즉위의례이다.

이 경우 즉위의례는 오례 중 흉례에 속하여 행해졌다. 선왕의 상중(喪中)에 행하기 때문이다. 조선의 역대 왕 가운데 문종, 단종, 성종, 연산군, 인종, 명종, 선조, 광해군, 효종, 현종, 숙종, 경종, 영조, 정조, 순조, 헌종, 철종, 고종 등 18명의 왕이 사위의 형태로 왕위에 올랐다. 이처럼 왕위계승의 방식 가운데 가장 정상적인 형태가 사위였다.

선왕이 승하하여 그 자리를 이어받는 사위의례를 행할 때 사람들은 상중임에도 잠시 상복을 벗는다. 종친과 문무백관은 조복(朝服)으로 갈아입고, 왕이나 왕세자는 최복(衰服)을 벗고 면복(冕服)으로 갈아입는다. 사위의례를 행할 때만큼은 최대의 예복인 면복을 차려입음으로써 새로운 출발에 대해 경건한 마음으로 임하는 것이다. 장악원은 악대를 전정(殿庭)의 남쪽에 벌여 놓는데, 물론 연주는 하지 않는다. 선왕의 죽음에 대해 애도하는 마음을 다해야 하는 상중이기 때문에 소리를 내지 않음으로써 예를 표하는 것이다. 노부와 의장, 군사들도 벌여 놓아 왕의 위엄을 과시한다. 사위의례의 핵심인 선왕의 유교(遺敎)와 대보(大寶)를 받은 후 왕이 문 한가운데에 남향으로 설치해 놓은 어좌에 오르면 종친과 문무백관은 물론 악공, 군교들도 "천세, 천세, 천천세!"라고 산호(山呼)와 재산호(再山呼)를 외친다. 참여한 사람들이 모두 네 번 절하는 사배례(四拜禮)를 한 후 의례를 마치는데, 의례가 끝나면 참여자 모두가 다시 상복으로 갈아입고, 같은 장소에서 행해지는 교서 반포의례에 임한다. 새로운 왕은 근정문에 설치해 놓은 어좌 앞에서 교서를 반포하여 온 천하에 즉위를 알린다.

사위의 의례에서 유교와 대보를 받은 후에는 반드시 문 한가운데에 어

좌를 설치해 놓고 거기에 오르도록 하였다. 새로운 왕이 탄생하는 즉위의
례이지만 선왕을 잃은 슬픔을 뒤로하고 즉위해야 하므로 정전에서 대대적
으로 행하는 것을 꺼렸다. 문에서 의례를 행하는 것은 선왕의 죽음을 애통
해하며, 차마 그 자리에 나아가지 못하는 마음의 표현이기도 하다. 문을 통
과해야만 전에 나아갈 수 있는 것이므로, 선왕을 돌아가시도록 한 불초자
가 왕위에 오르면서 '전'에서 편안하게 치를 수 없다는 의미로 문에서 의례
를 행한 것이다. 문에서 의례를 행함으로써 선왕이 잘 닦아 놓은 위업을 조
심스러운 마음으로 겸허하게 이어받은 후 새로운 단계로 나아간다는 상징
적 의미도 부여하였다. 문이란 사람이 드나들기 위한 것이기도 하지만 왕
의 즉위의례에서는 이와 같은 함축된 의미를 수반한다. 문에서 즉위의례
를 행하는 맥락이 전해진다. 성종과 명종은 근정문(勤政門)에서, 현종, 숙종,
영조, 순조, 철종, 고종은 인정문에서, 경종은 경복궁 정문, 정조와 헌종은
경희궁의 숭정문에서 각각 즉위의례를 행하였다.

정종, 태종, 세종의 경우와 같이 선왕이 살아 있으면서 자리를 물려주는
선위의 경우 흉례의식과는 다른 의미의 즉위의례가 문이 아닌 전에서 행
해졌다. 같은 선위라 하더라도 정종과 태종은 세종의 선위와는 차이가 있
다. 정종과 태종은 강압에 의한 것이었기 때문이다. 따라서 가장 순탄한
선위의 형태는 세종의 경우에 해당한다. 세종의 즉위는 문이 아닌 근정전
에서 이루어졌다. 그 밖에 조선을 건국한 태조 이성계는 수창궁(壽昌宮)에서
즉위하였고 반정으로 왕위에 오른 중종은 근정전에서, 인조는 경운궁(慶運
宮)에서 즉위의례를 행하였다. 즉위의 형태에 따라 각각 즉위의례를 행하
는 공간이 달라지는 것을 알 수 있다.

(2) 조참의

문에서 이루어지는 또 하나의 의례로 조참의(朝參儀)[48]가 있다. 조참의는

문무백관이 왕에게 문안을 올리는 의례로서 고려시대의 전통을 이어받아 조선조에서도 계속 행해 왔는데 건국 초기부터 시행되었지만, 그 의주가 처음으로 보이는 것은 『세종실록』의 '오일조참의(五日朝參儀)'이며[49] 이는 『세종실록』「오례」에 반영되어 기록되었다. 『세종실록』「오례」에 수록된 오일조참의의 의례 방식은 성종 대의 『국조오례의』와 정조 대의 『국조오례통편』과 『춘관통고』, 고종 대의 『대한예전』에도 유사하게 수록되어 의례가 큰 틀에서 볼 때 큰 변화 없이 지속적으로 시행되었다는 사실을 알 수 있다. 조참의는 여러 조의와 비교해 볼 때 가장 많은 신하가 참여한 의례라 볼 수 있다. 『경국대전』에 따르면 매월 4회(5·11·21·25일) 열리는 것으로 되어 있다.[50] 다만 조하와 비교해 보면 '산호'하는 절차가 없다.

조참의를 행할 때 어좌가 놓이는 장소는 문이다. 성종 대의 의례를 기록한 『국조오례의』를 통해 보면, 조참 하루 전에 액정서가 어좌를 근정문에 남향하여 설치해 놓았다. 또 문관 2품 이상과 3품 이하의 자리는 영제교(永濟橋)의 북쪽과 남쪽에 각각 설치한다. 초엄(初嚴)과 함께 병조는 노부소장(鹵簿小仗)을 중도(中道)와 전정에 진설하고 그에 수반되는 군사도 의례대로 배치하게 된다. 이엄(二嚴)이 울릴 때 종친과 문무백관이 문외위로 나아가고, 호위하는 관원들이 합문 밖으로 나가면 좌통례가 중엄(中嚴)을 아뢴다. 이때 왕은 익선관에 곤룡포를 차려입고 사정전(思政殿)에 거둥하고, 삼엄(三嚴)과 함께 모든 준비가 다 되면 그때 비로소 왕을 위한 여를 타고 나와 근정문 앞에 놓인 어좌에 오르게 된다. 의례에 참여한 종친과 문무백관이 사배례를 행하면 의례를 마치게 되고, 왕은 사정전으로 돌아간다.

조참의를 행할 때에도 음악이 연주되는데 왕이 궁에서 나와 문으로 향

---

48 『세종실록』 권132 「嘉禮·五日朝參儀」; 『국조오례의』 권3 「嘉禮·朝參儀」; 『춘관통고』 권51 「嘉禮·朝
　　參·朝參儀」; 『대한예전』 권9 「嘉禮·朝參儀」.
49 『세종실록』 권51 세종 13년(1431) 3월 무인(14일).
50 『경국대전』 '朝參'.

할 때에는 〈여민락만〉, 혹은 〈성수무강만(聖壽無疆慢)〉을 연주한다.[51] 또 종친, 문무백관이 왕에게 사배례를 할 때, 왕이 어좌에서 내려 여에 오를 때, 왕이 사정전으로 돌아갈 때에도 각각 음악을 연주한다. 음악 연주 방식은 『악학궤범』에도 보이듯, 전후고취와 전정악이 교대하여 음악을 연주했음을 알 수 있다. 음악 연주 시에는 협률랑이 드는 휘(麾)의 신호에 따라 연주하였다. 조참의를 위한 악대는 곧 '전정고취(殿庭鼓吹)' 형태로서 『악학궤범』 권2[52]에 전하고 있다.

표2-7 『악학궤범』의 시용전정고취

				박					
당비파	당비파	방향	당비파			당비파	방향	당비파	당비파
피리	피리	피리	장고			장고	피리	피리	피리
당적	당적	거문고	장고			장고	거문고	당적	당적
퉁소	월금	가야금	장고			장고	가야금	월금	퉁소
퉁소	향비파	대쟁	장고			장고	아쟁	향비파	퉁소
해금	대금	대금	대금	대금	대금	대금	대금	대금	해금

『악학궤범』(1493)의 전정고취는 그보다 19년 전에 편찬된 『국조오례의』의 악현도와 비교해 보면 편성이 달라져 있음을 알 수 있다. 위 악현도에 보이는 시용전정고취의 악기 편성과 달리 『국조오례의』에 기록된 고취[53]는 84인의 악공이 연주하도록 되어 있다. 그러나 『악학궤범』에는 그보다 34인이 감소한 50명이 편성되는 전정고취이다. 20여 년의 시간이 흐르면서 편성이 변화했다는 사실을 보여 준다.

---

51 『악학궤범』 권2 「時用賀禮及宴享樂」: "望闕禮·望宮禮·拜表箋·賀大妃殿及朝賀·朝參·宴享, 一應殿下出宮, 奏與民樂慢, 或聖壽無疆慢. 殿後樂先奏, 殿庭樂代奏."
52 『악학궤범』 권2 「時用殿庭鼓吹」.
53 『국조오례의』에 기록된 고취는 이름이 고취로 되어 있지만, 실제 내용은 전정고취이다.

표 2-8 『악학궤범』에 수록된 오례의 고취

방향	화	생	방향	방향	생	화	방향
노래	노래	노래	노래	노래	노래	노래	노래
비파	비파	비파	비파	비파	비파	비파	비파
피리	피리	피리	우	우	피리	피리	피리
당적	당적	당적	월금	월금	대금	대금	대금
대쟁	아쟁	가야금	현금	현금	가야금	아쟁	대쟁
향피리	통소	통소	향비파	향비파	통소	통소	향피리
대금	대금	대금	해금	해금	대금	대금	대금
장고	장고	장고	장고	장고	장고	장고	장고
장고	장고	장고	교방고	교방고	장고	장고	장고

3 왕실악기의 제작

1) 왕실악기의 제작 사유

조선왕실에서는 다양한 용도와 목적으로 음악이 연주되었다. 이들 각각의 음악 연주에는 향악기, 당악기, 아악기에 속하는 여러 종류의 악기가 필요하였다. 종묘제·사직제 등의 제사의식에서는 제례악을, 풍정(豊呈)·진찬·진연 등의 가례의식과 사신을 위한 빈례에서는 연향악을, 친사(親射)나 강무(講武)의식 같은 군례에서는 군례악을 연주하는 등, 모두 각각의 악기를 갖추어 음악을 연주하였다.

이처럼 악기는 예와 악이 아울러 수행되는 의례의 온전한 형식과 내용을 갖추기 위해 반드시 필요한 도구이다. 따라서 궁중의 주요한 의식 절차 과정에서 악이 빠지면 예가 흠결된 것으로 생각하였다. 악을 제대로 연주하려면 해당 음악 연주에 필요한 악기의 틀을 모두 갖추어 놓아야 했다. 조선시대의 여러 악기는 대부분 상징적 의미를 지니고 있어서 음악의 종류에 따라 각각 다른 악기를 동원하여 연주하였다. 특히 제례악을 연주할 경우 그 상징성은 더욱 강하여 악기의 제작 재료 여덟 가지, 즉 금·석·사·죽·포·토·혁·목의 팔음을 모두 갖춘 악기로 제례음악을 올렸으므로 각각의 재료에 해당하는 악기를 구비해 놓아야 했다.

의례 가운데 특히 제례에서 연주하는 음악은 일반적으로 해당 제례를 올릴 때에만 전용(專用)할 수 있는 악기를 만들어 연주하였다. 예컨대 종묘제례악을 연주하기 위한 악기는 종묘제례악만을 위해 제작해서 종묘악기고(宗廟樂器庫)에 따로 보관하였다가 제례를 올릴 때 사용하였고, 사직제례악을 위한 악기도 사직제례를 위해 제작해서 사직악기고(社稷樂器庫)에 따로 보관하였다가 제례를 행할 즈음에 미리 손질한 후 제례악 연주에 썼다. 그 밖에 문묘제례악, 선농제, 선잠제 등 제사의례에 해당하는 의식만 하더라도 매우 많은 종류가 있었다. 이들 제사의례 가운데 소사(小祀)의 일부, 중사(中祀)와 대사의 대부분은 음악을 연주하였다. 또 가례·빈례·군례 등에서 연행하는 의식에 음악이 수반되는 경우 각각의 음악의 종류에 따른 악기가 필요하였으므로 그러한 의례를 위한 악기 점검은 필수적이었다. 따라서 궁중에서 쓰는 여러 악기는 정기적으로 점검하였다. 그 가운데 낡아서 쓸 수 없는 악기는 폐기하였고, 음률이 맞지 않는 악기는 바로잡아서 썼으며, 수리해서 다시 사용할 수 있는 악기는 악기개수청(樂器改修廳)에서 손질해서 다시 사용하였다.

조선시대의 궁중에서는 여러 요인으로 악기가 손상을 입거나 소실되었다. 전란을 심하게 겪고 나면 보관하고 있던 악기는 대부분 손상되었다. 예컨대 임진왜란 이후에는 악기들이 불타거나 흩어지고 없어져 연주할 악기가 없었다. 이에 지방의 기관(妓官: 여기들을 관장하는 관리)들에게 악기를 모아 서울로 보내도록 하여 음악 연습 때 사용하기도 하였다.[54] 최소한의 연습이라도 해야만 의례음악을 연주할 수 있었기 때문이다. 또 1636년(인조 14) 병자호란을 겪은 후의 상황을 살펴보면, 당시 장악원에 남은 악기를 모아 정돈해 본 결과 "편종과 석경을 제외하고 명주실, 대나무, 가죽, 나무로 만든 악기들은 절반이 넘게 부서졌다"[55]고 하였다. 이때에는 전라도와 경상도에 있는 기관에게 장구·비파·거문고·가야금·아쟁·해금·무고 등이 있는 곳을 찾아서 분담시켜 가을 연습 시기에 맞추어 서울로 보내도록 하였고, 아울러 약·적·관·지 등의 관악기를 만들 대나무도 함께 서울로 보

---

54 『악장등록』 1637년(인조 15) 정축 5월 23일의 내용.
55 『악장등록』 위와 같음.

내도록 하여 제작해서 쓰도록 하였다. 병자호란 당시 편종은 사옹원(司饔院)의 우물 속에 넣어 두었고, 석경은 사복시(司僕寺)의 구덩이 속에 두었기 때문에 그나마 온전히 보존한 경우였다. 또 궁궐의 화재, 자연재해, 악기 분실 등의 경우도 악기를 제작해야 하는 사유가 된다. 또 기존에 없던 새로운 의례를 제정하면 그 의례에 전용할 악기를 새롭게 만들어 쓰기 때문에 이런 경우에도 악기 제작이 새로 이루어진다. 이처럼 조선시대 궁중에서 이루어지는 악기 제작의 사유는 여러 가지였다.

2) 연향과 제례를 위한 악기 제작

『제기악기도감의궤』는 1624년(인조 2) 3월부터 11월에 걸쳐 제기와 악기를 비롯하여 제복·의장·의물 등을 만든 내용을 기록하였다. 이 가운데 악기 제작의 목적과 관련된 내용만 간추려 보자. 우선 1624년 3월 13일의 계사(啓辭)를 보면, "장악원에 올린 각양 풍물과 여러 기구는 적난(賊難)을 만나 백성들이 훔쳐 가고 없어져 남은 것이 없고 미비하니, 조사(詔使)들이 왔을 때 연향을 위한 풍물은 장악원에 별도로 악기청(樂器廳)을 설치해서 만들어야 합니다"라고 하였다.

중국에서 조사가 왔을 때 황제의 조서를 받는 의식인 영조서의(迎詔書儀)는 오례 중 가례로 행하고, 조사를 위해 베푸는 사신연은 오례 중 빈례로 행하였다. 이때 연향에는 대개 광수무·아박무·향발무·고무 등의 궁중정재와 〈보허자〉·〈정읍〉·〈여민락〉 등의 궁중음악을 연주했는데, 궁중의 악기를 제대로 갖추고 있지 못했던 1624년에는 사신연의 음악 연주를 위해 악기를 새로 제작하지 않으면 안 되었다.

1624년에 악기를 제작한 목적은 또 있었다. 1623년 인조반정 이후 광해군에 의해 폐모(廢母) 조처되어 오랫동안 서궁(西宮)에 유폐되었던 인목대비

(仁穆大妃)를 위한 잔치인 풍정에서 쓸 악기를 만들기 위한 것이기도 했다. 인목대비를 위한 풍정과 수연(壽宴) 등 가례에 속하는 의례를 거행하기로 결정되자 그 연향을 위해 악기를 제작했고, 새롭게 제작한 악기로 음악을 연주하였다. 당시 새로 만든 악기로는 당비파·향비파·거문고·가야금·아쟁·해금·박·아박·무고·방향·향발·장구 등이 있고, 여기 73명이 입을 복식, 관현맹인이 입을 옷, 전악이 입을 옷, 악공이 입을 옷 등을 제작하였다. 이와 함께 연화대 복식, 처용 가면, 신발 등도 함께 만들었다.

이때 제작된 악기 목록과 의물 목록을 보면 당시의 잔치에서 어떠한 정재를 연행했는지 파악할 수 있고, 반주 악기가 무엇이었는지도 알 수 있다. 그 밖에 여기·관현맹인·전악·악공이 착용할 복식의 숫자도 명확히 기록해 놓아 당시 풍정에 동원된 여기가 73명, 관현맹인이 13명, 전악이 4명, 악공이 35명이었음을 알 수 있다. 이러한 내용은 당시 풍정의 규모를 알려 주는 정보로도 활용할 수 있다.

『제기악기도감의궤』에 나타난 또 다른 악기 제작 목적은 종묘제례와 사직제례에서 제례악을 연주하기 위한 것이었다. 종묘제례에서 연주할 악기인 대금(大笒), 중금(中笒), 소금(小笒), 당적, 피리, 태평소 등이 만들어졌고, 각 악기를 위한 악기집도 함께 만들었다. 사직제례를 위한 악기로는 주로 종을 만들었다.

이처럼 1624년 제기악기도감에서 제작한 악기는 용도가 단일한 것이 아니라 여러 가지였다. 즉 중국에서 오는 조사를 위한 연향으로부터, 인목대비를 위한 풍정과 수연을 위한 것, 종묘제례와 사직제례를 올릴 때 제례악을 연주하기 위한 것 등이었다. 이처럼 여러 가지 목적을 가지고 악기를 제작하였으므로 제작 규모는 컸고, 동원된 인원도 매우 많았다. 각 분야의 장인(匠人)도 총동원되었다. 이와 같은 대규모의 악기 조성 과정은 모두 기록으로 남겼다.

제2장 조선왕실의 공연과 악기 제작

3) 궁궐의 화재와 악기 제작

『인정전악기조성청의궤』와 『사직악기조성청의궤』는 궁궐의 화재로 소실된 악기를 조성한 일을 기록하였다. 조선의 궁궐은 불타기 쉬운 목조 건축물이기 때문에 화재로 불타는 사례가 매우 많았다. 여러 차례의 화재 가운데에는 악기를 보관해 두는 악기고까지 불태운 경우도 많았기 때문에 화재로 소실된 악기의 조성 내용을 기록한 의궤가 남게 되었다.

1744년(영조 20) 10월에 인정전에서 발생한 화재로 소실된 악기를 다시 제작한 내용은 『인정전악기조성청의궤』에 상세히 기록되어 있다. 1744년 10월 14일 밤에 창덕궁의 승정원에서 큰불이 났다.[56] 이때의 불은 인정문과 좌우 행각(行閣)이 잇따라 불탈 정도로 큰 규모였다. 발화지인 승정원은 인정문에 바로 잇닿아 있었기에 불은 먼저 인정문을 태운 후 정전으로 번져 나갔다. 연영문(延英門)까지 불이 이르렀고, 다행히 대청(臺廳)만은 무사하였으나 이때의 화재로 전정의 악기가 불탄 것은 물론이고 역대 『승정원일기』가 모두 불타 없어지는 큰 손실을 입었다.[57]

1744년 10월 20일에 예조는 다음과 같이 계사를 올려 소실된 악기 제작의 필요성을 제기하였다.

예조에서 계(啓)하였다. "장악원에서 알려 온 내용을 접하니 '창덕궁 전정에 배열해 놓았던 악기 풍물이 이달 14일 밤사이의 실화(失火)로 모두 타 버려서 급히 다시 만든 연후라야 앞에 닥친 거둥 때 쓸 수 있는데, 종과 경 등의 악기를 다시 만드는 것은 일시에 쉽게 갖출 수 있는 사항이 아니니 더욱

---

56 실록에서는 화재가 난 날짜를 "10월 병진(13일) 야(夜)"로 기록하고 있으나 『인정전악기조성청의궤』와 『악장등록』 1744년(영조 20) 갑자 10월 20일의 기사에는 "10월 14일 夜"로 기록하고 있다. 『영조실록』 권60 영조 20년 10월 병진(13일); 『악장등록』 1744년(영조 20) 갑자 10월 20일.

57 『영조실록』 권60 영조 20년 10월 병진(13일) 및 계해(20일).

빨리 변통하는 것이 마땅합니다'라고 하였습니다. 등록을 취해 살펴보니 경인년(1710)에는 전정헌가의 종과 석경을 만들 때 악기조성청을 설치하여 거행하였으니 이번에도 또한 전례에 의거하여 악기조성청의 당상과 낭청을 해조(該曹)로 하여금 예를 상고해서 차출하여 즉시 거행토록 하는 것이 어떠하겠습니까?" 하니, 왕이 전교하기를 "윤허하노라"라고 하였다.[58]

예조는 이와 같이 화재로 소실된 악기의 제작을 서둘러야 한다는 내용의 계사를 왕에게 올리면서 악기조성청 설치를 건의하였고, 왕은 이를 윤허하였다. 이처럼 화재가 발생한 날부터 이루어진 악기 제작에 대한 논의는 매우 신속하게 진행되었으며, 곧바로 악기 제작 실무에 들어갔음을 『인정전악기조성청의궤』의 기록을 통해 확인할 수 있다.

화재로 손실된 악기를 제작하는 경위를 기록한 또 하나의 악기조성청 의궤는 1803년(순조 3) 11월 사직서 악기고의 화재로 소실된 악기를 조성하는 경위와 세부 내용을 기록한 1804년(순조 4)의 『사직악기조성청의궤』이다. 당시의 실화로 사직악기고 3칸에 보관해 둔 악기와 관복 대부분이 불타고 파손되어 쓰지 못하게 되었다. 이때의 화재로 불탄 악기는 종이가 7매(枚), 석경이 15매였다. 이 가운데 편경의 재료를 구하는 일은 쉽지 않았다. 편경의 재료인 경석(磬石)이 산출되는 곳이 경기도 남양 지역에 국한되어 있었고, 날씨가 추워 채굴 작업을 당장 시작할 수 없었기 때문이다. 또 원석을 채굴해도 그 품질이 다양해서 좋은 소리를 낼 수 있는 원석과 그렇지 않은 것이 섞여 있어 전량을 다 악기 재료로 쓸 수는 없었다. 채굴 후에 그대로 버려야 하는 것이 있고, 원석을 다듬는 과정에서 조각나 버리는 사태도 발생하므로, 그 채굴 과정과 연마하는 과정이 매우 조심스럽고 속도

---

58 『인정전악기조성청의궤』 '啓辭' 갑자(1744년) 10월 20일.

또한 더딘 편이었다. 악기조성청 의궤류의 내용 가운데 석경을 조달하는 과정에 대한 서술이 유난히 많은 것도 그러한 이유에서이다. 이러한 의궤 기록을 통해 편경처럼 제작이 어려운 악기를 어떠한 과정으로 거쳐 제작하였는지 알 수 있다.

4) 새로운 의례를 위한 악기 제작

조선 후기에 새롭게 제정된 의례 중에 정조의 생부인 사도세자를 모신 경모궁에서 치르는 경모궁제례(景慕宮祭禮)가 있다. 경모궁제례는 1776년(정조 즉위) 5월 1일에 제정되었는데 『경모궁악기조성청의궤』에 악기 제작과 관련된 세부 내용이 기록되어 있다. 여기에는 경모궁제례를 올릴 때 필요한 악기·의물·관복 등을 조성하기 위한 논의 과정과 악기를 만들 때 필요한 제작 재료, 재료를 조달하는 과정, 필요한 재료의 용량, 악기 제작 관계자들, 악기 만드는 과정에서 필요한 각 관청의 협조 사항, 악기 제작 후의 포상 관계, 제작 관련자들의 급료 문제 등이 상세히 기록되어 있어 당시의 악기 제작 과정과 결과의 전모를 알 수 있다.

경모궁제례악은 아악이 아닌 속악에 속하였다. 따라서 이때 제작된 악기는 종류가 매우 다양하여 편종·편경·방향·진고·절고·축·장구·어·당비파·향비파·거문고·가야금·아쟁·생·훈·태평소·해금·필률·대금(大笒)·당적·통소·지·노도·대금(大金)·박 등의 악기가 제작되었다. 또한 둑·휘·조촉(照燭)·적·약·목검·목창·죽궁(竹弓)·죽시(竹矢) 등의 의물, 악기 연주자와 일무를 추는 무원이 입을 각종 복식도 함께 제작되었다.

이때 제작된 악기는 경모궁제향의 등가와 헌가에 각각 편성되어 사용했는데, 악기의 숫자와 실제 연주되는 악현을 비교해 보면 여분의 악기 없이 제례에 올려야 할 꼭 필요한 물량만을 제작한 것으로 드러나 제작된 악기의 수와 제례악 연주에 편성되는 악기의 수가 일치함을 알 수 있다. 경모궁 제례악은 종묘제례악과 마찬가지로 아악기·당악기·향악기를 혼합편성하였다. 경모궁제례악이 종묘제례악인 〈정대업〉·〈보태평〉의 음악을 기본으로 하여 만든 것이어서 음악적 성격이 비슷하기 때문에 악기 편성 또한 유사한 것이다. 이 악기들은 오로지 경모궁제례악을 연주할 때에만 사용되었다.

예악(禮樂)을 통한 왕도정치 실현을 주요 통치이념으로 삼은 조선시대에는 이처럼 왕실의 여러 행사에서 연주할 악기를 제대로 갖추어 연주하는 일이 중요했다. 예와 악은 상보적 관계를 지니는 것이기 때문이다. 따라서 여러 사유로 악기가 제작되었고, 악기를 제작할 때마다 임시기구를 조성하였다. 또 악기 제작과 관련된 기록을 남겨서 후세에 참고할 수 있도록 하였다.

4 왕실악기의 제작 기록

조선시대의 궁중에서는 새 악기가 필요할 때 궐내에 임시기구를 설치하여 악기를 제작하였고, 제작한 이후에는 각각의 용도에 맞게 사용하였다. 이같이 조선시대 궁중에서는 악기 제작이 여러 차례 이루어졌고 이러한 제작 과정을 의궤 기록으로 남겼다. 그러나 악기 제작이 소규모거나 간단한 개수 작업만 이루어질 때는 일일이 기록으로 남기지 않았다. 따라서 악기 제작과 관련된 내용을 기록으로 남긴 것은 비교적 큰 규모의 악기 조성이 이루어지는 경우이다.

비교적 큰 규모의 악기 조성이 이루어질 때는 임시기구가 설치되었다. 조선 전기에는 이를 악기도감(樂器都監) 또는 악기감조색(樂器監造色)이라 하였고 1682년(숙종 8) 이후에는 악기조성청(樂器造成廳)이라는 임시기구를 두어 악기를 제작하였다. 또 합금하여 만드는 종이나 편종 등을 위해서는 별도로 주종소(鑄鐘所)를 설치하여 악기를 제작하기도 하였다.

현재 서울대학교 규장각한국학연구원에 소장된 의궤 가운데 악기 제작과 관련된 내용을 기록한 의궤는 모두 4종이 있다. 이 가운데 가장 이른 것은 1624년(인조 2) 3월부터 11월에 걸쳐 제기와 악기를 비롯하여 제복(祭服)·의장(儀仗) 등을 만든 과정을 기록한 『제기악기도감의궤(祭器樂器都監儀軌)』(奎 13734)이고, 그다음이 1744년(영조 20) 10월 인정전의 화재로 소실된 악기를 조성한 일을 기록한 1745년(영조 21)의 『인정전악기조성청의궤(仁政殿樂器造成廳儀軌)』(奎 14264)이며, 그 이후의 것이 1776년(정조 즉위) 정조의 생부인 사도세자의 사당인 경모궁을 건립하고 제향을 올릴 때 연주할 경모궁 악기 조

표 2-9 왕실악기 제작 내역을 기록한 의궤

의궤 목록	규장각 도서 번호	편찬 시기	악기 제작목적
『제기악기도감의궤』	奎 13734	1624년 (인조 2)	종묘제례·사직제례·접연·풍정 시 소용
『인정전악기조성청의궤』	奎 14264	1745년 (영조 21)	인정전 실화 악기 복구
『경모궁악기조성청의궤』	奎 14265	1776년 (정조 즉위)	경모궁제례악 연주
『사직악기조성청의궤』	奎 14266	1804년 (순조 4)	사직악기고 화재 악기 복구

성 내용을 기록한 『경모궁악기조성청의궤(景慕宮樂器造成廳儀軌)』(奎 14265)이다. 악기조성청 의궤로 가장 뒤의 것은 1803년(순조 3) 11월 사직서(社稷署) 악기고(樂器庫)의 화재로 소실된 악기를 조성하는 경위를 기록한 1804년(순조 4)의 『사직악기조성청의궤(社稷樂器造成廳儀軌)』(奎 14266)이다.

이 가운데 인조 대의 『제기악기도감의궤』는 악기 제작 내용만 기록한 것은 아니지만 임진왜란을 겪은 후 유실되거나 손상된 악기의 복구 실태와 제작 과정을 잘 알려 주는 자료라는 의미를 지닌다. 영조 대의 『인정전악기조성청의궤』와 순조 대의 『사직악기조성청의궤』는 궁궐에서 화재로 불탄 악기를 제작하는 과정과 제작 내용을 보여 주며, 정조 대의 『경모궁악기조성청의궤』는 새롭게 제정된 제례에 필요한 제례악 연주를 위한 악기 제작 과정을 보여 준다는 의미를 각각 지니고 있다.

이러한 의궤의 제목에서 알 수 있듯이 18세기 이전에는 악기조성청이 아니라 악기도감 또는 악기감조색이라는 기구를 두어 악기를 조성하였고, 1682년(숙종 8) 이후에는 악기조성청이라는 명칭을 사용하기 시작하였는데, 앞서 언급한 4종의 악기 제작 관련 의궤에서 이미 악기 제작 기구 명칭의 시기별 변화를 그대로 볼 수 있다. 먼저 악기감조색이라는 명칭은 세종 대에 잠시 사용하였을 뿐이다.

『조선왕조실록』에서 '악기감조색'이라는 명칭은 1430년(세종 12) 9월 21일에 박연이 올린 상소문에 처음 보인다. 내용은 다음과 같다.

"헌가의 악기는 종·경을 제외하고는 금·슬이 각각 6개, 축·어가 각각 1개, 훈·부·지·적·소·생·우·관·약이 각각 10부이며, 북의 제도에 있어서는 옛 그림을 상고하오니, 조회(朝會)와 사의(射儀)에 모두 건고(建鼓)를 사용하였는데, 그 장식과 위의(威儀)가 제악(祭樂)과 유사하지 않습니다. 이러한 악기들은 모두 미리 제작하지 않을 수 없으니, 마땅히 악기감조색을 설치하여 시기에 미칠 수 있게 제조하도록 하소서."[59]

위의 기사를 통해 볼 때 악기 제작을 위한 기구 명칭을 악기감조색이라고 불렀다는 사실이 확인된다. 이 명칭은 같은 해 12월 27일 기사[60]에도 나오는데,『조선왕조실록』을 검색하면 이처럼 세종 대에 단 두 차례 나올 뿐이다.

악기감조색이라는 기구에서 만든 의궤로 현재 전해 오는 것은 없다. 따라서 현재 규장각에 남아 있는 4종의 악기 제작 관련 의궤의 제목에서는 악기도감과 악기조성청이라는 두 가지 명칭만 볼 수 있다. 요컨대 악기 제작 기구는 17세기까지 악기감조색 혹은 악기도감이라는 명칭을 사용하다가 18세기 이후부터 악기조성청이라는 명칭을 사용하였다. 이처럼 왕실에서는 각각의 행사를 위한 다양한 악기를 제작하였다.

왕실의 악기 제작은 앞서 살펴본 바와 같이 악기의 소실, 궁궐에 화재

59 『세종실록』권49 세종 12년 9월 기미(21일).
60 『세종실록』권50 세종 12년 12월 계사(27일).

가 났거나, 새로운 의례를 제정하기 위한 목적 등으로 이루어졌다. 왕실악기를 제작한 내역을 구체적으로 기록한 문헌으로 현재 규장각한국학연구원이 소장하고 있는 3종의 악기조성청 의궤와 1종의 제기악기도감 의궤에 그 실상이 상세하므로 이하 4종의 관련 의궤 내용 분석을 통해 왕실악기 제작의 현황에 대해 알아보도록 한다.

1) 인조 대의 『제기악기도감의궤』

『제기악기도감의궤』(奎 13734)는 1624년(인조 2) 3월부터 11월에 걸쳐 제기와 악기(樂器)를 비롯한 제복·의장·의물(儀物) 등을 만든 과정을 기록한 의궤이다. 본 의궤가 제작된 1624년 무렵의 의궤는 영조 대 이후의 것에 비한다면 그 틀이 명확하게 갖추어지지 않았음이 확인된다. 이후 의궤와는 달리 목차를 갖추지 않았으며 맨 앞 장부터 곧바로 계사의 내용이 나온다. 그러나 의궤의 구성을 크게 본다면 계사·좌목(座目)·감결(甘結)·일방(一房)·이방(二房)·삼방(三房)의 순으로 나누어진다는 점에서 이후 제작되는 의궤와 큰 틀에서는 유사하다.

『제기악기도감의궤』의 구성과 체재를 살펴보자. 먼저 계사는 1624년 3월 13일부터 11월 29일까지 날짜별로 수록하였다. 날짜별 순서로 계사를 기록하는 것은 모든 의궤가 공통된다. 계사에는 본 도감 담당관의 명단을 적은 좌목과 제기악기조성도감사목(祭器樂器造成都監事目)이 포함되어 있다.

또 『제기악기도감의궤』는 악기만이 아닌 제기·제복·의장·의물 등 여러 품목을 제작한 과정을 기록한 의궤이기 때문에 뒤에서 살펴볼 악기조성청 의궤와는 달리 그 업무에 따라 일방·이방·삼방으로 나누어 놓았음을 알 수 있다.

일방의궤(一房儀軌)는 '일방소장(一房所掌)'이라는 제목으로 기록하고 있다.

영조 대 이후 의궤에서 '일방소장'이라는 의미는 일방에서 담당한 물품의 목록을 의미하지만『제기악기도감의궤』에서는 '일방의궤'라는 의미로 사용되었음을 알 수 있고, 이때 '일방'은 제기와 주종(鑄鐘)을 담당하였다. '일방소장'의 구성은 감결, 품목(稟目), 수본(手本)을 내용에 따라 섞어 놓은 방식이고 이어 별단(別單)에 장소별로 제작하는 물품의 목록을 '신조질(新造秩)'과 '수보질(修補秩)'로 구분하여 기록하였다. 사직(社稷) 상(上)의 신조질에는 주로 제기와 나무로 만든 가자(架子), 상(床), 안판(案板) 등의 별단이, 영녕전과 종묘(宗廟) 상의 신조질에는 종묘와 영녕전에서 쓰이는 제기, 가자 등의 별단이, 사직의 신조질에도 제기별단이 기록되어 있다.

특히 여기에는 사직제(社稷祭)에서 쓰일 편종 제작의 별단이 '주종질(鑄鐘秩)'이라는 제목으로 별도로 기록되어 있고, 편종의 음높이에 따라 필요한 각각의 종의 숫자를 밝히고 종 각각의 무게까지 적는 방식으로 기록하였다. 종이 필요한 개수와 종의 제작에 들어간 금속의 양만을 기록하여 각각의 음높이에 해당하는 종이 어느 정도 무게인지 알 수 없는 이후의 의궤 기록 방식과는 달리, 종의 무게 각각을 알 수 있게 한다는 점에서는 실용적인 기록 방식이라 할 만하다. 예컨대 청태주(㳡簇) 4개 각각의 무게가 16근, 남려(南呂) 3개 각각의 무게가 15근 18냥, 청협종(浹鐘) 2개 각각의 무게가 16근 8냥, 청대려(㳡呂) 2개 각각의 무게가 15근 8냥, 청황종(㳡鐘) 2개 각각의 무게가 15근 8냥 등의 식이다. 종은 밀도가 조밀할수록 음높이가 높다는 사실을 앞서 열거한 종의 무게를 통해서도 확인할 수 있다.

또 제기 또는 악기를 제작할 때 소용된 물품을 기록하는 경우, 실입(實入)과 환하(還下), 즉 실제 들어간 것과 쓰고 다시 돌려준 것의 목록을 한꺼번에 볼 수 있게 적어 놓았다는 점도 이후 의궤와 다르다. 영조 대 이후의 의궤가 실입질(實入秩)과 환하질(還下秩)을 별도의 항목으로 기록한 것과 차이가 있음을 알 수 있다.

이방의궤(二房儀軌)는 '이방소장(二房所掌)'이라는 제목으로 기록하고 있다. 이방은 제복과 의장의 제작을 담당했는데 감결을 주로 기록하였고 별단에는 이방에서 제작한 물품에 대해 그것이 쓰이는 장소별로 각각 나눈 후 그 목록을 신조질과 수보질로 구분하여 적었다. 소용 장소별 구분은 영녕전과 종묘 상의 신조질, 남별전(南別殿)의 수보질과 신조용입질(新造容入秩) 등으로 기록했는데, 이방 역시 실입과 환하를 같이 기록하였다.

삼방의궤(三房儀軌)는 '삼방소장(三房所掌)'이라는 제목으로 기록하였다. 삼방은 악기와 궁중정재(宮中呈才)용 의물 제작을 주로 담당했는데, 계사가 먼저 나오고 소용 목적별 악기와 의물의 내용을 구분하여 적었다. 계사에 이어 별단이 나오는데, 진풍정시소용(進豊呈時所用) 신조질, 영녕전과 종묘 상, 전정헌가(殿庭軒架), 영녕전·종묘잉수보질(宗廟仍修補秩), 제단악기잉수보질(諸壇樂器仍修補秩), 풍물유역질(風物貿易秩), 종묘양전(宗廟兩殿) 상, 장악원 상 등의 방식으로 구분하여 기록한 후 뒷부분에 담당 관원의 명단과 장인의 종류와 명단을 적었고 가장 끝에는 삼방소장 물품을 도설(圖說)로 제시하였다.

조선 후기에 제작된 3종의 악기조성청 의궤에는 도설이 전혀 나오지 않으나 본 의궤는 도설을 포함하고 있다는 것에서도 차이가 있다. 『제기악기도감의궤』는 조선시대 의궤 제작의 역사로 보면 비교적 초기 단계의 것이지만 도설을 포함하고 있는 점에서는 한 단계 앞선 것이라 평가할 만하다. 도설은 각 방(房)의 말미에 각방소장(各房所掌)을 한꺼번에 묶어 기록해 놓았다. 이러한 현상은 『제기악기도감의궤』가 임진왜란을 치른 지 30년도 채 되지 않은 시점에서 제작된 제기 악기 제작 관련 의궤이기 때문이 아닌가 한다. 많은 제기, 또는 악기, 의물, 의장 등이 손실되고 피폐해 있는 상태에서 그것을 새롭게 제작하는 역사였기 때문에 제작한 물품을 일일이 도설로 기록해 남겨 둠으로써 시각적으로도 그 내용을 갖추어 기록하고자 하는 태도가 반영된 것이라 생각된다.

이때 제작된 것은 악기만이 아닌 제기와 제복, 의장, 의물 등을 포함하고 있지만, 본서는 악기 제작 관련 내용을 정리하는 것이므로 악기를 비롯하여 음악을 연행할 때 수반되는 의물 등을 중심으로 그 제작 규모와 내용 등에 대해 살펴볼 것이다.

『제기악기도감의궤』에 기록되어 있는 제작 악기와 의물은 종묘제례, 사직제례를 위한 것, 조사(詔使)를 위한 연향에 쓸 것과 인목대비의 풍정과 수연을 위한 것 등이다. 『제기악기도감의궤』에는 신제(新制) 악기의 용도를 구분해 놓았으므로 새롭게 제작된 악기의 내용을 상세히 알 수 있다.

사직제례악을 위해 제작한 종[61]

청태주(汰簇) 4개(각 16근), 남려(南呂) 3개(각 15근 18냥), 청협종(浹鐘)[62] 2개(각 16근 8냥), 청대려(汰呂) 2개(각 15근 8냥), 청황종(潢鐘) 2개(각 15근 8냥), 무역(無射) 2개(각 15근 12냥), 이칙(夷則) 2개(각 15근), 협종(夾鐘) 2개(각 14근 4냥), 고선(姑洗) 2개(각 14근 8냥), 중려(仲呂) 3개(15근 8냥), 임종(林鐘) 1개(14근 5냥), 태주(太簇) 1개(14근 8냥), 대려(大呂) 1개(14근 7냥), 황종(黃鐘) 1개(14근 6냥), 응종(應鐘) 1개(15근 4냥).

위에 제시한 각종 음높이의 종(鐘)은 엮어서 편종(編鐘)을 만들기 위한 것이다. 이들 종의 음높이와 숫자를 순서대로 열거해 보면 황종(1), 대려(1), 태주(1), 협종(2), 고선(2), 중려(3), 유빈(없음), 임종(1), 이칙(1), 남려(3), 무역

---

61 『제기악기도감의궤』「一房所掌」'社稷·鑄鐘秩'.
62 『제기악기도감의궤』에는 '浹鐘'음이 한 옥타브 아래 음역인 '俠鐘'으로 기록되어 있다. 그러나 본 악기도감에서 만든 종은 사직제례악을 연주하기 위한 編鐘을 엮어 만들기 위해 제작한 종이므로 濁聲인 '俠鐘'음은 만들지 않았을 것으로 판단된다. 따라서 한 옥타브 위 음인 浹鐘의 誤記로 판단되어 교열하였다.

(2), 응종(1), 청황종(2), 청대려(2), 청태주(4), 청협종(2)의 순으로 12율 4청성, 즉 16음 가운데 유빈음은 제작되지 않았고, 황종, 대려, 태주, 임종, 이칙, 응종음은 한 개의 종을, 협종, 고선, 무역, 청황종, 청대려, 청협종음은 두 개의 종을, 중려, 남려음은 세 개의 종을, 청태주음은 네 개의 종을 각각 제작한 것으로 확인된다. 유빈음이 제작되지 않은 것과 종의 숫자가 각각 일치하지 않는 이유는 기존에 사용하던 종을 그대로 쓰기 때문으로 보인다. 이상 사직제례악을 위해 제작한 종은 일방에서 담당하였다.

『제기악기도감의궤』의 삼방에서는 진풍정(進豐呈)에서 쓰일 악기들을 새로 제작하였다. 이때 제작한 악기의 목록은 다음과 같다.

진풍정에서 쓰일 신제 악기와 의물[63]

당비파(唐琵琶) 10부, 현금(玄琴) 5부, 가야금(伽倻琴) 6부, 아쟁(牙箏) 1부, 해금(奚琴) 1부, 박(拍) 5부, 아박(牙拍) 1쌍, 무고(舞鼓) 5부, 방향(方響) 5부, 향발(響鈸) 8쌍, 장고(杖鼓) 10부, 죽간자(竹竿子) 2부, 인입장(引人仗) 2부, 봉선(鳳扇) 2부, 용선(龍扇) 2부, 정절(旌節) 8부, 소선(雀扇) 2부, 미선(尾扇) 2부, 홍개(紅蓋) 2부, 흑개(黑蓋) 2부, 포구락포문(抛毬樂抛門) 1부, 채구(彩毬) 2부, 동도리(東道里) 1부, 헌선도(獻仙桃) 1부 소입, 반(盤) 1부, 탁자(卓子) 1부, 선도(仙桃) 1지(枝), 금척(金尺) 1부의 제구(諸具), 족자(簇子) 1부의 제구, 연화대(蓮花臺) 1부의 제구.

장악원에 올릴 것[64]

당비파(唐琵琶) 4부, 해금(奚琴) 1부, 가야금(伽倻琴) 2부, 방향(方響) 2부, 향비파(鄉琵琶) 1부, 박(拍) 4부, 연화대복식(蓮花臺服飾)으로 여기(女妓) 73인이

---

63 『제기악기도감의궤』「三房所掌」'進豐呈時所用新造秩'.
64 『제기악기도감의궤』「三房所掌」'掌樂院' 上.

입을 복식 홍단장(紅丹粧) 73건·수사지(首沙只) 73건·상(裳) 73건·수화(首花) 73건, 관현맹인(管絃盲人)이 착용할 녹주삼(綠紬衫) 13건·붉은 혁대[紅革帶] 13건·홍주두건(綠紬頭巾) 13건, 전악(典樂)이 착용할 녹초삼(綠綃衫) 4건·홍정(烏靪) 4건·복두(幞頭) 4건, 공인(工人)이 착용할 홍주의(紅紬衣) 35건·오정대(烏靪帶) 35건·복두 35건, 처용(處容)이 착용할 사모(紗帽)를 갖춘 가면 5개·오색의복(五色衣服) 5건·수화(首花) 10타(朶)·상(裳) 5건·부금홍혁대(付金紅靪帶) 5건·군(裙) 5건·백피혜(白皮鞋) 5건.

이상의 악기 목록과 의물만으로도 당시 연행된 정재(呈才)로서 아박무, 무고정재(舞鼓呈才), 향발무, 포구락정재(抛毬樂呈才), 헌선도정재(獻仙桃呈才), 연화대정재, 처용무 등의 당악정재와 향악정재가 모두 포함되어 있음을 알 수 있으며 그러한 정재를 반주하기 위한 악기로 당비파와 거문고, 가야금, 아쟁, 해금, 박, 방향, 장구 등이 포함되었다는 사실이 확인된다. 처용무는 원래 한 명이 추는 춤이었지만 조선 중기 이후 오방처용무(五方處容舞)를 추는 제도가 일반화되었다는 사실이 의물 제작 내용에서도 확인된다. 즉 처용이 쓸 가면이 다섯 개, 황(黃)·청(靑)·백(白)·적(赤)·흑(黑)의 오방색 의복(衣服)이 5건, 상(裳)이 5건, 정대(靪帶) 5건, 백피화(白皮鞋) 5건이 제작되었기 때문이다.

그 밖에 여기, 관현맹인(管絃盲人), 전악, 공인(工人)이 착용할 복식도 숫자를 명확히 기록하여 당시 풍정에 동원된 여기가 73명, 관현맹인이 13명, 전악이 4명, 악공이 35명이었음이 확인된다. 이러한 내용은 당시 풍정의 규모를 알려 주는 정보가 된다.

삼방에서 제작한 악기 중에는 종묘제례악 연주를 위한 것도 포함되어 있다. 다음의 목록이 그 내용이다.

종묘에 올릴 것[65]

대금(大笒) 3부, 중금(中笒) 1부, 소금(小笒) 2부, 당적(唐笛) 4부, 피리[觱篥] 6부, 태평소(太平簫) 2부, 방향집[方響家] 4부, 현금집[玄琴家] 2부, 조촉(照燭) 2부, 약(籥) 52부, 적(翟) 31개, 경집[磬家] 64건, 해금집[奚琴家] 2부, 장고집[杖鼓家] 8부, 가야금집[伽倻琴家] 2부, 향비파집[鄕琵琶家] 2부, 당비파집[唐琵琶家] 2부.

이상 열거한 것은 종묘제례악 연주를 위한 악기로 제작해서 종묘에 보내는 것들이다. 대금과 중금, 소금, 당적, 피리, 태평소 등의 악기 및 악기를 보관하기 위한 집[家]도 제작했다. 편경의 집은 64건인데, 이는 편경 4틀을 위한 것으로서 경돌 하나하나마다 별도의 악기집을 만들어 보관했다는 사실을 알 수 있다. 또 약과 적의 경우 육일무(六佾舞)를 위한 것이므로 36개씩이 한 세트를 이루지만 제작 개수가 차이가 있는 것은 손실된 의물의 개수가 다르기 때문이다.

전정헌가(殿庭軒架)를 위한 악기 및 의물로 제작된 것도 별도 목록이 제시되어 있는데 그 가운데 악기의 제작 상황만을 열거해 보면 아래와 같다.

전정헌가악기[66]

축(祝) 1부, 간(干) 18개, 척(戚) 18개, 적(翟) 22개, 뇌고(雷鼓) 2부, 슬집[瑟家] 2부, 금집[琴家] 2부, 약(籥) 36개, 경집[磬家] 3부, 독[纛] 2부, 슬(瑟) 2부, 건고(建鼓) 1부, 삭고(朔鼓) 1부, 응고(應鼓) 1부 등.

이상의 악기 제작 상황으로 보면 전정헌가라는 제목으로 적어 놓은 악기에도 종묘제례악과 사직제례악을 위한 악기와 의물이 모두 포함되어 있

---

65 『제기악기도감의궤』「三房所掌」'宗廟' 上.
66 『제기악기도감의궤』「三房所掌」'殿庭軒架'.

음이 확인된다. 즉 간과 척은 무무를 출 때 쓰는 의물이며 적과 약은 문무를 출 때 쓰는 의물이다. 또 그 밖에 장악원에서 연습하기 위한 것으로 포구락정재에서 공을 집어넣기 위한 포구락문(抛毬樂門) 1부와 헌선도를 올려 놓을 헌선도 탁자(卓子) 1부가 제작되었고 현금(玄琴) 4부, 월금(月琴) 1부, 가야금(伽倻琴) 3부, 교방고(敎坊鼓) 2부, 아쟁(牙箏) 2부, 향비파(鄕琵琶) 1부 등도 제작되었다.

이상과 같이 1624년(인조 2)에 조성된 악기도감에서 제작된 악기는 아악기, 당악기, 향악기를 두루 포함하고 있고 제작 악기의 숫자도 방대한 편이며 그 용도 또한 연례를 위한 것과 제례를 위한 악기를 모두 갖추고 있음이 확인된다. 악기 제작 관련 의궤 가운데 이처럼 여러 종류의 악기를 제작한 내용을 기록했다는 점에서 『제기악기도감의궤』은 다른 의궤에 비해, 보다 높은 음악사적 가치를 지닌다.

삼방의 말미에 도설로 제시되어 있는 악기 가운데 방향(方響)의 철편(鐵片) 모양도 주목할 만하다. 『악학궤범』(1493)의 판본에서도 확인되듯이 임란 전 판에 수록된 방향 도설을 보면 철편이 위를 둥글린 모양을 하고 있지만, 임란 후 판에는 모두 직사각형으로 나타나고 있음이 확인되는데 1624년에 제작된 『제기악기도감의궤』의 방향 철편 또한 직사각형 모양으로 되어 있음을 도설에서 확인해 볼 수 있다.

2) 영조 대의 『인정전악기조성청의궤』

『인정전악기조성청의궤』는 1744년(영조 20) 10월 인정전의 화재로 인해 소실된 악기를 조성하는 경위와 세부 내용을 기록하여 1745년(영조 21)에 제작이 완료된 의궤이다. 이때의 화재로 불에 탄 악기들은 창덕궁의 인정전 전정에 배열해 놓았던 헌가악기(軒架樂器)였다. 인정전의 악기고는 인정전 동행각(東行閣)에 있었다. 전정의 악기들은 궁중 안에서 벌어지는 여러 행사에 수시로 쓰이는 것이어서 서둘러 갖춰야 했으므로, 화재 이후 곧바로 악기 제작 논의에 들어갔다. 그러나 추운 날씨로 인하여 제작에 곧바로 착수하지는 못하였고, 악기 제작은 결국 해를 넘겨 1745년(영조 21) 1월 26일 이후에 본격적으로 시작되어 5월 13일 마무리되었으니, 실제 악기 제작에는 총 4개월 정도의 기간이 소요되었음을 알 수 있다.

앞서 살펴본 인조 대의 『제기악기도감의궤』가 제기와 악기 제작에 관련한 내용을 담은 의궤라는 점에서 볼 때 『인정전악기조성청의궤』는 악기 조성과 관련된 내용으로만 한정되고 '악기조성청'이라는 명칭을 사용한 규장각 소장 의궤 가운데 가장 이른 것이라는 의미를 지닌다. 이와 함께 궁궐의 화재로 인해 소실된 악기 제작의 전모를 알려 주는 내용을 기록한 최초의 의궤라는 점도 주목할 만하다.

『인정전악기조성청의궤』도 목록은 갖추지 않았으나 그 내용 구성은 좌목·계사·별단·이문(移文)·내관(來關)·품목·감결·의궤청품목(儀軌廳稟目)·실입·별공작(別工作)의 순으로 되어 있어서 앞서 살펴본 『제기악기도감의궤』에 비해 체계를 갖추고 있음이 확인된다. '좌목'에는 당상(堂上)으로 장악원 제조(掌樂院提調) 조관빈(趙觀彬)을 비롯하여 당상관(堂上官)·낭청(郞廳)·선공감 가감역(繕工監假監役)·산원(算員)·전악·서리(書吏)·서사(書寫)·고직(庫直)·사령(使令) 등의 명단이 기록되어 있다.

'계사'는 왕에게 올린 문건을 모은 것이다. 1744년(영조 20) 10월 20일부터 악기 제작이 완료된 1745년 5월 18일까지의 내용이 기록되어 있는데, 악기 조성의 필요성과 악기조성청 구성에 관한 내용으로 시작하여 악기 제작 과정에 대한 보고, 장인의 급료 문제, 왕에게 올린 헌가악기별단, 전정악기조성청의궤사목 등의 내용이 담겨 있다. 계사 가운데 1745년 5월 10일의 내용에는 전정악기조성청별단이 포함되어 있고 '계사'의 끝에는 논상(論賞)의 내용과 각 악기 제작에 들어가는 물품, 요포식(料布式)을 수록하였다. '계사'는 왕에게 올린 문건이므로 악기 제작 과정의 전모 가운데 핵심적인 내용을 일목요연하게 볼 수 있다는 점에서 주목할 만하다.

'이문'은 각 협조 관청에 알리는 공문서를 모은 것으로서 대개 경기감영(京畿監營)·호조(戶曹)·전라감영(全羅監營)·병조(兵曹)·훈련도감(訓練都監)·어영청(御營廳)·금위영(禁衛營)·중건청(重建廳)·좌우포청(左右捕廳)·선혜청(宣惠廳)·수어청(守禦廳) 등의 관청에 알리는 문서이다. 주로 악기를 제작할 때 필요한 제작 재료의 조달 문제, 예컨대 재료의 특산지에 대한 채굴 협조 요청, 악기를 제작하는 데 필요한 재료의 제작 요청, 악기를 만드는 데 필요한 물건의 협조 요청 등과 관련된 내용이 대부분이고 급료 지급 관계에 대한 일부 논의 등을 포함한다.

협조 요청의 내용 가운데 경기감영에 대한 것은 편경의 재료인 경옥(磬玉)에 관한 것이 대부분이다. 경옥의 생산지가 경기도 남양(南陽)에 소재하므로 특히 경옥의 채굴과 관련된 협조 내용이 주를 이룬다. 호조에 대한 협조 요청은 소요 물품 납품, 급료 지급 등에 관한 내용이 주를 이룬다. 전라감영에 대한 협조 요청 내용은 악기 제작을 감동(監董)할 인물인 최천약(崔天若)이 소속되어 있는 지역이기도 하고, 음률에 정통한 인물인 이연덕(李延德: 1682-1750)이 머물던 곳이 전주 지역이었기 때문에 그들이 서울로 올라오도록 요청하는 일과 관련된 것이다. 악기 제작을 위해 그 분야에서 가장 전문가라 정평이 난 인물을 기용하는 관행이 확인된다. 또 훈련도감·어영청·금위영에 대한 것은 편종이나 석경(石磬)을 매다는 틀인 가자를 만들기 위한 2년생 나무를 조달하여 실어 보내라는 등의 협조 공문 내용이 대부분을 이루고 있다.

'내관'은 악기조성청에서 보낸 문서를 해당 관청이 검토한 후 그 결과에 대해 다시 보내온 문서를 모은 것이다. 호조, 경기관찰사, 도순찰사, 남양도호부사, 군기시, 훈련도감, 김포군수, 통진도호부사, 인천도호부사 등에서 보내온 문서들이다.

'품목'은 상위 관리 또는 기관에 대하여 문의하는 글이고 이어지는 '감결'은 명령이나 지시사항을 내린 글로서 악기 조성 과정에서 수시로 필요한 협조 사항들을 기록한 것이다. 급히 필요한 재료 조달 요청, 수시로 필요한 인력 조달 관계, 사역하는 사람들에게 야간통행첩을 발급하거나 목재를 수송하기 위한 수레 조달 건 등의 세세한 수시 협조 사항에 관한 내용이다. 그 내용 가운데 1745년 2월 10일의 사례를 들어 보겠다.

> 위의 감결은 본 청 사역이 긴급하니 모든 거행하는 일 및 공장(工匠)을 찾을 것이며, 여러 물품들을 재촉하는 나머지 밤낮 가리지 않고 분주하니, 본 청의 원역(員役) 등에게는 야간통행첩의 발급에 대해 상고하고, 야간통행에 관련한 일은 순라장교 등에게 분부할 것(훈련도감·금위영·어영청·좌포청·우포청·좌순청·우순청).

업무가 분주한 관계로 야간에도 통행할 수 있는 '야간통행첩'의 발급과 관련된 협조 사항을 다룬 내용이다. 이는 그 내용이 야간통행과 관련된 것이므로 그 협조 관청이 훈련도감이나 좌포청, 우포청 등의 기관이 된다. 재료 조달에 관한 일의 경우라면 대개 호조(戶曹)나 공조(工曹) 등의 기관이 협조 관청이 될 것이다. 이처럼 감결은 협조 내용에 대해 명기한 후 그에 해당하는 협조 관청을 모두 제시해 놓는 형식으로 기록되어 있다.

'의궤청품목'은 의궤를 만드는 일과 관련된 내용의 공문이며 '실입'은 악기 제작에 있어서 실제 들어간 물품[實入]과 쓴 뒤에 돌려준 물품[用後還下]의 목록에 대한 기록이다. 가장 끝부분의 '별공작'은 악기 제작의 실제를 맡았던 별공작의 기록이다.

　　　　　　　　　　　　　제2장　조선왕실의 공연과 악기 제작

이상 살펴본 바와 같이 영조 대의 『인정전악기조성청의궤』는 인조 대의 『제기악기도감의궤』에 비할 때 부문별로 용도를 명확하게 나누고 좌목·계사·별단·이문·내관·품목·감결·의궤청품목·실입·별공작의 순으로 기록했음이 확인된다.

『인정전악기조성청의궤』의 기록을 통해 인정전의 화재로 소실된 악기의 복구 규모를 알 수 있다. 1744년(영조 20) 10월부터 악기의 제작이 완료된 1745년 5월에 이르기까지 악기 조성과 관련된 제반 사항을 기록한 의궤이므로 여기서 가장 중요하게 비중을 두고 다루어지는 내용은 제작 악기의 종류와 개수, 그 악기의 제작에 들어가는 재료, 재료의 조달 과정 등이다. 이때 새로 제작된 악기와 제작 재료의 목록을 소개한다.

인정전 헌가악기로 새로 제작된 것

편종(編鐘) 2틀[32매]·편경(編磬) 2틀[32매]·건고(建鼓) 1틀·응고(應鼓) 1좌·삭고(朔鼓) 1좌·어(敔) 1좌·축(祝) 1좌·휘(麾) 1부·조촉(照燭) 1부·뒤주[斗之], 궤짝[櫃子].

이때 제작된 악기의 규모는 작은 편이다. 인정전 화재와 함께 소실된 악기만을 제작했기 때문인데, 아악기 7종과 휘, 조촉 등의 의물과 악기를 보관하기 위한 함이나 궤짝 등이 제작되었다.

이러한 악기를 제작할 때는 여러 다양한 부속물도 함께 제작되었다. 예컨대 종과 경을 매달기 위한 가자, 편종과 편경을 연주하는 도구인 각퇴(角槌), 어나 축의 받침대 등의 물건이 그것이다. 그 내용은 『인정전악기조성청의궤』 '계사'의 뒷부분에 수록된 '인정전헌가악기별단'에 상세하므로 소개하는 것은 생략한다.

제작 악기 가운데 가장 다양한 재료가 쓰이는 것은 편종이다. 편종의 제작에는 총 42가지의 재료가 쓰였고, 편경의 제작에는 경옥을 제외한 5가지 재료가 쓰였음이 확인되는데, 그 상세한 재료는 아래와 같다.

편종 2틀의 재료[67]

숙동(熟銅) 316근·유철(鍮鐵) 208근·함석(含錫) 36근 15냥·유랍(鍮鑞) 29근 7냥·숯[炭] 21섬[石] 15말[斗]·생마(生麻) 15근·숙마(熟麻) 15근·잡휴지(雜休紙) 15근·관솔[松明] 160근·황토(黃土) 30말·백와(白瓦) 30말·황밀(黃蜜) 8근·송진[松脂] 3근·감장(甘醬) 1말·간장(艮醬) 1말·소금[鹽] 16말·파유둔(破油芚) 2부·파독포(破纛布) 16자[尺]·집돼지 털[家猪毛] 1근·풍로판(風爐板) 2립·모구피(毛狗皮) 4령·법유(法油) 1되[升]·창병목(鎗柄木) 1개·도죽(刀竹) 2개·줄우피(乼牛皮) 2조·백우피(白牛皮) 1령·대집게[大執擧] 1개·소집게[小執擧] 1개·대지내(大地乃) 1개·한마치[汗亇赤] 1개·송탄포(松炭布) 5척·괴목바퀴통[槐木輪桶] 1개·갈지바퀴통박달목[乫只輪桶朴達木] 1괴·자작판(自作板) 2립·연일려석(延日礪石) 7편·강려석(强礪石) 3괴·중려석(中礪石) 2괴·수건포(手巾布) 5자·횡철(橫鐵) 5개·망석(網席) 2립·마미사(馬尾篩) 1부·죽사(竹篩) 1부, 백토(白土) 140말, 토목(土木) 16자래[迲乃], 포토(浦土) 5바리[駄].

편경 2틀의 재료[68]

수건포(手巾布) 5척·세사 들어가는 만큼[細沙入量]·연일려석(延日礪石) 7편·강려석(强礪石) 4괴·중려석(中礪石) 1괴.

위에 열거한 재료의 분량은 '계사' 부분에 기록되어 왕에게 보고한 내용이지만, 실제 제작에 들어간 양은 이와는 차이가 있다. 따라서 정확한 악기

67　『인정전악기조성청의궤』「啓辭」.
68　『인정전악기조성청의궤』위와 같음.

제작 재료의 분량을 파악하려면 '실입' 부분의 내용을 다시 살펴야 한다. '실입' 부분에는 실제 들어간 것, 남아서 해당 기관에 돌려보낸 것 등의 내용까지 기록하였으므로 소요 재료의 정확한 수치 파악이 가능하다. 먼저 편종의 주재료 가운데 중요한 숙동·유철·함석·유랍 4종 금속의 실제 들어간 수량을 '실입' 부분에서 찾아 인용한다.

실입[69]

숙동(熟銅) 361근 중 295근 11냥은 실제 들어감. 8냥은 처음부터 받지 않았음. 49근은 호조에 되돌려주었음, 진철 15근 13냥은 호조에 돌려보냄.

유철(鍮鐵) 238근 중 232근은 실제 들어감. 60근은 들여오기 전 호조에 돌려줌.

함석(含錫) 59근 6냥 1돈 6푼 중 54근 3냥 2돈은 실제 들어감. 4근 12냥은 호조에 되돌려줌. 6냥 9돈 6푼은 처음부터 받지 않음.

유랍(鍮鑞) 59근 6냥 2돈 8푼 중 54근 11냥 2돈 8푼은 실제 들어감. 4근 10냥은 호조에 돌려줌. 1냥은 처음부터 받지 않음.

종의 재료를 합금할 때 가장 중요한 숙동(熟銅)·유철(鍮鐵)·함석(含錫)·유랍(鍮鑞) 4종 금속의 실제 들어간 양[實入]은 '계사'에서 왕에게 보고한 수치와 차이가 있다. 실입과 보고한 수치를 대비하면 숙동 361근(295근), 유철 238근(232근), 함석 59근 6냥 1돈 6푼(36근 15냥), 유랍 59근 6냥 2돈 8푼(29근 7냥)이다. 왕에게 보고한 양보다 실제 들어간 양이 훨씬 많다는 것을 알 수 있다.

편종 2틀은 종의 개수로 말하면 32개이다. 따라서 앞에 기록된 숙동 실

---

69 『인정전악기조성청의궤』 「實入」.

입 361근이란 종 32개를 주조하기 위한 총 분량에 해당한다. 나머지 재료도 모두 마찬가지이다. 조선시대의 편종은 크기를 다르게 하여 음높이를 조절하는 제도가 아니라 종의 두께로 음높이를 조절하는 제도를 취하였다. 따라서 이들 32개의 종은 모두 크기는 같지만 두께가 각각 다르기 때문에 음높이에 따라 쓰이는 재료의 양이 각각 다르다. 그러나 본 의궤의 기록에는 어떠한 음높이를 어느 정도의 두께로 만들고, 각 두께에 따른 재료가 어느 정도 쓰였는지에 대한 상세한 기록이 되어 있지 않으므로 과학적인 자료로 쓰일 수 없는 한계를 지닌다. 다만 합금할 때 각 재료 간의 비율 정도는 수치로 파악할 수 있으므로, 요즈음 제작되는 종의 재료별 합금 비율과 비교해 보는 일은 가능할 것이다.

편종과 편경을 만들 때 종과 경을 매달 틀[架子]을 만드는 재료도 기둥목, 가로목 등 20여 종 이상이 쓰인다. 기타 여러 악기들의 제작 재료 또한 매우 다양하게 필요하므로 악기 조성 과정에 있어서 수백 종의 재료들을 구하는 과정은 그리 쉽지 않았음에 분명하다. 따라서 본 의궤에는 악기 제작 시 특별히 구하기 어려운 재료들을 조달하는 과정에 대해서도 상세한 기록으로 남기고 있다.

1744년의 악기 제작은 그 규모가 크다고 할 수 없지만, 이들 악기를 제작하기 위해 동원된 장인의 숫자는 악기 규모에 비해 상당히 많은 숫자이다. 편종, 편경과 같은 악기 제작이 거대한 규모의 역사이고, 특히 편경은 악기의 주재료인 경석을 채취하는 일부터 어렵기 때문에 특히 더 많은 인원이 동원되어야 제작이 가능하다는 점을 감안한다면 의문이 풀린다. 당시 악기 제작에 동원된 장인의 종류와 인원수는 먼저 1등 장인으로 소로장(小爐匠)이 3명, 옥장(玉匠)이 3명, 조각장(雕刻匠)이 2명, 소목장(小木匠)이 2명, 야장(冶匠)이 1명, 2등 장인으로 소로장이 3명, 시장(匙匠)이 3명, 이지장(耳只匠)이 1명, 천혈장(穿穴匠) 1명, 두석장(豆錫匠) 2명, 목수(木手) 1명, 풍물장(風物匠)

1명, 옥장 4명, 조가장(造家匠) 1명, 마조장(磨造匠) 1명, 조각장 1명, 소목장 1명, 화원(畵員) 1명, 석수(石手) 1명, 다회장(多繪匠) 1명이, 3등 장인으로 목수 3명, 관자장(貫子匠) 2명, 야장(冶匠) 1명, 소로장 4명, 옥장 16명, 시장 3명, 천혈장 2명, 조각장 4명, 두석장 1명, 소목장 2명, 마경장(磨鏡匠) 3명, 가칠장(假漆匠) 1명, 다회장 2명, 은장(銀匠) 1명, 안자장(鞍子匠) 1명, 고장(鼓匠) 1명, 주장(注匠) 1명 등, 23개 분야의 1등 장인부터 3등 장인까지 동원되었다. 그 밖에 감조전악(監造典樂)이 3명, 감동인(監董人)이 2명 포함되었다.

이들 가운데 감조전악 3명은 실제로 음악에 능통한 인물을 특별히 영입하였고 감동을 맡은 인물 가운데 하나인 최천약은 영조 대의 최고 기술자로서 영조 16년에도 황종척·주척·예기척·영조척 등의 자를 만들 때에도 교정(較正)을 하기 위해 추천된 바 있었고[70] 1741년(영조 17)의 악기조성청을 조성하여 악기를 제작했을 때에도 감독을 맡은 바 있으며 기타 나라의 역사(役事)에 중요 기술자로 참여하는 인물로서, 인정전 악기 조성의 일을 감동하기에 가장 적합한 인물로 천거되었다.

이상 살펴본 악기 제작에 동원된 장인들은 1등 장인 11명, 2등 장인 23명, 3등 장인 49명으로, 도합 83명이다. 이들 장인 가운데 소로장은 쇳물을 녹이는 일을 담당한 장인으로서 편종 제작에 가장 중요한 장인이다. 옥장은 편경 제작에서 경옥을 음악적인 소리로 만들기 위해 정교하게 다듬는 일을 맡은 장인이다. 조각장은 악기의 틀에 주로 쓰이는 조각을 만들기 위한 일을 담당한 장인이고 소목장은 악기의 틀을 짜는 목수 관련 일을 담당한 장인, 야장은 쇠붙이를 다루는 것과 관련된 일을 담당한 장인이다.

이 다섯 장인 가운데 소로장 3명과 옥장 3명, 조각장 2명, 소목장 2명, 야장 1명은 1등 장인을 썼다. 소로장의 1등 장인이 3명이 필요한 이유는 편종

---

70 『영조실록』 권51 영조 16년 4월 을해(5일).

제조에 있어서 질 좋은 소리를 만들기 위해서는 1등 장인의 기술이 중요하기 때문인 듯하다. 여러 장인들 가운데 숫자가 가장 많이 필요한 장인은 옥장으로서 1등 장인 3명, 2등 장인 4명, 3등 장인 16명, 총 23명의 장인이 동원되었다. 경옥을 다듬고 갈아 음률에 맞추는 가장 정교한 작업은 1등 장인의 손에 의해 이루어진다. 옥장이 많이 필요한 이유는 석경 1매를 만들 때 소요되는 인원과 시일을 감안하면 알 수 있다. 즉, 석경 1매를 만들기 위해서는 모군(募軍) 3명이 톱질하는 일만 하더라도 거의 20일 가까이 소요되며, 옥장 3명이 옥을 다듬는 일은 무려 10여 일이 들었다는 '이문'의 내용이 그러한 정황을 잘 말해 준다.[71] 이상 소개된 원역과 장인들에 의해 인정전 악기 조성 사업이 이루어지게 된다.

악기 조성을 위한 논의 과정에서 가장 먼저 언급된 문제는 편경의 재료인 경옥의 조달에 관한 것이었다. 경옥은 이미 1425년(세종 7)에 남양에서 발견되어 편경의 국내제작이 가능하게 된 바 있다. 세종 대 이후 편경을 만드는 재료인 경옥은 주로 남양에서 채취하여 사용했는데, 이 당시도 마찬가지였다. 경옥을 채취할 때에는 남양부사(南陽府使)가 현장에 참여하여 작업할 것을 지시하였다.

2월 21일의 계사에는 악기를 새롭게 제작할 때 어떠한 악기를 참고하여 만들었는지 알려 주는 내용이 있다. 『악학궤범』에 각종 악기의 제도와 모양이 기록되어 있지만, 이는 기록으로만 남아 있는 것이므로 실제 악기를 보지 않는다면, 솜씨가 서툰 장인들은 제작에 착오의 우려가 있을 수 있기 때문에 실물 악기를 보는 것이 중요하다. 따라서 인정전의 악기 조성을 위해서 특별히 숭정전(崇政殿)에 있는 헌가악기를 가져와 보고 비교해 가면서 만들기로 하였다.

---

71 『인정전악기조성청의궤』「移文」.

1744년 10월 20일에 제작 논의에 들어가 11월 남양에서는 실제 편경의 재료인 경옥을 채취하는 작업에 일부 착수하였다. 그러나 날씨가 추워져 경옥의 채취 작업이 어려워졌기 때문에 악기 조성의 일은 11월 12일에 중단되어 일단 정지되었고 동시에 악기조성청을 임시 해체한 뒤, 이듬해인 1745년 1월 26일에 악기 제작에 관한 논의가 다시 이루어져 이후 악기 제작을 위한 악기조성청의 활동이 본격적으로 시작되었다.

가장 조달이 어려운 재료인 경옥의 채굴과 관련된 것은 긴밀한 논의가 필요하였다. 이때 논의 결과 경옥의 채취는 전례에 의해 별도로 차사원(差使員)을 정하여 남양부사와 함께 입회하여 보도록 하였고, 11월 보름 전에 기한을 정해 채굴하도록 하며, 채굴하는 대로 연속적으로 서울로 올려 보내도록 하였다. 그러나 날씨가 추운 관계로 옥을 캐는 일을 비롯한 악기조성청 관련 일은 11월 12일로써 잠시 중단되었다가 이듬해(1745) 2월에 다시 시작되었다.

경옥은 여러 도구를 사용하여 덩이 상태로 캐냈는데, 채굴되는 옥의 상태가 고르지 않아 일정 기준에 미달하는 것은 올려 보내지 못해 상대적으로 시간이 많이 지체되었음을 알 수 있다. 내관 문건 가운데 2월 25일의 내용을 보면, 옥을 캐는 곳이 높은 산봉우리 정상에 있어서 사면이 바람을 받고, 뒤는 그늘진 땅이며 깊이는 수십여 장에 달하고, 또 좌우가 석벽인 데다가 겨울에 춥고 얼음이 풀리고 있지 않아 경옥 채굴에는 어려운 점이 많았던 것으로 드러난다. 같은 문건 2월 26일의 내용에는 옥이 다른 돌에 비해 강한데, 옥을 캐기 위해 내려보낸 철물이 유연해서 옥을 쪼는 정(釘)이 닳고 몸통이 짧아져 돌을 떠낼 수 없으니 옥을 쪼는 정과 강철을 급히 보내달라는 협조 공문도 보인다.

또 같은 문건 3월 11일의 기록에는 이미 드러난 옥을 다 채취하였으므로 뿌리가 암벽 속 깊이 들어가 있는 옥만 남아 채굴에 어려움이 있으니 그 사정을 감안해서 채굴량을 감해 보낼 것을 요구하는 내용도 보인다. 이러한 상황에서 어렵게 채굴된 옥은 11월에 일부 올려 보내기 시작하여 3월 23일까지, 총 52덩어리를 운반해 와서 편경의 재료로 쓰였음이 확인된다.

옥을 캐기 위해서는 부대 도구가 많이 쓰였던 것으로 보인다. 호조에게 1744년 11월 29일에 보낸 이문 문건을 참조하면, 경옥을 떠낼 때 쓰이는 도구로서 중간 크기의 쇠몽둥이[中夢同] 1개, 작은 몽둥이[小夢同] 6개, 박을못[朴乙釘] 25개, 배지내[排地乃] 2개, 비짐쇠[非只音金] 50개, 솔정[乺釘] 25개, 잔못[小釘] 25개, 강철 5근 등의 철물(鐵物)이 소용된다는 기록이 보인다.

편경이나 편종의 틀[架子]을 만들기 위한 가시목(加時木)은 2년생 나무를 쓰는데 이 나무를 골라 수송하는 일 또한 쉽지 않았던 것으로 보인다. 2년생 나무의 조달과 수송은 금위영(禁衛營)에서 맡았는데, 금위영에는 2년생 나무가 없었으므로 충청도와 전라도 경상도 등에 배정해서 올려 보내도록 하여 나무를 구했음이 확인된다.

악기를 만들 때 편경과 편종은 서툴지 않은 장인이 있어야 제작 가능한 악기이다. 『인정전악기조성청의궤』의 앞부분에서 특히 이 두 악기를 만들기 위한 장인을 구하는 문제가 가장 먼저 논의되는 것도 그러한 맥락 때문이다. 두 악기는 제작하기도 어렵지만 제작한 뒤에 조금이라도 오차가 발생하게 되면 고른 음률을 기대하기 어려우므로 특별한 제작 기술이 요구된다. '편종과 편경을 만든 뒤 음률에 맞지 않는 것이 많아 부득이 다시 만들게 함으로써 일손이 더 들게 되었다'라는 기록을 통해서도 알 수 있듯이 이 두 악기는 제작이 특히 어려웠다. 따라서 당시 사도진(蛇島鎭)에 체아직(遞兒職)으로 있던 최천약이란 인물을 급히 올라오도록 하여 악기 제작을 감독하도록 하였다. 최천약이란 인물은 당시 편종과 편경 제작의 감동인으로서 최고였던 것으로 짐작된다.

이처럼 악기 제작을 위해서는 솜씨 좋은 장인의 손과 긴 시간이 필요하지만, 귀가 밝고 음률에 정통한 관리도 필요하다. 이에 당시 함경도사(咸鏡都事) 이휘진(李彙晉)과 천안군수(天安郡守) 이연덕을 음률에 정통하다는 이유로 불러올려 악기 제작 과정에 참여토록 하였다.[72] 악기 조성에 있어서 숙달된 장인은 물론 음률에 정통하고 귀가 좋은 관리들이 모두 동원된 것으로 나타난다.

3) 정조 대의 『경모궁악기조성청의궤』

정조 대의 『경모궁악기조성청의궤』는 정조(1776-1800)가 즉위하여 자신의 생부인 사도세자의 위패를 모시고 제사를 올리는 사당인 경모궁(景慕宮)을 건립한 후 제정한 경모궁제례의 제례악을 올리기 위한 악기와 의물, 관복 등을 조성하는 경위와 세부 내용을 기록한 의궤이다. 경모궁은 정조 즉위년인 1776년에 창경궁에 부속되어 있는 후원 함춘원(含春園)이 있었던 곳에 건립되었는데 정조 즉위년 4월에 건립의 역사가 시작되어 8월에 완성되었다.[73]

경모궁제례는 정조 즉위년 5월 1일에 제정되었다. 이는 조선 후기에 새롭게 탄생한 국가제례(國家祭禮) 가운데 하나이므로, 조선 후기에 새롭게 제정되는 제례의 특성과 제례악 형성의 원리를 지니고 있다. 새로운 제례가 이루어지면 그 제례악을 연주할 때 필요한 악기 및 연주자들이 착용할 관복(冠服)과 의물도 새로 제작된다. 이러한 악기 및 여러 물품은 임시 관청인 악기조성청이 주관하여 제작이 이루어지는데 경모궁 악기 조성에 관한 일체의 내용이 『경모궁악기조성청의궤』에 담겨 있다. 『경모궁악기조성청의궤』는 앞서 살펴본 『인정전악기조성청의궤』에 이어지는, '악기조성청 의

---

72 『영조실록』 권61 영조 21년 2월 무진(26일).
73 『정조실록』 권2 정조 즉위년 9월 무술(30일).

궤'라는 이름으로서는 두 번째 것이고 악기 제작 관련 의궤로는 세 번째 것이다.

『경모궁악기조성청의궤』의 목록은 좌목·계사·품목·이문·내관·감결·의궤(儀軌)·별공작의 순으로 되어 있어서 앞서 살펴본 『인정전악기조성청의궤』와 구성이 크게 다르지 않음이 확인된다. 다만 『인정전악기조성청의궤』에는 갖춰지지 않았던 목록을 갖추었고 나머지 구성은 유사하다.

'좌목'에는 장악원 제조 김한기(金漢耆)를 비롯한 당상관과 낭청·장악원제조·전악·서리 등의 명단이 기록되어 있다. '계사'는 1776년 4월 12일 자로 기록이 시작된, 왕에게 올린 문건을 시간순으로 모아 놓았다. 9월 5일의 기록에는 경모궁악기조성도감사목(景慕宮樂器造成都監事目)이, 1777년 5월 25일 조에는 경모궁제향소용각양악기별단이 소개되어 있다.

'품목'은 상관에게 보고하거나 묻는 형식의 글로서 1777년 3월의 기록부터 시작된다. 실제 악기 제작에 착수한 이후의 상황이 주로 기록되어 있기 때문이다. 악기 제작 시 필요한 부대 물품의 조달과 관련된 내용이 대부분이므로 호조나 공조, 예빈시, 장흥고 등의 기관에 대한 것이 많다. '품목'의 뒷부분에는 각 악기와 의물, 복식(服飾), 악보(樂譜), 홀기(笏記) 등을 제작하는데 들어가는 물품과 분량을 상세히 기록해 놓았다.

'이문'은 각 협조 관청에 알리는 공문서를 모은 것으로 1776년 9월부터 1777년 5월까지의 내용을 수록하고 있다. 편경의 재료가 나는 경기도의 경기감영에는 경옥의 채취와 관련된 내용을 비롯하여 호조, 병조, 선혜청, 훈국금영, 어영청, 상의원, 금위영 등에 알리는 내용의 공문이 대부분이다.

'내관'은 협조 관청이 악기조성청으로부터 받은 공문서의 내용을 검토한 후 보내온 문서로서 악기 제작을 착수한 이후인 1777년 3월부터 5월까지의 내용이다. 경기관찰사와 이조, 호조, 상의원, 선공감, 병조, 훈련도감, 고양군수, 김포군수, 인천부사, 부평부사 등이 관련 관청이다.

'감결'은 명령이나 지시사항을 내린 글로서 이 역시 악기 제작에 착수한 1777년 3월부터 5월 27일까지의 기록이다. 감결의 뒷부분에는 악기 제작에 참여한 옥장의 명단과 실제 악기 제작에 들어간 물품과 수량, 악기 제작 비용 등을 기록해 놓아 정조 대 당시 악기 제작 단가가 어느 정도인지도 알 수 있다.

'의궤'는 1777년 5월 28일의 경모궁악기조성청의궤사목(景慕宮樂器造成廳儀軌事目)으로부터 기록이 시작되어 의궤청품목을 포함, 6월 2일의 감결(甘結) 내용까지 기록되어 있다. '별공작'은 1777년 3월의 악기 조성부터 남긴 기록인 별공작등록(別工作謄錄)이다.

이와 같이 『경모궁악기조성청의궤』는 영조 대의 『인정전악기조성청의궤』와 유사한 구성으로 되어 있음이 확인된다. 다만 『경모궁악기조성청의궤』의 경우 새롭게 제정된 제례를 위한 악기 조성 과정과 내용을 기록하고 있기 때문에 화재로 인해 악기를 조성하는 과정을 기록한 여타 의궤와는 내용상 차이가 보인다. 화재로 인해 악기를 조성하는 과정을 기록하는 경우 재해로 손실을 입은 악기에 대한 정보라든지, 수리해서 쓸 수 있는 악기, 새롭게 제작해야 하는 악기 등에 대한 기록 위주가 되지만, 기존에 없었던 새로운 의례를 만들 때 쓰이는 악기 제작을 위한 기록은 해당 의례에 사용되는 악기를 제작하는 과정이 주로 기록되기 때문이다.

'품목'의 1777년 3월의 내용을 보면, 경모궁 악기를 조성할 때는 영조 21년의 인정전 악기 조성의 예에 의거하여 만들 것을 권하였는데, 인정전 악기는 모두 전정악기이고 경모궁 악기는 묘정악기(廟庭樂器)이며, 전자는 아악(雅樂)이고 후자는 속악(俗樂)에 속하므로 참고하기에 다른 점이 있다는 문제제기가 있었다. 이에 편종이나 편경의 제작은 1745년 인정전 악기 조성의 예에 의거하여 시행하기로 하고 나머지 악기와 관복은 황단(皇壇) 및 경녕전등록(敬寧殿謄錄)에 의거하여 제작하였다. 다음의 기록이 그 과정을 알려 준다.

경모궁 악기 조성에 들어가는 물력은 한결같이 을축년(乙丑年: 1745)의 인정
전악기등록(仁政殿樂器謄錄)에 의거하여 하라고 분부, 교시한바 묘정악기(廟
庭樂器)와 전정악기(殿庭樂器)는 같지 않고 또 아악과 속악이 각각 다르기 때
문에 종(鐘)과 경(磬)은 을축년의 예에 의거하여 마련하고, 기타 악기와 관
복은 또한 황단(皇壇) 및 경년전등록(敬寧殿謄錄)[74]에 의거하고 호조의 『탁지
준절(度支準折)』을 참고하여 마련하며 이에 따라 준비하는 일은 각 해당 관
서에서 감결을 받아 쓰는 것이 어떠합니까?

경모궁제례악은 아악이 아닌 속악에 속하였다. 따라서 1745년에 제작된
전정헌가의 아악기(편종·편경·건고·응고·삭고·어·축)와는 다른 여러 종류의
악기가 제작되었다. 이때 제작된 악기의 종류와 기타 의물과 관복 등의 목
록이 『경모궁악기조성청의궤』 '계사'의 정유년(1777) 5월 25일 조에 있는 경
모궁제향소용각양악기별단(景慕宮祭享所用各樣樂器別單)에 상세히 소개되어 있
다. 의궤에 수록된 순서대로 열거해 본다.

경모궁제향소용각양악기별단

편종(編鐘) 32매·편경(編磬) 32매·방향(方響) 32매·진고(晉鼓) 1부·절고(節
鼓) 1부·축(祝) 2부·장고(杖鼓) 2부·어(敔) 2부·당비파(唐琵琶) 1부·향비파
(鄕琵琶) 1부·현금(玄琴) 1부·가야금(伽倻琴) 1부·아쟁(牙箏) 1부·생(笙) 2부·
훈(塤) 2부·태평소(太平簫) 1부·해금(奚琴) 1부·필률(觱篥) 2개·대금(大笒)
2개·당적(唐笛) 2개·통소[洞簫] 1개·지(篪) 1개·독(纛) 2부·노도(路鼗) 1부·

74 1701년(숙종 27)에 승하한 숙종의 계비 인현왕후를 모셔 놓은 혼전을 말함.

휘(麾) 1부·조촉(照燭) 1부·대금(大金) 1부·박(拍) 2부·무적(舞翟) 36개·무약(舞籥) 36개·목검(木劍) 12개·목창(木槍) 12개·죽궁(竹弓) 12개·죽시(竹矢) 12개[이상 악기와 의물], 개책관(介幘冠) 40건·진현관(進賢冠) 38건·피변관(皮弁冠) 36건·복두(幞頭) 2건·홍주의(紅紬衣) 40건·백주중단(白紬中單) 40건·남주의(藍紬衣) 74건·적상(赤裳) 74건·녹초삼(綠綃衫) 2건·백주대(白紬帶) 40건·홍주대(紅紬帶) 74건·오정대(烏鞓帶) 2건·백포말(白布襪) 114건·오피리(烏皮履) 114부·흑피화(黑皮靴) 2부·주판(籌板) 1좌[이상 관복과 기타].

경모궁 악기조성청에서 만든 악기는 위에 열거한 바와 같이 총 25종이며 나머지는 의물과 관복 등이다. 이때 제작된 악기는 경모궁 제향의 등가와 헌가에 각각 편성되어 사용하는데, 악기의 숫자와 실제 연주되는 음악의 악현을 비교해 보면 여분의 악기 없이 제례에 올려야 할 꼭 필요한 물량만을 제작한 것으로 드러나 제작된 악기의 수와 제례악 연주에 편성되는 악기의 수와 일치함을 알 수 있다.

경모궁제례악은 종묘제례악과 마찬가지로 아악기·당악기·향악기의 혼합편성이다. 경모궁제례악이 종묘제례악인 〈정대업〉·〈보태평〉의 음악을 기본으로 하여 만든 것이어서 그 음악적 성격이 유사하기 때문에 악기 편성 또한 유사한 것이다.

편성 악기 가운데 동일한 것이 두 개씩 제작된 편종·편경·축·장구·어·생·훈·필률·대금·당적·박의 등 11종의 악기는 등가와 헌가에 모두 배치된다. 절고·당비파·현금·가야금·아쟁·퉁소 등 6종의 악기는 등가에만, 방향·진고·향비파·태평소·해금·지·노도·대금(大金) 등 8종의 악기는 헌가에만 편성되어 총 25종의 악기 36개가 경모궁제례악을 올리기 위해 편성되는 악기로서, 이 모든 악기는 이때 새롭게 제작되어 오로지 경모궁제례악만을 위하여 사용된다.

악기를 제작할 때는 악기에 포함되는 다양한 부속물도 함께 만들어진다. 예컨대 편종을 제작할 때는 종을 거는 나무틀인 가자를 비롯한 목사자(木獅子), 방대(方臺), 편종을 연주할 때 쓰는 도구인 각퇴(편종 한 틀에 2개씩) 등도 함께 만든다. 또 보관에 신경을 써야 할 예민한 현악기인 향비파나 가야금, 거문고, 아쟁 등 현악기는 나무로 된 악기집[家]을 함께 제작하여 보관하고, 생황은 면으로 된 악기집과 나무로 된 악기집을, 훈이나 태평소, 해금, 필률, 대금, 당적, 통소, 지 등 크기가 작은 관악기는 가죽으로 만든 집을 만들어 악기의 보관에도 심혈을 기울였음을 알 수 있다.

일무를 출 때 사용하는 무구(舞具)도 정확한 인원에 맞는 숫자가 제작되었다. 육일무(六佾舞)는 36인이 추는 춤이다. 따라서 문무를 출 때 필요한 무적(舞翟) 36개, 무약(舞籥) 36개가 제작되었고 무무를 출 때 필요한 목검 12개, 목창 12개, 죽궁 12개·죽시 12개가 제작되었다. 기타 복식은 약간의 여유분을 제작한 것도 있다.

제작 악기 가운데 가장 고도의 기술을 요하는 악기는 편종과 편경이다. 또 가장 다양한 재료가 소용되는 악기는 편종으로서 총 42가지의 재료가 쓰인다. 새로 제작된 25종의 악기 가운데 편종과 편경, 현악기로서 거문고와 가야금의 재료와 악보 등을 만들 때 소용된 재료를 소개하면 아래와 같다. 악기 제작 소용 재료를 '품목' 부분의 뒤쪽에 기록해 놓았다.

편종 2틀의 재료[75]

숙동(熟銅) 316근·유철(鍮鐵) 208근·함석(含錫) 36근 15냥·유랍(鍮鑞) 29근 7냥·숯[炭] 21섬[石] 13말[斗]·숙마(熟麻) 15근·생마(生麻) 15근·잡휴지(雜休紙) 15근·관솔[松明] 160근·황토(黃土) 30말·백와(白瓦) 30말·황밀(黃蜜) 8근·

---

75 『경모궁악기조성청의궤』「稟目秩·丁酉 三月 日」'編鍾三十二枚所入'.

제2장 조선왕실의 공연과 악기 제작

송진[松脂] 3근·감장(甘醬) 1말·간장(艮醬) 1말·소금[鹽] 16말·파유둔(破油芚) 2부·파독포(破纛布) 16자[尺]·집돼지 털[家猪毛] 1근·풍로판(風爐板) 2립·모구피(毛狗皮) 4령·법유(法油) 1되[升]·창병목(搶柄木) 1개·도죽(刀竹) 2개·줄우피(乼牛皮) 2조·백우피(白牛皮) 1령·대집게[大執擧] 1개·소집게[小執擧] 1개·대지내(大地乃) 1개·한마치[汗亇赤] 1개·송탄포(松炭布) 5척·괴목바퀴통[槐木輪桶] 1개·갈지바퀴통박달목[乫只輪桶朴達木] 1괴·자작판(自作板) 2립·연일려석(延日礪石) 7편·강려석(强礪石) 3괴·중려석(中礪石) 2괴·수건포(手巾布) 5자·횡철(橫鐵) 5개·망석(網席) 2립·마미사(馬尾篩) 1부·죽사(竹篩) 1부·백토(白土) 140말·토목(土木) 16자래[法乃]·포토(浦土) 5바리

편경 2틀의 재료[76]

정옥사(碇玉沙) 55말·수건포(手巾布) 5자·세사(細沙) 들어가는 만큼[入量]·연일려석(延日礪石) 7편·강려석(强礪石) 4괴·중려석(中礪石) 1괴.

거문고 1부의 재료[77]

등감[背次] 오동나무 길이 5자 5치, 너비 8치짜리 1편·배감[腹次] 밤나무 길이 5자 5치, 너비 8치짜리 1편·수장(修粧)감 산유자나무 길이 1자 5치, 너비 3치, 두께 2치짜리 1편·괘 만들 회나무 길이 9치 원둘레 3치 5푼짜리 1편·녹각(鹿角) 정월(正月) 2일대(日對)·당대모(唐玳瑁) 1장·금박 4편·어교(魚膠) 정월(正月) 2일(日)장·숯[炭] 2말·부들감 초록향사(草綠鄕絲) 7냥·사두(蛇頭)감 홍진사(紅眞絲) 1전·현(絃)감 백사(白絲) 1냥 5전·거문고집 만들 내외 홍목, 황목[紅黃木] 각 7자 9치.

---

76 『경모궁악기조성청의궤』「稟目秩·丁酉 三月 日」'編磬三十二枚所入'.
77 『경모궁악기조성청의궤』「稟目秩·丁酉 三月 日」'玄琴一部所入'.

가야금 1부의 재료[78]

몸체감 오동나무 길이 5자 5치, 넓이 1자 1치짜리 1편·수장감 산유자나무 길이 2자 5치, 넓이 4치, 두께 2치짜리 1편·부들감 초록향사 12냥·사두홍진사 2전·현감 백사 2냥·회장(繪粧)감 흰 비단 길이 8치, 넓이 5푼짜리 1편·다홍대단(多紅大緞) 길이 8치, 넓이 5푼짜리 1편·어교 반 장·가야금집 만들 내외 홍목, 황목 각 10척 5치.

악보책 2건의 재료[79]

저주지(楮注紙) 2권·황필(黃筆) 2병·진묵(眞墨) 2정·황밀(黃蜜) 8푼·홍진사(紅眞絲) 8푼·의지(衣紙) 2건.

『경모궁악기조성청의궤』에 기록되어 있는 편종과 편경의 재료는 1745년(영조 21)의 『인정전악기조성청의궤』의 '계사' 부분에 소개되어 있는 편종, 편경의 재료와 비교하면 그 내용과 분량이 거의 일치하여 영조 대의 제작 기술을 정조 대에도 변화 없이 그대로 수용했음을 알 수 있다. 현악기 가운데 거문고는 등과 배를 각각 오동나무와 밤나무로, 수장감으로는 산유자나무를 사용했으며, 괘는 회나무로 만들었고, 부들감으로는 초록향사(草綠鄕絲) 등이 쓰였다. 가야금은 몸체를 오동나무로 했고, 수장감으로 산유자나무를, 부들은 초록향사를 썼음이 확인된다. 악기 제작 재료는 시기별 변화가 거의 보이지 않는다.

『경모궁악기조성청의궤』에는 당비파·향비파·아쟁·가야금·현금·해금·무약·피리[觱篥]·당적·대금·퉁소·지의 제작 단가도 제시되어 있어서 정조 대 당시의 악기 제작 가격이 어느 정도였는지 가늠해 볼 수 있다. 의

---

78 『경모궁악기조성청의궤』「稟目秩·丁酉 三月 日」'伽倻琴一部所入'.
79 『경모궁악기조성청의궤』「稟目秩·丁酉 五月 日」'樂譜冊二件所入'.

　　　　　　　　　　　제2장　조선왕실의 공연과 악기 제작

궤에 제시된 몇몇 악기의 제작 비용을 소개한다.

악기의 제작 비용

가야금 1부: 등[背]감 오동나무값 4냥(兩) 5전(戔).

거문고 1부: 등감 오동나무 4냥, 복판감 밤나무 1냥, 녹각(鹿角) 1/2대(對) 2푼, 괘감 회나무 2전.

해금 1부: 통감 2전, 복판감 오동나무 7푼, 기둥감 오죽(烏竹) 7전, 활감 세오죽(細烏竹) 4푼, 백말총 3전 9푼.

필율 1개당: 관(管)감 오죽 2전씩, 서감 해장죽(海長竹) 1푼.

당적 1개당: 황죽(黃竹) 1냥씩.

대금 1개당: 황죽 1냥 2전씩.

통소 1개: 황죽 8전.

지 1개: 황죽 4전.

가야금은 거문고에 비해 몸체가 큰 편이다. 따라서 몸체에 쓰이는 오동나무의 가격만 해도 4냥 5전이다. 거문고의 총 재료비는 합산하면 5냥 2전 2푼이고, 해금은 1냥 4전, 피리는 개당 2전 1푼, 당적 1냥, 대금 1냥 2전, 통소 8전, 지 4전이다. 이 가운데 가야금은 오동나무의 가격만을 제시해 놓아 총 가격이 얼마인지 확인되지 않으나 오동나무값으로만 보아도 제작 단가가 가장 높을 것으로 추측된다. 그다음이 거문고이고, 해금은 1냥 4전으로 거문고의 4분의 1 정도에 가까운 액수다. 관악기로서 가격이 가장 높은 것은 대금으로 1냥 2전에 달하지만, 해금보다 2전이 낮다. 물론 여기에 제시된 가격에 인건비는 포함되지 않았고, 제작 재료별 단가만이 제시된 것이므로 악기 자체의 시가는 아닐 것으로 생각된다.

4) 순조 대의 『사직악기조성청의궤』

순조 대의 『사직악기조성청의궤』는 1803년(순조 3) 11월 사직서 악기고의 화재로 인해 소실된 악기를 조성하는 경위와 세부 내용을 기록한 의궤이다. 1803년 11월 3일의 실화(失火)로 인하여 사직악기고 3간에 보유하고 있던 악기풍물(樂器風物)과 관복이 대부분 불타고 파손되어 쓰지 못하게 됨에 따른 악기 제작 과정을 기록한 것이다. 『사직악기조성청의궤』의 목록은 좌목·계사·품목·이문·내관·감결·실입·의궤청(儀軌廳)·별공작의 여덟 항목으로 되어 있다.

'좌목'에는 악기 조성을 맡은 당상 이하 원역까지의 명단을 기록했다. 당상에 장악원 제조 조진관(趙鎭寬)·예조판서(禮曹判書) 윤광보(尹光普)·행예조판서(行禮曹判書) 서매수(徐邁修), 낭청에 호조좌랑(戶曹佐郎) 조진구(趙鎭球)·예조좌랑(禮曹佐郎) 안광우(安光宇)·장악원 주부(掌樂院主簿) 이익영(李翼榮)·장악원 첨정(掌樂院僉正) 조진구·예조정랑(禮曹正郎) 이남규(李南圭)·호조좌랑(戶曹佐郎) 신석구(申錫耉), 별공작 선공감 감역(別工作繕工監役)에 정수용(鄭脩容)·윤광후(尹光厚) 등의 명단이 보인다.

'계사'는 1803년(순조 3) 11월 3일 자로 기록이 시작되었는데, 왕에게 올린 문건을 시간순으로 모아 놓은 것이다. 같은 해 11월 6일에는 사직악기조성청사목(社稷樂器造成廳事目)이, 1804년 5월 3일에는 사직악기조성청별단(社稷樂器造成廳別單)이 기록되어 있다.

상관에게 보고하거나 묻는 형식의 글인 '품목'은 날짜 구분 없이 서술되어 있다. 품목의 끝부분에는 원역(員役), 공장 등의 한 달 급료를 적은 '요포상하식(料布上下式)'이 있다.

'이문'은 각 협조 관청에 알리는 공문서로서, 1803년 2월 15일에 경기감영에 석경을 캐는 일과 관련된 내용으로부터 시작하여 호조·병조·어영청 등에 협조 사항을 알리는 내용이 대부분이다.

'내관'은 관련 기관에서 악기조성청에 보내온 문서로서 선공감(繕工監)·경기관찰사(京畿觀察使)·남양도호부사(南陽都護府使)·김포군수(金浦郡守)·부평도호부사(富平都護府使)·병조·호조·군기시(軍器寺) 등이 해당 기관 또는 관원이다. '감결'은 명령이나 지시사항을 내린 것으로서 1803년 11월 5일부터 시작하여 이듬해 4월 27일까지의 기록을 담고 있다. '실입'은 악기 제작에 실제 들어간 재료와 물량을 적은 것이고, '의궤청'은 사직악기조성청의궤사목(社稷樂器造成廳儀軌事目)으로부터 시작하여 악기조성청 의궤 제작과 관련된 내용이며, 마지막은 '별공작'의 기록이다.

이와 같이 『사직악기조성청의궤』는 앞서 살펴본 두 가지 악기조성청 의궤와 틀이 유사함을 알 수 있다. 그중에서도 영조 대의 『인정전악기조성청의궤』와는 틀에 있어서 뿐만이 아니라 내용에 있어서도 유사한 것이 많이 보이는데, 이는 화재 발생 이후 소실된 악기 제작 과정을 기록한 것이라 복구 과정에 대한 기록이 주가 되었기 때문이다.

사직악기고의 화재로 전소하거나 파손된 악기는 편종 7매와 석경 15매였다. 그러나 새로 제작한 악기는 편종이 8매로 1매를 더 만들었고, 석경은 17매로 2매를 더 만들었다. 이는 약간 파손되어 그대로 쓰려 했던 물량을 다시 제작하여 썼기 때문이 아닌가 한다. 새로 제작된 편종은 황종 2매·고선 1매·중려 2매·유빈 1매·무역 2매이고, 편경은 황종 1매·대려 2매·태주 2매·고선 1매·유빈 1매·임종 1매·협종 1매·이칙 1매·남려 2매·무역 2매·응종 1매·청황종(潢鐘) 1매·청태주(汰簇) 1매로서 편종이 더 많이 파손되었다. 같은 음높이의 종이 2매가 필요한 것은 편종 두 틀의 해당 음높이의 종이 모두 손실된 경우이다. 새로 제작된 종과 경의 음높이를 보면, 편종은 중성(中聲)만이 손실되었고 편경은 청성(淸聲) 2매도 손실을 입었던 것으로 드러난다.

'실입' 부분에는 악기의 제작에 들어가는 재료와 분량이 상세히 소개되어 있는데, 그 내용은 아래와 같다.

편종 8매의 재료

숙동(熟銅) 78근 8냥 71근 12냥은 실제 들어갔고, 6근 12냥은 호조에 돌려줌. 유철(鍮鐵) 52근 47근 8냥은 실제 들어갔고, 4근 8냥은 호조에 돌려줌. 함석(含錫) 9근·유랍(鍮鑞) 8근·숯[炭] 18섬[石] 2말[斗]·별음탄(別音炭) 13섬 2말·숙마(熟麻) 3근·백휴지(白休紙) 5근·토목(吐木) 10자래[迲乃]·송명(松明) 15자래·백토(白土) 50말·포토(補土) 5바리[䭾]·백와(白瓦) 3부(負)·황밀(黃蜜) 2냥·감장(甘醬) 1되[升]·염(鹽) 4두·집돼지 털[家猪毛] 1냥 5전·모구피(毛狗皮) 1령(領)·법유(法油) 1되·창병목(搶柄木) 1개·줄우피(䂻牛皮) 2조·바퀴통차중부등[輪桶次中不等] 1자[尺]·갈지바퀴통박달목[㐊只輪桶朴達木] 4자·세동사(細銅絲) 16자·중동사(中銅絲) 15자·종본(鐘本)감 가목(椵木) 3자·용두본(龍頭本)감 가판(椵板) 길이 7치 너비 5치 두께 3푼짜리 1편(片)·별조소(別條所) 2간의 (艮衣)·청태목(靑苔木) 6개·각퇴(角槌) 1개·풍노잡물(風爐雜物) 2냥 2푼어치·진장목(眞長木) 5개·우각(牛角) 4부(部)·목통대죽(木統大竹) 3절(節)·파장(破帳) 10자·소연목(小椽木) 4개·황필(黃筆) 1병(柄)·죽사(竹篩) 1부·생포(生布) 12자·저포(苧布) 12자·목과표(木果瓢) 각 2개·성(省) 4개·전배유둔(前排油芚) 1부(浮)·백우피(白牛皮) 2령·경석(絅席) 2위(立)·소통(小桶) 2좌(坐)·모로(毛老) 1좌·연일석(延日石) 5편 내·강려석(强礪石) 3괴 내·중려석(中礪石) 6괴 내.

편종의 재료를 이전 시기에 제작된 것과 비교해 보면 다소 달라져 있음을 알 수 있다. 1745년(영조 21)의 『인정전악기조성청의궤』와 1777년(정조 1)의 『경모궁악기조성청의궤』에 나타난 편종의 제작 재료는 거의 같다. 그러나 『사직악기조성청의궤』의 편종의 제작에는 이전에 볼 수 없었던 재료가 상당량 보이고, 반대로 이전에 쓰이던 재료는 사라진 것이 많다는 사실이 확인된다. 다만 편종의 종을 주조할 때 쓰이는 네 가지 금속류인 숙동과 유철·함석·유랍 등 주재료에는 변화가 없으므로, 합금기술은 영조 대와 정조 대, 순조 대에 이어 그대로 쓰인 것으로 보아도 무방하다. 이는 50여 년 간 종의 주조법이 크게 달라진 것은 아니라는 뜻이다. 그러나 기타 종 이외의 부분을 만들기 위한 부속 재료는 변화한 것으로 보인다. 1745년에서 1777년까지 32년 사이의 편종 제작 재료에는 아무런 변화가 없던 것이 1777년부터 1804년까지의 27년 사이에 제작 재료가 상당히 변화되었음을 알려 주기 때문이다. 『사직악기조성청의궤』에는 왕에게 보고한 제작 재료의 양을 따로 기록하지 않고 '실입'만을 기록하여, 제작 재료의 기록 방법이 이전 시기의 것과 비교된다.

화재로 인해 파손된 사직악기는 편종과 편경이다. 이 가운데 편경의 재료를 구하는 일은 쉽지 않았다. 먼저 날씨가 너무 춥지 않아야 가능하고, 편경의 재료인 경석이 산출되는 곳은 경기도 남양 지역에 국한되어 있기 때문이다. 또 경석의 원석은 그 품질이 다양해서 좋은 소리를 낼 수 있는 원석과 그렇지 않은 것이 있으므로 채굴하는 전량을 모두 악기의 재료로 쓸 수 있는 것은 아니다. 따라서 채굴 후에 그대로 버려야 하는 것이 있고, 원석을 다듬는 과정에서 조각나 버리는 사태도 발생하므로, 그 채굴 과정과 연마하는 과정이 매우 조심스럽고 속도 또한 더딘 편이다. 악기조성청의궤류의 내용 가운데 경석을 조달하는 과정에 관한 서술이 유난히 많은 것도 그러한 이유에서이다.

이에 1804년(순조 4)의 2월 15일의 '이문' 문건 중에 경기감영에 알리는 내용에서는 특별히 "경석은 반드시 소리가 맑고 품질이 좋은 것 30덩이를 옥장 이대득(李大得)으로 하여금 채굴해서 올리도록 하라"[80]라는 내용이 있다. 옥장 이대득은 1등 장인인데, 1등 장인에게 직접 현지에 나아가서 옥을 채굴하는 일을 맡긴 것도 그 사안의 중요함 때문인 것으로 보인다. 또 2월 22일의 문건에는 경옥을 채굴할 곳이 수원부 건달산(乾達山)의 고봉(高峰)에 있는 데다가, 그 옥(玉)의 뿌리가 암반 가운데 깊이 들어가 있어서 채취할 때에 필요한 대소 몽둥이 등의 도구들을 좋은 것으로 보내도록 요청하는 내용[81]이 기록되어 있는 것도 경석 채취의 어려움을 방증하는 것이다.

경석은 총 30덩이가 필요했는데, 1804년(순조 4) 2월 27일에 처음 채굴하기 시작하여 3월 18일에 채굴하는 작업을 마쳐, 작업 기간이 한 달에 못 미친 것으로 드러난다. 옥은 채취하는 대로 계속 올려 보냈고, 악기 제작은 악기조성청에서 계속하여 4월 28일에 조성이 완료되었다.

80 『사직악기조성청의궤』「移文」'甲子 二月 十五日'.
81 『사직악기조성청의궤』「移文」'甲子 二月 二十二日'.

제2장 조선왕실의 공연과 악기 제작

제 3 장

조선왕실의 예악서 편찬

1 조선왕실의 악학: 음악지식의 집성

조선왕실은 조선 전 시기를 통해 음악지식 집성을 위해 다양한 노력을 기울여 왔다. 그 결과는 전문 악서 및 악보는 물론 각종 의궤, 법전 등에 집중적으로 혹은 산발적으로 정리되었고 그 성과가 시기별로 집적되기에 이르렀다. 본 장에서는 그러한 성과 가운데 1770년(영조 46)에 우리나라의 전장(典章), 예악, 문물, 제도 전반을 정리하여 완성한 『동국문헌비고(東國文獻備考)』[1] 「악고(樂考)」편의 편찬 과정과 내용을 살펴보기로 한다. 『동국문헌비고』는 영조가 국가적인 규모의 지식 집성을 생각하고 제도와 문물에 대한 국가 차원의 정비를 염두에 둔 결과물로 만들어진 것이며 특히 「악고」의 완성은 그 이전 시기의 성과에 비해 대규모 음악지식 집성이 이루어졌다는 점에서 중요한 의미를 지닌다.

『동국문헌비고』는 18세기 이후 주요 시기마다 지속적으로 수정, 증보가 이루어졌고 나라에 일이 있을 때마다 참고하는 중요한 위상을 차지하는 책으로서의 의미를 지니고 있다는 점에서도 주목된다.[2] 『동국문헌비고』 「악고」는 18세기 조선 사회, 즉 학문 전반에 걸쳐 가장 합리적인 지식 집성의 방식에 관한 고민이 심도 있게 이어지고 있던 시기에 국가가 주도하는 음악지식 집성이 어떠한 방식으로 이루어졌는지 알려 주는 전적이라는 의

---

1   『동국문헌비고』는 象緯考 5권, 輿地考 17권, 禮考 16권, 樂考 13권, 兵考 4권, 刑考 7권, 田賦考 4권, 戶口考 1권, 財用考 4권, 市糴考 2권, 選擧考 9권, 學校考 8권, 職官考 10권으로, 13考 분야에 총 100권 40책의 규모로 편찬되었다가 이후 정조 대, 순조 대, 고종 대에 걸쳐 수정, 보완되어 1908년(융희 2)에 250권 50책 분량에 달하는 『증보문헌비고』의 간행으로 최종 마무리되었다.

2   『국조보감』 권67 「영조」 11 영조 46년(경인, 1770) 5월.

미를 지니고 있어 세밀한 검토가 필요하다.

1) 『동국문헌비고』 「악고」 편찬 경위와 기술 방식

(1) 편찬 경위

주지하듯이 조선시대 최초이면서 최고의 악서(樂書)는 1493년(성종 24)에 편찬된 『악학궤범』이다. 성종 대에는 국가의 근간이 되는 전적인 『국조오례의』(1474), 『경국대전』(1481), 『악학궤범』(1493)이 각각 예서(禮書), 법전, 악서의 순으로 완성되었다. 이러한 예서, 법전, 악서는 국가 기록물로서 매우 중요한 위상을 지니는 것으로 국가적으로 중요한 일이 있을 때 준거가 되는 전적이다. 영조 대는 이러한 문헌들이 편찬되었던 성종 대로부터 이미 200년 이상의 세월이 흘렀고 예와 악, 그리고 법적인 측면에서 성종 대와 많이 달라져 현실적으로 새로운 예법서의 편찬이 절실히 요구되었다. 따라서 영조 대에는 『국조속오례의』(1744), 『속대전』(1746) 등이 각각 국가 규모의 예서와 법서로 만들어졌다. 그러나 『악학궤범』과 같은 위상을 지닌 악서는 여전히 이루어지지 않은 상태였다.

당시 새로운 악서를 마련하지는 못했지만, 그 대신 영조는 『국조속오례의』 완성 2년 전인 1742년(영조 18)에 『악학궤범』의 서문을 어제(御製)로 새로 짓고 이듬해인 1743년(영조 19)에 『악학궤범』을 복간함으로써 예서·법서·악서 삼자의 위상을 갖추어 놓기는 했다. 복간 당시 영조가 쓴 『악학궤범』 서문에 음악을 부흥시키고자 하는 의도를 강조한 것도[3] 예악정치를 위해 필수적으로 갖추어야 할 예서와 법서, 그리고 악서 삼자의 균형을 염두에 둔 것이었다.

---

3   『승정원일기』 영조 18년 8월 계사(7일).

한편 18세기 조선 사회는 문화국가를 자부한 만큼 지식 집성에 대한 열기가 팽배해 있었다. 이익의 『성호사설』(1740)이나 서명응의 『고사신서』(1769)[4]와 같은 거질(巨帙)의 백과사전적 저술이 그와 같은 흐름 가운데서 이루어진 전적들이었다. 이러한 지식 사회의 흐름은 이미 17세기부터 이어진 것이었다. 이수광의 『지봉유설』(1614)과 김육의 『유원총보』(1643), 유형원의 『반계수록』(1670) 등과 같은 유서(類書)류 전적이 속속 탄생하여 이미 조선 학술계의 새로운 흐름을 주도하고 있었다. 조선 후기 지식 사회의 이 같은 움직임으로 볼 때 국가가 주도한 『동국문헌비고』와 같은 국가전장서의 탄생은 시기적으로 늦은 감이 있었고 오히려 민간 지식 사회에 그 우선권을 놓아 준 감마저 든다.

물론 그렇다 해서 『동국문헌비고』 탄생의 의미가 약화되는 것은 아니다. 오히려 학문적 분위기가 풍성하게 무르익어 있고 지식 사회에서의 요구가 팽배해 있던 시기에 이루어진 백과사전적 저작이라는 점에서 더 큰 의미를 부여할 수 있기 때문이다. 영조 대는 이와 같은 흐름 한가운데에 있었다. 특히 악서 분야에서는 『악학궤범』에 필적할 만한 책의 편찬을 감히 시도하지 못하고 있었던 상황이었다. 당시 『악학궤범』이 지닌 위상은 절대적이었다. 매번 음악과 관련되어 상고할 일이 있으면 반드시 『악학궤범』을 참고하였고 음악과 관련하여 중요한 규정을 새로 만들어야 할 경우, 『악학궤범』에 추가할 것을 지시하곤 했다.[5]

이와 같은 시기에 「악고」 편찬이 이루어진 것이다. 그러나 「악고」는 100권 40책 규모로 편찬되는 거질의 『동국문헌비고』의 중의 일부분으로 편제되어 이루어져서 『악학궤범』처럼 악서로 독립되어 만들어진 것이 아

---

4 『보만재연보』 기축(1769) 54세 8월.
5 『승정원일기』 영조 15년 1월 을해(28일), 영조 15년 3월 무신(22일), 영조 17년 7월 계해(1일), 영조 17년 10월 신유(30일) 및 영조 18년 8월 신묘(5일); 『영조실록』 권58 영조 19년 7월 계묘(23일), 권79 영조 29년 5월 임오(27일), 권82 영조 30년 7월 경신(3일) 및 권115 영조 46년 7월 임자(8일) 등 참조.

니고 여타 학문 분야의 것과 함께 편찬이 진행되었다. 다만 분야별로 가장 적임자를 물색하여 편찬을 담당하도록 했다는 점에서는 그 전문성이 충분히 인정된다. 특히 「악고」의 경우 음악 분야에 조예가 깊은 서명응(1716-1787)이 편찬한 것이므로[6] 그 의미와 중요도는 배가 된다. 그간 편년서에는 「악고」의 정확한 완성 시기가 기술되어 있지 않아 완성 시기에 대해 추정을 할 뿐이었지만 서명응의 연보인 『보만재연보(保晩齋年譜)』에 의하면 「악고」의 완성은 늦어도 1770년(영조 46) 6월에는 이루어져 있었던 것으로 보인다.[7]

『동국문헌비고』의 편찬은 9개월이라는 매우 짧은 시기에 이루어졌다. 「악고」도 예외는 아니었다. 1770년 6월에 「악고」가 완성되었으니 편찬의 명을 받은 1769년 12월 24일로부터 보면 6개월 정도에 완성한 것이 되므로 더 짧은 시간이다. 그러나 서명응은 이미 관찬 악보인 『대악후보(大樂後譜)』를 편찬한 경력이 있고, 악률을 연구하는 가운데 고금(古今)의 경전 중에서 악에 관해 논한 자료를 뽑아 분류한 저술인 『대악원류(大樂原流)』(1752)[8] 및 악장모음집 『국조악장(國朝樂章)』(1765) 등의 악학 관련 저술을 완성해 놓은 상태였다.[9] 따라서 「악고」를 편찬하기 위한 자료가 이미 충분히 확보되어 있었고 실력 또한 충분히 갖추고 있었으므로 그 기간이 짧다 하더라도 다른 분야에 비해 완성도가 높은 저술이 가능했던 것으로 추정된다.

이처럼 서명응의 「악고」는 이미 자신의 여타 음악 관련 저술이 이루어져

6   『보만재연보』 권2 경인(1770) 55세; 『승정원일기』 영조 46년 5월 을유(9일).
7   『보만재연보』 권2 경인(1770) 55세 6월: "公旣編「樂考」以正."
8   『보만재연보』 권1 임임(1752) 37세: "『大樂原流』成."
9   서명응의 음악 관련 저술에 관한 내용은 송지원, 「徐命膺의 音樂관계 著述 研究」, 『한국음악연구』 제27집, 한국국악학회, 1999 참조. 서명응은 『동국문헌비고』 「악고」 편찬 이후 정조 대까지 매우 많은 음악 관련 저술을 하였다. 그 저술 대부분은 서명응의 문집인 『보만재집』, 『보만재총서』, 『보만재잉간』 등에 수록되어 있는데 『시악화성』, 『원음약』, 『국조시악』, 『시악묘계』, 『아악도서』 등이 대표된다.

있던 상태에서 시작되었고 완성되었다. 따라서 성종 대의 『악학궤범』이 지닌 궤범서류의 성격을 뛰어넘어 『악학궤범』이 지니지 못했던 음악통사적인 성격도 지니는 악서가 될 수 있었다. 『동국문헌비고』에 포함된 13고 전체가 각각의 학문 분야에서 일정한 의미를 점하고 있지만, 특히 「악고」는 조선 후기 음악지식 집성의 방식을 구체적으로 드러내는 전적의 완성이라는 의미를 지니고 있다.

(2) 기술 방식

「악고」의 기술 방식은 「악고」에만 해당되는 것이 아닌, 『동국문헌비고』 전반에 해당하는 기술 방식이기도 하지만 지식 집성을 위해 매우 유용한 방식이다. 잘 알려져 있듯이 『동국문헌비고』의 기술 방식은 마단림(馬端臨)의 『문헌통고(文獻通考)』를 따랐다.[10] 『문헌통고』의 기술 방식을 보면, 글의 첫머리 부분인 '문'은 역사적 사실을 그대로 기술하였고, 이어 한 단 낮추어 쓰는 부분은 그 사실에 대해 역사적으로 논술한 내용을 모아 놓은 것이다. 마지막으로 다시 두 단을 낮추어 쓰는 부분은 편찬자 자신의 견해를 기록한 부분이다. 이처럼 역사적 사실, 그 사실과 관련되어 역사적으로 논의된 내용, 그리고 편찬자 자신의 견해를 추가하여 구분해 쓰는 기술 방식은 기존의 지식을 집성하는 데 매우 유용한 것이기도 하지만 후세에 이를 참고하는 사람들에게 혼돈을 주지 않는, 편리한 방식이기도 하다.

평소 영조는 『문헌통고』를 매우 중요한 참고자료로 활용하였다. 국가적으로 중대 사안이 있을 때, 예컨대 각종 의례에서 애매한 부분이 있거나 새로운 의례를 정하거나 할 때 『문헌통고』는 주요 참고문헌이 되었다. 신하들로 하여금 해당하는 부분을 찾아 읽어 아뢰게 하고, 그 자리에서 신하에

---

10 『영조실록』 권113 영조 45년 12월 임신(24일).

게 읽히기도 하는 등의 방식으로 그 내용을 참고하였다.

이제 「악고」 기술 방식의 직접적인 예를 통해 음악지식 집성 방식의 일단을 살펴보기로 한다. 「악고」 1 '율려제조(律呂製造)' 부분의 예를 보자. 이 부분은 세종 대의 율관(律管) 제작과 관련된 것으로서 율관 제작을 위해 필요한 기장의 생산과 편경(編磬) 제작에 필요한 경석(磬石)의 발굴에 관한 내용을 기록하고 있다.

1425년(세종 7) 가을, 해주 지역에서 기장[秬黍]이 생산되고, 1426년(세종 8) 봄, 남양 지역에서 경석이 생산되었다는 사실 및 경연(經筵)에서 채원정의 『율려신서(律呂新書)』를 강독하고 황종율관(黃鐘律管)을 제작하기 위해 황희·맹사성·허조·정초·신상·권진 등을 제조로 삼아, 악률을 공부하여 논의하도록 한 일 등의 역사적 사실에 대하여는 단을 낮추지 않고 그대로 기술하였다.[11] 바로 이어 한 단을 낮추어 율관 제작과 관련하여 박연이 상소한 내용을 기록하였다. 검은 기장과 경석이 생산되었으니 율관을 제작할 것을 요청하는 내용의 기록이다.[12]

한 단 낮추어 기록한 이 부분은 역사적 사실에 대해 더 논의가 진전된 내용, 혹은 역사적으로 보충이 된 내용을 서술한 것이다. 이러한 내용을 기록한 후에 뒷부분에 가서는 두 단을 더 내려서 "신(臣) 근안(謹按)", 즉 "신은 생각합니다"라고 시작하여 서명응 자신의 견해를 밝힌 부분이 이어진다. 이는 구래의 전해 내려오는 사실 및 지식에 더하여 편찬자 자신의 음악지식을 보다 더 구체적으로 논변하거나 오류를 수정하거나 혹은 반론을 제기하거나 논박하는 부분으로서 편찬자 서명응의 음악 관련 지식이 구체적으로 전개되는 부분이 된다.

「악고」 1의 '율려제조' 부분에서 서명응은 "세종 대의 박연이 황종율관의

---

11 『동국문헌비고』 권39 「樂考」 1 '律呂製造', 2a3-2b1.
12 『동국문헌비고』 권39 「樂考」 1 '律呂製造', 2b2-3b3.

제3장 조선왕실의 예악서 편찬

길이로 90푼을 삼은 것에 대한 내용"을 이야기했다. 이는 과거 황종율관의 길이에 대해 사람들이 곧잘 혼동하는 사항이기도 했는데, 9진법과 10진법의 혼돈으로 인해 황종율관의 길이를 역사적으로 오해했던 내용을 논의하기 위한 부분이다. 서명응은 "세종 대에 박연이 황종율관의 길이를 90푼으로 삼았던 것은 주재육(朱載堉)의 『율려정의(律呂正義)』가 나오기 이전이었기 때문"이라 설명하였다. 주재육은 『율려정의』에서 "『사기(史記)』에서 말한 것은 종서척(縱黍尺) 81알이고 유흠과 정현은 횡서척(橫黍尺) 100알이라는 것"[13]을 밝혔는데, 주재육이 이와 같은 내용에 대해 밝힌 이후 9진법과 10진법을 혼돈했던 사람들의 오해가 해명되었다. 서명응은 박연이 황종율관의 길이를 90푼으로 삼은 것에 대해 이와 같은 저간의 사정을 "臣 謹按"으로 시작하는 부분에서 상세하게 설명하였다. 이러한 방식은 제대로 된 이론을 제시하기 위해 과거 여러 기록을 조사하여, 논증하기 위해 동원한 것이다.

서명응이 "臣 謹按"이라 표기하며 논증한 내용은 「악고」 전체의 규모로 볼 때 분량이 그다지 많지는 않다. 이는 저자 자신의 이야기를 최소화시켰다는 것인데, 바로 이 점이 「악고」의 특징이기도 하다. 「악고」는 음악과 관련된 역사적 사실과 그 사실을 논술한 내용을 위주로 엮은 책이라는 점을 그 특징으로 하고 있다. 따라서 저자 자신의 판단과 견해를 난만하지 않게, 최소화함으로써 음악지식 집성에서 압축적인 정보를 모으는 역할을 충실히 해내고자 한 것이다.

「악고」에서는 역사적인 사실을 정리하고 모아 놓는 것에 비중이 더 두어졌으므로 저자 자신의 견해를 최소화하여 밝히고 있지만, 역사적 사실에 대해 저자의 견해를 보다 구체적으로 밝히는 방식의 태도는 이후 19세기의 저술에서 더욱 진전된 모습으로 전개된다. 참고로 다산(茶山)의 『악서고

---

13 『동국문헌비고』 권39 「樂考」 1, 5b7-6a.

존(樂書孤存)』과 같은 데에서 보이는 기술 방식을 예로 들 수가 있다. 다산은 기존 이론에 대해 '논(論)'·'변(辨)'·'박(駁)'·'사(查)'·'정(訂)'의 다섯 가지 기술 방식을 취하여 기술하고 있다. 『악서고존』에서의 '논'이란 어떤 설에 대해 논증하는 것으로 여러 경전에 나오는 악학(樂學) 관련 내용 가운데 논증이 필요한 기록을 제시한 후 이에 대해 '용안(鏞案)'이라 하여 자신의 주장을 논하는 방식을 말한다. '변'이란 변석하는 것으로, 잘못된 내용에 대해 분변하여 밝히는 방식을 말한다. '박'이란 잘못된 이론을 반박하는 것이며 '사'란 제대로 된 이론을 제시하기 위해 여러 경전을 통해 그 내용을 조사·심사하는 것이며 '정'은 잘못된 이론을 수정하여 바로잡는 방식이다.[14]

「악고」에서는 앞서 잠시 언급한 다산의 『악서고존』과 같은 방식으로 저자의 견해에 대해 그 성격을 나누고 별도의 용어를 사용하여 구분한 것은 아니지만 "臣 謹按"이라고 밝히면서 기존 지식과 현재 자신의 견해에 대해 확실하게 구분하였으며[15] 통시적인 방법에 의한 지식 집성의 사례를 보여주고 있다.

2) 「악고」의 구성과 음악 분류 방식

(1) 「악고」의 구성

『동국문헌비고』「악고」는 1. 율려제조와 후기(候氣), 도량형; 2. 역대악제 상; 3. 역대악제 하; 4. 악기; 5. 악현(樂懸); 6. 악가(樂歌) 1(종묘); 7. 악가 2(제사,

---

14 이처럼 기존 지식에 대해 그 성격을 구분하여 비판하거나 논변하는 등의 방식은 다산이 『尙書』에 대해 연구한 『상서고훈』에서도 보인다. 『상서고훈』에서는 글자가 다른 것을 '考異', 意旨가 잘못된 것은 '考誤', 끌어서 증거로 삼은 것은 '考證', 평이하게 서로 의논이 된 것은 '考訂', 서로 송사하듯 논한 것은 '考辨', 案說에 대해 다른 견해를 드러낸 것에 대하여는 '論曰', '訂曰'과 같은 방식으로 풀어나갔다. 이는 다산 경학의 특징이기도 하다. 이와 관련된 내용은 송지원, 「《樂書孤存》 解題」, 『樂書孤存』, 서울대학교 규장각한국학연구원, 2007 참고.
15 "臣 謹案"이라 하면서 자신의 견해를 적는 방식은 『동국문헌비고』가 官撰 문헌이기 때문이기도 하다.

원묘, 열조); 8. 악가 3(조회, 연향); 9. 악가 4(존호); 10. 악가 5(당악, 향악); 11. 악무(樂舞), 악복(樂服), 악인(樂人); 12. 속부악[俗部樂: 기자조선악부터 본조악(조선악)]; 13. 훈민정음의 순으로 구성되어 있다. 「악고」 1의 앞부분은 저자 서문의 성격을 띠는 글로 시작되는데 "한 왕이 일어나면 반드시 그 왕의 음악이 있다"[16]라는 말로 시작하여 「악고」라는 문헌의 성격을 밝히고 있다. 이어 "좋은 임금은 공을 이루고 정치를 안정되게 한 후에 성악, 즉 왕의 공적을 담은 노랫말이 있는 음악을 만들어 그 덕을 형상화했는데, 그 음악은 반드시 율려에 근본한 것"이라 강조했다. 이는 「악고」 구성의 가장 앞부분에 '율려 제조' 부분이 나와야 하는 타당성을 이야기한 것이기도 하다.[17]

조선이 건국된 이후 문물제도 정비에 가장 큰 노력을 기울인 왕으로 평가받고 있는 세종 대부터 시작된 율관 제작 관련 역사와 옳은 율관 제작을 위한 노력들, 관련 논의들을 수록한 후 아악 12궁(宮) 7성(聲)에 쓰이는 28성도[雅樂十二宮七聲用二十八聲圖]와 12궁 7성에 쓰이는 16성도[十二宮七聲用十六聲圖] 등의 조(調)를 그려 놓은 후 조회와 제사에 쓰이는 선율의 출전을 밝혀 놓았다. 또 12율관의 위장(圍長), 율려명의(律呂名義), 오음명의, 변율, 팔음, 주관 삼궁(周官三宮), 송삼대사악보(宋三大祀樂譜), 시용(時用: 성종조)삼대사악보, 12율 7성도, 아악악보의 선율(이하 생략) 등, 율려와 관련된 이론을 상세하게 소개하고 있다.

율려이론을 가장 앞에 두는 방식은 『악학궤범』의 방식을 따른 것이다. 이는 악률 하나하나에 상징적 의미와 위상을 부여하고 있는 유가(儒家) 악론(樂論)을 기반으로 한 방식이기도 하다. 『예기』 「악기」에서 논의하듯이 "궁(宮)은 임금, 상(商)은 신하, 각(角)은 백성, 치(徵)는 일, 우(羽)는 물(物)의 다섯

16　『동국문헌비고』 권39 「樂考」 1: "一王之興, 必有一王之樂."
17　律呂이론 부분은 현재 국악개론류의 문헌에서도 가장 앞에 나오는데, 이는 예전의 학문적 전통이 현대 사회에 들어와서도 그대로 전승되고 있다는 증거이기도 하다.

가지가 어지럽지 않으면 가락이 막히거나 어지러워 조화를 잃는 법이 없게 된다"[18]라는 식의 설명은 음악의 재료가 되며 길이가 각각 다른 12율 중의 음을 배열하여 음악을 만드는 질서와 그 상징적 의미에 관한 내용이므로 가장 앞부분에 배치한 것이다. 그리고 역시 12율관을 만든 후 그 길이의 정확성을 땅의 기운으로 측정하는 후기법(候氣法), 만물의 기준이 되는 척도에 관한 도량형이 「악고」의 가장 앞부분에 율려이론과 함께 배치되었다.

율려이론에 이어지는 것은 고려시대부터 편찬 당시까지 역대의 음악제도에 관한 내용이다. 이 부분은 요즘 학문의 분과와 비교해 설명한다면 '궁중음악 통사' 부분이라 할 수 있다. 고려시대에 송나라에서 대성아악이 유입된 역사부터 조선시대에 이르기까지 각종 국가전례에 사용되는 음악의 제도와 역사에 관한 기록이다.

이상 살펴본 「악고」 13권에 대해 재분류를 시도해 본다면 첫째, 음악이론(「악고」 1), 둘째, 음악사(「악고」 2, 3), 셋째, 악기(「악고」 4), 넷째, 오케스트레이션(악현, 「악고」 5), 다섯째, 노랫말(「악고」 6-10), 여섯째, 춤과 복식, 음악인(「악고」 11), 일곱째, 재래악과 외래악(제사음악 제외, 「악고」 12) 여덟째, 우리말과 음악(「악고」 13)의 여덟 분야로 나누어 볼 수 있다. 이 가운데 끝부분에 훈민정음이 배치된 것에 대해 저자 서명응은 훈민정음이 "순치후설(脣齒喉舌)의 소리와 궁상각치(宮商角徵)의 조(調) 및 청탁고하(淸濁高下)의 변화를 극진히 한 것으로 이 모두가 악(樂)을 만드는 나머지를 미루어 우리나라 말을 아름답게 꾸민 것이므로 '음악이 아니면서도 음악'이기 때문에 「악고」의 뒤에 부친 것이라 하였다.[19] 우리말(글)과 음악의 관계에 대해 성찰하도록 하는 표현이라 하겠다. 〈표 3-1〉은 영조 대에 편찬된 『동국문헌비고』 「악고」의 체재를 그 이후의 것과 비교한 것이다.

18　『禮記』「樂記」'樂本': "宮爲君, 商爲臣, 角爲民, 徵爲事, 羽爲物, 五音不亂, 則無怗懘之音矣."
19　『동국문헌비고』 권51 「樂考」 13, 4b3-6.

표 3-1 『동국문헌비고』·『증정문헌비고』·『증보문헌비고』의 「악고」구성 비교

『동국문헌비고』「악고」 13(1770)			『증정문헌비고』「악고」 16(1790)[20]			『증보문헌비고』「악고」 (1907)		
권	악고	분류	권	악고	분류	권	악고	분류
권 39	1	율려제조(律呂製造), 후기(候氣), 도량형(度量衡)	권 108	1	율려제조(律呂製造)	권 90	1	율려제조 (律呂製造)
			권 109	2	후기(候氣), 도량형(度量衡)	권 91	2	후기(候氣), 도량형 (度量衡)
권 40	2	역대악제 상(歷代樂制上) [환구친사(圜丘親祀), 사직(社稷), 태묘체협향(太廟禘祫享)·시향(時享)·납향(臘享), 선농친향(先農親享), 선잠(先蠶), 문선왕(文宣王), 종묘악의(宗廟樂儀), 정회례연례제악(定會禮宴禮諸樂); 수월용률-동지아악(隨月用律-冬至雅樂), 정조아악(正朝雅樂), 양로연아악(養老宴雅樂)]	권 110	3	역대악제 1(歷代樂制1)[환구친사(圜丘親祀), 사직(社稷), 선농친향(先農親享), 선잠(先蠶), 문선왕(文宣王)]	권 92	3	역대악제 1 (歷代樂制1)

20 정조의 『홍재전서』에 의하면 『증정문헌비고』는 1796년(정조 20)에 총 246권의 필사본으로 편찬이 된 것으로 기록되어 있다(『홍재전서』 권184 「羣書標記」 6 命撰二] 增訂文獻備考二百四十六卷 寫本). 정조는 우리나라에 典故에 관한 책으로 법령에는 『경국대전』이, 輿地에는 勝覽이, 그리고 禮樂에는 『국조오례의』와 『악학궤범』과 같은 책이 있지만 이러한 책들은 각기 독립되어 다른 책으로 되어 있기 때문에 杜佑의 『通典』이나 馬端臨의 『文獻通考』처럼 하나의 책으로 묶여 있는 책이 없었던 터에 영조의 재위 시절에 象緯·禮樂·兵刑·田賦·財用·戶口·市糴·選擧·學校·職官 등을 아우르고 합하여 『문헌비고』라 명명하고, 수천 년간의 잃었던 문헌과 부족했던 의례를 빠짐없이 정리하여 巨典을 만들었다고 하여 영조 대에 이루어진 『동국문헌비고』의 완성을 칭송하였다. 그러나 『동국문헌비고』는 편찬 기간이 매우 짧았고 여러 사람이 분담하여 편집한 관계로 그 체재가 서로 맞지 않거나, 사실이 소략하거나 잘못되었다고 했다. 그러한 까닭에 정조는 이를 다시 정정하여 선왕 영조의 뜻을 이어받고자 했다. 그러던 차에 陰官 李萬運이 우리나라 典故에 밝다는 말을 듣고 『동국문헌비고』에 미비된 사항을 보충하도록 맡겼다. 책의 규모는 原書인 『동국문헌비고』를 따르되 敍述할 때에는 여러 서적을 널리 참고하여 잘못된 것은 교감, 고증하고 소략하고 빠진 것을 보완하며, 또 『동국문헌비고』 이후의 典章을 類別로 모아 붙여서 10여 년 만에 편찬이 대강 완료되었다고 했다. 영조 대의 『동국문헌비고』를 보완하여 만든 정조 대의 『증정문헌비고』는 象緯考·物異考·輿地考·宮室考·禮考·王系考·藝文考·氏族考·諡號考·朝聘考·樂考·兵考·刑考·田賦考·財用考·戶口考·市糴考·選擧考·學校考·職官考의 순으로 하여 총 門目이 영조 대의 『동국문헌비고』보다 86개가 늘어났으며 卷도 146卷이 늘었다. 이와 관련한 『홍재전서』의 내용은 다음과 같다. 『홍재전서』 권184 「羣書標記」 6 命撰二] 增訂文獻備考二百四十六卷 寫本: "我東掌故之書, 命憲則有大典, 輿地則有勝覽, 禮樂則有 『五禮儀』·『樂學軌範』, 然皆各爲一書, 苟求其會通集成, 如杜氏 『通典』·馬氏 『通考』之類, 則槩乎未聞. 昔我英考在宥,

권	악고	분류	권	악고	분류	권	악고	분류
권41	3	역대악제 하(歷代樂制下) [종묘(宗廟), 오례의악학궤범제향악제(五禮儀樂學軌範祭享樂制); 사직(社稷), 풍운뇌우(風雲雷雨), 선농(先農), 선잠(先蠶), 우사(雩祀), 문선왕(文宣王), 종묘(宗廟) 영녕전(永寧殿), 시용악제(時用樂制); 친경적전(親耕籍田), 대사례(大射禮), 친잠(親蠶), 연례(宴禮), 기영회(耆英會), 국왕 연사신악(國王宴使臣樂), 국왕 연종친형제악(國王宴宗親兄弟樂), 국왕 연군신악(國王宴群臣樂), 국왕 견본국사신악(國王遣本國使臣樂), 국왕 노본국사신악(國王勞本國使臣樂), 국왕견장신악(國王遣將臣樂), 국왕 노장신악(國王勞將臣樂), 의정부 연조정사신악(議政府宴朝廷使臣樂)]	권111	4	역대악제 2(歷代樂制2)[종묘악의(宗廟樂儀), 정회례연례제악(定會禮宴禮諸樂); 수월용률-동지아악(隨月用律-冬至雅樂), 정조아악(正朝雅樂), 양로연아악(養老宴雅樂), 종묘(宗廟), 오례의악학궤범제향악제(五禮儀樂學軌範祭享樂制); 사직(社稷), 풍운뇌우(風雲雷雨), 선농(先農), 선잠(先蠶), 우사(雩祀), 문선왕(文宣王), 종묘(宗廟) 영녕전(永寧殿), 시용악제(時用樂制); 친경적전(親耕籍田), 대사례(大射禮), 친잠(親蠶), 연례(宴禮), 기영회(耆英會), 국왕 연사신악(國王宴使臣樂), 국왕 연종친형제악(國王宴宗親兄弟樂), 국왕 연군신악(國王宴群臣樂), 국왕 견본국사신악(國王遣本國使臣樂), 국왕 노본국사신악(國王勞本國使臣樂), 국왕견장신악(國王遣將臣樂), 국왕 노장신악(國王勞將臣樂), 의정부 연조정사신악(議政府宴朝廷使臣樂)]	권93	4	역대악제 2(歷代樂制2)
			권112	5	역대악제 3(歷代樂制3)[국왕 연사신악(國王宴使臣樂), 국왕 연종친형제악(國王宴宗親兄弟樂), 국왕 연군신악(國王宴群臣樂), 국왕 견본국사신악(國王遣本國使臣樂), 국왕 노본국사신악(國王勞本國使臣樂), 국왕건장신악(國王遣將臣樂), 국왕 노장신악(國王勞將臣樂), 의정부 연조정사신악(議政府宴朝廷使臣樂)]	권94	5	역대악제 3(歷代樂制3)

修明憲章, 初因輿地便覽撰次, 幷及於象緯·禮樂·兵刑·田賦·財用·戶口·市糴·選擧·學校·職官諸考, 總名之曰『文獻備考』, 而上下數千載之墜文缺典, 網羅殆盡, 遂爲一部鉅典. 然開局日月, 未滿半載, 承命諸臣, 又皆分任編摩, 其體裁之或相牴牾, 事實之或有疎誤, 亦其勢宜然也. 予思欲重加訂正, 以繼述志事, 會聞蔭官李萬運, 頗嫻東國典故, 遂擧而界之, 規模則一遵原書, 叙述則博考羣籍, 勘證其訛誤, 補葺其闕略, 又以原書出後, 典章彙類附入, 閱十餘歲, 編始粗完, 首象緯考, 次物異考. 次輿地考, 次宮室考, 次禮考, 次王系考, 次藝文考, 次氏族考, 次諡號考, 次朝聘考, 次樂考, 次兵考. 次刑考. 次田賦考. 次財用考, 次戶口考, 次市糴考, 次選擧考, 次學校考, 次職官考, 總門目之增於舊者八十六, 編卷之增於舊者一百四十六."

						권 95	6	악기 1(樂器1)
권 42	4	악기(樂器)	권 113	6	악기(樂器)	권 96	7	악기 2(樂器2)
권 43	5	악현(樂懸)	권 114	7	악현(樂懸)	권 97	8	악현(樂懸)
권 44	6	악가 1(樂歌1) 종묘(宗廟)	권 115	8	악가 1(樂歌1) 종묘(宗廟)	권 98	9	악가 1(樂歌1) 종묘(宗廟)
						권 99	10	악가 2(樂歌2) 종묘(宗廟)
권 45	7	악가 2(樂歌2) 제사(諸祀), 원묘(原廟), 열조(列朝)	권 116	9	악가 2(樂歌2) 제사(諸祀), 원묘(原廟), 열조(列朝)	권 100	11	악가 3(樂歌3) 제사(諸祀)
권 46	8	악가 3(樂歌3) 조회(朝會), 연향(宴饗)	권 117	10	악가 3(樂歌3) 조회(朝會), 연향(宴饗)	권 101	12	악가 4(樂歌4) 조회(朝會), 연향(宴饗)
권 47	9	악가 4(樂歌4) 존호(尊號)	권 118	11	악가 4(樂歌4) 존호(尊號)	권 102	13	악가 5(樂歌5) 존호(尊號)
권 48	10	악가 5(樂歌5) 당악(唐樂), 향악(鄕樂)	권 119	12	악가 5(樂歌5) 당악(唐樂), 향악(鄕樂)	권 103	14	악가 6(樂歌6) 당악(唐樂), 향악(鄕樂), 군악(軍樂)
권 49	11	악무(樂舞), 악복(樂服) [부악인제복(附樂人祭服)], 악인(樂人)	권 120	13	악무(樂舞), 악복(樂服) [부악인제복(附樂人祭服)], 악인(樂人), 습악(習樂) [부악의잡령(附樂儀雜令)]	권 104	15	악무(樂舞), 악복(樂服) [부악인제복(附樂人祭服)]
						권 105	16	악인(樂人), 습악(習樂) [부악의잡령(附樂儀雜令)]
권 50	12	속부악(俗部樂)-기자조선악(箕子朝鮮樂)부터 본조악(本朝樂)	권 121	14	속부악 1(俗部樂1)-기자조선악(箕子朝鮮樂)부터 고려악(高麗樂)	권 106	17	속부악 1(俗部樂1)-기자조선악(箕子朝鮮樂)부터 고려악(高麗樂)
			권 122	15	속부악 2(俗部樂2)-본조악(本朝樂)	권 107	18	속부악 2(俗部樂2)-본조악(本朝樂)
권 51	13	훈민정음(訓民正音)	권 123	16	훈민정음(訓民正音)	권 108	19	훈민정음(訓民正音)

표 3-2 『문헌통고』「악고」와 『동국문헌비고』「악고」의 편제 방식 비교

『문헌통고』「악고」		『동국문헌비고』「악고」(권39-51)			
권수	분류	권수	악고권	분류	
권128	역대악제(歷代樂制) 상고지위(上古至魏)	권40	2	역대악제 상(歷代樂制上)	
권129	역대악제(歷代樂制) 진지오대(晉至五代)				
권130	역대악제(歷代樂制) 송(宋)	권41	3	역대악제 하(歷代樂制下)	
권131	역대율려제조(歷代律呂製造)				
권132	율려제조(律呂製造)	권39	1	율려제조(律呂製造)	
권133	도량형(度量衡)				
권134	금지속(金之屬)	권42	4	악기(樂器)	금지속(金之屬) 아부(雅部), 속부(俗部)/ 석지속(石之屬) 아부(雅部)/ 사지속(絲之屬) 아부(雅部), 속부(俗部)/ 죽지속(竹之屬) 아부(雅部), 속부(俗部)/ 포지속(匏之屬) 아부(雅部)/ 토지속(土之屬) 아부(雅部)/ 혁지속(革之屬) 아부(雅部), 속부(俗部)/ 목지속(木之屬) 아부(雅部)
권135	석지속(石之屬), 토지속(土之屬)				
권136	혁지속(革之屬)				
권137	사지속(絲之屬)				
권138	포지속(匏之屬), 죽지속(竹之屬)				
권139	목지속(木之屬)				
권140	악현(樂懸)	권43	5	악현(樂懸)	
권141	악가(樂歌) 유우지삼국(有虞至三國)	권44	6	악가(樂歌)	1. 종묘(宗廟) 2. 제사(諸祀), 원묘(原廟), 열조(列朝) 3. 조회(朝會), 연향(宴饗) 4. 존호(尊號) 5. 당악(唐樂), 향악(鄕樂)
권142	악가(樂歌) 진지당(晉至唐)	권45	7		
권143	악가(樂歌) 오대지송(五代至宋)	권46	8		
		권47	9		
		권48	10		
권144	악무(樂舞) 상고지동한(上古至東漢)	권49	11	악무(樂舞)	
권145	악무(樂舞) 삼국지송(三國至宋)				
권146	속부악(俗部樂)-여악(女樂)	권50	12	속부악(俗部樂)	
권147	산악백희(散樂百戲)/ 고취(鼓吹)	권51	13	훈민정음(訓民正音)	
권148	이부악(夷部樂)/ 철악(徹樂)				

여기서 잠시 『동국문헌비고』「악고」를 마단림의 『문헌통고』「악고」와 비교해 보자. 『문헌통고』「악고」에서는 음악사 부분이라 할 수 있는 역대악제를 가장 앞부분에 배치하고 이어서 율려제조 부분을 편제시켰다. 이는 「악고」에서 '율려제조' 부분을 가장 앞에, 그리고 '역대악제'를 그에 이어 편제한 것과 차이가 있다. 『문헌통고』「악고」에서 역대악제 부분을 먼저 배치시키고 그 뒤로 율려제조 부분을 편성한 이유에 대해서는 분석해 볼 여지가 있으나 본서에서는 더 이상의 언급은 생략한다. 이처럼 서명응의 「악고」는 마단림의 『문헌통고』를 참고했지만 그 체재와 방식은 그대로 따르지 않았음이 확인된다.

(2) 악기 분류 방식

성종 대에 성현(成俔)을 중심으로 하여 편찬한 조선 최초의 악서 『악학궤범』(1493)에서는 당시 조선의 음악을 아악(雅樂)과 당악(唐樂), 향악(鄕樂)으로 삼분한 후 이를 다시 제사에 쓰이는 것, 조회와 연향에 쓰이는 것, 향당에서 우리말로 익히는 것으로 설명한 바 있다.[21] 『악학궤범』의 아악·당악·향악의 분류는 성종 대 당시까지 전하는 우리나라 음악을 역사적 형성 과정을 바탕으로 하여 계통별로 구분한 것이다. 이를 좀 더 자세히 본다면 고려 예종 때 유입된 송나라의 제사음악을 비롯하여 아악선율을 연주하는 제사음악을 지칭하는 아악, 통일신라시대와 고려시대에 유입된 당나라와 송나라의 속악 그리고 조선 초기에 조선에서 만든 당악 양식의 음악을 지칭하는 당악, 삼국시대 이후 조선조까지 사용되던 음악으로 순수한 우리 재래음악과 서역에서 들어온 음악까지 포함하는 향악의 세 분류가 된다. 이 가운데 향악과 당악은 다시 속악(俗樂)으로 분류하는 것이 조선시대 우리 음

21　『악학궤범』「序」: "我國之樂有三, 曰雅, 曰唐, 曰鄕, 有用於祭祀者, 有奏於朝會宴饗者, 有習於鄕黨俚語者."

악의 분류 방식이었다. 그러나 「악고」에서는 이와 같은 구분은 더 이상 보이지 않는다. 「악고」 4의 악기를 분류하는 방식에서 아악기, 당악기, 향악기의 구분을 하지 않는 맥락과 같다.

「악고」에서 채택한 악기 분류법은 악기의 제작 재료에 따라 여덟 가지로 나누는 팔음(八音), 즉 금부(金部)·석부(石部)·사부(絲部)·죽부(竹部)·포부(匏部)·토부(土部)·혁부(革部)·목부(木部)의 순서로 악기를 설명하고 있다. 이렇게 팔음으로 나누고, 다시 그 안에서 계통별로 아악과 속악으로 분류해 놓았다. 이는 『악학궤범』에서 아부악기, 당부악기, 향부악기로 3분하여[22] 설명하는 방법과 비교된다. 『악학궤범』의 방식을 따르지 않고 굳이 팔음 분류법에 의해 악기를 설명하고 있는 현상은 무슨 의미를 지닐까?

이는 조선 후기 음악의 변화와 밀접한 관련이 있는 것으로 보인다. 조선 후기로 가면 아악기·당악기·향악기의 삼분법 구도를 유지할 때 그 어디에 포함되기에 어색해지는 악기들이 발생한다. 처음에 외래악기로 유입되어 당악기에 속했던 악기들이 차츰 토착화되어 가면서 향악기의 성격을 띠는 악기로 변해 가는 현상을 그 예로 설명할 수 있다. 장구, 해금과 같은 악기는 '계통' 면에서 당악기이지만 완전히 토착화되어 대부분 '향악기'의 취급을 받고 있으며 역시 당악기인 태평소, 아쟁 등의 악기도 상황은 크게 다르지 않다. 당악기의 향악기화 현상은 이미 성종 대에 일반적으로 보이고[23] 18세기 시점에는 보편적인 특징으로 굳어진다.

이와 같은 음악사적 흐름에서 볼 때 18세기 시점에서 아악기·당악기·향악기의 삼분법은 이미 역사 속의 구분이 되고 실용적 구분법이 되지 못하는 것이라 인식하게 되었다. 다시 말하면 아(雅), 당(唐), 향(鄕)의 삼분법은 우리나라 음악의 갈래가 역사적으로 형성되어 가는 과정을 알려 주는 구

---

22 『악학궤범』 권6 「雅部樂器圖說」 및 권7 「唐部樂器圖說」·「鄕部樂器圖說」.
23 장사훈, 「당악기의 향악기화 과정」, 『증보한국음악사』, 세광음악출판사, 1986, 332-337쪽.

분으로서는 유용하지만 조선 후기 시점에서는 더 이상 현실적인 분류법이 아니라는 사실을 인식한 것이다. 실제 조선 후기에 형성된 새로운 음악들을 구분하고자 할 때 삼분법의 분류에 포함시키기 어려운 음악들이 많다는 사실은 이러한 현실을 이야기해 준다.

다음에 나오는 〈표 3-3〉, 〈표 3-4〉는 『동국문헌비고』 「악고」 4의 악기 분류 방식과 『악학궤범』의 악기 분류 방식이다.

『악학궤범』과 「악고」의 시간적 거리는 277년이다. 277년의 역사적 시간은 음악의 다양한 변화를 가져왔고, 그 변화는 악기 분류도 기존의 방식을 고수할 수 없도록 만든 것이다.

표 3-3 『동국문헌비고』 「악고」의 악기 분류

	팔음	악기 종류
악 고 4	금지속(金之屬) 아부(雅部)	편종(編鐘), 특종(特鐘), 순(錞), 요(鐃), 탁(鐲), 탁(鐲)
	금지속(金之屬) 속부(俗部)	방향(方響), 향발(響鈸), 동발(銅鈸)
	석지속(石之屬) 아부(雅部)	경(磬)
	사지속(絲之屬) 아부(雅部)	금(琴), 슬(瑟)
	사지속(絲之屬) 속부(俗部)	현금(玄琴), 가야금(伽倻琴), 월금(月琴), 해금(奚琴), 당비파(唐琵琶), 향비파(鄉琵琶), 대쟁(大箏), 아쟁(牙箏), 알쟁(憂箏)
	죽지속(竹之屬) 아부(雅部)	소(簫), 약(籥), 관(管), 적(篴), 지(篪)
	죽지속(竹之屬) 속부(俗部)	당적(唐笛), 대금(大笒), 중금(中笒), 소금(小笒), 퉁소[洞簫], 당필률(唐觱篥), 태평소(太平簫)
	포지속(匏之屬) 아부(雅部)	생(笙), 우(竽), 화(和)
	토지속(土之屬) 아부(雅部)	훈(塤), 상(相), 부(缶), 토고(土鼓)
	혁지속(革之屬) 아부(雅部)	진고(晉鼓), 뇌고(雷鼓), 영고(靈鼓), 노고(路鼓), 뇌도(雷鼗), 영도(靈鼗), 노도(路鼗), 건고(建鼓), 삭고(朔鼓), 응고(應鼓)
	혁지속(革之屬) 속부(俗部)	절고(節鼓), 대고(大鼓), 소고(小鼓), 교방고(敎坊鼓), 장고(杖鼓)
	목지속(木之屬) 아부(雅部)	부(柎), 축(祝), 어(敔), 응(應), 아(雅), 독(牘), 거(籧), 순(錞), 숭아(崇牙), 수우(樹羽)

표 3-4 『악학궤범』의 악기분류

	계통	악기 종류
권6	아부악기도설 (雅部樂器圖說)	특종(特鐘), 특경(特磬), 편종(編鐘), 편경(編磬), 건고(建鼓), 삭고(朔鼓), 응고(應鼓), 뇌고(雷鼓), 영고(靈鼓), 노고(路鼓), 뇌도(雷鞀), 영도(靈鞀), 노도(路鞀), 도(鞀), 절고(節鼓), 진고(晉鼓), 축(柷), 어(敔), 관(管), 약(籥), 화(和), 생(笙), 우(竽), 소(簫), 적(篴), 부(缶), 훈(塤), 지(箎), 슬(瑟), 금(琴), 독(牘), 정(旌), 휘(麾), 조촉(照燭), 순(錞), 탁(鐲), 요(鐃), 탁(鐸), 응(應), 아(雅), 상(相), 독(牘), 적(翟)·약(籥), 간(干)·척(戚)
권7	당부악기도설 (唐部樂器圖說)	방향(方響), 박(拍), 교방고(教坊鼓), 월금(月琴), 장고(杖鼓), 당비파(唐琵琶), 해금(奚琴), 대쟁(大箏), 아쟁(牙箏), 당적(唐笛), 필률(唐觱篥), 퉁소[洞簫], 태평소(太平簫)
권7	향부악기도설 (鄉部樂器圖說)	현금(玄琴), 향비파(鄉琵琶), 가야금(伽倻琴), 대금(大笒), 소관자(小管子), 초적(草笛), 향필률(鄉觱篥)

3) 「악고」와 『악학궤범』의 음악지식 집성 방식

「악고」와 『악학궤범』의 구성을 보면, 두 책 모두 악률이론 부분을 가장 앞에 편제시켰다. 이는 지금의 개론서와 유사한 특징이기도 하다.[24] 그러나 악률이론 이하 부분의 편제는 일치하지 않는다. 〈표 3-5〉를 보자.

〈표 3-5〉에서 보이듯, 『악학궤범』의 구성에서 눈에 뜨이는 것은 권1의 악률이론 다음에 배치시킨 부분이다. 「악고」는 악률이론에 바로 이어 역대 악제를 다루고 그다음에 악기에 관해 논의하고 있다. 그러나 『악학궤범』에 서는 악률이론에 이어지는 것이 악현 부분으로, 아악과 속악 진설도설(陳設圖說)이다. 진설도설은 실제 의례를 행할 때의 악기 편성도이다. 진설도를 보면 의례를 행할 때 실제 필요한 인원이나 각 악기가 배치되어야 할 위치 등을 상세히 알 수 있다. 이는 『악학궤범』이 '궤범'이라는 전적의 의미도 있

---

24 장사훈·한만영, 『국악개론』, 한국국악학회, 1975; 이성천, 『알기 쉬운 국악개론』, 도서출판 풍남,
   1999 등.

　제3장 조선왕실의 예악서 편찬

표 3-5 「악고」와 『악학궤범』의 비교

『동국문헌비고』 「악고」 총 13권			『악학궤범』 9권	
권	악고	분류	권	분류
권39	1	율려제조(律呂製造), 후기(候氣), 도량형(度量衡)	권1	악률이론(樂律理論)
권40	2	역대악제 상(歷代樂制上)		
권41	3	역대악제 하(歷代樂制下)		
권42	4	악기(樂器)	권6, 7	아부악기도설(雅部樂器圖說), 당부악기도설(唐部樂器圖說), 향부악기도설(鄕部樂器圖說)
권43	5	악현(樂懸)	권2	아악진설도설(雅樂陳設圖說), 속악진설도설(俗樂陳設圖說)
권44	6	악가(樂歌)1: 종묘(宗廟)		
권45	7	악가(樂歌)2: 제사(諸祀), 원묘(原廟), 열조(列朝)		
권46	8	악가(樂歌)3: 조회(朝會), 연향(宴饗)		
권47	9	악가(樂歌)4: 존호(尊號)		
권48	10	악가(樂歌)5: 당악(唐樂), 향악(鄕樂)		
권49	11	악무(樂舞)	권3	고려사 악지(高麗史樂志) 당악정재(唐樂呈才), 고려사 악지(高麗史樂志) 속악정재(俗樂呈才)
			권4	시용당악정재도설(時用唐樂呈才圖說)
			권5	시용향악정재도설(時用鄕樂呈才圖說)
		악복(樂服)	권8	당악정재의물도설(唐樂呈才儀物圖說), 연화대복식도설(蓮花臺服飾圖說), 정대업정재의물도설(定大業呈才儀物圖說), 향악정재악기도설(鄕樂呈才樂器圖說)
		악인(樂人)	권9	관복도설(冠服圖說), 처용관복도설(處容冠服圖說), 무동관복도설(舞童冠服圖說), 독제복(纛祭服), 여기복식도설(女妓服飾圖說)
권50	12	속부악(俗部樂)		
권51	13	훈민정음(訓民正音)		

표 3-6 『악학궤범』의 구성

권	내용
권1	육십조(六十調), 시용아악십이율칠성도(時用雅樂十二律七聲圖), 율려격팔상생응기도설(律呂隔八相生應氣圖說), 십이율위장도설(十二律圍長圖說), 변률(變律), 반지상생도설(班志相生圖說), 양률음려재위도설(陽律陰呂在位圖說), 오성도설(五聲圖說), 팔음도설(八音圖說), 오음율려이십팔조도설(五音律呂二十八調圖說), 삼궁(三宮), 삼대사강신악조(三大祀降神樂調), 악조총의(樂調總義), 오음배속호(五音配俗呼), 십이율배속호(十二律配俗呼)
권2	아악진설도설(雅樂陳設圖說)[오례의등가(五禮儀登歌), 오례의헌가(五禮儀軒架), 시용등가(時用登歌), 시용헌가(時用軒架), 세종조회례연등가(世宗朝會宴登歌), 세종조회례연헌가(世宗朝會禮宴軒架), 문무(文舞), 무무(武舞)] 속악진설도설(俗樂陳設圖說)[오례의종묘영녕전등가(五禮儀宗廟永寧殿登歌), 오례의종묘영녕전헌가(五禮儀宗廟永寧殿軒架), 시용종묘영녕전등가(時用宗廟永寧殿登歌), 시용종묘영녕전헌가(時用宗廟永寧殿軒架), 보태평지무(保太平之舞), 정대업지무(定大業之舞), 문소전친행전상악(文昭殿親行殿上樂), 문소전친행전정악(文昭殿親行殿庭樂) 등]
권3	고려사 악지 당악정재(高麗史樂志唐樂呈才)[헌선도(獻仙桃), 수연장(壽延長), 오양선(五羊仙), 포구락(抛毬樂), 연화대(蓮花臺)] 고려사 악지 속악정재(高麗史樂志俗樂呈才)[무고(舞鼓), 동동(動動), 무애(無㝵)]
권4	시용당악정재도설(時用唐樂呈才圖說)[헌선도(獻仙桃), 수연장(壽延長), 오양선(五羊仙), 포구락(抛毬樂), 연화대(蓮花臺), 금척(金尺), 수보록(受寶籙), 근천정(覲天庭), 수명명(受明命), 하황은(荷皇恩), 하성명(賀聖明), 성택(聖澤), 육화대(六花隊), 곡파(曲破)]
권5	시용향악정재도설(時用鄕樂呈才圖說)[보태평(保太平), 정대업(定大業), 봉래의(鳳來儀), 아박(牙拍), 향발(響鈸), 무고(舞鼓), 학·연화대·처용무 합설(鶴蓮花臺處容舞合設), 교방가요(敎坊歌謠), 문덕곡(文德曲)]
권6	아부악기도설(雅部樂器圖說)
권7	당부악기도설(唐部樂器圖說), 향부악기도설(鄕部樂器圖說)
권8	당악정재의물도설(唐樂呈才儀物圖說), 연화대복식도설(蓮花臺服飾圖說), 정대업정재의물도설(定大業呈才儀物圖說), 향악정재악기도설(鄕樂呈才樂器圖說)
권9	관복도설(冠服圖說), 처용관복도설(處容冠服圖說), 무동관복도설(舞童冠服圖說), 독제복(纛祭服), 여기복식도설(女妓服飾圖說)

지만 실용서로서의 의미가 더 강하고, 거기에 반해 「악고」는 악서임에 분명하지만 『악학궤범』이 지닌 실용서라는 가치보다 18세기 음악지식 집성이라는 차원이 더 강조된 책이기 때문이다.

또 「악고」에는 6부터 10에 걸쳐 '악가'만을 모아 놓아 기능별, 계통별로 악가를 구분해 수록했지만 『악학궤범』에는 특별히 악가를 별도로 독립시켜 수록한 것이 아니라 진설도설이나 정재(呈才) 등을 설명하는 곳에 함께 포함시켜 수록해 놓았다. 이 점 또한 두 책의 성격과 관련이 있다.

『악학궤범』에는 의물이나 복식 등을 모두 도설로 소개하여 제작 재료나 만드는 방법, 모양, 치수 등을 적어 놓았지만 「악고」에는 그와 같은 내용은 포함하고 있지 않다. 그러한 내용에 관하여는 국가전례서 등에 이미 상세히 수록되어 있으므로 이를 반복 수록할 필요가 없기 때문일 것이다. 기타 세세한 항목에서 두 책의 차이점이 드러나지만 이하 세세한 논의는 생략한다.

4) 편찬자 서명응의 시각

『동국문헌비고』는 18세기 후반 당시까지 전해지는 각종 문헌에 있는 우리나라 전장제도, 예악문물과 관련된 주요 사항을 뽑아 연대순으로 정리한 백과사전적 분류서라는 점에서 18세기적 특징을 지닌다. 이때 18세기적 특징이란 지식 경영의 차원에서 드러나는 것으로 "산만하고 무질서한 정보들이 우수한 편집자의 솜씨를 거쳐 새로운 저작으로 재탄생하는" 혹은 "널려 있는 정보를 수집 배열해서 체계적이고 활용 가능한 지식으로 탈바꿈하는" 특징 등으로 이야기된다.[25] 이와 같은 흐름에 힘입어 18세기 지식 사회는 이전 시기에 비해 더욱 체계적이면서도 풍성한 정보량을 확보할 수 있게 되었다.

서명응은 악학 관련 저술을 할 수 있는 소위 "준비된 음악학자"로서, 6개

---

25 정민, 『18세기 조선 지식인의 발견』, 휴머니스트, 2007, 63쪽.

월이라는 짧은 시기에 「악고」를 완성했지만, 그 완성 과정을 보면 악학 저술의 저자, 혹은 편집자로서의 시각이 깊이 개입되어 있음을 알 수 있다. 여기서 서명응의 개입 방식은 앞서 언급한 18세기적 특징을 드러낸다.

서명응은 「악고」를 저술하기 위해 당시까지 전하는 주요 사료들을 모두 동원하였다. 특히 악학 분야와 관련되어 필수 참고문헌인 『예기』·『삼국사기』·『고려사』·『고려사절요』·『조선왕조실록』·『난계유고』·『국조오례의』·『국조오례서례』·『악학궤범』·『용재총화』·『지봉유설』·『대전통편』 등 사서, 예서, 악서, 법전, 문집 등의 내용 가운데 가장 핵심적인 부분을 취해 왔다. 또 서명응 자신이 이미 저술해 놓았던 음악 관련 문헌들은 「악고」의 내용을 더욱 풍성하게 했다.

앞 장에서 잠시 언급한 바 있듯이 『동국문헌비고』의 기술 방식은 삼단으로 나뉘어 첫째, 역사적 사실을 그대로 기술하는 부분, 둘째, 한 단 낮추어 그 사실에 대해 역사적으로 논술한 내용을 모은 것, 셋째, 다시 두 단을 낮추어 편찬자 자신의 견해를 기록한 부분으로 되어 있다. 이때 역사적으로 핵심적인 주요 사실을 모은 첫째, 둘째 부분이 책 대부분의 분량을 차지하지만 자신의 견해를 기록한 셋째 부분은 편찬자 서명응의 음악 관련 지식이 구체적으로 전개되고 있으며 그의 문제의식이 잘 드러나므로 「악고」에서 저자의 시각을 볼 수 있는 부분이다. 따라서 그 가운데 몇 가지 사항을 중심으로 서명응이 가장 비중을 두고 생각했던 음악 관련 문제의식에 대해 정리해 보고자 한다.

먼저 후기법에 관한 내용이다. 후기법이란 열두 달의 절기에 의해 음률을 정하는 법을 이르는 것으로 12율관을 땅에 묻어 놓고 해당 절기의 지기(地氣)에 따라 갈대 관이 응하는지 관찰하여 율관의 길이를 검토하는 법을 말한다. 서명응은 후기법이 원래 낙양 땅 광야의 황토 흙에서 객토를 2, 3자 치우고 거기에 흙집[토실]을 만들어 황하에서 나는 갈대청으로 율관을 제작하여 묻어 놓으면 땅의 기운을 받아 해당 절기가 되면 관(管)이 응하는 것이라 설명하면서 주자(朱子)도 민월(閩越), 즉 복건성에서 그와 같은 실험을 했지만 성공하지 못했는데 우리나라에서 후기법의 실험이 성공했다고 고증하면서 그 사실에 대해 보완, 설명하고 있다. 복건성의 경우 땅이 남쪽에 치우쳐서 성공하지 못했음에 반해 우리나라가 후기법의 실험에 성공한 이유는 경기, 충청 지역이 중국의 낙양과 영천(潁川)의 양성(陽城)과 같이 북극에서 36도 되는 지역이므로 기(氣)가 응하여 가능한 것이라 하였다. 또 거기에 이어 "문명의 운수가 열려 제도와 문장을 찬연히 갖추게 된 것이다"[26]라는 방식으로도 부연 설명하였다. 이는 조선 후기 지식인으로서의 서명응이 지니고 있는 문명의식이 반영된 시각이다.

다음으로 도량형에 관한 부분으로, 12율관 제작 시 율관의 둘레와 지름에 관해 언급한 부분이다. 역대로 율관을 제작할 때 율관의 둘레와 지름은 동일한 것으로 제작했지만 서명응 당시 예전에 제작해 놓았던 율관의 둘레와 지름이 조금씩의 차이가 나는 것은 해가 오래되어 달라진 것이지 당초 제작할 때부터 차이가 나는 것은 아니라고 해석하여[27] 당시 논란이 있는 시각을 정리하였다.

또 「역대악제」 상편에서 우리나라의 '아악'에 관해 설명하는 부분이 있다. 주지하듯이 우리나라에는 고려 예종 때 송나라에서 대성악(大晟樂)이 유입되어 그로부터 음악사에 '아악'의 항목이 추가되었고, 아악의 역사가 시작된 것으로 설명하고 있다.[28] 서명응은 이 부분에 송 휘종이 내린 조서의 내용을 함께 수록해 놓았다. 여기서 서명응이 이야기하고자 하는 것은 "당시 수입된 '아악'이 과연 제대로 된 것일까?" 하는 문제제기이다. 서명응은

---

26 『동국문헌비고』 권39 「樂考」 1, 48ab.
27 『동국문헌비고』 권39 「樂考」 2, 49b-50a.
28 장사훈, 『증보한국음악사』, 178-179쪽; 송방송, 『증보한국음악통사』, 민속원, 2007, 187쪽.

"우리나라에는 신라부터 고려까지 아악이 없었는데, 고려 예종 때 송나라에서 아악을 얻었지만, 그 아악이란 송 휘종 때(1100-1125) 촉의 도사인 위한진(魏漢津)이 '몸을 법도로 삼는다'는 글을 망령되게 인용하여 황제의 가운데 손가락 중의 가운데 마디를 척도로 삼아 음악을 만들어서 대성악이라 이름 붙인 것이니 송나라에서 들어온 아악 또한 어떠한 것인지 알 수 있다"라고 비평하였다.

이후 공민왕 때에는 명나라 조정에서 악기를 받았지만, 당시에는 명이 건국된 지 얼마 되지 않아 그 역시 제도가 제대로 갖추어진 것은 아니라 했다. 이미 조선 건국 초기 박연에 의해 "수입된 악기들이 조잡하다"라는 평을 받은 바 있으니 좋은 음악이라 할 수 없지만, 그 악기가 아악기이므로 「역대악제」의 첫머리에 실어서 조선의 음악제도가 전대의 것보다 훨씬 뛰어나다는 것을 보이고자 실어 놓았다고 서명응은 밝혔다.[29] 조선음악의 우수성에 대해 밝히고자 하는 서명응의 의도가 읽힌다.

서명응이 오랜 기간 연구한 부분 가운데 하나는 천체 운행의 설을 당상(堂上), 당하악(堂下樂)의 논리와 함께 풀어 나가는 부분이다. 이는 「역대악제」 상편에서 박연이 논한 두건(斗建), 월회(月會)의 설에 대해 이야기하면서 풀어 간 내용이다. 두건과 월회는 율려의 근원으로, 북두칠성의 벼리는 천체의 '중(中)'이며, 일월은 기화(氣化)의 '중'인데, 천체의 가운데를 중심으로 삼아 일음(一陰), 일양(一陽), 일강(一剛), 일유(一柔)가 모두 갖추어지는 것이라고 서명응은 논하였다.[30] 서명응이 설명한 이 부분은 이후 그의 저술 『시악묘계(詩樂妙契)』의 당상악, 당하악에 관한 논의[31]와 『시악화성』의 「악률본원」 부분에서 구체화되고 심화되었다.[32] 천지인 삼재사상을 제례악에서 연행

---

29 『동국문헌비고』 권40 「樂考」 3 '歷代樂制' 上, 8a-b.
30 『동국문헌비고』 권40 「樂考」 3 '歷代樂制' 上, 19a9-21a4.
31 관련 논의는 송지원, 「《시악묘계》를 통해 본 徐命膺의 詩樂論」, 『韓國學報』 제100집, 일지사, 2000 참조.

되는 등가(登歌)[천]·헌가(軒架)[지]·일무(佾舞)[인]의 상징으로 드러내는 방식의 서명응의 논의는 「악고」 이후의 음악 관련 저술에서도 더 전개된다.

다음은 악기에 관한 고증 내용이다. 「악고」 4 '악기'편의 '금지속(金之屬) 속부(俗部)'에서 설명하고 있는 악기인 '방향(方響)'의 경우, 서명응은 『악학궤범』에 인용된 『문헌통고』의 기사를 참조하며 『악학궤범』의 내용이 『문헌통고』에는 실려 있지 않아 이상하다는 이유를 들어 잘못된 서술을 지적하기도 했다.[33] 또 '사지속(絲之屬) 속부'의 '현금(玄琴)'의 경우 서명응은 '현금과 고금은 하나'라고 설명하고 있다. 서명응은 현금이 칠현금의 휘를 괘(棵)로 바

32 『시악화성』「樂律本元」.

중기(中氣)	월건(月建)	일전(日躔)	합궁(合宮)
동지(冬至) 11월 중 황종(黃鐘)	두병(斗柄)이 땅 위의 자(子)를 가리킴	해와 달이 하늘 위의 축(丑)에서 만남	자(子)와 축(丑)이 합함
대한(大寒) 12월 중 대려(大呂)	두병(斗柄)이 땅 위의 축(丑)을 가리킴	해와 달이 하늘 위의 자(子)에서 만남	축(丑)과 자(子)가 합함
우수(雨水) 1월 중 태족(太簇)	두병(斗柄)이 땅 위의 인(寅)을 가리킴	해와 달이 하늘 위의 해(亥)에서 만남	인(寅)과 해(亥)가 합함
춘분(春分) 2월 중 협종(夾鐘)	두병(斗柄)이 땅 위의 묘(卯)를 가리킴	해와 달이 하늘 위의 술(戌)에서 만남	묘(卯)와 술(戌)이 합함
곡우(穀雨) 3월 중 고세(姑洗)	두병(斗柄)이 땅 위의 진(辰)을 가리킴	해와 달이 하늘 위의 유(酉)에서 만남	진(辰)과 유(酉)가 합함
소만(小滿) 4월 중 중려(仲呂)	두병(斗柄)이 땅 위의 사(巳)를 가리킴	해와 달이 하늘 위의 신(申)에서 만남	사(巳)와 신(申)이 합함
하지(夏至) 5월 중 유빈(蕤賓)	두병(斗柄)이 땅 위의 오(午)를 가리킴	해와 달이 하늘 위의 미(未)에서 만남	오(午)와 미(未)가 합함
대서(大暑) 6월 중 임종(林鐘)	두병(斗柄)이 땅 위의 미(未)를 가리킴	해와 달이 하늘 위의 오(午)에서 만남	미(未)와 오(午)가 합함
처서(處暑) 7월 중 이칙(夷則)	두병(斗柄)이 땅 위의 신(申)을 가리킴	해와 달이 하늘 위의 사(巳)에서 만남	신(申)과 사(巳)가 합함
추분(秋分) 8월 중 남려(南呂)	두병(斗柄)이 땅 위의 유(酉)를 가리킴	해와 달이 하늘 위의 진(辰)에서 만남	유(酉)와 진(辰)이 합함
상강(霜降) 9월 중 무사(無射)	두병(斗柄)이 땅 위의 술(戌)을 가리킴	해와 달이 하늘 위의 묘(卯)에서 만남	술(戌)과 묘(卯)가 합함
소설(小雪) 10월 중 응종(應鐘)	두병(斗柄)이 땅 위의 해(亥)를 가리킴	해와 달이 하늘 위의 인(寅)에서 만남	해(亥)와 인(寅)이 합함

33 『동국문헌비고』 권42 「樂考」 4 '樂器' '金之屬 俗部'.

꾸어서 이것이 다른 점이라고 했다.

이 부분에서 서명응은 거문고의 괘의 수를 칠현금의 휘와 같이 13개로 설명하고 있다. 13개의 휘가 12달과 윤달을 상징하듯, 거문고의 13개 괘도 같다고 설명했는데, 주지하듯이 거문고의 괘는 16개이다. 서명응이 언급한 것이 16개의 괘 중에 13개만이 12달과 윤달을 상징하는 것이라는 방식의 설명인지, 거문고의 괘수를 총 13개로 이해하고 있는 것인지 구분이 되지는 않는다. 서명응은 당시의 거문고[琴]의 곡조가 '사람들이 제멋대로 만든 것'이라 음이 번잡스러워 순정한 예전의 정성(正聲)을 얻을 수 없는 것이 한이 된다고 하여[34] 당시 음악이 아정(雅正)하지 못한 점에 대하여도 지적하고 있다. 이는 서명응이 지향하는 음악의 특성을 보여 주는 부분으로서 아악의 복구, 혹은 고악(古樂)의 회복을 위해 노력했던 여러 정황과 함께 이해할 수 있다.

다음은 종묘제례의 악장 부분에 관한 논의이다. 종묘제례를 연행할 때 연주하는 악장은 선조조, 인조조, 효종조, 숙종조에 이루어져 영조 대에 9성을 갖추게 되었다. 그러나 선조 대부터 영조 대에 이르기까지 9성에 관한 논의는 여러 학자들에 의해 의견이 분분하게 일었다. 이 부분에서 서명응은 17세기에 활발히 일어난 종묘악장 논의에서 많은 학자들이 『국조오례의』에 실려 있는 악장을 세종 대의 것으로 잘못 알고 있었기 때문에 논의가 어긋난 것이 많았다는 점을 지적하였다. 주지하듯이 종묘제례악에서 연행되는 악장은 원래 세종 대에 회례악무의 하나로 만들어졌던 것이 세조 대에 종묘제례악으로 채택되면서 제례용으로 바꾼 것이었다. 서명응은 『국조오례의』의 종묘악장이 세조 대에 지어졌다는 사실을 명확히 기록함으로써 그간 수없이 오간 잘못된 논의에 대해 평정했다.[35]

---

34 『동국문헌비고』 권42 「樂考」 4 '樂器' '絲之屬 玄琴'.
35 『동국문헌비고』 권44 「樂考」 6 '樂歌' 1 '宗廟', 36b5-37b.

끝으로 악무에 관한 논의다. 이 부분은 문무(文舞)와 무무(武舞)를 출 때 몸을 구부리고 우러르는 동작과 그 상징에 관해 설명한 것이다. 문무가 덕을 상징하고, 무무는 공(功)을 상징한다는 설명이다. 일무를 출 때 손에 잡는 도구로서 문무의 경우 왼쪽에 위약(葦籥)을 잡고 오른쪽에 하적(夏翟)을 잡는 것은 왼쪽의 양이 소리[성]를 위주로 하고, 오른쪽의 음은 용모[용]를 위주로 하기 때문이라 하였다. 또 무무를 출 때 왼쪽에 주간(朱干)을 들고 오른쪽에 옥척을 들고 추는 것은, 왼쪽의 인(仁)은 살리는 것을 좋아하고[호생(好生)] 오른쪽의 의(義)는 업신여김을 방어[어모(禦侮)]하기 때문이라 설명하였다. 이하 각각의 춤 동작이 가지는 의미와 일무를 출 때 표(表)를 하고 걸음을 떼어 가며 추어야 하는 원리와 의미에 대해 설명하였다.[36] 이러한 논의는 서명응의 『보만재총서』 집류(集類) 「고사십이집(攷事十二集)」에도 수록되어 있다.

앞서 언급한 바 있듯이 서명응은 「악고」에서 자신의 견해를 밝히는 부분을 여러 단을 낮추어서 '신 근안'이라는 표현으로 시작하여 설명하고 있다. 서명응 자신의 견해를 밝히는 이 부분은 「악고」 전체에서 그 양이 그다지 많지 않다. 대부분 기존의 문헌에 나오는 중요한 부분을 뽑아 정리하는 것에 그 의미를 두고 있는 저술이 『동국문헌비고』이기 때문이다. 그렇다면 서명응 자신의 견해를 밝힌 부분은 비록 그 양이 많지는 않더라도 18세기 당시 음악 관련 논의에서 핵심이 되는 내용을 서술하고 있다는 사실을 간접적으로나마 알려 준다. 후기법, 도량형, 아악, 천체운행과 당상, 당하악, 악기, 종묘제례악장, 일무 논의 등, 『동국문헌비고』 「악고」에서 서명응이 자신의 견해를 개진한 부분은 18세기 당시 음악지식 가운데 수정해야 할 지식, 더 생각해야 할 지식, 더 진전시켜야 할 지식, 가장 진전된 논의 등을

36 『동국문헌비고』 권49 「樂考」 11 '樂舞', 2b4-3b5.

모아 놓은 것으로 보아야 할 것이다. 우리는 여기서 18세기 음악지식 가운데 가장 핵심적인 쟁점이 무엇이었는지 알 수 있다.

『동국문헌비고』의 완성이 18세기 조선의 학술사에서 지니는 의미는 민간이 아닌, 국가가 주도하여 조선의 문물제도를 분류, 편찬했다는 점일 것이다. 이미 민간 지식층에서 수많은 거질의 유서류 전적들이 완성되어 지식인 사회에서 큰 반응을 일으켰고 학문적 진전이 크게 이루어져 가는 시기가 되었지만, 국가 주도의 전적은 이루어지지 않았다는 점은 영조에게 부담이었다. 이는 『동국문헌비고』가 서둘러서 단기간에 완성될 수밖에 없었던 하나의 이유이기도 했다.

『동국문헌비고』「악고」는 그와 같은 과정에서 이루어졌다. 악서 단독의 편찬이 아닌 전체 100권 가운데 13권의 분량을 차지하여 만들어진 전적이므로 『악학궤범』과 같은 독자적 악서가 아니라는 점에서 그 의미가 희석될 수는 있지만, 실제 내용 면에서는 『악학궤범』과 비견되는 의미를 지닌다. 성종 대의 『악학궤범』이 당시 음악에 가장 해박했던 인물로 알려진 성현에 의해 이루어진 것처럼, 「악고」 또한 영조 대 당시 가장 음악에 조예가 깊은 인물 서명응에 의해 이루어졌기 때문이다.

「악고」의 특징은 영조 대 당시까지 음악 분야에서 가장 핵심적인 논의들을 집약적으로 모아 18세기 조선의 음악지식을 총체적으로 집성해 놓았다는 점을 들 수 있다. 합리적인 집성을 위해 분류의 방식에 대해 고민한 흔적도 보인다. 또 책의 성격을 인식하여 종래의 악서와는 다른 방식으로 편제하였다. 「악고」가 포함하고 있는 분야를 다시 음악학 영역에서 분류해 본다면 음악이론, 음악사, 악기학, 오케스트레이션, 노랫말, 춤과 복식, 음악인, 재래악과 외래악, 말과 음악 등으로 나뉜다. 이러한 분야는 현대 한국음악학의 연구 영역으로 모두 이어지고 있는데, 이미 18세기에 음악학의 주요 분야가 모두 제기되어 있어 한국음악학 연구가 진행되고 있었다는 사실을 알 수 있다.

영조 대의 『동국문헌비고』 「악고」는 이후 『증정문헌비고』, 『증보문헌비고』로 진행되면서 시기별 변화 양상을 보인다. 이 삼자의 문헌 가운데 시기별로 「악고」에 추가된 내용과 그 의미 분석이 이루어지면 조선 후기에서 20세기 전반에 걸친 조선 음악지식의 확장과 그 내용을 파악할 수 있다.

2 악서 제작의 실상

1) 왕실행사의 기록, 오례서

왕실행사의 시행 절차를 기록한 것을 의주(儀註)라 한다. 조선시대에 만든 국가전례서는 길례, 가례, 빈례, 군례, 흉례의 오례로 구분하여 각종 행사의 의주를 기록하였다. 세종 대의 의례를 기록한 『세종실록오례』가 조선시대에 가장 처음 나온 오례서이고, 성종 대의 『국조오례의』와 『국조오례서례』, 영조 대의 『국조속오례의』·『국조속오례의서례(國朝續五禮儀序例)』·『국조속오례의보(國朝續五禮儀補)』와 『국조속오례의보서례』와 흉례만을 기록한 『국조상례보편』, 정조 대의 『국조오례통편』·『춘관통고(春官通考)』, 고종 대의 『대한예전(大韓禮典)』 등은 왕실에서 행한 각종 의례의 상세한 내용을 기록하고 있다.

『세종실록오례』는 조선시대에 나온 오례에 관한 첫 기록이라는 의미가 있다. 길례, 가례, 빈례, 군례, 흉례의 오례 체재로 되어 있는데, 도설(圖說)과 배반도(排班圖)까지 갖추어 조선 전기에 집약된 오례의에 관한 정보를 읽을 수 있다. 또한 오례 중에서 연행되는 악·가·무에 관련한 내용도 참고할 수 있다. 이와 함께 편찬된 『세종실록악보』[37]는 『세종실록』 권136부터

---

37 『세종실록악보(世宗實錄樂譜)』에 실려 있는 음악으로는 〈조회악(朝會樂)〉, 〈제사악(祭祀樂)〉, 『儀禮經傳通解』 「詩樂」의 〈소아(小雅)〉·〈주남(周南)〉·〈국풍(國風)〉, 임우(林宇)의 『대성악보(大成樂譜)』, 〈정대업(定大業, 15곡)〉, 〈보태평(保太平, 11곡)〉, 〈발상(發祥, 11곡)〉, 〈봉래의(鳳來儀)〉[〈전인자(前引子)〉, 〈여민락(與民樂)〉, 〈치화평(致和平)〉, 〈취풍형(醉豊亨)〉, 〈후인자(後引子)〉], 〈봉래음(鳳凰吟)〉, 〈만전춘(滿殿春)〉, 사직악장(社稷樂章), 종묘악장(宗廟樂章), 풍운뢰우산천성황악장(風雲雷雨山川城隍樂章), 선농악장(先農樂章), 선잠악장(先蠶樂章), 우사악장(雩祀樂章), 문선왕석전악장(文宣王釋奠樂章), 독제악장(纛祭樂章), 문소전악장(文昭殿樂章), 〈용비어천가(龍飛御天歌)〉 등이 있다.

권147에 걸쳐 수록되어 있는 악보로, 주희(朱熹)의 『의례경전통해(儀禮經傳通解)』「시악(詩樂)」에 있는 음악과 원나라의 임우가 만든 몇몇 곡을 제외하고는 주로 세종 대의 음악을 담고 있다. 이 가운데 권136과 권137은 아악보(雅樂譜)이고 권147은 악장이다. 기보법(記譜法)은 일부의 율자보(律字譜)와 세종이 창안한 정간보(井間譜)를 사용하였다. 세종 대의 정간보는 악보의 1행(行)을 32정간으로 나누고 정간 안에는 율자보로 기록하였다. 『세종실록악보』는 정간보로 기록한 최초의 악보라는 점과 당시에 연주되었던 새로 만든 악보를 담고 있다는 점에서 의의를 찾을 수 있다.

『국조오례의』는 세종 대에 편찬을 착수했으나 완성하지 못한 채 세조 대까지 이어졌지만 여전히 탈고하지 못하다가 1474년(성종 5) 신숙주(申叔舟), 정척 등이 완성하여 조선 왕조의 기본 예식이 된 오례서이다. 『세종실록오례의』보다 훨씬 상세하며, 『두씨통전(杜氏通典)』을 모방하고 명나라의 『중조제사직장(中朝諸司職掌)』·『홍무예제(洪武禮制)』·『주례(周禮)』·『의례』 등에 수록된 중국의 예제는 물론 고려시대에 편찬된 『고금상정례(古今詳定禮)』같은 문헌을 기초로 편찬한 것으로 오례에 해당하는 국가전례에서 쓰는 악·가·무 관련 기록을 다량 수록하고 있다.

『국조오례서례』는 오례를 행할 때 필요한 참고사항을 도설과 함께 기록한 것으로 『국조오례의』가 편찬된 해에 완성되었다. 『국조오례의』와 마찬가지로 길례, 가례, 빈례, 군례, 흉례의 순서로 되어 있는데, 도설과 함께 서술하고 있어서 매우 유용하다. 음악과 관련된 도설로는 각 악기의 그림, 악현도(樂懸圖), 일무도(佾舞圖) 등이 상세하다.

1744년(영조 20)에 간행된 『국조속오례의』와 『국조속오례의서례』는 『국조오례의』의 내용 중 시대의 변천에 따라 첨삭해야 할 부분을 수정하여 편찬한 국가전례서이다. 『국조속오례의』는 성종 대에 편찬된 『국조오례의』를 기본으로 하였지만, 오례를 시행해 가는 과정에서 시대에 맞지 않는 것,

또는 제도로서 알맞지 못한 것이나 속화(俗化)하여 그대로 따를 수 없는 것 등을 고쳐 만들었다. 『국조속오례의서례』에서는 『국조오례의』와 비교하여 명목(名目)과 의절(儀節)의 변화가 있는 경우, '고이(考異)'라는 편에 따로 기록 하여 변화양상을 쉽게 알아볼 수 있도록 하였다. 이 두 전례서는 영조 대의 국가전례에서 사용되는 악·가·무에 대해 연구할 수 있는 주요 자료이다.

영조가 『국조속오례의』를 편찬한 목적은 어제 서문(御製序文)에 구체적으 로 드러나 있다.

> 대개 예란 천리(天理)의 절문(節文)이요, 인사(人事)의 의칙(儀則)이다. 예로 부터 나라가 있으면 법제가 있었다. 삼대(三代)의 손익(損益)과 한당(漢唐)의 연혁(沿革)은 각각 적절한 조치를 취한 것이니 이것이 시왕(時王)의 제도이 다. 우리나라의 문헌은 영묘(英廟) 이후로 찬연하게 구비되었다. 『오례의』 와 『경국대전』은 곧 우리 성조(聖祖)께서 명하여 찬(撰)한 것이다. 금과옥조 (金科玉條)가 상세히 갖추어 있었지만, 세대가 오래되자 고례(古禮)가 허물어 지고 해이하게 되었다. 이는 제도의 잘못이 아니라 말세의 풍속에 따라 시 행치 않았기 때문이다. … 비록 그렇더라도 그 가운데 혹 고금(古今)이 같 지 아니한 것, 명목의 차이가 있는 것이 있으니 이는 바로 사정(思政), 선정 (宣政), 인정(仁政)의 유가 그것이다. 이에 예조의 신하에게 명하여 자료를 모아 책을 만들게 하여 이름을 『속오례의』라 하였다. … 아! 삼대의 고례를 회복하고 한당의 잘못된 제도를 바로잡은 것이다.[38]

이 글에서 특히 강조되고 있는 것은 삼대의 고례이다. 영조는 요순(堯舜) 같은 성군이 되고자 하였고, 요순시대의 정치, 즉 가장 잘 다스려진 시대의

---

38 『국조속오례의』「御製續五禮儀序」.

정치를 자신이 직접 행하고자 하였다. 자연스럽게 '삼대'는 영조의 정치적 지향으로 자리하였고 삼대에 펼쳐진 '고례'는 영조가 구현하고자 하는 의례의 전범이 되었으며, 영조 대에 편찬되는 오례서에 그러한 맥락이 강조, 반영되었다.

『국조속오례의보』와 『국조속오례의보서례』는 1744년에 만든 두 국가전례서에 누락된 부분을 보완하여 1751년(영조 27)에 신만(申晚)이 중심이 되어 편찬하였다. 특히 영조 후반의 국가전례에 세손이 수종(隨從)하는 의례가 많아지면서 그에 맞는 새로운 내용이 추가되었고, 영조 자신이 친행하는 의례가 일부 더 추가되었다. 조선 후기 국가전례의 정비는 영조 대에 활발하게 진행되기 시작한다. 이때 만든 국가전례서는 조선시대의 정치·사회·문화를 연구하는 데 매우 중요한 자료이자 영조 대 국가전례 정비의 현황을 잘 알려 주는 근거 자료가 된다. 그 밖에 상례(喪禮)의 내용을 종합한 『국조상례보편』이 1758년(영조 34)에 중요한 국가전례서의 하나로 편찬되었다.

『춘관통고』는 『오례의통편(五禮儀通編)』을 저본으로 만든 조선 후기의 가장 방대한 전례서로 1788년(정조 12)에 찬정(撰定)되었다. 『춘관통고』의 문목(問目) 분류와 배열은 『대명집례(大明集禮)』를 따랐고, 오례에 관한 항목이 무려 2,000여 조목에 달한다. 예조(춘관)가 담당하는 일에 관한 것이므로 『춘관통고』라 이름하였다. 『춘관통고』는 기존 전례서와 차이가 있는데, 그중에서 가장 주목되는 것은 원의(原儀), 속의(續儀), 금의(今儀)의 구분을 확실히 하였다는 점이다. 원오례의(原五禮儀) 즉 『국조오례의』에 수록된 의례를 '원의'로, 『속오례의』를 '속의'로, 정조 당시 통행되는 의주를 '금의'로 칭하여 전장(典章)으로서 참고하기에 편리하도록 만들었다. 여타 오례의 계통의 전적과 마찬가지로 길례, 가례, 빈례, 군례, 흉례의 다섯 부분으로 나누어 서술하였다.

『대한예전』은 조선이 대한제국으로 위상이 변함에 따라 황제국의 위격에 맞는 국가전례를 제정하고 시행하기 위해 만든 10권 10책의 전례서이다. 권1에는 황제즉위의(皇帝卽位儀)를 수록하였고, 권2-9는 길례, 가례, 빈례, 군례, 흉례의 순으로 구성하였다. 황제의 위격에 맞는 호칭인 황제, 황후, 황태후, 황태자 등으로 호칭을 모두 바꾼 것으로부터 악현의 명칭이 헌가 대신 궁가(宮架)로 바뀐 점, 육일무 대신 팔일무를 쓰는 점, 황제의 위격에 맞는 의장과 복식 등의 변화가 보이는 점이 특징이다. 『대한예전』은 대한제국기 국가전례에 수반된 음악 관련 연구에 필수적인 자료이다.

2) 왕실행사와 의궤

앞서 열거한 국가전례서가 왕실의 각종 행사를 위한 시행 세칙 혹은 틀을 제시한 것이라면, 의궤는 모년, 모월, 모일, 모시에 있었던 실제 행사의 전모를 기록한 행사 보고서 성격의 책이다. 의궤는 조선시대에 왕실이나 국가에서 거행한 주요 행사의 진행 과정, 소요된 재용, 인원, 의식 절차, 행사 후의 논상(論賞) 등을 기록해 놓았다. 좀 더 구체적으로 살펴보면, 전교(傳敎)·계사(啓辭: 임금에게 올리는 문서를 모은 것)·이문(移文: 동등한 관청 사이에 주고받은 공문서)·내관(來關: 관련 관청에서 해당 관청으로 보내는 공문서)·감결(甘結: 상급 관청에서 하급 관청으로 보내는 공문서) 등 상하 또는 동급 관청 간의 각종 공문서 내용, 소요 인원, 물자의 조달과 배정, 경비의 수지(收支), 영조(營造) 기물(器物)의 설계 및 공작, 각종 반차도(班次圖), 행사 유공자의 포상, 행사에 참여한 음악인과 무용인의 명단 등이 기록되었다. 의궤의 제작 부수는 일반적으로 어람용(御覽用) 1부와 예조·춘추관·강화부·태백산 사고·오대산 사고·적상산 사고 등에 보관하는 각 1부 등으로 9부 내외였다. 현재 의궤가 소장되어 있는 곳은 규장각(奎章閣)과 장서각(藏書閣), 프랑스 파리 국립도서

관, 일본 궁내청이다. 프랑스에 있는 것은 1866년(고종 3) 병인양요 때 프랑스군이 외규장각에 있던 것을 약탈해 간 것이고, 일본에 있는 것은 1920년대에 일제가 빼앗아 간 것이다.

『원행을묘정리의궤(園幸乙卯整理儀軌)』는 정조의 어머니 혜경궁 홍씨(惠慶宮洪氏)와 정조의 생부 사도세자가 회갑을 맞는 1795년(정조 19)에 새롭게 건설한 신도시 화성(華城: 지금의 수원)에서 혜경궁 홍씨의 회갑연을 중심으로 여드레 동안 있었던 행사 내용을 기록한 것이다.[39] 정조의 원행(園幸)은 자식으로서의 효심을 표현하는 데 목적이 있으나 한편으로 자신의 위업을 과시하고 정치 개혁에 박차를 가하려는 의도도 포함되어 있었다.

화성에서 치른 행사 가운데 가장 중요한 행사는 바로 혜경궁 홍씨의 회갑연이다. 이 행사는 화성에 행차한 지 닷새째인 윤2월 13일 진정(辰正) 3각(오전 8시 45분경)에 화성의 봉수당(奉壽堂)에서 열렸다. 이때의 연향은 제7작까지 올리는 규모였고, 매 작이 올려질 때마다 각종 정재가 공연되었다. 이때 연행된 음악과 무용은 다음의 〈표 3-7〉 '봉수당 진찬에서 연행된 악무'와 같다.

물론 이러한 모든 행사는 왕과 혜경궁 홍씨가 참여하는 가운데 예행 연습을 거친 것이다.[40] 그러한 연습을 거친 후 본 행사인 회갑연에서 베푼 각종 정재와 음악의 내용이 『원행을묘정리의궤』에 기록되어 있다. 요컨대 의궤는 각종 행사의 전모가 상세하게 기록되어 있으므로 현장성 있는 행사의 내용을 파악할 수 있다는 장점을 지닌다.

---

39 『원행을묘정리의궤』의 班次圖를 보면 이때 어가를 따라간 인원은 1,779명(이 중 악대가 115명), 말은 779필이다. 그러나 의궤 기록을 보면 거둥에 동원된 실제 인원은 6,000여 명에 달한다.
40 『원행을묘정리의궤』 권수 「擇日」: "乙卯閏二月十一日, 親臨奉壽堂, 行進饌習儀."

표 3-7 봉수당 진찬에서 연행된 악무

작헌	헌작	음악	무용
제1작	정조	〈여민락〉, 〈환환곡〉	헌선도정재
제2작	내명부	〈여민락〉, 〈청평악〉	몽금척, 수명명, 하황은
제3작	외명부	〈여민락〉, 〈오운개서조〉	포구락, 무고정재
제4작	종친	〈향당교주〉, 〈천세만세〉	아박정재, 향발정재
제5작	의빈	〈여민락〉, 〈유황곡〉	학무
제6작	척신	〈여민락〉, 〈환환곡〉	연화대무
제7작, 제7작 이후	배종관	〈하운봉곡〉, 〈여민락〉, 〈향당교주〉, 〈정읍악〉, 〈여민락〉, 〈낙양춘〉	수연장, 처용무, 첨수무, 검무, 선유락

3) 왕실의례의 노랫말 모음, 악장모음집

악장이란 제향이나 연향 등의 국가전례에 사용하는 노랫말을 이른다. 조선 초기에 정도전, 하륜 등의 개국공신이 납씨가, 정동방곡, 근천정(覲天庭) 등 개국을 송축하는 악장을 새로 지어 악관(樂官)으로 하여금 관현(管絃)에 올려 연주한 이래 조선시대에 악장 제작의 전통은 계속 이어졌다. 따라서 대부분의 악장에서는 왕의 공덕을 송축하는 의미를 드러내는 것이 일반적이며, 이러한 전통은 "한 왕이 일어나면 반드시 그 왕의 음악이 제정되고, 훌륭한 임금은 공을 이루고 정치를 안정케 한 후 음악을 만들어 모두 각각 그 덕을 형상화한다"[41]라는 의미를 기반으로 하고 있다. 음악의 한 곡을 이룰 때 '성(成)'이라는 용어를 사용한 것도 왕이 이룬(成) 업적을 기리는 맥락이다.

이러한 악장은 대부분 각종 의례에서 다양한 의미를 부여하며 사용되었다. 조선시대 악장모음집이 대부분 왕명을 받아 편찬이 이루어지는 것이 그러한 이유로서, 국가가 악장모음집을 어떻게 인식하고 있는지 알 수 있도록 한다. 국가전례에서 사용하는 악장을 모아 편찬하는 일은 국가적인 규모로 이루어지지 않으면 안 되는 방대한 작업이라는 사실을 국가가 인식하고 있었기에 가능한 것이다.

조선시대 국가전례에 쓰는 악장을 모아 엮은 악장모음집 형태의 책 가운데 현전하는 가장 이른 것은 17세기 후반에 편찬된 것으로 추정되는 『악장가사(樂章歌詞)』이다.[42] 『악장가사』 이전에도 『세종실록악보』, 『세조실록악보』, 『악학궤범』 등의 관찬 악보와 악서에 악장이 포함되어 편찬된 바가 있고, 그 이후에 『금합자보(琴合字譜)』(1592)나 『양금신보(梁琴新譜)』(1610) 등의 악보집에도 악장이 실려 있다. 그러나 소위 '악장모음집'의 성격을 갖는 것은

41 『증보문헌비고』 권90 「樂考」 1: "一王之興, 必有一王之樂 … 古之聖王, 功成治定, 制爲聲樂, 皆各象其德."
42 『악장가사』는 한동안 중종, 명종 때의 박준이라는 인물이 펴낸 것으로 추정하기도 했다. 이는 『퇴계집』 권43 '書漁父歌後'의 "頃歲, 有密陽朴浚者, 知如衆音, 凡係東方之樂, 或雅或俗, 靡不裒集, 爲一部書, 刊行于世, 而此詞與霜花店諸曲, 混在其中"이라는 기록을 근거로 한 것이나 수록된 내용이 대부분 궁중의 국가전례에서 쓰이는 것이 많기 때문에 민간의 한 개인 편찬이 아닐 것이고, 표기법 또한 박준의 생존 당시인 16세기가 아닌, 17-18세기에 가깝기 때문에 박준이 펴냈다는 설에 대해서는 유보된 상태이다.
현재 『악장가사』의 이본은 세 가지가 있다. 가장 이른 것이 17-18세기에 편찬된 것으로 추정되는 『속악가사』라는 제목의 봉좌문고본이 있고, 19세기 초반의 것으로 추정되는 『아속가사』라는 제목의 윤씨본, 19세기 초·중반의 것으로 추정되는 『악장가사』라는 제목의 장서각본이 그것이다. 이 가운데 장서각본에는 속악의 保太平樂章에 '龍光貞明 合一'이라 표기한 점, 비궁속악과 무안왕묘악가가 추가된 점, 아악에 대보단악장이 추가된 점 등이 큰 변화 내용이다. 『악장가사』 관련 내용은 김명준, 『악장가사 주해』(태학사, 2004)의 11-27쪽의 해제에 상세하다.

『악장가사』가 가장 이른 것으로 보인다. 『악장가사』에는 속악을 쓰는 종묘·영녕전악가(永寧殿樂歌)와 〈여민락〉·〈보허자〉·〈감군은〉 등의 연향 관련 악가, 〈풍운뢰우〉·〈사직〉·〈선농〉·〈선잠〉·〈문선왕〉 등의 아악을 쓰는 제향악가 등이 실려 있어 국가전례에 쓰는 악장을 모아 놓은 것임을 알 수 있다.

『악장가사』 이후의 악장모음집으로 주목해야 할 것으로 『금합자보』가 있다. 『금합자보』는 장악원 소속 관리와 음악 전문인이 함께 각각의 전공 분야의 지식을 총동원하여 제작한 전문성 있는 악보 겸 악장모음집이라는 데에 큰 의미가 있다. 당시 장악원 첨정인 안상이 악보 편찬을 총체적으로 관리하고, 장악원의 악사 홍선종에게는 당시의 가락을 수습해 기존의 합자보를 개수(改修)하도록 하였으며, 대금 전공의 악공인 허억봉에게는 대금보를, 이무금에게는 장고보를 만들도록 하여 전문성을 최대치로 끌어 올린 악보가 『금합자보』이다.

또한 『금합자보』는 편찬에서 간행까지 이른 16세기의 악보라는 점에서도 중요한 의미를 지닌다. 그 편찬은 장악원 소속 관리가 주관하고 음악 전문인이 함께 참여하여 완성했다는 점에서 볼 때 국가적 사업의 하나로 간행된 것이라 볼 수 있다. 이는 스승이 곁에 없어도 악보를 익히기만 하면 이내 연주할 수 있는 악보의 필요성이 제기되었던 당시 상황에 따라 '합자보'라는 편리한 기보체계를 채택하여 『금합자보』를 편찬, 간행했던 사실과 밀접한 관련이 있는 것이다. 음악 전문인들의 참여로 기보의 정확도를 높인다면 스승이 곁에 없는 어느 곳에서라도 음악을 연주할 수 있는 체제가 확보될 것이기 때문이다. 이는 『금합자보』에 수록된 악곡이 단순한 조합이 아닌, 엄정한 선택에 의한 악곡 구성이라는 사실을 암시한다.

이와 같은 절차를 걸쳐 만들어진 『금합자보』에 수록된 악곡의 내용은 대부분 왕실의 연향에서 사용되거나 왕실에서 여러 목적으로 연주되었던 음악이다. 〈한림별곡〉과 같은 음악은 중국 사신의 위연(慰宴)에서 연주되었던 음악으로 중국 사신들이 그것을 전사해 가기도 했다(전사해 간 후 중국에서 그 음악을 어떻게 활용했는지는 또 다른 연구과제가 될 것이다). 또 수록 악곡 중에는 조선의 창업을 기리고, 백성과 함께 더불어 즐기는 의미의 음악이거나(〈북전〉, 〈여민락〉) 조종의 성덕을 기리는 내용의 음악이거나(〈감군은〉), 가곡의 조종으로서 화평한 질서를 추구하는 음악(〈만대엽〉)과 같은, 의미 있는 음악들로 구성되었다.

이러한 음악들을 모두 거문고로 연주할 수 있도록 특별히 악보를 만든 것은 이들 악곡이 인간의 정서에 미치는 영향을 고려하여 선별한 것이라는 사실을 알려 주며 아울러 이들 음악이 민간 지식층의 사랑에서 연주되어도 손색없는 곡이라 생각하였기에 간행까지 이른 것이라 생각한다. 따라서 이들 악곡을 통해 16세기의 '바른 음악'이 추구한 정서와 내용, 음악적 특징이 무엇인지 유추해 볼 수 있다는 의미를 지니며 16세기 장악원 소속 음악과 음악인이 '왕을 위한 음악'만을 관장한 것에서 더 나아가 '바른 음악'의 소통을 위한 노력을 기울였던 정황도 『금합자보』의 편찬과 간행을 통해 파악할 수 있다.

『금합자보』 이후 국가전례에 쓰일 악장을 모은 악장모음집으로 1765년 (영조 41) 영조의 명에 의해 서명응이 중심이 되어 편찬한 『국조악장(國朝樂章)』이 있다. 『국조악장』에는 종묘악장(宗廟樂章), 문소전악장(文昭殿樂章), 열조악장(列朝樂章), 열조상존호악장(列朝上尊號樂章), 열조추상존호악장(列朝追上尊號樂章), 진풍정악장(進豊呈樂章), 조회례연의통용악장(朝會禮宴儀通用樂章), 친경악장(親耕樂章), 관예악장(觀刈樂章), 친잠악장(親蠶樂章), 대사례악장(大射禮樂章) 등 영조 대의 국가전례에 쓰이는 악장이 수록되어 있다. 영조의 발문에도 있듯이 "주나라의 아송(雅頌)과 표리를 이룬다"고 평가할 만큼 자부심을 가졌던 악장모음집이다.

영조 이후에 편찬된 악장모음집은 1781년(정조 5)에 정조가 직접 범례를 만들고 서명응에게 편찬을 명하여 이루어진 『국조시악』이 있다. 『국조시악』은 정조가 집권 초반에 추진한 악학 진흥 정책의 일환으로 진행된 악장 정비 사업의 하나로 이루어진 악장모음집이다. 영조 대에 편찬한 『국조악장』이 『열성지장(列聖誌狀)』과 『악학궤범』 등의 책에 실린 것을 베껴 써서 세대별로 순서를 매기기만 하고, 또 아악과 속악이 나뉘어 있지 않으며 풍운뢰우악장(風雲雷雨樂章)이 빠졌고, 부묘악장(祔廟樂章)은 없는데 있다고 하는 등 잘못된 점이 많아 후세에 제대로 전해지지 못할 것이 우려되어[43] 정조가 직접 범례를 만들어서 아악·속악·당악·향악·요가(饒歌)의 다섯 항목으로 나누어 편찬한 것이 『국조시악』이다. 또 『국조악장』과 달리 각 악장의 아래에 악장을 지은 연월과 잘못된 시말(始末)에 대한 주를 달아 놓았고, 악장의 변천 과정이나 의의, 악장의 이정(釐正)에 대해 오간 논의, 그간 잘못되었던 점 등을 세주(細註)로 기록하여 악장의 역사에 대한 정보를 충실히 제공하고 있다. 이런 점에서 이전에 나오는 악장모음집과 크게 구분되는 새로운 형태의 자료로 평가된다.

정조 대의 『국조시악』 이후 악장모음집 형태로 나온 것은 1847년(헌종 13)에 홍경모(洪敬謨)가 편찬한 『국조악가(國朝樂歌)』이다. 『국조악가』는 이전에 만든 악장모음집과 여러 면에서 성격이 다르다. 당시 국가전례가 행해지는 현장에서 사용되고 있는 악장을 모으고 오류를 수정하는 방식으로 만든 것이 아니라, 홍경모 자신이 생각하기에 옳은 악장의 형태를 찾아 제시하는 방식으로 만든 악장모음집이라는 면에서 그러하다. 이는 특히 종묘악장과 대보단악장, 중국 고대 악장 등에서 두드러지게 나타난다.

『국조악가』 이후에는 악장모음집으로 편찬된 것은 없으나 1897년(광무 1)

---

43 『홍재전서』 권179 「群書標記·御定」 '國朝詩樂'.

에 만든 악서인, 유중교(柳重敎)의 『현가궤범(絃歌軌範)』에 수록된 악장이 주목된다. 『현가궤범』은 성리설과 척사 의리론(斥邪義理論)에서 한말 도학자로서 뚜렷한 위치를 차지하고 있는 유중교의 음악론이 반영된 악서인데, 구한말의 사회적 동요를 극복할 수 있는 방법을 유학의 학문적 심화에 있다고 보는 저자의 학문관과 결합하여 자신이 제시한 음악을 현실에 실행하고자 하는 의도로 만들었다는 의미를 지닌다. 유중교는 결국 자신의 문도를 중심으로 이를 실행에 옮기기도 하였다.

이상과 같은 조선시대의 악장모음집이나 악서 외에도 국가적 규모의 행사를 기록한 의궤류나 국가전례서에 시기별로 각 악장이 아울러 수록되어 있으므로 이들 문헌을 참고하면 악장의 내용, 음악, 연주자들의 명단도 함께 파악할 수 있다.

4) 악학 부흥을 위한 악서

왕실의 악서는 실제 왕실의 행사를 위해 필요한 것이기도 하지만 한편 예악정치 구현을 위해 필요한 악학의 발전을 위해 필요한 것이기도 하다. 악은 예와 상보적 관계를 이루는 것으로 예악정치를 지향한 조선시대에는 예서와 더불어 악서 편찬이 중요한 의미를 지녔다. 악서는 보통 예서, 법전과 같이 편찬되었다. 성종 대에 성현이 편찬한 『악학궤범』은 당시 의례서인 『국조오례의』와 법전인 『경국대전』과 함께 편찬이 이루어졌다. 또 영조 대의 『국조악장』은 『국조속오례의』와 『속대전』과 비슷한 시기에 편찬되었다.

조선시대의 악서 가운데 대표적인 것은 1493년(성종 24)에 예조판서 성현이 핵심적 역할을 하여 편찬한 『악학궤범』이다. 당시 장악원의 의궤와 악보가 오래되어 헐었고, 남아 있는 것도 모두 소략하고 틀려서 그것을 바로

잡기 위해 『악학궤범』을 펴낸 것이다. 『악학궤범』 서문에 책을 편찬한 이유를 다음과 같이 밝히고 있다.

"좋은 음악도 귀를 스쳐 지나가면 곧 없어지고, 없어지면 흔적이 없는 것이 마치 그림자가 형체가 있으면 모이고, 형체가 없어지면 흩어지는 것과 같다. 그러나 악보가 있으면 음의 느리고 빠른 것을 알 수 있고, 그림이 있으면 악기의 형상을 분변할 수 있고, 책이 있으면 시행하는 법을 알 수 있을 것이다. 이것이 신들이 졸렬(拙劣)한데도 불구하고 이 책을 찬(撰)한 이유이다."[44]

즉, 귀를 스쳐 지나간 후에는 없어진다는 음악의 특수성을 이해했기 때문에 그것을 기록으로 남기고자 한 것이다. 따라서 『악학궤범』에는 당시 사용하고 있는 음악, 악기, 복식을 비롯하여 역사적으로 중요한 음악 내용을 모두 기록하였다. 『악학궤범』의 구성은 다음과 같다.

서문   편찬 동기, 편찬 목적, 편찬자, 편찬 시기
〈권1〉 이론 부분(육십조, 시용아악십이율칠성도, 율려격팔상생응기도설, 오성도
　　　설, 팔음도설, 오음율려이십팔조도설, 악조총의, 오음배속호, 십이율배속호
　　　등 주로 아악의 이론).
〈권2〉 성종 대의 제향과 조회, 연향 때 연주하는 악기 배치도 모음
　　　　─ 아악진설도설(오례의등가와 헌가, 시용등가와 헌가, 세종조회례연등가
　　　　　와 헌가, 문무와 무무)
　　　　─ 속악진설도설(오례의종묘영녕전등가, 오례의종묘영녕전헌가, 시용종

---

44 이혜구 역주, 『신역 악학궤범』, 국립국악원, 2000.

묘영녕전등가, 시용 종묘 영녕전 헌가, 보태평지무, 정대업지무, 전정헌가, 전정고취, 전후고취, 전부고취, 후부고취 등)

〈권3〉 고려사 악지 당악정재(헌선도, 수연장, 오양선, 포구락, 연화대), 고려사 악지 속악정재(무고, 동동, 무애)

〈권4〉 시용당악정재도설(헌선도, 수연장, 오양선, 포구락, 연화대, 금척, 수보록, 근천정수명명, 하황은, 하성조, 성택, 육화대, 곡파)

〈권5〉 시용향악정재도설(보태평, 정대업, 봉래의, 아박, 향발, 무고, 학·연화대· 처용무 합설, 교방가요, 문덕곡)

〈권6〉 아부악기도설(특종, 특경, 편종, 편경, 건고, 삭고, 응고, 뇌고, 영고, 노고, 노도, 도, 절고, 진고, 축, 어, 관, 약, 화, 생, 우, 소, 적, 부, 훈, 지, 슬, 금, 둑, 정, 휘, 조촉, 순, 탁, 요, 탁, 응, 아, 상, 독, 적과 약, 간과 척)

〈권7〉 당부악기도설(방향, 박, 교방고, 월금, 장고, 당비파, 해금, 대쟁, 아쟁, 당적, 당피리, 퉁소, 태평소), 향부악기도설(거문고, 향비파, 가야금, 대금, 소관자, 초적, 향피리)

〈권8〉 당악정재의물도설, 연화대복식도설, 정대업정재의물도설, 향악정 재악기도설

〈권9〉 관복도설, 처용관복도설, 무동관복도설, 여기복식도설

이와 같이 『악학궤범』에 담겨 있는 궁중음악 관련 기록은 매우 종합적인 성격을 띠고 있다. 여기에는 당시의 악·가·무에 대한 정보가 총체적으로 담겨 있을 뿐만 아니라 악기, 음악제도, 복식, 악현 등에 이르기까지 섭렵하고 있어 궁중음악 기록의 모범이 된다.

이후 영조 대에 편찬한 악서는 『동국문헌비고』의 「악고」이다. 『동국문헌비고』는 영조 집권 후반인 1769년(영조 45)에 왕명으로 편찬에 착수하여 이듬해에 인간(印刊)되었다.[45] 중국의 『문헌통고(文獻通考)』에 필적할 만한 예서

를 염두하고 만든 만큼, 『문헌통고』에서 범례를 본받고, 우리나라 고금의 문물제도를 수집하여 기록하였다. 이 가운데 서명응이 중심이 되어 편찬된 「악고」가 포함되어 있다.

『동국문헌비고』의 「악고」는 전체 구성 가운데 「예고」와 함께 큰 비중을 차지하고 있다. 이는 영조 대의 국가전례 정책에서 예와 악의 중요성을 강조하였기 때문이다. 「악고」의 참고문헌은 『사기』, 『율려신서』, 명나라 주재육의 『율려정의』, 주희의 『의례경전통해』, 임우의 『석전악보』, 성현의 『악학궤범』, 『주례』, 『송사(宋史)』, 『경국대전』, 『가례(家禮)』, 『고려사』, 『세종실록오례』, 『국조오례의』, 『조선왕조실록』 등으로 역사서·법전·악서 등을 망라한다.[46]

정조 대에 편찬된 악서로는 『시악화성』이 있다. 『시악화성』은 서명응이 정조의 명을 받아 1780년(정조 4)에 편찬하였다. 정조는 즉위 초기부터 당시의 악제(樂制)가 불분명한 것으로 인식하여 악서를 편찬하고자 하였다. 이를 위해 음률을 아는 유생을 찾는다. "예가 밝아진 후에 악이 갖추어지고, 악이 갖추어진 후에 정(政)이나 치(治)를 말할 수 있다"라는 지론을 가진 정조에게 예악의 정비는 국정 우선순위가 높은 과제였기 때문이다. 이러한 과정에서 정조가 판중추부사(判中樞府事) 서명응이 음률에 대한 지식이 깊다는 것을 알고 한 권의 악서를 만들 것을 명하여 완성된 책이 바로 『시악화성』이다.

이미 세손 시절에 빈객으로 정조의 학문 수련에 도움을 준 서명응은 정조 즉위 이후에도 여전히 학문적 영향력을 발휘하였고, 음악 부문에도 정

---

45 『영조실록』 권 115 영조 46년 8월 무인(5일). 『동국문헌비고』는 이후 1790년(정조 14)에 『증정문헌비고』로 개수되었고, 1907년(융희 1)에 다시 『증보문헌비고』로 증보되었다.

46 『동국문헌비고』 「악고」에 관한 내용은 조선왕실의 음악지식 집성의 방식을 논하는 앞 절에서 상세하게 다루었다.

47 『홍재전서』 권51 「策問」 '儀禮': "夫禮明然後樂備, 樂備然後, 可以言政, 可以言治."

조와 긴밀한 협력 관계를 유지하였다. 『시악화성』이 나오게 된 배경도 같은 맥락인데, 평소 음률에 큰 관심을 가지고 있던 정조가 틈틈이 율려를 공부하고 여러 학자의 설을 널리 참조하여 기록해 둔 후 서명응에게 책의 의례(義例)를 지시하여 이루어진 것이다. 따라서 『시악화성』은 정조의 문집인 『홍재전서』「군서표기(群書標記)」에 '어정서(御定書)'로 분류되어 있고, 정조의 서문이 수록되어 있다. 『시악화성』을 통해 정조와 서명응의 당대 음악 현실에 대한 인식은 물론 음악이론 전반에 관한 정보를 얻을 수 있다.

『시악화성』은 크게 천·지·인의 체제하에 10개의 편목으로 나뉘어 있다. '천(天)'편의 권1 '악제원류(樂制源流)'는 가장 앞부분에 책의 서문에 해당하는 내용을 적은 후, 태조로부터 영조 대에 이르는 악제를 역사적으로 고증하면서 고제(古制)와 어긋난 부분에 대하여 주고받은 많은 논의들과 그 배경을 서술하였다. 특히 서명응과 정조가 가장 중요하게 평가하는 세종조의 악은 매우 비중 있게 다루어 '악제원류'의 상당 부분을 차지한다. 권2 '악률본원(樂律本元)'은 악률이론에 관한 연구이다. 율을 정하는 원리를 비롯하여 율척(律尺)을 거서(秬黍)로 만드는 이유 등을 서술했고, 율려를 구할 때 유가(儒家)와 역가(曆家)의 입장이 확연히 대립되어 있는 후기지설(候氣之說)[48]과 측영지설(測景之說) 모두 성인의 유법(遺法)이라 인정하여 받아들이고 있다.

아울러 율관을 제조하는 법식 등에 대해 서술하였는데, 정률요결(定律要訣)·서척진수(黍尺眞數)·면멱적실(面冪積實)·후기측영(候氣測景)·제조법식(製造法式)·음률경위(音律經緯)·아속자보(雅俗字譜)·합선정의(合旋正義) 등 아홉 가지 세목으로 나누어 악률에 관한 이론을 구체적으로 다루었다. 권3 '악현법상(樂懸法象)'은 당대의 악현에 대해서 여러 고증을 통해 비판하였다.

'지(地)'편의 권4 '악기도수(樂器度數)'는 팔음 악기의 기원, 악기 제작법, 연

48　후기지설: 절기에 따라 음률을 정하는 법으로, 12율관을 특수하게 만든 律室의 12방위에 따라 방사선 모양으로 배열해 놓으면 일 년 12달의 매 절일에 각각의 해당하는 관이 하늘의 기운에 응한나는 설.

주법 등에 대해 상세히 설명하였으며, 권5 '악경합선(樂經合旋)'은 "『주례』「춘관」은 악주(樂奏)의 경(經)이고, 시 300편은 악가(樂歌)의 경"이라 하여 악경(樂經)만이 홀로 온전히 남아 있다고 밝힌 뒤, 이에 근거하여 제사 지낼 때 옳은 용악(用樂)에 대해 논하였다. 권6 '악경균조(樂經均調)'에서는 『시경』의 「국풍(國風)」·「소아(小雅)」·「대아(大雅)」·「주송(周頌)」의 시에 곡조를 붙여 놓았으며 각 악조의 이론을 설명하였다.

'인(人)'편의 권7 '악가의보(樂歌擬譜)', 권8 '악주의보(樂奏擬譜)', 권9 '악무의보(樂舞擬譜)'에는 제례 때 연행되는 악·가·무의 악보를 비롯하여 문무·무무를 추는 법에 대하여 상세히 서술하였다. 권10 '도량형보(度量衡譜)'는 율려 제조의 기본 척도가 되는 도량형에 관해 기술하고 있는데, 삼대척제인 하척(夏尺)·은척(殷尺)·주척(周尺)을 비롯하여 황명척제(皇明尺制)와 본조척제(本朝尺制) 등을 도설로 비교해 놓아 역대 척도를 대조해 볼 수 있도록 하였다.

『시악화성』은 이전에 편찬한 어느 악서보다도 고증에 철저하였다. 이는 편찬자 서명응의 학문적 태도에 기인한다. 중앙의 핵심 관료이면서 국가 전례의 정비에 대해 막대한 책임을 지고 있던 서명응의 음악 관련 작업은 기본적으로 정조의 학문적 태도와 맞닿아 있다. 정조 자신이 이미 당대 고증학(考證學)의 장점을 인정하였고, 이들이 취한 고증학적 태도는 음악의 이론적 정리 작업을 좀 더 체계적이고 심도 있게 진행하도록 하였다.

정조와 서명응이 쓴 서문에는 『시악화성』을 편찬한 의미가 겉으로 드러나 있지 않지만, 그 내용을 통해 정조와 서명응이 음악 부문을 개혁하면서 '고악(古樂)' 회복 노력에 큰 비중을 두고 있다는 사실을 찾을 수 있다. 고악의 회복이라는 것은 고악을 옛 모습 그대로 재현하자는 상고(尙古) 또는 복고(復古)의 논리가 아니다. 이는 악의 가장 이상적인 형태를 지닌 모습의 희구이며 명나라가 멸망한 후 유교 문화의 중심에 서 있는 조선 사회에서 악의 본지를 찾아야 한다는 노력이자 책임의식이었다. 정조가 집권 초반에 『시악화성』을 편찬하게 한 이유가 여기에 있다.

　악서는 예서와 함께 예악 정치 실현을 위한 실천 텍스트로서 중요한 비중을 차지한다. 예에 밝은 이를 찾는 일보다 악에 밝은 이를 찾는 일이 훨씬 어려웠던 조선시대에 악을 잘 아는 신하를 발굴하여 악서를 편찬하도록 하는 일은 역대 왕에게 부여된 일종의 과제와 같았다. 세종이 박연을 만난 일, 성종이 성현을 만난 일, 정조가 서명응을 만난 일은 중요한 악서가 나올 수 있는 힘으로 작용하였고, 그 결과 『악학궤범』, 『동국문헌비고』「악고」, 『시악화성』같은 중요한 악서가 결실을 볼 수 있었다.

제 4 장

조선왕실의 음악 담론

1 예와 악의 담론

조선왕실은 예(禮)와 악(樂)을 통한 왕도정치 실현을 추구하였다. 이때 '예'와 '악'이란 추상적 구호 이상의 의미를 갖는 것으로서, 질서와 화합을 위해 반드시 필요한, 현실적이고 구체적인 실상이다. "성음(聲音)의 도는 정치와 통한다"라는 『예기(禮記)』「악기(樂記)」의 명제는 유교를 국시(國是)로 하는 국가의 통치자나 지식인들에게 '음악은 정치의 반영'이라는 방식으로 이해되었다.

이들은 "치세(治世)의 음은 편안하고 즐거우며, 망국(亡國)의 음은 슬프고 시름겨우니 백성들이 곤궁하기 때문이다"[1]라는 「악기」의 내용을 빌려 이상적 전형이 될 만한 음악의 특징을 제시하기도 했고, "성음이 촉박해지는 것을 근심했는데 얼마 안 있어 임진왜란이 일어났다"[2]라는 역사적 예를 거론하면서 음악이 세태의 반영이라는 논리를 현실적으로 입증하기도 했다. 이와 같은 음악의 특수성으로 인하여, 역사의 현장에서는 때로 음악을 조작하여 정치적 목적에 활용하기도 했고,[3] 실제 연행되는 음악을 일정한 방향으로 이끌어 가기 위한 다각적인 노력을 경주하기도 했다.

음악사의 현장에서 드러나는 이러한 현상들은 음악을 그저 '즐기기 위한

---

1   『禮記』「樂記」'樂本': "治世之音, 安以樂, 其政和. 亂世之音, 怨以怒, 其政乖. 亡國之音, 哀以思, 其民困. 聲音之道, 與政通矣."
2   『성호사설』 권13「人事門」'國朝樂章': "上每迎詔于西郊, 樂自殿陛奏之, 至崇禮門方闋, 更奏至慕華館方訖. 宣祖初年, 樂漸促斂, 自殿陛至廣通橋已闋. 知者深憂其噍殺, 未幾有壬辰之變"; 송지원,「『星湖僿說』을 통해 본 성호 이익의 음악인식」,『韓國實學研究』제4호, 한국실학학회, 2002, 224-225쪽을 참조.
3   예컨대 李成桂의 등극을 예언했다는 '木子得國'과 같은 노래가 그러한 경우이다.

것'[4] 이상의 의미로 진지하게 받아들였던 유가 악론에 그 사상적 기반을 둔 것으로 조선 사회에서 음악이 갖는 의미와 기능을 진단해 본다면, 그 맥락이 이해될 것이다. 유교국가인 조선왕조의 음악사상적 기반은 유가(儒家)의 악론(樂論)이다.

유가 악론의 이념적 기반을 이루는 것은 공자의 예악사상이고, 이후 『예기』「악기」에 이르러 그 사상이 집대성된다. 따라서 「악기」의 이해는 조선조 음악사상의 근간을 파악하기 위한 중요한 방법이 된다. 이에 「악기」에서 말하는 음(音)과 악의 원론적 의미부터 살펴보고자 한다.

대체로 음이 일어나는 것은 인심에서 말미암아 생긴 것이며, 인심이 움직이는 것은 외물이 그렇게 만든 것이다. 인심이 외물에 감응하면 움직여 성(聲)으로 나타나고, 소리가 서로 응하여 변화가 생긴다. 변화하여 문장을 이룬 것을 음(音)이라 하고, 음을 배열해 연주하여 간척우모(干戚羽旄)[5]에 이르는 것을 악(樂)이라 한다.[6]

「악기」에서는 음의 발생이 인심(人心)으로 말미암은 것이라 설명한다. 외물(外物)에 의해 인심이 움직이면 그것이 성(聲)으로 나타나고, 일정한 질서를 이루면 음이 되며, 거기에 춤이 곁들여지면 악·가(歌)·무(舞), 즉 기악, 성악, 무용을 모두 갖춘 종합예술이 되는데, 이것이 유가 악론에서 말하는

---

4 순수한 의미에서 음악을 즐기기 위한 것으로 간주하는 흐름은 매우 후대의 일이다. 우리나라의 경우, 순수 감상용 음악의 출현은 18세기 이후로 상정하고 있다. 그러나 古代에 이미 음악을 '즐기기 위한 도구'로 사용하기도 했다는 기록이 있다. 이는 통치계급을 위한 것으로, 예컨대 『史記』 「殷本紀」에 기록되어 있는 殷나라 마지막 임금 紂의 음란한 향락 행위나 殷紂에 앞선 夏桀의 경우에서 이러한 예가 드러난다(蔣孔陽, 『先秦音樂美學思想論考』, 人民出版社, 1986, 9頁).
5 干戚羽旄란 일무를 출 때 손에 들고 추는 도구인데 여기서는 일무 자체를 가리킨다.
6 『禮記』 「樂記」 '樂本': "凡音之起, 由人心生也, 人心之動, 物使之然也. 感於物而動, 故形於聲, 聲相應, 故生變, 變成方, 謂之音. 比音而樂之, 及干戚羽旄, 謂之樂."

넓은 의미의 악이다. 이처럼 「악기」에서는 이 세 가지 개념을 각각 구분하여 사용하는데, 사람의 마음이 외물에 감응하여 비로소 움직여 나타난 것이 '성', 소리가 서로 감응하여 변화가 생겨 문장을 이룬 것이 '음', 음을 배열하여 악기로 연주하면서 춤까지 곁들인 것이 '악'이라고 하였다. 이처럼 성·음·악의 의미는 엄밀히 구분된 것이었다. 다음의 내용은 이를 더 구체적으로 표현하고 있다.

> 대체로 음(音)이란 인심에서 생긴 것이고 악(樂)이란 윤리와 통하는 것이다. 그러므로 성(聲)은 알아도 음을 알지 못하는 자는 금수이고, 음은 알아도 악을 알지 못하는 자는 뭇사람들이다. 오직 군자만이 능히 악을 안다. 그러므로 성을 살펴서 음을 알고, 음을 살펴서 악을 알며, 악을 살펴 정치를 알아서 치도(治道)를 갖추는 것이다. 이런 까닭에 성을 알지 못하는 자와는 더불어 음을 말할 수 없고, 음을 알지 못하는 자와는 더불어 악을 말할 수 없다. 악을 알면 예에 가까워진다. 예와 악을 모두 터득한 것을 일러 덕이 있다고 하니, 덕(德)이란 터득했다는 것이다.[7]

성만 아는 자는 금수(禽獸)이고, 음만 아는 자는 뭇사람들이며, 군자라야 비로소 악을 알 수 있다고 하였다. 또 성을 살펴서 음을 알고 음을 살펴서 악을 알며 악을 살펴서 정치를 알게 되면 잘 다스려진 상태를 이룰 수 있다고 하였다. 나아가 악을 알면 예에 가까워지는데, 예와 악을 모두 얻은 것을 덕이 있다고 하였으니, 예악이란 덕을 갖추기 위한 필수사항인 것이다. 따라서 이러한 예와 악을 아울러 갖추어야 한다는 논리는 예악정치를 표

---

7 『禮記』「樂記」'樂本': "凡音者, 生於人心者也, 樂者通倫理者也. 是故, 知聲而不知音者, 禽獸是也, 知音而不知樂者, 衆庶是也, 唯君子, 爲能知樂. 是故, 審聲以知音, 審音以知樂, 審樂以知政, 而治道備矣. 是故, 不知聲者, 不可與言音, 不知音者, 不可與言樂, 知樂則幾於禮矣. 禮樂皆得, 謂之有德, 德者得也."

방하는 조선조 사회에서 실질적으로 강조되기에 이르렀다.

여기에서 더 나아가 「악기」에서는 예와 악으로 다스려지는 치세라면 그 시대의 악 또한 편안하고 즐거운 정서로 드러나게 된다고 설명한다. 이는 성음의 도(道)가 정치와 통하기 때문이라 하였다.

무릇 음이란 인심에서 생긴 것이다. 정(情)이 마음속에서 움직이기 때문에 성(聲)으로 나타나니, 성이 문채를 이룬 것을 음이라 한다. 그러므로 치세의 음은 편안하고 즐거우니 그 정치가 화평하기 때문이고, 난세의 음은 원망에 차 있고 노기를 띠니 그 정치가 어그러졌기 때문이고, 망국의 음은 슬프고 시름겨우니 백성들이 곤궁하기 때문이다. 이같이 성음의 도는 정치와 통한다.[8]

음이란 인심에서 생겨나는 것으로, 정이 마음속에서 움직여 성으로 나타나고, 그 성이 질서를 이루어 음을 만든다고 하였다. 그런 까닭에 잘 다스려지는 나라, 어지러운 나라, 망해 가는 나라의 음악이 동일할 수 없다는 것이다. "치세의 음은 편안하면서 즐거우니 그 정치가 화평하기 때문이다"라는 「악기」의 설명은 아마도 모든 통치자에게 결코 쉽게 넘길 수 있는 대목은 아닐 것이다. 그 시대에 연행되고 있는 음악이 자신의 통치상태를 적나라하게 드러낸다는 논리이기 때문이다.

이처럼 사람이 만드는 음악에는 반드시 마음의 상태가 반영된다는 원리는 유가 악론의 출발이기도 하며 예악정치를 추구하는 나라에서 음악의 중요성을 강조하는 근원적 이유가 되기도 한다. 여기에서 '음악은 성정을 순화시킨다'라는 음악의 효용성이 제기되고, 아울러 정치교화적인 측면에

8　『禮記』「樂記」 '樂本': "凡音者, 生人心者也. 情動於中, 故形於聲, 聲成文, 謂之音. 是故治世之音, 安以樂, 其政和. 亂世之音, 怨以怒, 其政乖. 亡國之音, 哀以思, 其民困. 聲音之道, 與政通矣."

서 필요한, 인간의 성정을 순화시키는 데 유용한 음악의 상이 제기될 수 있는 여지가 마련된다.

『시경』의 채시설(采詩說)을 상기한다면, 음악이 정치의 상황을 그대로 반영한다는 논리는 매우 구체적이다. 천자가 제후국의 정치 상황을 살피기 위해 60세 이상의 노인에게 채시하도록 하여 모은 풍시(風詩)는 실제 천자가 매우 유용한 통치수단으로 활용한 방법이기도 하다. 이는 시악(詩樂)을 통해 정치의 득실을 모두 파악할 수 있다는 전제 아래 진행된 것이므로, 음악이 정치의 반영이라는 명제를 여실히 뒷받침하는 것이다. 따라서 성음의 도는 정치와 통한다는 「악기」의 논의는 역대 제왕이 유념했던 부분이다.

「악기」 첫 부분의 내용을 좀 더 살펴본다.

악이란 음으로 말미암아 생기는 것이니 그 근본은 인심이 외물에 감응하는 데에 있다. 그러므로 슬픈 마음을 느끼는 자는 그 소리가 촉박하면서 쇠미하고, 즐거운 마음을 느끼는 자는 그 소리가 걱정이 없으면서 완만하고, 기쁜 마음을 느끼는 자는 그 소리가 퍼지면서 흩어지고, 성난 마음을 느끼는 자는 그 소리가 거칠면서 사납고, 공경하는 마음을 느끼는 자는 그 소리가 곧으면서 청렴하고, 사랑하는 마음을 느끼는 자는 그 소리가 온화하면서 부드럽다. 이 여섯 가지는 본성이 아니라 외물에 감응한 뒤에 움직인 것이다.[9]

외물에 감응되지 않은 마음은 '성(性)'에 해당하지만, 일정한 음의 배열에

---

9 『禮記』 「樂記」 '樂本': "樂者, 音之所由生也, 其本在人心之感於物也. 是故其哀心感者, 其聲噍以殺, 其樂心感者, 其聲嘽以緩, 其喜心感者, 其聲發以散, 其怒心感者, 其聲粗以厲, 其敬心感者, 其聲直以廉, 其愛心感者, 其聲和以柔, 六者非性也, 感於物而後動."

의해 만들어진 작품은 마음이 외물에 감응되어 나타난 결과이므로 정(情)의 영역으로 넘어간다. 바로 이 지점이 유가 악론에서 음악의 중요성을 강조하는 부분이기도 하다. 마음이 외물에 감응하면 동(動)하여 정으로 드러나는 것이며, 드러난 바의 결과가 하나의 작품으로 만들어지는 것이기 때문이다. 이는 다시 말하면 외물에 감응하는 조건의 조성 여하에 따라 악의 상태를 규정지을 수 있다는 논리가 된다.

음악이 생겨나는 것은 인심이 외물에 감응하는 바의 결과로 드러난다고 강조하는 유가 악론의 맥락은 음악을 일종의 사회현상으로 관찰한다는 사실이다. 이는 유가 악론의 특징 가운데 하나이기도 한데, 음악 또는 음악작품을 사회와 무관한, 단순한 개인의 활동이나 상태의 결과로 간주하지 않는다는 점이다.

다시 말하면 어떤 음악으로 드러난 정서는 사회성을 구비하였으므로, 그 가운데에서 한 사회의 정치와 윤리, 도덕정신의 상태를 엿볼 수 있다고 본다. "음악을 살펴 그 정치를 알 수 있는 것",[10] "성음의 도는 정치와 통한다"[11]라는 「악기」의 논리도 그러한 맥락이다. 한 개인이 아닌 한 집단 또는 사회의 정치·윤리·도덕의 상태를 가늠하는 척도가 음악이므로, 한 왕조를 이끄는 입장에서 음악의 상태를 살펴야 하는 일은, 그것도 예악정치를 표방하는 왕조에서 음악의 중요성을 강조하는 맥락은 매우 자연스러운 일일 것이다.

따라서 유가의 악론에서는 이러한 맥락으로 인하여 인재를 교육하는 데 음악의 역할을 강조한다. 주자의 『서전(書傳)』 「순전(舜典)」 집주(集註)에서는 음악이 인재를 교육하는 데 일으키는 작용에 대해 강조하면서, 학생이 원래부터 가지고 있는, 마음과 우주정신의 본체와 작용이 서로 일치하는 중

---

10 『禮記』「樂記」'樂本': "審聲以知音, 審音以知樂, 審樂以知政."
11 『禮記』「樂記」'樂本': "聲音之道, 與政通矣."

화지덕(中和之德)을 배양하는 것과 외물의 영향을 받아 비로소 생겨난 편향성을 바로잡는 것에 대해 이야기하였다.

주자는 「순전」에서, 유우씨(有虞氏)가 기(夔)를 전악(典樂)에 임명하면서 "命汝典樂, 敎胄子"라고 말한 대목에 대해 "고대 성인이 음악을 만든 목적이 정성(情性)을 기르고 인재를 키우며 신명을 섬기고 위와 아래를 화합시키는 데 있다"[12]라는 주석을 통해 음악의 기능에 대해 언급한 바 있다. 정조가 생각하는 음악의 기능은 주자의 언급처럼 "以養情性, 育人才, 事神祇, 和上下"로 요약될 수 있다.

『논어』의 "시로써 감흥을 일으키고, 예로써 질서를 세우며, 악에 의해 인격을 완성한다"[13]는 명제에서도 악은 시, 예와 함께 인인군자(仁人君子)가 되기 위해 필요 불가결한 조건으로 제시된다. 악의 학습을 통해 완전한 인격을 함양한 인간이 될 수 있다고 간주하는데, 악이 이처럼 중요한 의미를 지니는 이유는 악이야말로 인간의 성정을 변화시켜 인(仁)의 길로 가도록 함으로써, 인격을 완성할 수 있기 때문이다. 공자는 악이 인성의 감화, 수양의 작용을 일으킨다는 점에서 매우 중요하다고 인식함으로써, 악의 위상과 기능을 극대화시켰다.

예가 질서를 위한 것이라면 악은 조화를 위한 것으로서 예악(禮樂)은 형정(刑政)에 대한 근본을 이루며, 왕도를 갖추기 위한 필수요건이다.[14] 유가의 통치이념으로 강조되는 예악형정의 네 가지는 그 각각의 고유한 기능을 지니는데, '예로써 그 뜻을 인도하고, 악으로써 그 소리를 조화롭게 하며, 정(政)으로써 그 행실을 한결같이 하고, 형(刑)으로써 그 간사함을 막아

---

12 『書傳』「舜典」: "蓋所以蕩滌邪穢, 斟酌飽滿, 動蕩血脈, 流通精神, 養其中和之德, 而救其氣質之偏者也. … 聖人作樂, 以養情性, 育人才, 事神祇, 和上下. 其體用功效, 廣大深切如此."
13 『論語』「泰伯」: "興於詩, 立於禮, 成於樂."
14 『禮記』「樂記」'樂本': "禮節民心, 樂和民聲, 政以行之, 刑以防之. 禮樂刑政, 四達而不悖, 則王道備矣."

민심을 화합하게 하여 치도(治道)를 내는 것"[15]이라고 설명된다. 조선의 역대 제왕들은 이러한 통치원리를 바탕으로 치도를 갖추고자 노력을 기울였다.

조선왕실의 역대 제왕은 이러한 원리를 구현하기 위해 노력했다. 조선 왕실에서 성세를 구가했던 여러 왕들은 이러한 통치원리에 특히 유념했던 것으로 보인다. 특히 정조의 경우에는 형정에 대한 근본을 이루는 예악에 큰 비중을 두었고, 그러한 이념은 그의 통치기간 내내 예악을 다각적으로 구현하고자 하는 노력을 수반하여 나름의 성과를 거둘 수 있게 되었다. 이러한 현실은 정조 음악사상의 기반을 이루는 예와 악에 대한 인식을 구체적으로 살펴봄으로써, 그 실상을 더욱 잘 파악하게 될 것이다.

정조의 사례를 통해 조선왕실의 예와 악에 대한 구체적 인식을 살펴볼 수 있다. 정조의 악에 관한 책문(策問)을 살펴보자.

왕은 말한다. 내가 육률(六律)·오성(五聲)·팔음(八音)의 설에 대해 듣고 싶다. 끝없이 아득하고 크도다, 음악의 쓰임이여! 하늘에 닿고 땅에 서렸도다. 낮고 높음으로써 베풀고 동(動)과 정(靜)이 상도(常道)가 있으니 예는 천지의 질서가 된다. 청명한 것은 하늘을 형상한 것이고, 광대한 것은 땅을 형상한 것이며, 이목이 총명하고 기혈이 화평해지니 악은 천지의 화합이 된다. 천지가 있으면 바로 예악이 있다. 성(性)과 정(情)이 동반하고, 드러난 것과 은미한 것이 간격이 없으니, 이내 악(樂)은 하늘로 말미암아 만들어졌고 예(禮)는 땅으로 말미암아 지어졌다고 한다. 어째서인가. 또 예는 외부로부터 만들어지고 악은 마음에서 나온다고 한다. 어째서인가.[16]

---

15 『禮記』「樂記」'樂本': "禮以道其志, 樂以和其聲, 政以一其行, 形以防其姦. 禮樂刑政, 其極一也, 所以同民心而出治道也."

16 『홍재전서』 권51 「策文」 4 '樂': "王若曰, 予欲聞六律五聲八音之說. 洋洋乎大哉, 樂之爲用也! 極乎天, 蟠乎地. 卑高以陳, 動靜有常, 而禮爲天地之序焉. 清明象天, 廣大象地, 耳目聰明, 血氣和平, 而樂爲天地之和焉. 有天地, 斯有禮樂, 性情相須, 顯微無間, 則乃曰樂由天作, 禮由地制, 何歟. 又曰, 禮自外作, 樂由中

예가 천지의 질서가 되고, 악은 천지의 조화가 된다는 설명 방식은 유가 악론의 근본을 이룬다. 성인(聖人)이 악을 지어 하늘에 응하고, 예를 제정하여 땅에 짝하여 예악이 밝게 갖추어짐으로써, 천지가 제 직분을 하게 되었다는 유가 악론의 원리[17]가 정조의 음악사상의 기반을 이루고 있음을 알 수 있다.

정조의 사례에서도 드러나듯 조선 왕들의 예악 인식은 예악정치에 실질적으로 활용하기 위해 필수적인 이해 과정이었다. 예와 악 각각의 고유한 기능을 정치에 활용하고 응용하려면, 예와 악의 원론적인 의미를 파악하는 것이 먼저이기 때문이다. 「악기」에서 강조하는 예악의 기능을 살펴본다.

악은 같게 하는 것이고, 예는 다르게 하는 것이다. 같으면 서로 친하고, 다르면 서로 공경한다. 악이 이기면 방종에 흐르고, 예가 이기면 인심이 떠난다. 정(情)을 합치고 예모를 꾸미는 것이 예악의 일이다.[18]

악은 천지의 화(和)이고, 예(禮)는 천지의 서(序)이다. 조화로우므로 백물(百物)이 모두 화하고 질서가 있으므로 만물이 모두 구별된다.[19]

악이란 정을 변경할 수 없는 것이고, 예란 이치를 바꿀 수 없는 것이다. 악은 통합하여 함께하는 것이고, 예는 분별하여 다르게 하는 것이다. 따라서

出, 何歟." 이는 『禮記』「樂記」의 '樂禮' 가운데 "天尊地卑, 君臣定矣. 卑高以陳, 貴賤位矣, 動靜有常, 大小殊矣, 方以類聚, 物以羣分, 則性命不同矣. 在天成象, 在地成形, 如此則禮者天地之別也"와 '樂記' '樂論' 가운데 "樂由中出, 禮自外作, 樂由中出故靜, 禮自外作故文." 및 "樂者天地之和也, 禮者天地之序也, 和故百物皆化, 序故羣物皆別. 樂由天作, 禮以地制, 過制則亂, 過作則暴, 明於天地然後, 能興禮樂也"를 부분적으로 취한 것이다. 정조가 인용한 예악 관련 내용은 「樂記」예악론의 핵심 부분이다.

17 『禮記』「樂記」'樂禮': "聖人作樂以應天, 制禮以配地, 禮樂明備, 天地官矣."
18 『禮記』「樂記」'樂論': "樂者爲同, 禮者爲異. 同則相親, 異則相敬. 樂勝則流, 禮勝則離. 合情飾貌者, 禮樂之事也."
19 『禮記』「樂記」'樂論': "樂者, 天地之和也, 禮者, 天地之序也. 和故百物皆化, 序故群物皆別."

예악의 설은 인정을 포함한다.[20]

「악기」에서 강조하는 바와 같이 예와 악은 상보적인 관계이다. 악이란 같게 하는 것이고, 예란 다르게 하는 것이다. 같게 하면 서로 친하게 되고, 다르게 하면 서로 공경하게 되니 그 어느 것 하나라도 지나치거나 모자라게 해서는 안 된다고 하였다. 그러므로 조선의 역대 제왕은 예와 악을 갖추기 위한 노력을 아끼지 않았다. 그러나 시간이 흐를수록 예와 악은 이상적으로 상정해 놓은 것과 달리 점차 균형을 잃기 시작했던 것으로 드러난다. 특히 조선 후기 정조가 파악한 당시 상황이란 '예는 지나치고 악은 사라진' 상태였다. 다음의 인용문이 그러한 정황을 잘 드러낸다.

예와 악은 어느 쪽도 폐지할 수 없는 것이다. 그런데 순임금 조정에서 주자(冑子)를 가르치는 것과 『주관(周官)』의 성균이 모두 악을 위주로 하였으니, 대개 혈맥을 뛰게 하고 고무시키는 묘한 이치가 백성들을 쉽게 교화시키기 때문이다. 그러나 삼대 이후로 예는 오히려 징험할 수 있으나 악은 전해지지 않았다. 우리나라의 풍속은 특히 종률의 학에 어두우니, 지금 '소리는 긴말에 의지하고 음률은 소리를 조화롭게 하는 것'이라는 법을 구하고자 한다면 오직 시(詩)만이 볼 만하다. 그런데 시의 가르침 또한 날로 느슨해지고 초쇄해져서 삼백 편의 유음이 남아 있지 않게 되었다.

내가 후손이 되어 선조의 도를 본받아 계승함에, 어찌 감히 전헌(典憲)을 따

20　『禮記』「樂記」'樂情': "樂也者, 情之不可變者也. 禮也者, 理之不可易者也. 樂統同, 禮辨異, 禮樂之說, 管乎人情矣."
21　『홍재전서』 권165 「日得錄」 5 '文學' 5: "禮樂不可偏廢, 而虞廷敎冑, 周官成均, 皆以樂爲主, 蓋其動盪鼓舞之妙, 易於化民也. 三代之後, 禮猶可徵, 而樂則不傳. 東俗尤茫昧於鐘律之學, 今欲求依永和聲之法, 則惟詩可觀, 詩之敎, 又日入於靡曼噍殺, 無復三百篇遺音."

르고 빛나고 아름다움을 드러내어 봉황이 울고 짐승이 따라 춤추던 음악을 날마다 우리나라에 울리게 하고 싶지 않겠느냐만, 지금 그 악기는 있으나 제도에 몽매하여 사용을 포기하고 유향(遺響)만 전하고 있다. 조정의 예를 아는 신하들은 종묘와 조정에 사용하는 것을 세종시대의 옛것으로 복구할 수 있는 것이 많다고 하나, 상하 수백 년 동안 논의한 것이 많이 어긋나 여전히 복구할 겨를이 없었다. 어떻게 해야 음악의 소리를 따라 음악의 근본을 소급하여 소위 육률과 오성·팔음이 각기 제자리를 찾게 하고, 우리나라의 옛 법을 따라서 요(堯)·순(舜)·우(禹)·탕(湯)·문(文)·무왕(武王)의 음악에까지 미루어 나갈 수 있을 것인가? 그대 제생들과 더불어 강구하기를 원하노니, 그대들은 말을 아끼지 말라. 내 즐거이 들으리라.[22]

정조가 인식한 바로는 예와 악이 상보적이고 양자가 고른 균형을 이룬 시절은 삼대(三代) 이전 시기였다. 삼대 이후로 예는 오히려 징험할 수 있으나, 악은 전해지지 않았다고 파악한 정조에게 악의 회복을 위한 방법은 형식적인 고민이 아닌 현실적 고민이었다. 이에 정조는 그의 책문을 통해 여러 신하들에게 악의 회복 방법에 대해 연구할 것을 강조하였다.

정조의 사례에서도 드러나듯이 조선왕실에서 논의되는 예와 악은 하나의 담론으로 제시되기도 했지만 그 상보적인 관계를 강조하는 내용에서 드러나듯 실제 왕실의 의례와 음악의 연행을 통해 구현되었다. 그 구현의 방식과 내용은 시대적으로 다소 다르게 나타났지만, 예와 악을 균형적으로 유지하고자 하는 노력만큼은 다르지 않았다.

이상 살펴본 바와 같이 조선왕실의 예와 악은 담론을 뛰어넘은 것이었

---

22 『홍재전서』 권51 「策問」 4 '樂': "在予後人, 法祖述先之道, 曷敢不恪遵典獻, 闡徽揚美, 使鳴鳳率獸之樂, 日聞於大東, 而今也有其器而昧其制, 抛其用而傳其響. 薦紳知禮之臣, 多以宗廟朝廷之用, 可復英陵之舊爲言, 而上下數百年, 議多參差, 尙未遑焉. 何以則由樂之聲, 而溯樂之本, 使所謂六律五聲八音, 各得其所, 率由我家之舊章, 推以及於堯舜禹湯文武之樂歟? 願與子諸生講之, 毋金玉爾音, 予將樂聞焉."

고 그것은 왕실에서 행해지는 온갖 의례와 음악을 통해 드러났다. 그 의례와 음악은 조선 전기부터 대한제국 시기까지 만들어졌던 여러 오례서와 악서에 그 모습을 담고 있다.

2 아악과 속악 논의

우리나라에 아악(雅樂)이 처음 들어온 것은 고려시대의 일로서 중국 송나라에서 유입된 대성아악(大晟雅樂)이 그것이다. 아악의 악기와 음악이 함께 들어와 조선의 몇몇 제사 등의 의례에서 쓰였다. 그러나 그 음악이 지닌 음악성이나 음악적 가치와는 무관하게 중국에서 유입된 제사음악이라는 위상이 더욱 높이 평가되었고 그 음악은 조선조 내내 여러 제사음악에서 사용되었다. 또 세종 대에는 그것을 바탕으로 하는 새로운 아악을 제정하는 단계까지 나아갔다.

속악(俗樂)은 단어에 '속될 속' 자를 쓴 데에서도 알 수 있듯이 아악에 비해 속된, 혹은 격이 낮은 것으로 간주되었는데, 당악(唐樂)과 향악(鄕樂)을 속악의 범주에 포함시켜 놓았다. 또 연주자에도 격을 차등화하여 아악을 연주하는 악생(樂生)은 양민 신분, 속악을 연주하는 악공(樂工)은 공천(公賤) 출신으로 충당하였다.[23] 조선왕실의 아악과 속악에 대한 인식은 각 시기마다 차이가 있고 음악에 대한 인식의 수위에 따라 각각 다르게 나타난다. 따라서 조선왕실의 아악과 속악에 대한 논의를 일률적으로 소개하는 데에는 다소 어려움이 있으므로 아악과 속악에 대한 논의가 가능한 주요 시기별 사례를 통해 주요 내용에 대해 살펴보고자 한다.

---

23 『경국대전』「吏典」.

1) 세종의 아악 정비

아악은 제사와 조회 등의 국가의례에 사용하기 위한 음악이다. 제사는 근본을 생각하게 하는 행위로서 근본에 보답하고 시초를 돌이켜 보는 '보본반시(報本反始)'하는 행위로서 인간과 신령이 만나는 장이며 조회 등의 각종 의례는 왕실 구성원들의 질서를 확인하거나 각종 경사를 기념한다는 의미를 지닌다. 세종 대에 이루어진 아악 정비 작업은 결국 천지와 조상, 성현에 대해 예를 갖추어 공경하는 마음을 올리는 행위의 극대화를 위한 것이며 예와 악을 통해 조화를 이루고자 하는 각종 국가의례를 제대로 거행하기 위한 것이었다.

건국 초기 대부분 국가의례의 체제가 갖추어지지 않은 상황에서 수행된 정비를 위한 노력은 자연스러운 것이었다. 그러나 이러한 원론적인 이념 외에 또 하나 주목해야 할 이념적 기반은 곧 '고제(古制)의 회복'이라는 이상이다. 고제란 조선 지배층이 가장 이상적 시대로 상정해 놓은 삼대의 제도이다. 삼대는 사라졌지만, 그 흔적은 중국에 남아 있는 것으로 간주했으므로 이때의 기본적인 태도는 중국의 것을 원용하는 방식을 취하게 되었다. 제사와 조회 등의 의례에서 아악을 사용한다는 것은 가장 잘 다스려진 삼대의 질서를 조선에서 재현하고자 한다는 의미를 지닌다. 따라서 아악 정비란 그러한 자취를 찾기 위한 노력의 일단이었다.

세종 대에는 아악을 정비하기 위하여 여러 노력을 기울였다. 가장 먼저 이루어진 노력은 박연을 중심으로 한 율관 제작이었다. 아악을 정비하기 위해서는 먼저 율관을 제작해야 했기 때문이다.[24] 박연은 조선의 땅에서 자란 기장 쌀알을 찾았는데, 당시 해주 지역에서 생산된 것이 적합한 기장이

---

24 율관이란 기준 음이 될 만한, 일정한 음높이를 내는 관(pitch pipe)을 말한다. 일정한 기준 음이 되는 황종율관이 만들어지면 그것을 바탕으로 하여 나머지 11개의 음높이를 추출해 낼 수 있다.

라 판단하였다. 기장이라는 작은 쌀알을 관 속에 1,200알 정도 수용하는 길이를 만들어 그것을 황종율관으로 삼았다. 그러나 막상 율관을 제작해 놓고 보니 당시 중국에서 보내온 악기인 편경의 음높이보다 약간 높게 나왔다.

박연은 중국에서 보내 준 편경의 음과 새로 제작한 황종율관의 음높이가 같기를 바랐다. 그러나 애석하게도 높이가 맞지 않았다. 두 번째에는 자연에서 채취한 기장 쌀알이 아닌, 밀랍으로 쌀 크기를 인위적으로 만들어서 율관 제작을 시도했으나 그 결과 역시 실패에 그쳤다. 결국은 기존에 있던 편경의 황종음고에 맞는 황종율관을 제작하는 것으로 그 시도를 마쳤다. 역으로 황종율관에 1,200알의 기장 알이 들어갈 수 있는 적당한 크기의 기장 알을 찾은 후 일을 마무리한 것이다.

율관 제작에 이어 수행된 것은 아악기를 제작하는 일이었다. 아악기 중에 특히 편경은 고려시대부터 수입되기 시작하여 세종 대에도 여전히 수입 악기로 들여와야 했고 자체제작이 불가능했다. 편경은 여러 개의 경돌을 엮어 걸어 놓고 소리를 내는 악기이므로 한 틀에서 단 몇 개의 경돌이라도 깨지거나 문제가 발생한다면 연주가 어려운 악기이다. 피아노 건반 중에 소리가 안 나는 건반이 있으면 제대로 된 음악을 연주하기 어려운 원리와 같다. 당시 편경은 국내제작이 어려웠고, 비어 있는 음은 와경(瓦磬)으로 대체해서 사용하기도 했으므로 연주를 제대로 할 수 없었던 악기가 많았다. 소리 좋은 경돌이 발견되지 않았기 때문이다. 결국 박연의 노력에 의해 경기도 남양에서 좋은 경돌을 찾아냈고, 그것으로 아악기 편경을 국산화하여 제작할 수 있었다.

편경 제작을 마치고 소리를 내 보니 중국에서 수입된 것보다 월등히 좋았다. 국내제작 악기에 대한 자부심을 가질 만한 사건이었다. 이어 세종의 앞에서 악기 시연을 했는데, 유독 이칙음(夷則音: g#)의 소리가 약간 높았다. 귀가 예민한 세종은 곧바로 그 사실을 지적했고 확인을 해 보니, 돌을 더 갈아 내야 할 부분이 남아 있었다. 먹줄이 그어져 있는 남은 부분을 모두 갈아 내고 나니 비로소 정확한 이칙음 소리를 냈다. 세종의 음악성이 확인되는 장면이다. 좋은 편경을 만든 업적은 아악기 정비에 있어서 가장 큰 수확이라 할 수 있다. 그 외에도 주종소를 설치하여 제작한 편종 이하 여러 아악기들이 제작되어 아악을 연주하는 여러 의례에서 연주될 수 있었다.

아악을 연주하기 위한 아악기 제작과 함께 이루어진 업적은 『아악보(雅樂譜)』의 완성이다. 1430년(세종 12)의 일이다. 『아악보』 서문을 쓴 정인지는 조선 건국 후 40여 년의 세월이 흘렀지만, 여전히 아악이 갖추어지지 못했기 때문에 『아악보』를 만들었다고 설명하였다. 『아악보』의 서문에는 박연의 율관 제작 경위를 먼저 적어 놓았다. 또 편경과 편종을 만든 거사에 관하여도 적고 있는데, 조선에는 이미 고려 예종 때에 송의 휘종이 준 편종과 공민왕 때 고황제가 준 종과 경, 명 태종 문황제가 준 종과 경 수십 개가 있었는데 그것을 바탕으로 편종을 만들고, 남양에서 경돌을 얻어 편경을 만들어 악기를 새롭게 제작한 역사를 비중 있게 다룬 후 악보 제작에 관한 이야기를 전개하였다.

당시 봉상시에서 제사를 위해 연주하고 있는 악장(樂章)의 음악이 어디로부터 전해 온 것인지 알 수 없었다. 또 그중에는 악공들이 일시적으로 보탠 것도 있어서 믿을 만한 것이 없었으며, 당시 참고할 수 있는 악보로는 『의례경전통해』 「시악」의 '풍아(風雅)' 12편, 『지정조격(至正條格)』과 임우(林宇)의 『석전악보(釋奠樂譜)』 17궁(宮)뿐이었다. 결국 『아악보』의 음악은 이러한 음악들을 바탕으로 만든 것이다. 그나마 이 악보들도 완전한 것은 아니었고 여러 이유에서 부적합한 것들을 포함하고 있었으나 이들 이외에는 참고할 것이 없었기 때문에 『의례경전통해』 「시악」에서 「소아(小雅)」 6편을 취해 조회악을 만들고, 『석전악보』에서 몇 가지 선율을 취해 제사음악을 만들었다. 『시경』의 「소아」에서 취해 음악을 만든 것은 「소아」가 제후의 음악이기 때문이다.

새로 제작된 조회 아악은 완성된 후 곧바로 1431년(세종 13) 1월 1일의 하정례(賀正禮), 즉 신년하례에서 처음 연주되었고 회례연(會禮宴)과 양로연 등에서도 활용되었다. 또 제사를 위해 새롭게 만든 제사 아악 또한 사직, 석전, 선농, 선잠 등의 각종 제사에서 쓰였다. 신제 아악에 대해 세종은 "우리나라의 아악이 만들어졌으니 중국에 부끄러워할 것은 없다" 하면서 박연의 노고에 대해 치하하였다.

세종 대 아악의 정비는 삼대의 고제를 염두에 두고 이루어졌지만 삼대의 흔적이 남아 있는 중국의 것을 조선식으로 재해석해 받아들이는 방식이었다. 세종 대에 만들어진 아악이 중국의 것과 동일한 것이 아님을 알 수 있다. 옛 문헌을 참고하고 주나라 음악과 가장 가까운 특징을 가진 것을 찾고, 찾을 때는 일정한 기준을 가지고 작업을 했으며, 그 결과로 만들어 낸 아악이었기 때문이다. 중국에 부끄러워할 것은 없다는 세종의 맥락이 곧 그것이다.

2) 영조 대 아악 부흥 노력

다음은 영조 대의 상황이다. 1742년(영조 18) 8월, 영조는 가을 제사를 마친 후 당시 연주되고 있는 제례 아악을 듣고 마음을 심란하게 한다는 표현을 한 적이 있다. 다음의 기사이다.

오늘날의 아악(雅樂)은 장단과 절주가 조화롭지 못하여 이를 들으면 사람의 마음을 심란하게 한다. 만약 아악이 본래 이와 같다면 공자가 어찌 석 달 동안 고기 맛도 모르고 심취할 수 있었겠는가?

영조는 당시의 아악이 장단과 절주가 조화롭지 못하여 듣는 사람의 마음을 심란하게 한다고 평하였다. 또 아악이란 것이 본래부터 사람의 마음을 심란하게 하는 음악이라면 공자가 일찍이 순임금의 소악(韶樂)을 듣고 '진선진미(盡善盡美)'하다고 평가하면서 석 달 동안 고기 맛을 잊을 정도로 그 음악에 심취할 수는 없었을 것이라고 말하였다. 장단과 절주를 조화롭게 하여 연주하는 아악이라면 그 음악을 통해 정서적 카타르시스를 체험할 수 있을 터임이 분명하지만, 영조 대 당시의 아악 현실은 그렇지 못했다는 이야기다.

조선시대의 궁중음악은 임진왜란을 겪은 이후 황폐한 현실에서 벗어나기 힘들었다. 정묘호란(1627)과 병자호란(1636-1637) 또한 궁중음악을 피폐하게 만든 주요 요인이 되었다. 수차례의 전란을 겪으면서 궁중의 악기는 모두 쓸 수 없는 것이 되었고 악기를 연주할 악공, 악생과 같은 음악인들은 각지로 흩어져 제대로 된 음악을 연주하기 힘들었다. 심지어는 제례악 없이 제사를 치렀던 시기도 있었다. 그러한 시기를 겪어 낸 이후 영조 대에는 많은 음악이 복구되었고, 악기 또한 제자리를 잡아가는 듯 보였다. 그럼에도 불구하고 영조는 1742년 당시의 아악에 대해 "사람의 마음을 심란하게 한다"고 평가했던 것이다.

앞서 언급한 바와 같이 우리나라에 아악이 유입된 것은 고려 예종 11년(1116)의 일로서 송나라 휘종(徽宗)이 제정한 대성아악이 들어오면서 그 역사가 시작되었다. 고려시대로부터 계산한다면 영조 대 당시까지 아악의 역사는 626년이란 긴 시간을 확보하였다. 아악의 유입 초기에는 아악기와 의물(儀物) 등을 이 땅에서 자체적으로 제작하지 못하고 전량 수입에 의존하였지만, 아악이 유입된 이후 600여 년이란 시간이 지난 영조 대 당시만 하더라도 몇몇 악기를 제외한 대부분의 아악기는 조선에서 자체제작해서 쓸 수 있게 되었으므로 그 상황은 많이 달라져 있었다. 특히 편경과 같은 악기는 이미 세종 대에 경기도 남양에서 질 좋은 경돌을 발견한 이후 조선 후기의 시점에는 중국보다 훨씬 좋은 소리의 편경을 제작할 수 있게 되었다.

그러나 여러 차례 전란을 겪으면서 조선 궁중음악의 현실은 나빠졌다. 향악기나 당악기에 비해 특히 아악기의 현실은 더욱 그러했다. 그 가운데 생황(笙簧)과 같은 악기는 조선 세종 대에 이미 국산화했던 경험이 있었지만, 조선이 제작한 생황은 여전히 제대로 소리 낼 수 없었으므로 중국에서 수입한 악기를 사용할 수밖에 없었다. 관(管)과 소(簫)와 같은 관악기나 금(琴)과 같은 현악기도 사정이 크게 다르지 않았다. 결국, 잘 연주할 수 없는 악기를 제대로 연주하기 위해 영조는 장악원 소속 관리에게 명하여 중국에서 악기를 사 오도록 하거나 다시 제작하도록 했으며 때로는 악기 연주법을 배워 오도록 하는 조치를 취하였다.

영조 대의 아악기 현실이 이러했으므로 특히 음률을 잘 아는 관리의 역할은 그 어느 시기에 비해 중요하였다. 주지하듯이 예악정치를 중시했던 조선조 궁중에서는 음률에 정통한 사람을 특별 관리하였다. 성종 대의 성현은 경상도 관찰사로 임명을 받았다가 장악원 제조로 전격 발탁되었고, 임흥(任興)과 같은 인물 역시 음률에 정통하다는 이유로 나이 오십이 넘어 장악원의 종7품 벼슬인 직장(直長)에 제수받게 되었다. 효종 대에 사재감(司宰監)의 주부(主簿)로 일하던 허의(許顗)와 같은 인물은 음악성이 뛰어난 인물로 평가되어 장악원 주부의 직책과 서로 맞바꾸도록 하였다. 같은 종6품끼리 직무를 교환한 사례다. 이와 같은 모든 조치는 실직(實職)을 통해 음악 실력을 발휘하도록 하기 위한 방안으로 모색된 것이었다. 예악정치의 중요성을 인식했던 조선조였기에 있을 수 있는 일이었다.

영조 대 당시, 아악이 제대로 연주되지 않고 있다고 인식한 영조가 이연덕을 장악원 정(掌樂院正)으로 삼은 것도 같은 맥락이었다. 이연덕의 자는 자신(子新), 호는 지지재(知止齋)로 영조 대 당시 음률을 잘 아는 인물로 평가되어 1742년(영조 18) 장악원 정이 되었다. 이연덕은 재주가 많아 다양한 분야의 학문에 관심을 가졌다. 음률에 밝은 것은 물론이고 경서·수학·음양·율력 등의 분야에도 뛰어난 재주를 보였다. 장악원 정으로 있을 때에는 『대사례의궤(大射禮儀軌)』를 찬술하는 작업에도 참여한 적이 있다.

영조는 악기도감(樂器都監)을 설치하여 이연덕을 겸낭청으로 삼아 악기를 감독하여 만들어 내도록 독려하였다. 당시 사직악기고의 쓰레기 속과 비변사의 우물에서 석경 24매(枚)를 얻었는데, 그 악기 중에는 계축년이라 새겨진 것이 15매가 나왔다. 계축년은 1433년(세종 15)으로, 발견된 석경은 곧 세종 대에 박연이 만든 것이었다. 영조는 매우 기뻐하며 세종 대 당시 종(鐘)과 경(磬)을 우물에서 얻어 아악을 만들었는데, 자신의 시대에도 또다시 악기고 쓰레기 속과 우물에서 석경을 얻은 것은 결코 우연한 일이 아니라 여기면서 아악을 새롭게 할 뜻을 갖게 되었다. 그와 함께 재자관(齎咨官)을 북경에 보내 생황 만드는 법을 알아 오도록 하였고, 장악원 제조에게 신칙하여 상과 벌로써 악생들을 권면하고 징계하여 실효가 나타나도록 한 바 있다.

이연덕은 평소 영조 앞에서 음악과 관련된 자신의 생각을 펼칠 기회가 많았다. 이는 영조가 이연덕을 음률에 정통한 인물로 인정했기에 가능한 일이었다. 1742년(영조 18) 7월 4일 이연덕은 영조의 앞에서 이렇게 말한다.

성음(聲音)은 정치와 서로 통하는 법입니다. 무릇 여러 아악을 어찌 제왕이 유의해야 할 바가 아니겠습니까마는, 음악의 근본은 덕에 있으니, 전하께서 요임금이 극명(克明)한 것과 순임금이 윤협(允協)하신 것처럼 덕에 힘쓰신다면 천지의 조화가 저절로 서로 응하게 되어 봉황이 와서 춤추는 아름

다음을 다시 볼 수 있을 것입니다.[25]

영조는 이연덕의 이러한 생각에 대해 '질박하다'라고 평하였다. 영조는 이연덕의 음악 실력은 물론 그의 사람됨에 대해서도 긍정적으로 평하였다. "이연덕은 사람됨이 담박하고 안정되어 있어 반드시 모든 일에 잘 궁리할 것이다"라는 평가가 곧 그것이다.

그러나 무엇보다 영조가 이연덕을 장악원 정으로 발탁한 가장 큰 이유는 영조 대 당시 아악이 제자리를 이루지 못하고 있기 때문이었다. 따라서 영조 대의 아악을 책임질 임무를 이연덕에게 부과했는데, 영조는 이연덕을 그러한 임무를 감당해 낼 인물로 평가하였다.

세종조에는 예악과 문물이 찬란하게 크게 갖추어졌으나, 지금은 아악이 거의 다 없어졌으니, 이것은 사람에게 달려 있는 것일 뿐이다. 오늘 너를 부른 것은 이정(釐正)하는 데 뜻을 두고 있기 때문이니, 너는 모름지기 잘 바로잡아 교사(郊祀)·묘사(廟祀)에 아악이 종조리(終條理)를 이루는 공효(功效)가 있도록 하라.[26]

영조의 명을 받은 이연덕은 아악기를 만들고, 아악을 정리하는 여러 성과를 이루었다. 이연덕은 정조 대에 가서도 여전히 사람들의 입에 오르내릴 정도로 음악에 정통했던 인물이었다. 정조 2년 11월 29일의 『정조실록』 기사에도 이연덕의 이름이 거론된 바 있다.[27] 당시의 장악원 제조 이중호(李重祜)는 정조 앞에서 이연덕을 "악제에 밝고 음률을 잘 아는 인물로 이연덕

---

25 『영조실록』 권56 영조 18년 7월 신유(4일).
26 『영조실록』 위와 같음.
27 『정조실록』 권6 정조 2년 11월 을묘(29일).

만 한 사람이 없습니다"라고 평가한 바 있다. 영조가 『악학궤범』을 중간하면서 그 서문을 지은 후 이연덕에게 읽어 보도록 한 것도 그를 남다르게 생각하고 있었기 때문이다.

장단과 절주가 조화롭지 못하여 사람의 마음을 심란하게 하는 아악, 그 아악이 제 모습을 갖추도록 영조는 이연덕을 정3품의 장악원 정으로 발탁하였고, 이연덕은 그 명에 응하였다. 그리고 600여 년 이상의 역사를 지니는 조선의 아악이 정돈된 모습을 갖추도록 갖은 노력을 기울였다. 석 달 동안 고기 맛을 모를 정도로 음악의 진선진미(盡善盡美)한 경지까지는 이룰 수 없다 하더라도 이연덕은 당대 아악의 수준을 한 단계 끌어올리고자 노력하였다. 영조 대에 아악 부흥을 이루고자 했던 노력은 정조 대로 이어진다.

3) 속악을 향한 세종의 노력

세종이 만든 국가의례를 위한 음악 중에 〈여민락(與民樂)〉이 있다. '백성과 더불어 즐긴다'라는 의미이다. 『맹자』 「양혜왕」장에 나오는 '여민동락(與民同樂)'에서 유래한 말이다. 〈여민락〉의 노랫말은 조선의 개국을 찬미한 악장 〈용비어천가〉에서 가져왔다. 개국을 칭송하고 선조의 위업을 찬양한 장편 서사시이다. 조선을 탄생시킨 선조와 그 조상, 태조가 왕위에 오르기 전, 조선의 기강을 세우고자 했던 선왕들, 그리고 백성의 삶을 윤택하게 하고 싶었던 세종 자신이 만든 음악의 제목을 〈여민락〉이라 했던 것은 곧 백성과 함께 즐거움을 나누고자 하는 마음을 음악에 담고 싶었기 때문이었다.

〈여민락〉을 비롯하여 세종 대에 연주되었던 많은 음악은 세종이 직접 만든 것이었다. 『세종실록』에는 세종이 음악을 만드는 장면을 다음과 같이 묘사해 놓았다.

> 임금은 음률에 대해 밝았다. 신악(新樂)의 절주(節奏)는 모두 임금이 제정
> 한 것으로, 지팡이를 짚고 땅을 쳐서 음절을 구분하여 하룻저녁에 제정하
> 였다.[28]

실록의 기록만을 보면 마치 아무런 고민 없이 그저 지팡이만 내려치면
음악이 만들어지는 듯, 음악 만드는 일이 무척 쉬운 것처럼 오해할 소지가
있다. 그러나 세종 당시 새로운 음악을 만드는 법은 기존에 전하는 선율에
노랫말을 얹어서 만드는 방식이었다. 좋은 노랫말이 있으면 거기에 기존
선율에 어울리도록 가사 배치를 해서 음악을 만들었고, 그와 같은 방식으
로 많은 음악이 만들어졌다. 세종이 지팡이로 땅을 쳐서 음절을 구분해 가
며 음악을 만드는 장면의 연출은 곧 당시 작곡의 방식을 보여 준다.

더 중요한 것은 곧 '노랫말'이었다. "뿌리 깊은 나무는 바람에 흔들리지
않으니, 꽃 좋고 열매를 많이 맺으며, 샘이 깊은 물은 가뭄에 그치지 않고
솟아나 내를 이루어 바다에 이르니…" 요즘 들어도 멋진 노랫말이다. 선
조들을 칭송하는 〈용비어천가〉와 같은 멋스러운 노랫말이 있어 〈여민락〉
과 같은 음악이 만들어질 수 있었다. 세종은 그렇게 만든 음악을 국가의례
를 행할 때 연주하도록 했다. 궁중 안에서 행하는 의례라 백성들이 직접 참
여하지는 못하지만, 의례를 행한 후에는 사대문에서 백성에게 쌀과 음식
을 내리기도 하여 백성과 함께 즐긴다는 여민동락의 정신을 보이고자 하
였다.

〈여민락〉은 원래 〈봉래의〉라고 하는 대규모 모음곡 중에 포함된 하나의

---

28 『세종실록』 권126 세종 31년 12월 정사(11일).

곡이다. 〈봉래의〉의 구성은 〈전인자〉-〈진구호〉-〈여민락〉-〈치화평〉-〈취풍형〉-〈후인자〉-〈퇴구호〉의 일곱 부분으로 이루어져 있는데, 여기에 〈여민락〉이 포함되어 있다. 모두 노래와 춤, 기악 부분을 갖춘, 넓은 의미의 악으로서 거대한 규모의 공연물이다. 이러한 악무는 조선의 건국을 노래한 〈용비어천가〉에서 노랫말을 취하고 그것을 무대화하여 웅장한 공연예술로 연주되었다.

세종은 후에 종묘제례악으로 조선의 종묘에서 영원히 울려 퍼지게 될 악무 〈보태평(保太平)〉과 〈정대업(定大業)〉도 만들었는데, 원래 회례악(會禮樂)의 용도로 만들었다. 이 악무는 조정에서, 임금과 신하가 모두 모인 장엄한 장소에서, 노래와 춤이 어우러지는 의례로 연행되었다. 세종이 만든 〈보태평〉 중 '희문(熙文)'의 노랫말 일부 내용을 보자.

"운수에 응하시어 태평을 이루시고, 지극한 사랑으로 만백성을 기르시며, 우리의 후대를 열어 주고 도우시매, 억만 대까지 영원히 이어가고 이어가리. 이렇듯 장한 일을 무엇으로 나타낼 것인가? 마땅히 노래하여 찬송을 올리리라."

세종은 지극한 사랑으로 만백성을 기르고자 했다. 그리고 그 사랑이 후대로 영원히 이어지기를 원했다. 그 마음을 회례악무 〈보태평〉·〈정대업〉에 고스란히 담은 것이다. 세종이 만든 이 음악은 1464년(세조 10)에 종묘제례악으로 채택되어 지금도 매해 5월이면 종묘에서 들을 수 있다. 백성과 더불어 즐기고자 하는 세종의 마음이 온 누리에 울려 퍼지고 있다. 세종이 만든 음악은 현재 『세종실록악보』에 32정간 한 행의 정간보에 모두 기록되어 남아 있어, 악보를 펼치면 누구든 그 음악을 어렵지 않게 노래로 불러 볼 수 있다.

3 악장 논의

조선왕실에서 이루어진 악장 논의 가운데 가장 치열한 것은 곧 종묘에서 사용할 악장에 관한 논의이다. 이는 17세기에 이루어진 악장 논의를 담고 있는 『악원고사(樂院故事)』[29]에 상세하게 기록되어 있다. 이 장에서는 『악원고사』를 통해 종묘의 악장에 관한 논의에 대해 살펴보도록 한다.

『악원고사』는 1696년(숙종 22) 5월, 당시 장악원 정으로 있던 이세필(李世弼)이 당시의 종묘악장에 대한 논의 가운데 가장 핵심적인 내용과 자신의 소를 뒤에 붙여 필사본으로 펴낸 책이다. 상하 두 편으로 이루어져 있는데, 상편은 '종묘영녕전악장주설(宗廟永寧殿樂章註說)'로서 당시 종묘와 영녕전의 제례에 사용되는 악장에 대한 주설이며 하편은 종묘악장의 문제를 지적한 황정욱, 이정구, 권우, 송준길, 이봉징 등의 계사(啓辭), 소(疏), 차자(箚子) 등을 시대순으로 모아 놓은 것이다. 따라서 『악원고사』에 소개된 내용을 통해 17세기 종묘악장 논의의 전모를 파악할 수 있다.

『악원고사』의 논의를 살펴보기 이전에 잠시 종묘제례악의 형성에 대해 살펴보자. 주지하듯이 종묘제례에는 1463년(세조 9)까지 아악을 사용하다가 1464년(세조 10) 이후부터는 세종이 고취악과 향악을 바탕으로 만든 〈보태평〉과 〈정대업〉을 채택해 사용하기 시작했다. 원래 세종이 회례연의 악무로 만든 〈보태평〉과 〈정대업〉은 목조·익조·도조·환조의 추숭지조(追崇之祖)와 태조·태종의 문덕과 무공을 칭송하는 내용으로서 〈보태평〉이

---

29 『악원고사』(奎11503, 35.4×25).

11성,[30] 〈정대업〉이 15성[31]으로 구성되어 있었다. 그러나 이 음악은 자주 사용되지 않아 전승의 위기에 처해 있다가 세조 9년 12월에 종묘제례악으로 채택된 것이다.[32]

회례연에 사용할 목적으로 만들어진 악무를 제례악으로 사용하기 위해서는 개작이 필요했다. 따라서 같은 해 12월, 제례악으로서 필요한 진찬(進饌)·철변두(徹籩豆)·송신례(送神禮)에 사용될 음악을 새로 정하고[33] 〈보태평〉 11성·〈정대업〉 11성으로 줄여[34] 이듬해(세조 10) 정월의 종묘친사(宗廟親祀)에 처음 사용하였다.

회례악에서 종묘제례악으로 채택되어 사용되고 있던 〈보태평〉·〈정대업〉에 대한 문제제기는 『악원고사』 하편의 첫머리에 소개된 황정욱의 건의로부터 시작된다. 이는 황정욱이 예조판서로 있던 때의 일로서 악장의 내용과 해당하는 실(室)의 왕의 사공(事功)이 다르므로 각 실마다 그에 걸맞는 악장을 찬정해야 한다는 내용을 담고 있다.[35] 황정욱의 건의 결과 여러 묘에 악장을 찬진(撰進)하였지만, 악공들이 율(律)에 맞추지 못하여 제대로 음악을 연주할 수 없었기 때문에 결국 그대로 옛 악장을 사용하였다.[36] 황

---

30 세종 때에 창제된 〈보태평〉 11성은 熙文·啓宇·依仁·亨光·保乂·隆化·承康·昌徽·貞明·大同·繹成이다.

31 세종 때에 창제된 〈정대업〉 15성은 昭武·篤慶·宣威·濯靈·赫整·神定·凱安·至德·休命·順應·靖世·和泰·震耀·肅制·永觀이다.

32 『세조실록』 권31 세조 9년 12월 을미(11일).

33 진찬에 사용되는 음악은 豊安之樂, 철변두에는 雍安之樂, 송신에는 興安之樂을 사용하였는데 이는 같은 음악으로 이름만 바꾼 것이다.

34 악장은 崔恒이 손질한 것으로 〈보태평〉 11성은 熙文·基命·歸仁·亨嘉·輯寧·隆化·顯美·龍光·貞明·大猷·繹成으로 초헌에 연주되는 악장이고 〈정대업〉 11성은 昭武·篤慶·濯征·神定·靖世·宣威·奮雄·順應·寵綏·赫整·永觀으로 아헌과 종헌에 연주되는 악장이다.

35 『악원고사』 하편: "公爲禮判建言, 廟享奏樂, 只以國初詞臣所創定若, 而章分佾列聖神位, 其事功各異, 不相合着, 無以格思, 請一室各撰一章, 俾安道神(공이 예조판서 시 왕에게 의견을 아뢰었다. 종묘제향 때의 주악은 다만 국초에 詞臣이 창정한 것과 같이 장을 나누어 신위에 배열하였는데 그 일과 공이 각각 달라 서로 맞지 않으니 1실마다 각기 한 장을 찬정하여 新道를 편케 하기를 청하였다)." 이와 관련된 내용은 『선조개수실록』 권24 선조 23년(1590) 2월 계유(1일) 기사 참조.

36 『선조개수실록』 위와 같음.

정욱의 이러한 논의 내용은 1625년(인조 3) 오윤겸에게서도 반복된다.[37]

17세기의 월사 이정구와 동춘당 송준길에 이르러 종묘악장의 논의는 재현된다. 다음은 1626년(인조 4) 월사가 제기한 종묘악장에 관한 문제이다.

『악학궤범』은 성종 말년에 이루어졌는데 다만 세종 이상의 묘악만 실려 있고 문종·세조·예종 이하의 묘악은 실려 있지 않습니다. 그 뒤 중종으로부터 우리 선조에 이르기까지는 모두 악장이 없으니 어찌 모두 소홀히 하여 빠진 것이겠습니까? 아마도 묘악이란 마땅히 가장 높은 이를 따라야 하므로 다만 태조와 태종의 공덕만을 찬송하고 그 아래로는 따로 악장을 지어 각 실에 통용한 것이 아니겠습니까? 그러나 '혁정'은 세종의 묘악인데 가사의 내용이 전적으로 도이를 감정한 공을 찬양하고 있으니[38] 가장 높은 이가 아니라도 역시 묘악이 있었던 것이 아닙니까?[39]

세종 이상의 묘악은 이미 연주한 후 대유·역성·영관 등의 악장이 이어지는데, 그 가사에 '列聖宣重光'이라 하고 또 '世德作求, 率維敦功'이라 하고 또 '於皇列聖, 世有武功'이라 되어 있으니 이는 각 실에 통용된 악장일 듯합니다. 다만 선묘는 광국중흥의 공이 있으니 별도로 묘악이 있을 법한데 다만 거행하지 못한 듯합니다.[40]

---

37 『인조실록』 권9 인조 3년 7월 병인(20일) 기사 참조.
38 이 부분은 월사가 잘못 생각한 것이다. 島夷를 戡定한 공은 태종의 공이다. 따라서 혁정은 태종묘악이다.
39 『악원고사』 하편: "『樂學軌範』, 成於成宗末年, 而只載世祖以上之廟樂, 文宗·世祖·睿宗以下之廟樂則不載焉. 厥後自中宗至其宣廟, 皆無樂章, 豈皆放過而闕耶? 無乃廟樂, 當從最尊, 故只贊太祖·太宗功德, 而其下則別撰樂章, 通用於各室耶? 其曰赫整, 乃世宗廟樂, 而辭意全贊島夷戡定之功, 故雖非最尊, 而亦有廟樂耶?"
40 『악원고사』 하편: "世宗以上廟樂, 旣用之後, 繼之以大猷·繹成·永觀等樂章, 其辭則 曰 列聖宣重光, 又曰, 世德作求, 率維敦功, 又曰, 於皇列聖, 世有武功, 此似是通用各室之樂章也. 但宣廟則有光國中興之烈, 似當別爲廟樂, 而特未及擧行耶."

목조·익조·도조·환조의 묘악의 경우에는 이미 영녕전으로 이안하였으니 종묘에서 중첩되게 사용하는 것은 마땅치 않은데 인순하여 중복 사용하고 있습니다. 그러므로 사조 및 삼실의 묘악이 차례로 8·9실에까지 이르니 지극히 편치 않습니다. 이제부터 4조의 악장은 영녕전에서만 사용하고 종묘에서는 희문·융화로부터 시작하여 사용한다면 일이 문란한 데에 이르지는 않을 것입니다.[41]

앞서 황정욱과 오윤겸의 경우 각 실에 각각의 해당하는 악장을 따로 만들어 사용해야 한다는 건의를 하였으나 이 부분에 대한 월사의 견해는 다소 다르다. 월사는 성종 말년에 이루어진 『악학궤범』에 세종 이상의 묘악만이 실려 있고 문종, 세조, 예종 이하의 묘악이 실리지 않은 점에 대해 "묘악이란 가장 높은 이를 따르므로 태조와 태종의 공덕만 찬양하고 그 이하는 따로 악장을 지어 각 실에 통용한 것"이라고 이해하였다. 그러나 선묘(宣廟)의 경우 광국중흥(光國中興)의 공이 있는데 별도의 악장이 없는 점을 지적하여, "공이 큰 왕에 대하여는 따로 악장을 지어야 한다"는 입장을 취하고 있음이 확인된다. 결국 월사는 선묘에 대한 악장을 짓는다.

인조 당시에는 목조·익조·도조·환조가 이미 영녕전으로 이안된 상태였다. 월사는 그들의 묘악이 영녕전이 아닌 종묘에서 거듭 사용되고 있는 점을 지적하였다. 그러나 월사는 이러한 생각을 『악학궤범』과 『오례의』에 "영녕전의 악무는 종묘와 같다"는 내용을 참고한 후 잘못임을 수정하였다.[42]

또 문종으로부터 성종의 실에 이르는 악장이 『악학궤범』·『오례의』에 실

---

41 『악원고사』 하편: "至於穆祖·翼祖·度祖·桓祖廟樂, 則旣移于永寧殿之後, 則不當疊用於宗廟, 而因循疊用, 故四祖及三室廟樂, 次次延至於八九室, 極爲未安. 今後四祖樂章, 只用於永寧殿, 而宗廟則自熙文隆化而始用, 則事不至於紊亂矣."

42 『악원고사』 하편.

리지 않은 점에 대해서는 "각 실의 전헌(奠獻) 때 반드시 그 실마다 악장을
연주할 경우 악장은 길고 전헌은 간단하므로 악장의 연주가 시작되자마자
전헌 절차가 끝나기 때문에 곡무(曲舞)가 이루어지지 않기 때문에 처음에
는 선덕(先德)을 찬양하고 끝에 열성을 찬양하는 한 악장을 만들어 통용하
게 한 것"으로 이해하였다. 다시 말하면 황정욱이나 오윤겸의 견해처럼 각
실에 한 악장을 따로 만들지 않은 것은 모두 이유가 있다고 이해한 것이다.
이러한 견해는 다음의 글에서 계속된다.

> 유신이 널리 상고한 것 중에 소위 '서한은 다만 공덕이 훌륭한 부분에 나아
> 가 악장을 지었다'라고 한 것은 하후승의 논의만으로도 족히 증거가 됩니
> 다. 송조·원조에도 각 실마다 악장이 있었던 듯한데, 그것을 사용하는 제
> 도는 자세히 알 수 없습니다. 황조의 경우 태조·태종에게는 각각 악장이
> 있고 인조 이하로는 통용하였는데, 아마도 『악학궤범』을 찬정할 때 이러한
> 전례들을 참고하여 만든 것이 아닌가 합니다.[43]

이정구는 각 실에 각각 악장을 따로 쓰지 않는 것은 명나라의 전례를 따
른 것으로 보았다. 이정구가 지적하였듯이 명나라의 묘향제(廟享祭)도 태조
와 태종의 실에 각각 연주하는 악장이 있지만, 인묘(仁廟)의 악장에 있어서
는 선묘(宣廟)·영묘(英廟)·헌묘(憲廟)에 두루 통용하였다. 나아가 효묘(孝廟)
이하 예묘(睿廟)·무묘(武廟)에 이르기까지는 실마다 각각 악장이 있다. 이와
같이 명나라의 태묘제도는 통용하는 것과 각각 연주하는 제도가 공존하고
있었으며 우리나라의 제도 또한 이를 따르는 것으로 해석하였다.

---

43 『악원고사』 하편: "儒臣博考中, 所謂西漢, 則只就功德茂盛之處而製樂, 夏候勝之論, 亦足爲證也. 宋朝·
元朝, 似有各室之樂, 而其用之制, 不得其詳. 至於皇朝, 則太祖·太宗, 各有樂章, 而仁祖以下通用之, 無乃
『樂學軌範』撰定時, 參考此等典禮而爲之耶."

또 〈보태평〉과 〈정대업〉의 곡수가 각각 11곡인 것에는 타당한 이유가 있다고 하였다.

삼가 『주례』를 상고해 보니 '구덕지가와 구경지무를 종묘에서 연주하니, 악이 아홉 번 변하면 인신이 예를 얻을 수 있다'라고 하였습니다. 이를 인하여 다시 『악학궤범』을 참고해 보니 초헌의 보태평지악은 희문으로 인입하며 기명 등 9장으로 한 악무를 이루며 역성으로 인출하고, 아헌과 종헌의 정대업지악은 소무로 인입하여 독경 등 9장으로 한 악무를 이루며 영관으로 인출합니다. 이로써 살펴보니 『주례』에 소위 '악이 아홉 번 변한다'라는 말은 이러한 뜻인 것 같습니다. 따라서 역성의 장에서 '좌약우적(左籥右翟)'이라 한 것과 '기구변(旣九變)'이라 한 것 또한 이러한 뜻입니다. 그러니 초헌과 아헌, 종헌이 9장이 모두 갖추어져 있으니 첨가해야 할 악장이 없을 듯합니다.[44]

월사는 이처럼 〈보태평〉·〈정대업〉의 곡 수는 『주례』 「대사악」의 전거를 따라[45] 인입, 인출을 제외하면 '악구변(樂九變)'의 예에 맞는 것이므로 따로 첨가할 악장이 없는 것으로 해석하였다. 월사의 이러한 견해는 남구만, 좌의정 이여 등의 지지를 받는다(숙종 27).

월사의 글에 이어 실린 것은 1651년(효종 9) 9월 장악원 정 권우의 소이다.

---

44 『악원고사』 하편: "謹考 『周禮』曰, 九德之歌, 九磬之舞, 奏於宗廟之中, 若樂九變, 則人神可得以禮矣. 因此更考 『樂學軌範』, 則初獻保太平之樂, 以熙文引入, 而以基命等九章, 滾成一樂舞, 以繹成引出, 亞終獻定大業之樂, 則以昭武引入, 以篤慶等九章, 滾成一樂舞, 以永觀引出. 以此觀之, 則 『周禮』所謂樂九變者, 似是此意也, 故繹成之章曰左籥右翟, 曰旣九變云者, 亦此意也. 然則, 初獻及亞終獻, 九章皆備, 似無添入之章."

45 『周禮』 「大司樂」에 "악이 6변하면 천신이 모두 내려와 예를 올릴 수 있고, 악이 8변하면 지기가 나와 예를 올릴 수 있으며, 악이 9변하면 인귀에 예를 올릴 수 있다"고 되어 있다.

장악원 정 권우가 상소하기를, "삼가 생각건대 신의 직책은 음악을 관장하는 것이나 음률에 전연 어두워 여러 음악을 시열할 때 곡조가 어떻게 이루어졌는지도 모르지만, 종묘악장 가사책을 가져다 보니 음을 해석한 인본에 잘못된 음이 많이 있었습니다. 수리의 '리' 자는 『시전』 소아편제 및 강목에 모두 '희'로 음을 내었는데 중광곡의 '수리계후'의 '리'는 곧 '니'로 해석하였으니 '희'와 '니' 두 음은 뜻이 현격히 다릅니다. 필시 간행할 때에 잘못된 것을 방과해서일 것입니다. 산융의 '융' 자는 '용'으로 해석하였고 목량의 '목' 자는 '강'으로 해석하였으며 숙아의 '숙' 자는 '수'로 해석하였으며 무불의 '불(拂)' 자는 '불(佛)'로 해석하였고 '총유'의 '유' 자는 '요'로 해석하였으며 호장용영의 '영' 자는 '연'으로 해석하였고 회아의 '아' 자는 '야'로 해석하였습니다. 기타 잘못된 음은 여기에서 그치지 않습니다. 이는 악사들이 단지 언문으로 해석한 것에만 의거하여 외우고 익혀 잘못된 것을 답습하여 그 글자의 음이 잘못 전해진 것을 몰라서입니다. 신은 그것이 혹 음률에 소리를 어울리게 하려는 것이 아닌가 생각하여 여러 노악사들에게 물어보았더니, 청탁고저는 그 음률을 따라 노래하는 것이므로 혹 서로 맞지 않으며, 자음의 경우에는 마땅히 본음을 따라야 하는 것이라 하면서 예전에는 인본이 잘못되었다는 것을 알지 못했다가 이제서야 비로소 깨달았다고 합니다. 태묘악장이 얼마나 중요한 일인데 그르고 잘못됨이 여기에 이르렀으니, 진실로 괴이한 일입니다."[46]

---

46 『악원고사』 하편: "掌樂院正權堣疏曰, 伏以臣職是掌樂, 而全昧音律, 試閱衆樂之際, 漫不知曲調之爲如何, 而取見宗廟樂章歌詞冊, 音釋印本, 多有誤音. 受釐之釐字, 詩傳小雅篇題及綱目, 皆以禧出音, 而重光曲'受釐啓後'之'釐', 乃以'尼'釋音, 禧與尼兩音意意懸殊, 必是開刊時, 放過誤錯之. 致至於山戎之戎字, 釋之以容, 陸梁之陸字, 釋之以降, 孰我之孰字, 釋之以收, 無拂之拂字, 釋之以佛, 寵綏之綏字, 釋之以要, 壺漿用迎之迎字, 釋之以延, 髣髴之髴字, 釋之以佛, 回我之我字, 釋之以耶. 其他誤音, 非獨此止. 樂師等, 只憑諺釋而誦習, 承訛襲謬, 不知其字音之誤傳. 臣廉其或以叶音和於音律, 問諸老樂師, 答以淸濁高低, 則隨其音律而歌詠, 故或相不同, 至若字音, 則當從本音, 而曾不知印本之錯誤, 今始覺悟云. 太廟樂章, 何等重事, 而謬誤至此, 誠可怪也."

권우의 상소는 인본(印本)의 오류를 지적하는 것에서 시작한다. 당시 종묘악장의 인본에 잘못된 음이 많은데 이것이 악사들에게 계속 답습되고 있다고 하였다. 여기에서 악사들이 종묘악장을 익히는 과정이 나타난다. 인용문에 제시된 노악사의 말에서도 확인되듯 대부분의 악사들은 악장을 언문에 의거하여 외우고 익히므로 악장의 의미라든지 발음의 오류 등에 대해서는 소홀히 하여 잘못된 것이 그대로 답습되고 있음이 드러난다.[47]

이어지는 권우의 상소는 1626년(인조 4) 이정구의 상소에 제시한 내용 가운데 선조대왕의 사당에 악장을 별도로 지은 점에 대하여 자신의 견해를 밝힌 것이다. 즉 권우는 이정구의 견해를 그대로 따라 예로부터 공덕이 있는 왕에게 모두 묘악이 있었는데 우리나라의 제도 또한 그와 같았기 때문에 광국중흥의 공덕이 있는 선묘에게 별도로 묘악이 있는 것은 당연한 일이라고 하였다. 거기에 아울러 인조대왕의 사당에도 별도로 악장을 두어야 한다는 의견을 추가하였다.

다음의 글은 송준길이 1665년(현종 6) 태묘 악장의 잘못된 점에 대해 논한 차자이다.

삼가 엎드려 생각하옵건대, 신이 적이 들으니 태묘의 악장이 순서가 뒤바뀌고 착란된 곳이 매우 많아 크게 마땅치 않은 것이 있다고 하였습니다. 신이 처음에는 의아했으나 끝에는 해괴하게 여겨졌는데 진실로 왜 이런 지경에 이르게 되었는지 이유를 몰랐습니다. 『오례의』·『악학궤범』 등의 책과 국조명신장지에 실린 기록을 취하여 상고해 보니 태묘에는 〈보태평〉 9장 11성을 각 실에서 초헌 때에 통용하고 〈정대업〉 9장 11성을 아헌과 종

---

47 음악사의 현장에서 이러한 문제는 비일비재하다. 예컨대 과거 판소리 사설의 경우 한문 사설을 발음할 때는 그들의 귀에 들리는 대로 발음하여 의미가 전달되지 않는 경우가 허다했다. 따라서 김연수의 경우나 비가비와 같이 문자를 아는 이들이 판소리 사설을 정비하여 오류를 많이 수정하였다. 이러한 상황은 외국어로 된 가사를 노래하는 성악의 경우도 마찬가지다.

헌 때에 통용하는데, 선왕의 덕을 찬송하는 악장은 세종대왕 때의 일에서 그쳐 그 이하는 빠져 있어 문소전[48]이 폐지되지 않았을 때 소용되는 악장은 각각의 묘실에 각기 따로 만들었습니다. 대개 태묘의 여러 묘실에는 9장을 통용하면서 문소전에는 각기 따로 만들어 쓰니 그 뜻이 어디에 있는지 진실로 알지 못하겠습니다.[49]

선조조(1568-1608)에 예조판서 황정욱이 태묘의 묘실마다 각각 한 장씩을 찬하여 신도(神道)를 편안케 하기를 청하였고,[50] 인조조(1623-1649)에 오윤겸도 경연에서 이와 같은 청을 하였습니다.[51] 황정욱과 오윤겸은 모두 명신으로 그들이 이렇게 말한 데에는 반드시 소견이 있었을 것입니다. 그런데 오윤겸의 계(啓)에 대해 여러 대신들이 함께 의논하였으나 모두 채택해 쓰지는 않았고, 다만 선묘(宣廟)만을 위해 별도로 악장을 만들어 사용하였습니다. 효종조(1650-1659)에 장악원 정 권우가 상소하여 묘악을 개정하기를 청

---

48 태조와 신의왕후의 혼전. 태조 5년에 지어 신의왕후의 위패를 모시고 인소전이라 불렀는데 태종 8년에 태조가 승하하자 태조를 같이 봉안하고 문소전으로 고쳐 불렀다. 세종 15년에 태종의 위패도 봉안하였으나 명종 때 없앴다.

49 『악원고사』 하편: "伏以臣竊聞太廟樂章, 顚錯甚多, 大有所未安者, 臣始焉疑訝, 終焉怪駭, 誠不知其所以致此之由也. 取考『五禮儀』·『樂學軌範』等書及國朝諸臣狀誌所載, 則太廟以保太平九章十一聲, 通用於各室初獻之時, 以定大業九章十一聲, 通用於亞終獻, 其贊頌先德之章, 止於世宗大王時事, 而以下則闕焉, 文昭殿未罷時, 其所用樂章, 則各室各製之. 夫太廟諸室, 以九章通用, 而文昭殿則各製用之, 其意義所在, 誠未能曉也."

50 선조 23년 2월 계유(1일)의 일이다. 『조선왕조실록』에 의하면 황정욱의 건의에 따라 각 실마다 알맞은 악장을 撰進하였으나 樂工들이 律에 맞추지 못해 제대로 악기를 연주할 수 없었기 때문에 그대로 옛 악장을 사용하였다.

51 오윤겸이 경연에서 청한 내용은 『인조실록』 인조 3년 7월 20일(병인)의 기사에 있다. 오윤겸이 아뢰기를 "신이 전에 예조에 있으면서 종묘의 친제에 참여하였는데 악장에 관한 일에 적이 의심되는 점이 있어 의논하여 결정하고자 합니다. 태조의 악장은 융화를 써야 하고, 태종의 악장은 현미 용광을 써야 하는데, 4조를 이미 체천한 뒤에도 4조의 악장을 그대로 종묘에 쓰고 있으므로 1실 2실의 악장이 6실 7실까지 옮겨지게 됩니다. 악장이 이토록 문란하여 매우 미안합니다. 예로부터 제왕이 존호가 있으면 악장이 있는데, 다른 실에는 악장이 없으니 역시 매우 잘못된 것입니다. 그리고 강신하는 한 절목에 있어서도 땅 표면에 작은 구멍을 뚫어 술을 붓는 것은 사뭇 울창주를 땅에 붓는 의의가 아니니 이것이 사지가 만들어지게 된 까닭입니다"라고 하였다.

했고[52] 또 선묘의 예에 의거해 인조의 묘에도 별도로 악장을 만들 것을 청하였지만 모든 대신들이 불가하다 하여 그만두었습니다. 대저 이미 선묘를 위해 별도로 악장을 만들었는데, 곧 그 위인 세조·성종·중종의 세 세실(世室)과 그 아래인 인조·효종의 두 묘실에만 유독 따로이 만들면 안 되는 이유를 또한 신은 알지 못하겠습니다.[53]

또 태묘에 사용하는 악장이 비록 명색은 하나의 악장을 통용한다고 하나 실상은 각 묘실에 각각 한 악장씩을 연주합니다. 따라서 사공(事功)이 각각 달라 서로 맞지 않을 뿐 아니라, 9장을 연주하는 것이 아홉 번째 묘실에서 끝나게 됩니다. 그런데 지금 태묘는 10실이기 때문에 열 번째 묘실인 효종의 묘실에는 사용할 수 있는 악장이 없으므로 부득이 인출곡인 역성장을 사용합니다. 인출할 때에도 또 그 악장을 중첩되게 사용하며, 아헌·종헌 때에도 또한 인출곡인 영관장을 사용하는데 영녕전에서 연주하는 것도 이와 같다고 합니다. 아! 이곳이 어떤 곳인데 그 소용되는 예악이 전도되고 어긋남이 하나같이 이 지경에 이르렀습니까. 진실로 경악할 만합니다.[54]

그리고 또 만들어 놓은 악장의 길이가 고르지 않아서 매우 짧은 것은 한 묘실의 예가 미처 끝나기 전에 악장이 먼저 끝나기 때문에 악공들은 다시 그

52　이는 효종 2년(1651) 9월 경인(16일)의 일이다.

53　『악원고사』 하편: "宣祖朝, 黃廷彧爲禮判, 請於太廟一室各撰一章, 俾安神道, 仁祖朝, 吳允謙於筵中, 亦有此請. 廷彧·允謙皆名臣, 其所云云, 必有所見, 而允謙之啓, 諸大臣雜議, 皆不採用, 但爲宣廟, 別製樂章以用之. 孝宗朝, 權堣爲掌樂正, 上疏請釐正廟樂, 且請依宣廟例, 別製樂章於仁祖之廟, 諸大臣皆以爲不可而止. 夫旣爲宣廟, 別製樂章, 則其上焉若世祖·成宗·中宗三世室, 下焉若仁祖·孝宗兩廟, 獨不可別製者, 亦臣所未曉也."

54　『악원고사』 하편: "且太廟所用之樂, 雖名以一樂通用, 而實則各室各奏一章, 故不但事功各異, 不相合着, 九章所奏, 止於九室, 而太廟今爲十室, 則孝廟第十室, 無所可用之樂, 故不獲已以引出曲繹成章用之. 引出時, 則又疊用其章, 亞·終獻亦以引出曲永觀章用之, 永寧殿所奏, 亦與此同云. 噫! 此何等地, 而其所用禮樂, 顚倒錯戾, 一至此耶, 誠可駭矣."

악장을 연주하기도 합니다. 또 선조의 묘실은 지금 일곱 번째의 묘실로 그 악장은 예로부터 사용하는 악장이 있는데 또 새로 지은 것까지 있습니다. 태조의 묘실에도 단지 한 악장만을 사용하는데 선조의 묘실에는 두 악장을 사용하니 무릇 이러한 일들은 모두 매우 편치 않습니다. 또 초헌과 아헌 때 사용하는 악절은 문무악이 같지 않고 음조도 각기 다르며[55] 선조 묘실에 추가로 지은 것은 초헌·아헌·종헌의 삼헌에 모두 사용하니, 이 또한 의에 맞는 사례가 아닙니다. 또 장악원에 소장되어 있는 여러 악장의 주설도 전도착란되어 차례를 이루지 못하고 있으니, 이 또한 정리하고 깨끗이 베껴 간행하여 길이 후세들이 보게 해야 합니다. 신은 원하옵건대, 전하께서는 신의 이 차자를 여러 공경들로 하여금 다각도로 상의하여 좋은 방향으로 변통하게 하여 한 세대의 예악을 일신하여 후세에 원망받지 않으시게 된다면 심히 다행스러운 일이겠습니다.[56]

송준길의 견해는 앞서 제시한 월사의 것과는 달리 종묘악장에서 선왕의 덕을 칭송하는 악장이 세종 대에 그친 일은 잘못된 것이라 지적하였다. 따라서 선조조에 황정욱의 건의와 인조 대에 오윤겸의 건의가 모두 이유가 있는 것으로 보고 세조·성종·중종·인조·효종의 묘실에 악장을 별도로 짓지 않은 점에 대한 문제제기를 한 것이다. 게다가 음악을 9장만 연주한다면 당시의 태묘가 이미 10실을 갖추었기 때문에 열 번째 묘실인 효종의 묘실에는 사용하지 못하여 중첩되게 사용하므로 잘못된 것이라 하였다.

---

55 문덕을 칭송하는 음악인 〈보태평〉은 평조이고, 무덕을 칭송하는 음악인 〈정대업〉은 계면조이다.
56 『악원고사』 하편: "且其所製樂章, 長短不齊, 其甚短者, 則一室之禮未訖, 而樂章先畢, 故伶人輩或再奏其章. 且宣祖廟, 今爲第七室, 其樂章, 旣有舊所用者, 又有新所製者. 於太祖室, 亦只用一樂章, 而宣祖室, 則用兩樂章, 凡此皆甚未安也. 且初亞獻所用樂節, 文武不同, 音調各異, 而宣祖室追製者, 則通三獻皆用之, 此亦非義例也. 且樂院所藏樂章註說, 顚倒錯亂, 不成倫序, 亦宜在所釐定, 淨寫入刊, 永爲後觀也. 臣願殿下下臣此節, 令諸公卿雜議, 從長變通, 以新一代之禮樂, 無貽譏於後世, 不勝幸甚."

또 악장의 길이가 균등하지 못한 점과 유독 선조의 묘실에만 두 악장을 쓰는 점에 대하여도 의문을 제시하였다.

이처럼 17세기에는 종묘악장에 대한 논의가 활발하게 일어났다. 논의의 핵심은 각 실에 각각 한 악장을 갖추어야 한다는 논의와 악이 9변하면 인귀에 예를 올릴 수 있다는 『주례』의 해석을 바탕으로 한 '9성 타당설'이 대립한 것이다. 이러한 논쟁은 영조 대까지 이어져 〈용광〉과 〈정명〉장을 합하여 '〈용광정명〉'의 1장으로 만들어 9장을 12실(영조 당시에는 12실이다)에 계속하여 연주하는 것으로 귀결되었다. 이러한 전통은 그 후로도 계속 이어져 현재에 이른다.

『악원고사』는 17세기 종묘악장 논의 가운데 가장 핵심적인 내용을 모아 놓은 자료집으로서 종묘에서 연주되는 악장이 갖추어야 할 형식과 내용이 어떠해야 할지 논의하는 여러 사람들의 견해를 담고 있다. 『악원고사』의 내용은 그 중요성에 비해 오자가 많은 것으로 평가되고 있지만,[57] 그럼에도 불구하고 이 책에 수집되어 있는 황정욱, 권우, 이정구, 송준길 등의 종묘악장 논의는 17세기 명신들이 생각하는 종묘악장은 어떤 내용과 형식을 갖추고 있어야 하는지를 극명하게 보여 주고 있다. 종묘악장을 둘러싼 담론의 구체적인 내용이 이를 통해 파악된다.

---

57 『영조실록』, 권46 영조 13년 10월 을사(21일)의 기사에 "이세필이 편집한 『악원고사』를 지난번에 가져다 올리라는 하교가 있었는데, 중간에 틀린 글자가 많아 지금 한창 고치고 있습니다"라는 내용이 보인다.

표4-1 1697년 숙종 당시 종묘 신주(『종묘의궤』)

실		악장
제1실	태조대왕, 신의왕후 한씨	〈기명〉
제2실	태종대왕, 원경왕후 민씨	〈귀인〉
제3실	세종대왕, 소헌왕후 심씨	〈형가〉
제4실	세조대왕, 정희왕후 윤씨	〈집녕〉
제5실	성종대왕, 공혜왕후 한씨·정현왕후 윤씨	〈융화〉
제6실	중종대왕, 장경왕후 윤씨·문정왕후 윤씨	〈현미〉
제7실	선조대왕, 의인왕후 박씨·인목왕후 김씨	〈중광〉
제8실	원종대왕, 인헌왕후 구씨	〈용광〉
제9실	인조대왕, 인열왕후 한씨·장열왕후 조씨	〈정명〉
제10실	효종대왕, 인선왕후 장씨	〈대유〉
제11실	현종대왕, 명성왕후 김씨	〈인출역성〉, 후에 〈기명〉

표4-2 1697년 숙종 당시 영녕전 신주(『종묘의궤』)

실	
제1실	목조대왕, 효공왕후 이씨
제2실	익조대왕, 정숙왕후 최씨
제3실	도조대왕, 경순왕후 박씨
제4실	환조대왕, 의혜왕후 최씨
제5실	정종대왕, 정안왕후 김씨
제6실	문종대왕, 현덕왕후 권씨
제7실	단종대왕, 정순왕후 송씨
제8실	덕종대왕, 소혜왕후 한씨
제9실	예종대왕, 장순왕후 한씨·안순왕후 한씨
제10실	인종대왕, 인성왕후 박씨
제11실	명종대왕, 인순왕후 심씨

제 5 장

조선왕실의 음악기관

1 장악원 이전의 음악기관

1) 아악서와 전악서

(1) 아악서

아악서(雅樂署)는 조선을 건국한 1392년(태조 1) 7월 조선의 관제를 선포할 때 전악서(典樂署)와 함께 설립된 음악기관으로 제례 아악 연주를 위해 설치되었다. 아악서가 처음 설립된 것은 고려조 1391년(공양왕 3)의 일이었는데 종묘의 악가(樂歌)를 익히기 위한 목적이었다. 기관의 명칭은 1116년(예종 11) 송나라에서 수입된 대성아악(大晟雅樂)의 '아악'에서 유래된 것이다. 그러나 설립 이후 큰 활동을 펼치지 못한 채 조선이 건국되었고 건국 이후 조선의 음악기관으로 전승되었다.

아악서 소속 관원의 관품(官品)과 인원은 1409년(태종 9) 예조에 의해 정해졌는데 종5품의 전악 1명, 종6품의 부전악 1명, 종7품의 전율 2명, 종8품의 부전율 3명, 종9품의 직률 4명, 총 11명의 체제였다. 이는 같은 시기에 설립된 전악서에 비해 6명이 적은 수로서, 담당업무의 차이에서 기인한 것으로 해석된다. 이후 아악서는 세종 대의 아악 부흥 정책에 따라 활동 범위가 확장되었으며 담당 녹관도 증가하여 부전악 1명, 전율 2명, 부전율 3명, 직률 3명 총 9명이 증원되기에 이르렀다. 따라서 세종 대에 아악서 소속 녹관(祿官)의 인원은 시기별로 가감이 있으나 전반적으로 증원되는 추세였음을 알 수 있다.

아악서 녹관의 최대 인원은 1448년(세종 30)의 24명으로 이는 세종 대 아악 부흥의 움직임과 관련이 있다. 또 1448년 이후부터 아악서 소속 악공(樂

工)은 그 명칭을 '악생(樂生)'이라 부르기 시작했으며 아악을 연주하는 음악인을 '악생'이라 부르는 전통은 이 시기부터 비롯되었다. 이후 녹관의 인원은 시기별로 다소의 가감이 있었다.

아악서의 설립은 조선 건국 초기 태조의 조상을 제사하는 종묘제향과 문묘제향 등에서 제례 아악의 연주를 위한 것이었다. 건국 초기 종묘제례악 및 문묘제례악의 연주는 이원화되어 있었다. 즉 이들 제례악을 연주할 때에는 노래와 춤 기악이 모두 동원되는데, 그중에서 등가(登歌)에서 연행되는 노래 및 문무(文舞)와 무무(武舞)는 역시 건국과 함께 설립된 봉상시(奉常寺) 소속의 재랑(齋郎)과 무공(武工)이 담당하도록 했다.

그러나 이들은 전문 음악인은 아니었으므로 일정 기간 연습을 거치지 않으면 연주가 불가능해 전문 음악인들에 의한 음악 연주가 필요했다. 따라서 아악서 소속의 음악인들에게 제례악 가운데 악기로 연주되는 아악을 담당하도록 했다. 이때 연주자들은 일정 기간 훈련이 된 전문 음악인인 악공들이었다. 악공들의 음악 수준 향상을 위해 이들을 가르치고 연습시키기 위해서 특별히 체아직(遞兒職) 녹관[1]을 두었다. 조선 건국 초기 아악서는 음악인들의 아악 연주 실력 향상과 궁중음악 보존, 전승을 위해 중요한 기관으로 자리하였다.

1431년(세종13)에 들어와 왕실의 조회에도 아악을 연주하는 전통이 생기자 아악서는 제향음악 외에 조회에 쓰이는 아악 연주도 담당하게 되었다. 이후 1457년(세조 3)에는 전악서에 귀속되었다. 향악과 아악을 나누어 음악을 관장하도록 하는 것이 맞지 않는다는 이유에서였다. 즉 아악서에서 아악을, 전악서에서 당악과 향악을 관장하는 제도가 맞지 않는다는 것이다. 이는 "향악(鄕樂)과 아악(雅樂)이 본래 두 가지 일이 아닌데, 각각 관서(官署)와

---

1 체아직 녹관이란 일종의 비정규직 관직으로 복무기간 동안만의 녹봉을 받도록 되어 있는 관원이다. 이들에게 일정 기간 근무하며 녹봉을 주어 악공들을 가르치도록 하여 연주 실력을 향상시켰다.

제5장 조선왕실의 음악기관

표 5-1　태종-세조 대 아악서 소속 체아직 녹관[2]

품계 연대	1409(태종9)	1429(세종11)	1448(세종30)	1457(세조3)
종5품	사성랑 전악 1명	1명	가성랑 영 1명	1명
종6품	조성랑 부전악 1명	2명	순화랑 부령 1명	1명
종7품	사협랑 전율 2명	4명	사음랑 낭 2명	2명
종8품	조협랑 부전율 3명	6명	화성랑 승 3명	2명
종9품	조절랑 직률 4명	7명	화절랑 부승 18명	15명
합계	11명	20명(증9)	24명(증5)	21명(감3)

재랑(齋郞)을 설치하여 악생·무공의 액수가 지나치게 많으며, 또 각각 체아(遞兒)가 있어 낭비가 있고 이익은 없다"[3]라는 해석에 따른 것이다. 결국, 아악서를 전악서에 속하도록 하는 조치를 취하였고 전악서와 합하게 되었다.

(2) 전악서

전악서는 조선을 건국한 1392년(태조 1) 7월, 조선의 관제를 선포할 때 아악서와 함께 설립된 음악기관이다. 전악서가 처음 설립된 것은 고려조 1308년(충렬왕 34/충선왕 복위)의 일이었는데 이후 조선의 전악서로 전승된 것이다.

전악서 소속 관원의 관품과 인원은 1409년(태종 9) 예조에 의해 정해졌는데 종5품의 전악 1명, 종6품의 부전악 1명, 종7품의 전율 4명, 종8품의 부전율 5명, 종9품의 직률 6명, 총 17명의 체제였다. 이는 같은 시기에 설립된 아악서에 비해 6명이 많은 수로서, 담당업무의 차이에서 기인한 것이다. 아악서가 담당한 음악에 비해 더 많은 업무가 전악서에 부과되어 있

2　송방송, 『증보한국음악통사』, 200쪽.
3　『세조실록』 권9 세조 3년 10월 계묘(13일).

기 때문이다. 이후 전악서의 인원은 1431년(세종 13)에 일부 개정되었고 1448년(세종 30)에는 담당 녹관의 수가 증가하여 전악 2명, 부전악 1명, 전율 3명, 부전율 5명, 직률 10명 총 4명이 증원되기에 이르렀다. 따라서 세종 대에 전악서 소속 녹관의 인원은 시기별로 가감이 있으나 전반적으로 증원되는 추세였음을 알 수 있다.

전악서 녹관의 최대 인원은 1448년(세종 30)의 21명이다. 당시 전악서 소속의 악공도 230명이었던 것에서 70명이 증원되어 300명으로 증가하여 궁중의 음악 수요가 증가했음을 알려 준다. 이후 녹관의 인원은 시기별로 다소의 가감이 있었다.

전악서는 주로 속악을 담당하였다. 속악을 연주하는 여러 제향 및 전정고취(殿庭鼓吹), 행행(行幸) 때 연주하는 전부고취, 후부고취, 빈객(賓客)을 위한 연향 등에서 향악과 당악을 연주하는 역할을 담당하였다. 1396년(태조 5)에 건립된 태조비 신의왕후 한씨를 모신 사당인 문소전(文昭殿)이나 1446년(세종 28)에 건립된 세종비 소헌왕후 심씨를 모신 사당인 휘덕전(輝德殿)의 음악도 전악서가 담당하여 연주하였다.

전악서 소속 음악인들을 가르치기 위해서도 특별히 체아직 녹관을 두었다. 이를 통해 조선 건국 초기 전악서 역시 음악인들의 향악과 당악 연

표 5-2 태종-세조 대 전악서 소속 체아직 녹관

품계 연대	1409 (태종 9)	1431 (세종 13)	1448 (세종 30)	1457 (세조 3)	1458 (세조 4)
종5품	사성랑 전악 1명	2명	2명	1명	2명
종6품	조성랑 부전악 1명	1명	1명	1명	1명
종7품	사협랑 전율 4명	3명	3명	2명	2명
종8품	조협랑 부전율 5명	4명	5명	4명	4명
종9품	조절랑 직률 6명	6명	10명	8명	8명
합계	17명	16명(감1)	21명(증5)	16명(감5)	17명(증1)

주 실력 향상과 궁중음악 보존, 전승을 위해 중요한 기관으로 자리하였다. 전악서는 1457년(세조 3)에 아악서를 흡수하여 일원화되었고 이듬해인 1458년(세조 4)에 다시 장악서(掌樂署)로 통합되었다. 따라서 조선 전기 세조 대 이후 음악기구는 장악서 중심으로 운영이 되며 이는 다시 1470년(성종 1)에 장악원에 통합되기에 이르렀다.

2) 장악서와 악학도감

장악서와 악학도감은 모두 세조 대에 음악을 관장하는 기구의 효율적 운영을 고려한 결과로 만들어진 음악기관이다. 태조 대 이후 유지되어 오던 전악서와 아악서, 그리고 종묘를 비롯한 제사 관련 일을 맡은 봉상시[4] 등의 일부 업무를 이관하여 1457년(세조 3)에 출범한 기관이 장악서이며 악학도감은 악학(樂學)과 관습도감(慣習都監)의 일부 기능을 통합하여 만든 음악기관이다.

(1) 장악서

장악서는 아악서와 전악서를 하나로 합하여 만든 음악기관이다.[5] 1457년(세조 3)에 논의가 이루어져 일부 기능을 통합하였고 1458년(세조 4)에 다시 악인들의 숫자를 조정하여 장악서의 기능이 정비되었다. 장악서에 소속된 체아직 녹관으로 5품 가성랑 영(嘉成郎令), 6품 순화랑 부령(純和郎副令), 7품 사음랑(司音郎), 8품 화성랑 승(和聲郎丞), 9품 화절랑 부승(和節郎副丞)을 두었고 악인으로서 체아직으로는 전의 사성랑 전악(司成郎典樂), 6품 조성랑 부전악(調成郎副典樂), 7품 사협랑 전율(司協郎典律), 8품 조협랑 부전율(調協

---

4   봉상시는 1409년(태종 9)에 전농시(典農寺)로 바꾸었다.
5   『세조실록』 권10 세조 3년 11월 정해(27일).

郞副典律), 9품 조절랑 직률(調節郞直律)을 두었다. 이 가운데 악생은 양인(良人)으로 장악서의 좌방에 속하도록 하였고 악공은 천민 신분으로 우방에 속하게 하였다.

이 외에도 재랑·무공도 좌방에 속하도록 하였다. 체아직 녹관으로 가성랑을 좌방령(左坊令)이라 칭하고, 5품 가성랑 영 1인, 6품 순화랑 부령 1인, 7품 사음랑 2인, 8품 화성랑 승 2인, 9품 화절랑 부승 12인을 두었다. 악공인 경우에는 사성랑 장악서 우방 전악(掌樂署右坊典樂)이라 칭하였고, 그 나머지 각품(各品)은 그 체아와 같게 하여, 5품 사성랑 전악 2인, 6품 조성랑 부전악 1인, 7품 사협랑 전율 2인, 8품 조협랑 부전율 4인, 9품 조절랑 직률(直律) 8인을 두었다.

또 전악은 '장악서 전악(掌樂署典樂)'이라 칭하여 좌방·우방을 총괄하여 거느리도록 하였으며 이후부터 양인으로써 임명하였다. 악생·악공 가운데 나이가 어리고 재질이 있는 사람에게는 아악과 속악(俗樂)을 모두 익히도록 하였고, 사맹삭(四孟朔) 때에 시험 보는 취재(取才) 때에는 아악을 익히고 아울러 속악에 통하는 사람과, 속악을 익히고 아울러 아악에 통하는 사람에게는 모두 다섯 등급 가운데 위 등급인 '통(通)'을 주었고 넷째 등급인 '조(粗)'와 셋째 등급인 '약(略)'까지 근무 일수를 계산하도록 하여 체아직에 제수하였다.[6] 다음의 실록 기사에 그 내용이 잘 기록되어 있다.

"1. 악공(樂工)·악생(樂生)은 모두 원래의 숫자 830인 가운데 지금 330인을 감하되, 악생은 옛날 그대로 두고, 악공은 적당히 감하소서. 재랑(齋郞)은 원래 숫자 380인 가운데 지금 120인을 감하고, 무공(武工)은 원래의 숫자 290인 가운데 지금 90인을 감하고, 또 이미 사람 수를 감하였으니, 마땅히

6   『세조실록』권13 세조 4년 7월 병술(1일).

고취(鼓吹)의 매부(每部)에 50인으로서 숫자를 정하소서.

1. 이보다 앞서 공인(工人)으로서 차임(差任)되지 못한 자가 재랑이 116명이고, 무공이 40명이고, 벼슬 살지 아니한 공인이 400명인데, 지금 제색(諸色) 공인을 이와 같이 감하고도 여러 고을이 전과 같이 능히 독촉하여 올려 보내지 아니한다면 직사(職事)에 이바지할 자가 과반이 부족할 것은 틀림없습니다. 청컨대, 이제부터 진성(陳省)하여 고가(告暇)하는 것과, 차비(差備)로 하향(下鄕)하는 재랑·공인 등은 규식(規式)에 의하여 악학도감(樂學都監)에서 획일(畫日)·인신(印信)·체하(帖下)를 주어서 보낸 뒤에 거주하는 고을의 수령도 또한 고가(告暇)를 고찰하여 장차 다 독촉하여 보내게 하되, 수령 가운데 만약 보내지 아니하는 자는 봄·여름철에는 6월[夏季朔]에, 가을·겨울철에는 12월[冬季朔]에, 도감에서 법식에 의하여 다시 관찰사에 보고하고, 관찰사가 장부에 적어 두었다가 봄·여름철에 범한 것이면 가을·겨울철에, 가을·겨울철에 범한 것이면 다음 해 봄·여름철에 포폄(褒貶)할 때에 이를 상고하여, 칠사(七事) 안에 아울러 계산하여 출척(黜陟)에 빙고(憑考)하고, 2번 범하는 수령은 파출(罷黜)하소서.

1. 재랑·공인은 정수(定數)를 고친 뒤에는 직사(職事)에 이바지할 재랑이 겨우 족한데, 예조(禮曹)·봉상시(奉常寺)에서 만약 잡역에 차임(差任)한다면 비단 맡은 업을 익히지 못할 뿐만 아니라, 또 역사(役事)가 간고(艱苦)하므로 다투어 먼저 도망하여 피할 것이니, 직사를 궐하게 될까 염려스럽습니다. 청컨대 예조 서원(書員) 10인과 봉상시 권지 직장(權知直長) 10인을 따로 설치하소서. 다만 예조에서는 예의를 오로지 맡아 보고, 봉상시(奉常寺)에서는 제향(祭享)을 오로지 맡아 보므로 그 관계되는 바가 가볍지 아니한데, 지금 무식하고 새로 붙인 사람들을 가지고 일시에 고쳐 정하는 것은 불편하

니, 잠시 전일에 일을 맡아 보던 재랑을 그대로 정하고, 또 2곳의 체아는 재
랑의 원래 숫자 380인 가운데 지금 120인을 감하니, 마땅히 체아 14인 가운
데 4인을 가하여 1체아를 권지 직장에 주어야 합니다. 만약 서원인 경우에
는 병조·형조의 서원의 예(例)에 의하여 병조로 하여금 체아(遞兒)를 주게
하소서" 하니, 그대로 따랐다.[7]

(2) 악학도감

악학도감은 세종 대의 악학과 관습도감을 일원화하여 만든[8] 음악 기관
이다. 악학도감에서는 재랑과 무공, 악공 등의 악무를 담당한 사람들의 취
재와 습악(習樂)을 관장하였다. 일부 악기 만드는 일을 담당한 것으로도 보
인다.[9] 악학도감 제조를 거친 인물로는 성임, 조효문 등이 있다. 1466년(세
조 12)에 악학도감은 장악서로 귀속되었다.

---

7 『세조실록』권13 세조 4년 7월 병술(1일).
8 『세조실록』권10 세조 3년 11월 정해(27일) 및 권13 세조 4년 7월 병술(1일).
9 『세조실록』권16 세조 5년 4월 병자(25일).

2 조선시대 궁중음악의 총본산, 장악원

장악원(掌樂院)은 조선시대 왕실에서 벌어지는 각종 행사의 음악과 춤을 담당한 음악기관이다. 장악원 소속 음악인들은 각종 의례에서 악기를 연주하고 노래를 부르고 춤을 추었다. 이들이 담당한 의례용 음악은 왕실의 행사를 더욱 풍성하게 해 주었다. 왕실에서 제사를 지낼 때, 각종 잔치를 행할 때, 왕이 활쏘기를 할 때 음악을 연주하기 위해 장악원의 음악인들이 동원되었다. 조선시대에 악(樂)은 예(禮)와 함께 의례의 핵심을 이루었고, 그 의례에서 장악원의 역할은 매우 컸다. 조선왕실의 온갖 행사에서 필요한 음악을 담당했기 때문이다.

장악원은 승정원, 사간원, 홍문관, 예문관, 성균관, 춘추관과 같은 정3품 관청[衙門]으로서, 『경국대전』에 의하면 2명의 당상관이 장악원 제조를 맡았고, 정3품의 장악원 정 1명, 종4품의 첨정 1명, 종6품의 주부 1명, 종7품의 직장 1명이 장악원의 관리로 소속되어 있었다. 이들은 음악 전문인이 아니라, 과거시험을 통과한 문관 행정관리로서 장악원의 여러 행정적 업무를 주로 담당하였다.

실제 음악 연주에 관련된 장악원 소속 전문 음악인은 체아직 녹관이다. 체아직 녹관이라 하면 정해진 급여가 없이 각 계절마다 근무 성적을 평가하여 급여를 지급하는 방식으로 마련한 벼슬자리를 말한다. 따라서 이들은 정직(正職)이 아닌 잡직에 해당하였다. 체아직 녹관 가운데 음악 전문인으로서 오를 수 있는 가장 높은 품계는 음악감독의 역할을 담당한 정6품의 전악(典樂)이다.

표 5-3 　조선시대 장악원 소속 음악 전문직의 품계

품계	직명
정6품	전악
종6품	부전악
정7품	전율
종7품	부전율
정8품	전음
종8품	부전음
정9품	전성
종9품	부전성

　이들은 아악을 주로 연주하는 악생(樂生)과 당악(唐樂)과 향악을 주로 연주하는 악공을 이끌면서 각자 담당한 음악을 준비하여 음악 연주에 임하였다. 장악원 소속의 이들 음악인들은 제사와 각종 연향, 조회, 군사의례 등 궁중에서 열리는 온갖 행사에서 필요한 음악 연주를 담당하였으므로 상당히 많은 양의 연주 일정을 소화해야 했다.

　장악원이 담당해야 할 연주를 일 년 기준으로 살펴보자. 가장 많은 횟수를 차지하는 것이 길례(吉禮)인 제사의례이다. 제사 규모로 볼 때 가장 큰 규모로 치러지는 대사(大祀)[10]로 종묘제향이 대표된다. 종묘제향은 조선의 역대 왕과 왕비의 신주를 모신 종묘에서 왕이 친히 제사하는 오향제(五享祭)를 지냈다. 오향제란 일 년 중 다섯 차례의 제사를 지내는 것을 말하는데, 매해 춘하추동 즉 음력 1월과 4월, 7월, 10월 상순의 네 차례와 납일(臘日) 즉 동지 후 셋째 미일(未日)까지, 총 다섯 차례의 제사를 치렀다.

　왕이 친히 제사할 수 없을 때에는 왕세자 혹은 영의정 등이 대신 제사

10　대사: 성종 대에 만들어진 오례서 『국조오례서례』에 규정된 대사에는 토지신과 곡식신에게 제사하는 사직제, 왕과 왕비의 신주를 모신 종묘에 제사하는 종묘제와 영녕전에 지내는 제사가 속한다.

했다. 이를 섭행(攝行)이라 한다. 음력 1월과 7월에는 영녕전의 제사도 함께 올렸으므로 종묘와 영녕전의 정기적 제사만 국한하여 보더라도 한 해에 일곱 차례의 제사를 올렸다. 그때마다 장악원에 소속된 연주자들과 무동(舞童)이 음악과 일무(佾舞)를 연행해야 했다. 또 사직제는 음력 2월, 8월의 첫 번째 무일인 상무일(上戊日)의 두 차례와 납일까지 세 차례가 정기적인 제사로 치러졌다. 결국 종묘제향과 사직제, 두 가지의 정기적 대사만 해도 일 년에 총 열 차례의 제례악을 연주해야 했다.

대사 외에 중사(中祀)[11]에 속하는 여러 제사에서도 음악을 연주했다. 풍운뢰우제, 선농제, 선잠제를 비롯해 공자와 그의 제자, 우리나라 유학자를 제사하는 문묘제 등의 제례음악도 장악원 소속의 악공과 악생, 무동이 각각의 정해진 날에 제례악과 일무를 담당하였으므로 제례를 위한 연주만 해도 그 일정이 만만치 않았다.

또 길례인 제사의례 외에도 가례(嘉禮)의 영역에 속하는 수많은 의례에 장악원 소속의 음악인으로 구성된 악대가 동원되었다. 정월 초하루와 동짓날의 회례(會禮)에는 전정헌가(殿庭軒架) 악대가 구성되어 음악 연주를 하였다. 성종 대의 『악학궤범』에 소개된 전정헌가의 악대에는 편종과 편경을 포함하여 건고, 응고, 삭고 등의 북 종류 악기와 박, 축, 어, 방향, 장구 등의 타악기, 거문고, 가야금, 당비파, 향비파, 월금, 아쟁, 대쟁, 해금 등의 현악기, 피리, 대금, 당적, 퉁소 등 다양한 악기가 편성되어 의례용 음악을 연주하였다. 또 노인을 위한 연향인 양로연이나, 제사를 지낸 후 베푸는 잔치인 음복연을 비롯하여 갖가지 경사스러운 일이 있을 때 열리는 연향에도 장악원 소속 음악인이 의례용 음악을 연주하였다.

---

11 중사: 『국조오례서례』에 규정된 중사에는 풍운뢰우의 신에 제사하는 풍운뢰우제와 산, 바다, 강에 제사하는 악해독제, 농사신에 제사하는 선농제, 양잠신에 제사하는 선잠제, 공자와 그의 제자, 우리나라 유학자에게 제사하는 문묘제 등이 속한다.

이때에는 연주 규모나 용도 혹은 목적에 따라서 전정헌가나 전상악(殿上樂) 혹은 등가(登歌), 전후고취(殿後鼓吹), 전부고취, 후부고취(後部鼓吹) 등의 이름으로 불리는 다양한 악대가 편성되어 연주를 담당하였다. 그 밖에 외국 사신을 위한 잔치에서도 장악원 소속의 음악인들이 동원되어 연주를 담당하였다.

이와 같이 조선시대의 장악원은 궁중에서 벌어지는 각종 의례에 필요한 음악과 춤을 공급하였다. 각종 의례에서 연행되는 악무(樂舞)는 예와 무관하게 이루어지는 것이 아니라 상호 보완적인 관계로 연행되는 것이므로 예와 악 모두에 밝은 장악원 제조의 역할이 중요했다. 음악 연주에 뛰어나면서 음악 교육에도 능한 전악의 음악감독 역할은 또 다른 맥락에서 중요했다. 이들의 조정과 장악원 소속 음악인들의 기예가 함께하여 조선시대 궁중음악이 제 모습을 갖출 수 있었다.

조선시대 장악원은 예악정치 구현을 위한 악의 실현에 있어서 큰 비중을 차지한 음악기관이었다. 장악원 소속의 음악인들은 이러한 모든 의례에 쓰이는 음악을 소화해야 했고 수많은 의례에서 연주될 음악을 위해 평소 끊임없는 연습을 해야 했다. 장악원에서 연마해야 할 음악 연습(習樂) 일정 관련된 내용을 법전에 규정해 놓은 것은 이들의 연습을 통해 완성도 높은 음악을 연주하는 것이 조선시대 국가전례의 수준을 높이는 일과 무관하지 않기 때문이다.

조선 성종 대에 이루어진 법전인 『경국대전』에는 장악원에 소속된 음악인의 숫자를 "아악 악사 2명, 악생 297명(후보생 100명), 속악 악사 2명, 악공 518명(매 10인당 후보생 1명), 가동(歌童) 10명"으로 규정해 놓았다. 여기서 후보생을 제외한 악사와 악생, 악공, 가동의 수만 합산해도 총 829명이고, 후보생을 포함한다면 981명이라는 막대한 인원이 된다. 그 외에 지방에서 서울로 뽑아 올리는 여성 음악인인 선상기(選上妓)가 150명, 연화대 10명, 기타 혜민서에 소속되어 일하는 의녀 등도 여러 연향에서 정재(呈才), 즉 궁중의 춤을 추는 인원으로 동원되어 왕실의 여러 행사에서 각각의 역할을 담당하였다. 악사와 악생, 악공의 인원에 더하여 선상기 150명, 연화대 10명 등을 모두 합산해 본다면 989명, 후보생까지 포함하면 1,141명이라는 큰 규모의 인원이 조선의 성종 대에 장악원의 총괄하에 궁중에서 벌어지는 갖가지 행사에 쓰이는 악·가(歌)·무(舞), 즉 기악과 노래, 춤을 담당하였다.

　장악원의 악인이 이처럼 많이 필요했던 것은 예악정치를 구현하고자 했던 조선시대의 특수상황이기도 하다. 예와 악은 상보적인 관계로서 서로 독립되어 실현된 것이 아니라 어우러지는 개념으로 존재하였다. 조선왕실에서 행해지는 각종 국가전례에는 독립된 의례와 음악이 연행되었다. 의례를 행할 때 음악이 수반되는 것은 유가적 정치지향을 추구하는 조선시대의 상황에서는 당연한 것이었다. 이때의 음악은 '음악을 위한 음악'이 아닌 '의례의 일부'로서 기능하였다. 조선왕실에서 행해진 갖가지 의례, 예컨대 『국조오례의』를 기준으로 할 때 200여 종, 세부적으로는 그보다 더 많은 종류의 의례에서 각종 음악이 연행된 것은 이러한 이유에서였다.

　물론 이러한 대규모 인원이 동시에 동원되는 것은 아니었다. 다시 말하면 궁중의 각종 의례가 시행될 때, 특정 의례에 정해진 악기 연주자와 춤추는 사람, 악기 반주자 등이 분배되는 방식으로 동원되었다. 예를 들어 종묘제례를 행할 때면, 성종 대를 기준으로 볼 때, 당상에서 음악을 연주하는 등가 악대에 37인, 헌가(軒架) 악대에 70인의 악공이, 일무에는 문무, 무무 각각 36인씩이 동원되어 총 179명의 악인이 의례의 일부로 연행되는 음악과 춤을 담당하였다(무무 인원수는 더 많음). 거기에 더하여 종묘제례를 행하기 위해 왕이 타는 가마인 거가(車駕) 행렬이 궁을 나가고 돌아오는 거가출궁, 거가환궁 의례에 수반하는 악대의 인원까지 포함하여 생각한다면 종묘제례 하나만 하더라도 수백여 명의 음악인이 동원되는 구조이다.

조선왕실의 여러 의례는 이와 같은 구조로 행해졌기 때문에 각종 의례에 수반되는 음악이 의례와 함께 착오 없이 연주되려면 준비단계조차도 간단하지 않았다. 왕실의 '일 년' 행사를 펼쳐 본다면 음악인의 연주 횟수, 연습 일정 등은 치밀하게 운영되지 않으면 안 되었다. 장악원의 음악인들은 왕실의 온갖 행사에 동원되어 여러 종류의 음악을 연주해야 했다. 조선시대 장악원은 그러한 음악인들을 교육해야 했고, 평소 꾸준한 연습을 통해 각종 행사에서 다양한 음악을 소화하여 연주할 수 있도록 해야 했다. 이를 위해서는 음악 교육이 특정한 틀을 갖추고 일정한 규모로, 일정한 내용을 가지고 이루어져야 했다. 그렇지 않으면 조선왕실의 여러 의례에 수반되는 음악을 감당해 낼 수 없었기 때문이다.

1) 장악원 소속 음악인의 연습과 시험

음악 실기는 일정 기간의 연습을 통해 기예를 연마해야 하는 특징을 지닌다. 이들의 기예는 많은 시간을 투자해 연습하면 할수록 훌륭한 실력으로 거듭날 수 있게 된다. 따라서 궁중음악 연주를 담당한 장악원 소속 연주자들은 각종 행사에 필요한 음악을 연습하기 위해 정기적으로, 혹은 부정기적으로 연습 시간을 정해 놓고 음악을 연마해야 했다.

따라서 조선시대 장악원에서는 음악인들의 연습을 정기적으로, 혹은 비정기적으로 할 수 있도록 하였다. 정기적으로 모여 연습하는 일정은 특별한 사정이 없는 경우 매달 2자와 6자가 들어가는 날, 즉 2일과 6일, 12일 16일, 22일, 26일의 여섯 차례에 걸쳐 행하였다. 이를 이륙좌기(二六坐起), 혹은 이륙회(二六會), 이륙이악식(二六肄樂式)과 같은 이름으로 불렀다. 이러한 일정은 장악원의 정규적 음악 연습 과정의 하나로 정해진 것으로서 조선시대의 여러 법전에 규정되어 있었다.[12]

이륙좌기와 같은 정기 연습일을 제도적으로 법전에 명기해 놓은 것은 한편 음악인들의 생업을 고려한 조치이기도 하다. 악공과 악생들의 보수 실태는 최저 생활비에도 못 미치는 수준이었으므로 궁 안에서 일이 없을 때에는 궁 밖에서 여타 일을 하면서 생계를 유지해야 했다. 연주를 잘하는 사람들이라면 잔치판에 불려 가 음악 연주를 해서 부수입을 올리기도 했다. 그렇지 않으면 생계유지에 도움이 될 만한 무슨 일인가를 했다.

이들은 전국 각지에서 서울로 소집되어 올라와 활동했기 때문에 대개는 다른 집에 몸을 의탁하여 살거나, 태평관[13]이나 왜관[14]의 공터 등, 서울의 도성 내 궁과 멀지 않은 곳에 거적을 치고 살아야 하는 궁핍한 생활을 면치 못하는 것이 현실이었다.[15] 따라서 이들은 평소 궁중 안에서 특별한 행사가 없을 경우에는 민간의 음악 수요에 부응하여 일정 정도 생활에 도움이 되는 일을 하였고, 여타 생업과 관련된 일을 하며 생계를 꾸렸다. 궁 밖에서는 민간에서 여러 용도로 쓰이는 음악을 연주하기도 하였다. 민간에서 잔치가 있거나 특별한 행사가 있을 때 악공과 악생이 동원되는 경우도 있었다. 궁중음악과 민간음악이 이러한 지점에서 만날 수 있었고, 한편 이러한 현장에서 궁중과 민간의 음악 교류가 이루지기도 했다.

법전에 기록된 '이륙좌기'와 같은 규정은 다양한 음악을 소화해야 하는 장악원의 상황을 고려해 볼 때 음악 연습을 위한 최소한의 시간이라 할 수 있다. 따라서 기본적으로 한 달에 여섯 차례 외에도 특별한 행사가 있을 때면 더 많은 시간을 할애하여 별도의 연습을 하지 않으면 안 되었고, 궁 안

---

12 『대전회통』 '雅俗樂'; 『육전조례』 '掌樂院'.
13 大平館: 조선시대에 명나라 사신들이 왔을 때 머물던 곳이다. 이곳에서 사신을 위한 연향이 열리기도 했다. 숭례문 안의 양생방, 현 중구 서소문동 부근에 있었다.
14 倭館: 조선 전기에 일본 사신이 왔을 때 머물던 곳이다. 건물 위치에 따라 동평관, 서평관이라 했다. 현 종로구 인사동 부근에 있었다.
15 『악장등록』.

에서 특정한 행사가 있을 때에는 그 시일에 임박하여 더 많은 연습을 해야만 했다.

이륙좌기의 경우 전좌(殿座) 시, 즉 왕이 자리에 나올 때에는 시행하지 못하였다. 한 달에 여섯 차례라고 하는 시간도 결코 많다고 할 수 없는데, 특별한 사정이 생겨 연습을 못 하는 날이 생기면 연습 시간은 현저히 부족하게 되었다. 악공과 악생의 음악 연습 시간은 궁중의 행사에서 필요한 음악 연주의 수준과 밀접하게 관련되는 일이었다. 그럼에도 불구하고 특별한 사정이 있을 때에 음악 연습을 하지 못한다면 의례에서 필요한 음악을 제대로 연주할 수 없다는 의미가 된다. 이러한 현실을 가장 잘 인식한 왕은 영조대왕이었다. 따라서 영조는 1762년(영조 38) 당시 장악원 제조였던 서명신(徐命臣)에게 그러한 제도를 바꿀 것에 대해 명령하였다.

서명신이 아뢰기를 "2일과 6일에 행하는 습악을 매양 신칙하여 혹시라도 빠뜨리지 말도록 할 것이나, 만약 전좌할 때를 당하면 감히 개좌하지 못합니다" 하니 임금은 "국휼 3년에도 (음악 연습을) 폐하여 빠뜨리지 않는 것은 그 일이 매우 중요하기 때문이다. 이후로는 내가 자리에 나와 있을 때라 하더라도, 이륙좌기를 의례히 시행하고 각별히 유념하여 거행하도록 하라"고 하였다.[16]

영조의 명령은 왕 자신이 자리에 나와 있을 때라 하더라도 정기적인 연습을 빠뜨리지 말도록 하라는 내용이었다. 국휼(國恤)이 있을 때 3년 동안 음악을 연주하지 않는 것[停樂]이 정해진 법칙이었지만[17] 국상 기간 중임에

---

16 『증보문헌비고』 「樂考」 16 '習樂' (국립국악원, 1994). 『영조실록』 권100 영조 38년 10월 갑신(15일)의 기사에도 임금이 각 기관의 입직관을 불렀을 때, 장악원의 관원이 이륙좌기를 오랜 기간 폐지했다는 이유로 잡아다 처리하라는 내용의 명을 한 바 있다.
17 『국조오례의』 권7 「凶禮」 '戒令': "停樂三年, 唯大祀卒哭後用樂."

도 불구하고 음악을 연습하거나 연주하는 것은 국가의 행사에서 연주하는 음악의 역할이 중요하기 때문이라 설명하였다. 따라서 1762년(영조 38) 이후에는 전좌 시에도 이륙좌기를 행했음을 알 수 있다. 장악원에서 정기적으로 모여 음악 연습을 하는 일이 중요하다는 사실을 인식한 것으로, 연습을 충실히 하면 잘 갖추어진 의례를 행할 수 있기 때문이다.

이륙좌기 이외에 부정기적인 연습은 궁중의 각종 행사가 있을 때 행해졌다. 부정기적인 연습 가운데에는 일종의 '리허설', 혹은 예행 연습이 포함되어 있다. 이를 '습의'라 했는데, 대개 초도습의(初度習儀)에서 이도습의(二度習儀)라 해서 한 차례 혹은 두 차례의 리허설을 하는 것이 보통이었다. 드물게 삼도습의(三度習儀)를 행하기도 하여 의례의 완성도를 높이는 방식으로 의례에 임하였고 궁중의 행사를 치렀다.

『경국대전』「이전(吏典)」'잡직' 조에 규정된 장악원의 출근 일수 관련 내용도 악인들의 음악 실력 연마와 밀접하게 관련된 것이다.

악사, 악생, 악공은 모두 장번(長番)이다. 출근 일수가 1,200일이 차면 품계를 올려 주는데, 정6품 이상 오르지는 못한다. 양인은 품계가 정직(正職)과 같다. 악공은 체아직 20명 내로서 당악 12명, 향악 8명이다. 관현맹은 출근 일수가 400일이 차면 품계를 올려 주되 천인은 종6품 이상 오르지 못한다.[18]

이륙좌기에 규정된 의무 출근 일수를 기준으로 본다면, 악생 신분으로 출근 일수를 1,200일 채우고자 할 때, 한 달에 6회 출근하는 것으로 계산해 보면, 일 년에 72일이 되므로 16년이라는 시간이 필요하다. 그러나 실상은

---

18 『경국대전』 권1 「吏典」 '雜織·掌樂院'.

이륙좌기일로 규정된 실제 출근 일수 이외에도 이들이 출근해야 하는 날은 더 많이 있으므로 품계가 오르는 기간은 이보다 더 짧아진다. 이륙좌기 이외에 왕실의 각종 행사를 위해 동원되는 기간도 출근 일수에 포함되므로 1,200일을 채우는 기간은 더 짧아진다. 이 외에 특별한 업적이 있을 경우에도 품계를 올려 주었다.

일정 기간 출근하면 품계를 올려 주는 규정은 한편 장악원 소속 음악인들의 연습 시간을 독려하기 위한 장치이기도 하다. 좋은 음악을 연주하기 위해 반드시 필요한 것은 음악을 익히고, 익힌 음악을 꾸준히 연습하는 일이기 때문이다. 조선시대 음악인들의 연주 행위는 순수하게, 자발적 예술 욕구로 이루어지는 것이라기보다는 동원체제의 하나로서 '신역'의 형태로 부과되는 것이었기 때문에 이들의 연주 행위는 순수한 자발적 '음악 행위' 이기 이전에 대가가 낮은 '노동'의 한 형태로 인식되었을 가능성이 크다.[19] 따라서 악공과 악생의 연습일을 법적으로 규정하고, 일정량을 채우면 품계를 높여 주는 방식을 택함으로써 일정 대가를 부여하는 장치로 활용되었다.

그 밖에도 악공과 악생의 음악 연습을 독려하기 위한 여러 장치가 있었다. 1779년(정조 3) 당시 장악원 제조로 있던 서명응이 정한 규칙 가운데에는 악공과 악생의 실력을 겨루어서 우수한 사람에게는 상을 주고 일정한 실력을 갖추지 못한 사람에게는 벌을 주도록 한다는 내용이 있었다. 시험을 치러서 악생 중에 가장 우수한 사람 1인에게는 2냥, 1등 2인에게는 각각 1냥 5전, 2등을 한 3인에게는 각각 1냥씩, 3등을 한 9인에게 각각 5전씩을 상금으로 주었다. 또 악공 중에서도 가장 우수한 사람 1인에게 2냥, 1등을 한 3인에게는 각각 1냥 5전씩, 2등을 한 5인에게는 각각 1냥씩, 3등을 한

---

19 이러한 내용은 『악장등록』의 여러 기사 가운데 나오는 악생, 악공들의 상소 내용을 통해 알 수 있다.

21인에게 각각 5전씩을 상금으로 주었다.

악공에게 더 많은 인원을 배정한 것은 악공의 숫자가 악생의 숫자보다 많았기 때문이다. 1779년 당시 악공의 숫자는 168명, 악생의 숫자는 90명이었다. 그에 반해 시험 결과 성적이 하위에 머물러 있는 사람에게는 매질을 하거나 태형(笞刑)을 가하기도 했다. 그러나 이러한 벌을 주는 방법은 악공과 악생들의 저항으로 인해 시행한 지 2년 만인 1781(정조 5)에 폐지되었다. 당시 지식인들 가운데에는 이러한 제도가 폐지되는 것에 대해 안타깝게 여긴 사람들도 있었다.[20] 여러 방법을 동원해서라도 음악인들의 연주 실력을 높이는 것이 중요한 일이라 생각했기 때문이다.

세종 대에는 좌방과 우방의 제도를 두어 좌방에 소속된 재랑은 등가의 노래를 맡았고 우방에 소속된 재랑은 문무를 추도록 하였다. 이때에도 출근 일수의 많고 적음에 따라 품계를 조정하는 방식을 취했다. 그러나 출근 일수로 품계를 올려 주는 방식에는 일정한 문제가 있었다. 즉 출근 일수가 많다고 해서 연주 실력이 반드시 좋은 것은 아니기 때문이다. 따라서 1429년(세종 11)에 박연은 이와 같은 내용에 대해 예조에 보고하였다. 당시의 악인들에 대해 노래와 춤을 잘하는지의 여부는 따지지 않았기 때문에 가무를 익히는 일에 힘쓰지 않았고, 그 결과 악인들의 실력이 나아지지 않았다는 내용이었다.

당시에 율학이나 산학, 역학, 병학 등의 분과에서는 주기적으로 그 재주를 시험하는 제도가 있었고, 그 제도가 시행된 이후에는 일정 정도 노력하는 것을 보여 경쟁하는 마음을 갖게 되었다고 했으며[21] 그 결과 일정 성과도 있었던 것으로 보인다. 이러한 사례가 있었기 때문에 박연은 악인들에 대해서도 일정 단계에서는 실력을 진단할 수 있는 시험, 즉 취재(取才)를 할

---

20 『증보문헌비고』「樂考」 16 '習樂'.
21 『증보문헌비고』「樂考」 16 '樂人'.

수 있도록 건의한 것이다. 사실 조선시대에 악공이나 악생의 일을 하는 사람들을 뽑을 때에는 처음부터 음을 잘 아는 인물을 고려한 것이 아니었다. 조선시대 악인들은 일종의 동원체제로 운영되었기 때문이다. 박연이 이들에 대해 "본래 음을 알지 못하므로 귀머거리와 다름이 없습니다"[22]라고 표현한 것에서 그러한 정황을 알 수 있다.

따라서 좌·우방을 따지지 않고 나이가 젊고 총명하고 명민하며 용모가 단정한 사람을 뽑아 제례의 등가에 속하도록 하고, 매일같이 노래를 익혀서 먼저 통달한 사람에게는 창(唱)을 인도하게 하되 잘되지 않는 자는 매로 체벌을 가하면 성과를 기대할 수 있을 것으로 보았다.[23] 또 어릴 때부터 가르치는 것이 중요하니 당시 악인 외에도 양민의 자제 중에서 나이가 약관에 가깝고 글자를 아는 자를 뽑아서 등가에 소속시켜 날마다 예전에 배운 사람들과 함께 읊고 노래하도록 하면 음성이 맑은 어린아이들은 좋은 성과를 거둘 수 있으리라는 내용을 상소하였다.[24] 세종 대에 박연이 건의한 내용은 장악원의 취재제도에 반영이 되었고, 『경국대전』의 「예전」 '취재' 조에도 악공과 악생에 대한 취재 내용이 수록되어 있다.[25] 『증보문헌비고』에 기록되어 있는 좌방차비와 우방차비[26]의 전공과 악기별 취재 내용에는 아악과 당악, 향악이 모두 포함되어 있고 해당 악기와 곡명이 상세하게 기록되어 있다.[27]

시험을 치를 때에는 예조의 당상관이 참여하게 되어 있는데, 사정이 있

---

22 박연, 『난계유고』.
23 박연, 『난계유고』 '請登歌人疏'.
24 『증보문헌비고』 앞과 같음.
25 『경국대전』의 취재 내용에 대한 것은 이혜구, 「《經國大典》取才項目 中의 唐樂과 鄕樂」, 『한국음악연구』 제21집, 한국국악학회, 1993에 상세하다.
26 차비: 自備, 差備로도 쓴다. '-잡이'라는 말과 같다. '尺'이라 쓰기도 한다. 현금, 즉 거문고 연주자를 玄琴差備라 하고, 대금 연주자를 大笒差備라 하는데 대금잡이, 피리잡이와 같은 뜻이다. 좌방차비는 아악 연주를 담당한 연주자를, 우방차비는 당악과 향악 연주를 담당한 연주자를 말한다.
27 『증보문헌비고』 「樂考」 '習樂'.

어 참여하지 못하면 장악원 제조가 예조의 낭관과 같이 시험을 보는 자리에 임한다. 또 장악원 제조가 사정이 있을 때면 예조의 당상관이 장악원의 낭관과 같이 취재하도록 되어 있다.[28]

참고로 좌방차비와 우방차비의 시험곡은 다음과 같다.

표 5-4 『증보문헌비고』에 기록된 좌방차비와 우방차비의 시험곡

구 분		악기		악곡
좌방차비		편종·편경·금·슬·소·생·훈·지·약·적	본업 (전공)	14궁(황종궁·대려궁·태주궁·협종궁·고선궁·중려궁·유빈궁·임종궁·이칙궁·남려궁·응종궁·송신황종궁·송신협종궁·송신임종궁)
			겸업 (부전공)	노래(〈황단〉 5·〈사직〉 4·〈풍운뢰우〉 5·〈문선왕묘〉 10·〈선농〉 4·〈선잠〉 3·〈우사〉 8·〈둑소〉 2)
우방 차비	당악기 전공자	당피리·방향·당적·퉁소·당비파·아쟁	본업 (전공)	46성(종묘제례악 22·〈정동방곡〉 1·〈유황곡〉 1·〈낙양춘〉 1·〈보허자〉 1·〈여민락만〉 10·〈여민락령〉 10)
			겸업 (부전공)	향비파 11성(등가 전폐에서 역성까지), 태평소 3성(소무, 분웅, 영관), 훈 3성, 지 3성(희문, 소무, 순웅), 생 4성(희문, 소무, 순웅, 〈여민락령〉 초장)
	향악기 전공자	대금·거문고·해금·가야금·장고	본업 (전공)	46성(당악과 같음)
			겸업 (부전공)	편종·편경 22성(영신에서 송신까지), 노래 27장(영신에서 송신까지), 춤 2변(문무, 무무)

악인들의 시험 내용을 보면 조선 후기 당시 왕실의 행사에서 악인들이 연주해야 하는 중요한 음악들은 모두 포함되어 있다. 아악으로 제례악을 연주하는 좌방차비들은 아악기를 전공으로 하고 노래 시험을 부전공 영역으로 하여 시험을 치른다. 편종과 편경, 금, 슬, 소, 생, 훈, 지, 약, 적과 같

---

28 『대전통편』「禮典」'取才'.

은 아악기로 아악의 선율 14개를 익혀 악기 시험을 보았고, 부전공으로서 황단제례악, 사직제례악, 문묘제례악, 선농제례악, 선잠제례악 등에서 부르는 노래 시험을 보았다. 노래 시험에서는 한문으로 된 악장을 모두 익혀 노래 불러야 했으므로 악장 내용에 대한 이해도는 개인마다 달랐을 것이라 생각된다. 한문 악장의 의미를 파악하고 노래하는 사람은 더욱 좋은 노래가 가능했을 것이고 그렇지 않은 사람은 의미를 모르고 부르는 외국어 노래 이상의 좋은 노래는 불가능했을 것이다.

제례악의 선율이 특별히 어렵지는 않았다. 소리 내기 힘든 고음과 저음이 없으며, 도약이 심한 진행도 없다. 선율은 12율 4청성의 음역, 즉 황종음(가온 C음)에서부터 한 옥타브 위의 협종음(가온 음역에서 한 옥타브 위의 d#음)까지의 음역으로 누구나 쉽게 노래할 수 있는 악기의 음역이므로 좌방차비들에게 어려운 시험은 아니었다. 다만 장엄한 제례악을 연주해야 하므로 세속적인 표현이나 기교를 지나치게 부리는 연주를 하는 것에 대해서는 일정한 경계를 받았을 것으로 추측된다.

당악기와 향악기로 각종 의례에서 당악과 향악을 연주하는 우방차비들은 각각 당악기와 향악기를 전공으로 하고 몇몇 악기와 노래를 부전공으로 익혀 시험을 본다. 당악기 전공자들은 당피리와 방향, 당적, 퉁소, 당비파, 아쟁과 같은 악기를 전공으로 하는데, 이들의 시험곡은 종묘제례악과 〈정동방곡〉, 〈유황곡〉, 〈낙양춘〉, 〈보허자〉, 〈여민락만〉, 〈여민락령〉과 같은 음악을 전공 영역에서 시험 본다. 부전공 영역에서는 향비파로 종묘제례악의 일부 선율을 시험 보고 태평소로는 종묘제례악 중에서 무공을 칭송하는 내용인 〈정대업〉 중의 세 곡, 즉 '소무', '분웅', '영관'과 같은 음악, 그리고 훈이나 지, 생과 같은 아악기도 역시 부전공으로 시험 볼 수 있다.

향악기 전공자들은 대금이나 거문고, 가야금, 해금, 장구와 같은 악기를 전공으로 하고 편종이나 편경, 노래, 춤 등을 부전공으로 하여 시험을 볼 수 있다. 이들의 전공 시험곡은 당악기 전공자들의 곡과 동일하다. 부전공 시험의 경우, 종묘제례악의 〈보태평〉, 〈정대업〉 전곡을 편종과 편경, 노래, 춤으로 시험을 본다. 이들의 시험 내용은 결국 장악원의 음악 교육 내용과 일치하는 것이다.

악인들이 시험을 치르는 방법을 알아보자. 장악원에서 치르는 실기시험은 수많은 연주자들을 대상으로 한다. 앞에 제시한 모든 곡을 한 사람이 다 시험 볼 수는 없을 것이다. 연주 시간이 길기 때문에 현실적으로 어렵다. 따라서 앞의 시험 대상곡들은 시험에 임하기 위해 모두 익혀 놓고, 그 곡들 가운데 몇 곡을 제비뽑기로 선정하여 치렀을 것으로 추정된다. 현재 음악 대학의 실기시험에서도 이와 유사한 방법을 택하는데, 큰 규모의 대곡을 제외하고, 길이가 짧은 여러 곡을 익혀야 하는 경우, 시험 대상곡 중에서 뽑아 선택된 곡을 시험 보는 방식과 비교해 볼 수 있다.

그런데 이들이 시험을 볼 수 있는 자격을 갖추기 위해서는 일정한 일수 이상을 장악원에 출근해야 한다는 조건이 있다. 즉, 석 달 내에 근무한 날이 30일이 안 된 사람과 제향과 연향, 기타 모든 예회(禮會)에 연고 없이 2회 무단결석을 한 사람은 시험 볼 수 있는 자격이 박탈된다. 이는 출석 미달자에 대한 조처라 할 수 있다. 현재 대학에서 출석 일수가 3분의 1이 되지 않는 사람에게 학점을 주지 않는 조치와 유사하다. 그에 반해 계속 출근한 사람은 전체 출근 일수 30일을 채우지 못했더라도 시험을 볼 수 있는 자격을 갖게 된다.[29]

여러 법전에 규정되어 있는 장악원의 출근 규정인 '이륙좌기'의 법에 의하면 최소 출근 일수가 한 달에 6일이 되므로 석 달간 의무 출근 일수를 계산해 보면 18일에 불과하다. 따라서 장악원에 들어온 지 최소 다섯 달 이상

---

29 『경국대전』 「禮典」 '取才'.

이 되어야 시험을 치를 자격을 갖추게 된다는 계산이 나온다. 그러나 초심자라 하더라도 의무 출근 일수 이외의 날 이상으로 출근 일수가 더 많고 성실하다면 시험을 치를 수 있는 자격이 부여되고, 시험을 치른 결과가 잘 나오면 품계를 올릴 수 있게 되므로 이와 같은 규정은 출근 일수에 대한 독려임과 동시에 실력 향상을 위한 장치로 작동했을 것이라 생각된다.

악공이나 악생 신분으로 일정 기간 자격요건을 갖추게 되어 승진할 수 있는 최고 품계는 정6품의 전악이다. 장악원에는 전악으로 임명되기 전에 거쳐야 하는 자리로 가전악(假典樂)이 있었다. 가전악은 일종의 대우직에 해당되는데 가전악에서 전악으로 임명되기까지는 빠르면 2-3개월 정도의 기간이 소요되지만 늦으면 30여 년, 혹은 그 이상이 걸리기도 하였다. 또 어떤 경우에는 전악으로 낙점되지 않은 채 가전악 신분으로 궁중음악인 생활을 마감하기도 했다.[30] 그렇다 하더라도 가전악의 지위는 '대우직 전악'에 해당하므로 전악이 하는 일을 대부분 소화해 내었고 궁중 안에 행사가 많이 있을 때에는 가전악이 전악의 역할을 모두 감당해야 했다.

가전악의 시험도 본업(전공)과 겸업(부전공)에 통달해야 하는 것이 기본적인 자격요건이다. 시험 보는 사람이 처음에 전공을 강할 때 통하지 못한다면 그 나머지 여러 기예에 대해서는 강하지 않고 물러나도록 하였다.[31] 이러한 제도는 음악인으로서 최고 품계인 정6품관인 전악의 자격에 오르기 위해서는 자신의 전공 영역에 대해 음악적으로 충분한 실력을 갖추고 있어야 하기 때문이다.

가전악 시험에서는 전공과 부전공 외에 『악학궤범』의 문의(文義)를 임강(臨講)한다. 임강이란 시험관 앞에 책을 펼쳐 놓고 강해(講解), 즉 읽고 풀이하는 것을 말한다. 성종 대에 만들어진 악서 『악학궤범』은 조선 후기 당시

30　송지원, 「숙종 대의 음악감독 한림」, 『문헌과 해석』 통권 39호, 문헌과 해석사, 2007.
31　『증보문헌비고』 「樂考」 16 '習樂'.

표5-5 조선시대 가전악 시험 내용

자격	시험 내용	시험관	결과
좌방가전악	본업 3성, 겸업 2성 『악학궤범』 1책의 내용 중에서 읽고 풀이함	낭청 2원	생획(牲劃) 계산
우방가전악	본업 3성, 겸업 1성, 노래 3성 『악학궤범』 2책의 내용 중에서 읽고 풀이함	낭청 2원	생획 계산

에도 가장 중요한 음악 이론서의 위치에 있었으므로 음악을 전공하는 사람으로서 일정 품계 이상에 오르려면 반드시 공부해야 하는 책이었음을 알 수 있다.

이는 전악이 되기 위해서는 음악 실기만이 아닌, 이론 공부도 아울러 해서 실기와 이론 양자에 대해 모두 능통해야 한다는 의미가 된다. 이러한 현실은 요즘의 음악 실기인에게도 큰 교훈이 된다. 최고의 연주자가 이론 공부에서도 내공을 갖추고 있다면 그 연주가 더욱 빛을 발할 수 있는 원리와 같다.

〈표 5-5〉에서 보이듯 가전악의 시험 결과는 생획(牲劃) 계산에 의하는데, 성적을 잘 받은 사람 3인을 골라 추천하여 선발하게 된다. 여기서 생획이라 하면 통·약·조·불(不) 자를 쓴 둥근 모양의 나무로 시험 결과를 알려 주는 방법을 말한다. 네 단계 중에서 '통자생(通字牲)'을 받은 사람은 우등한 성적에 해당한다. 요즘으로 말하면 A+ 학점이라 할 수 있다. 다음 단계는 '약자생(略字牲)'으로서 '통' 자보다는 못하지만 그리 나쁘지는 않은 성적이다. B학점에 해당하는 점수라 할 수 있다. '불자생(不字牲)'을 받은 사람은 최하의 성적으로 요즘의 F학점에 해당하는 점수이다. 이처럼 통 자 획을 받은 사람 가운데 가장 우수한 3인 중에 가전악을 선발하게 되므로 장악원의 음악인들 가운데 최상의 실력을 갖춘 사람이 가려지게 된다. 물론 뇌물수수로 시험관을 매수한다거나 시험 과정에서 부정이 있다면 이야기는 달라진

다. 입시부정이란 어느 시대에나 있었고, 그러한 부정이 있다면 제대로 된 사람을 선발할 수 없다는 사실은 굳이 이야기하지 않아도 알 것이다. 거기에 시험관의 귀가 연주 잘하는 사람과 그렇지 않은 사람을 가릴 수 있는 실력이 되어야 한다는 것도 전제가 되어야 할 것이다.

조선시대의 장악원에서 장악원 제조를 비롯한 행정관료는 음악 실기와 관련 없이 과거시험을 거쳐 행정적인 일을 담당하였고, 전악 이하 가전악, 악공, 악생들은 자신의 전공 영역, 그리고 부전공 악기 혹은 노래를 두루 갖추어 실제 음악 연주를 담당함으로써, 조선시대 장악원의 운영은 이원화되어 있었음을 알 수 있다.

『조선왕조실록』이나 어제서(御製書) 등을 보면 귀가 밝은 왕이 음악인들의 연습 부족을 정확히 알고 있었음이 확인된다. 역대로 귀가 밝은 왕으로는 세종과 세조, 정조대왕 등을 들 수 있다. 정조대왕의 경우 제사 지낼 때 연주하는 음악의 선율을 잘 알고 있었다. 다음의 내용이 그러한 정황을 알려 준다.

몸소 사직단에서 제례를 올릴 때, 판위에 나아가 서자 헌가악(軒架樂)이 연주되었는데, 가까이에 있는 신하를 돌아보며 이르기를, "정악(庭樂)의 제2성(二成)이 고르지 못하구나" 하면서 근신을 재촉하여 빨리 가서 묻도록 하였다. 전악이 대답하기를, "제2성에서 당하(堂下)의 왼쪽에 있는 특경(特磬)이 두 번 쳐야 할 것을 빠뜨렸습니다" 하였다.[32]

정조가 친히 사직단에서 사직제(社稷祭)를 올릴 때의 상황으로, 정조는 당하(堂下)에서 연주하는 음악, 즉 헌가의 두 번째 곡에서 특경이 연주해야 할

---

32 『홍재전서』 권175 「日得錄」 15 '訓語' 2: "親祀社壇, 就版位立, 軒架作, 顧近臣曰, 庭樂不比二成, 促近臣趨而退問, 典樂對曰, 第二成, 堂下左特磬, 闕二槌云."

음을 빠뜨린 채 연주하고 있는 상황을 지적하였다. 이는 정조가 사직제에서 연주되는 제례악을 정확히 파악하고 있기 때문에 가능한 일이다. 정조는 연주할 때 음악을 소홀히 연주하는 것에 대하여 엄격히 다스렸다.

장악원 제조 민종현(閔鍾顯)을 엄중히 추고하고 협률랑(協律郎) 윤우열(尹羽烈)을 파직하였으며, 제사를 감독하였던 승지 이면긍(李勉兢)을 서용하지 못하도록 하였다. 처음에 상이 납향제(臘享祭)의 헌관인 호조판서 이시수(李時秀)에게 납향제를 지낼 때에 신을 맞이하는 절차에서 연주하는 영신악(迎神樂)을 언제 시작했는지 물었는데, 시수가 아뢰기를, "사경(四更) 일점(一點)에 시작했으며, 다 연주하는 데에 걸린 시간은 경고(更鼓)³³를 두 번 치는 정도에 불과한 듯하였습니다" 하니, 상이 이르기를, "1성(成)이 4박(拍)이니 9성을 모두 계산하면 36박이 된다. 박의 수가 그렇게 많은데 연주하는 데 걸린 시간은 그렇게 짧았으니, 만약 곡의 수를 줄이지 않았다면 반드시 음악을 빠뜨리고 연주했을 것이다. 박을 맡은 전악(典樂)을 형조판서로 하여금 엄히 다스리도록 하라. 이후로도 만약 고의로 지나치게 느리게 연주하는 경우가 있으면 이와 마찬가지로 처벌할 것이니, 이러한 뜻도 아울러 엄하게 일러 경계하도록 하라" 하였다.³⁴

이는 정조가 제사음악의 연주를 잘못한 책임을 물어 장악원 제조 민종현을 문책하고 협률랑 윤우열을 파직한 사건을 기록한 것이다. 당시 동지

---

33 밤에 시각을 알리기 위해 치는 북을 말함. 밤을 初更, 二更, 三更, 四更, 五更으로 나누어 매 시각 관아에서 북을 쳐 알렸다.

34 『정조실록』 권45 정조 20년 12월 을미(24일): "重推掌樂提調閔鍾顯, 罷協律郎尹羽烈職, 監祭承旨李勉兢不敍. 始上召見臘享獻官戶曹判書李時秀, 問臘享迎神樂, 始於何時. 時秀曰, 始於四更一點, 而畢奏似不過二打之頃矣. 上曰, 一成四拍, 通計九成, 爲三十六拍, 拍數如彼其多, 畢奏若此其處, 若非刪厥成數, 必是漏却節奏, 執拍典樂, 使秋判嚴治, 今後若或故爲太遲, 則厥罪惟均, 此意並嚴飭."

후 세 번째 미일에 지내는 납향제(臘享祭)의 영신례 절차에서 연주하는 음악의 박과 연주 시간을 모두 계산해 본 정조는 음악의 길이와 연주하는 시간이 맞지 않는다는 사실을 확인하였다.

제례악이란 편의에 따라 일부를 빼거나 추가하는 것이 아닌, 예와 일체가 되어 예의 절차와 조화를 이루어 연행되어야 하기 때문이다.[35] 이와 같은 정황은 전악이 제례악을 제대로 파악하지 못하고 있었기 때문에 야기된 것이므로 조선시대 음악인의 습악, 음악 연습에서는 실제 현장에서 연주하는 음악이 제 모습을 갖추게 하기 위한 여러 장치가 고안되고 실행되었다.

습악 외에 궁중의 음악이나 춤을 담당하는 사람의 자격 제한 조건도 있었다. 세종 대에는 제례악의 일무인 무무를 추는 사람으로 형조와 의금부에서 근무하던 사람들을 쓴 적이 있었다. 형조와 의금부라 하면 형벌이나 죄인을 추국하는 일을 담당한 기관이다. 따라서 이들은 형옥(刑獄)에서 직접 도끼와 칼을 잡고 사람을 살육(殺戮)하면서 나이를 들어간 사람들이므로, 이것이 몸에 배어 평상시의 몸가짐이 단정하지 못한 사람들이라 보았다.

이러한 사람들에게 하루아침에 아악에 참예하도록 하여 신성한 종묘나 문묘와 같은 곳에 들어가서 일무를 추도록 하는 것은 옳지 못한 일로 간주하였다. 행동거지가 완악하면서 거칠고, 용모가 늙고 추한 자들이 면류관을 쓰고 간(干)과 척(戚) 등을 잡고 일무를 추는 것은[36] 마땅하지 않은 것으로 보았다. 형관(刑官)을 지낸 사람을 일무 추는 사람에 섞지 말라는 내용의 상소가 있었던 것도[37] 신성한 공간에서 신성한 의례를 행하는 데에 흠이 될

35　송지원, 『정조의 음악정책』, 태학사, 2007, 31-33쪽에서 재인용.
36　무무를 출 때에는 왼손에 干(방패), 오른손에 戚(도끼)을 들고 춤을 춘다.
37　『증보문헌비고』 「樂考」 16 '樂人'.

수 있기 때문이었다.

그 밖에도 악인의 자격요건을 강조하는 맥락에 대한 내용은 여러 기록에서 다양하게 보여 일일이 나열할 수 없으니 장악원에서 노래와 연주, 춤을 담당한 악공, 악생, 무동, 가동 등의 자격요건은 그 대우의 열악함에 비해 까다로운 편이었음을 알 수 있다. 예와 악에 대한 중요성은 강조되었음에도 불구하고 악인에 대한 대우는 열악했고, 악이 육예(六藝)에 포함되어 그 위상이 높았음에도 악인의 신분은 낮았던 것은 조선왕실의 음악과 음악인들의 이율배반적 존재 현실을 알려 주는 지표가 되기도 한다.

2) 궁중음악 연주자들, 악공과 악생

악생과 악공은 조선시대 왕실의 행사가 있을 때 실제 음악 연주를 맡았던 음악 전문인들이다. 각자 자신이 주요 전공으로 하는 악기 외에 몇 개의 악기를 더 연주하였다. 부전공으로 노래 혹은 춤을 담당하기도 했다. 이 가운데 악생은 양인 가운데 선발하거나 악생의 자제들로도 충당했는데, 이들이 담당한 음악은 아악과 일무였다. 또 악공은 공천 출신으로 충원했는데, 향악과 당악을 담당하였다. 양인 중에서 악공을 원하는 경우에는 지원이 가능했다.

그런데 악공과 악생이란 힘든 직업 중의 하나로 여겨졌다. 전쟁을 치른 뒤에 악공과 악생이 흩어진 후 다시 돌아오지 않는 숫자가 많았다는 것이 그 증거이다. 실제 악공과 악생의 숫자가 모자라 이들을 충원할 때에는 늘 어려움이 따랐고 예정된 숫자를 채우지 못할 때가 허다했다. 이런 경우 각 지방에 할당 인원을 부여하여 서울로 보내는 식으로 인원을 조달했는데, 해당 지역 역시 충원에 어려움을 많이 겪었다. 악공과 악생이 조선이라는 신분 사회에서 좋은 직업으로 여겨지지는 않았다는 증거이다.

체아직으로 있던 장악원의 잡직 관리는 모두 녹관, 즉 나라에서 월급을 받는 공무원과도 같은 신분이었지만 악생과 악공은 이와 달리 봉족(奉足)제로 운영되었다. 다시 말하면 신역(身役)으로 뽑혀 간 사람에게 줄 비용을 그렇지 않은 사람이 대신 내는 방식이다. 몸으로 그 역을 담당하지 않는다면 비용으로 때우는 방식이고, 그 비용이 악공이나 악생에게 지급되는 운영 방식이다. 당연히 그 비용이란 매우 적어서 악공이나 악생이 받는 월급도 적을 수밖에 없었다. 장악원의 생활을 기록한 『악장등록(樂掌謄錄)』의 기록을 보면 1723년(경종 3) 당시 악공들의 월급이 한 달에 베 한 필이라 했으니, 이들이 장악원에서 지급되는 월급만으로 생활한다면 극빈자 중의 극빈자로서 살아갈 수밖에 없었을 것이다. 당시 악공들의 목소리를 살펴보자.

1723년 3월 25일, 장악원 악공 김중립 등 67명이 상소한 내용
장악원의 악공 400여 명은 모두 다른 지역의 백성들로 일가친척과 이별하여 고향을 떠나 상경한 이후 율려(律呂)를 배웠습니다. 장악원은 한 달에 여섯 차례씩 시험을 보고 제사 및 각종 의례에서 음악을 연주했고, 그 절차를 어긴 적이 없었습니다. 그럼에도 저희가 받는 것이라고는 한 달에 베 한 필뿐이니 굶주림을 참으면서 살아가는 형편입니다.[38]

이와 같은 악공들의 현실은 조선시대 왕실의 음악을 담당했던 음악 연주자들로부터 음악에 대한 자긍심 같은 것을 요구할 수 없었던 요인으로 작용했다. 또 이 요인이 악공과 악생들이 참여하여 연주하는 제사음악과 연향음악의 연주 실력이 더 나은 상태로 가기에 걸림돌로 작용하였던 것도 사실이다. 맹자가 "항산(恒産)이 있어야 항심(恒心)이 있다"라고 말한 것

---

38 『악장등록』 1723년(계묘, 경종 3) 3월 25일 기사 내용.

제5장 조선왕실의 음악기관

처럼 악공과 악생의 당시 현실로는 항심을 유지하기 힘들었다. 이러한 현실은 제도상의 문제였다. 왕실의 온갖 공식 행사에 참여하여 쉽지 않은 연주를 다 하며 살지만 그들의 생활은 극빈자 이상의 삶을 면하기 어려웠다. 따라서 이들에게 부과된 궁중음악 연주가 즐거운 마음에서 이루어질 수는 없었을 것이다. 장악원의 일을 기록한 『악장등록』에 악공들의 처우 개선을 요구하는 상소가 유난히 많은 것도 이러한 현실로 인한 것이다.

악공과 악생은 정기적으로 실기시험을 치러야 했다. 『경국대전』「예전 (禮典)」의 '취재' 조에 수록된 이들의 시험 내용을 보자. 성종 대 당시 장악원 악인들의 시험은 봄, 여름, 가을, 겨울의 첫 번째 달에 정기적으로 치렀다. 악생은 아악과 문무, 무무를, 악공은 당악과 향악을 시험 보았다. 이때의 당악과 향악이란 당악기와 향악기를 말하는데, 당악기는 〈여민락령〉과 〈여민락만〉을 비롯하여 〈보허자〉, 〈환환곡〉, 그리고 종묘제례악인 〈보태평〉 11성과 〈정대업〉 11성, 〈정동방곡〉 등의 곡을 시험 보았고, 향악기는 역시 〈여민락령〉과 〈여민락만〉, 〈진작〉, 〈낙양춘〉, 〈자하동〉, 〈보태평〉과 〈정대업〉, 〈한림별곡〉, 〈헌선도〉, 〈보허자〉 등의 곡을 각 해당하는 악기 부분으로 시험 보았다. 당악과 향악 부분에 같은 악곡을 시험 보는 것은 동일한 악곡을 당악기와 향악기로 모두 연주하기 때문이다. 그 외에 편종, 편경, 생황 계통의 악기인 생(笙), 우(竽), 화(和), 훈(塤), 지(篪), 금(琴), 슬(瑟) 등의 아악기도 때때로 시험 보았다.

이 외에도 매 연말이 되면 낭청이 모여 악공과 악생의 기예를 시험하였다. 낭청이란 실무를 맡은 관리로서 정5품의 정랑(正郎)과 정6품의 좌랑(佐郎)을 말하는데, 이때의 시험에서 기예가 일정 정도에 이르지 못하면 그 결과를 전악에게 알리고 그 결과에 대해 징계하도록 했다. 전악 1인이 악공과 악생 3인을 거느리고 당번이 될 때마다 3일씩 돌아가며 숙직하면서 일과 때에 배운 내용을 다시 익히도록 지도해 주었다. 이러한 방법은 요즘으로 말하면 학습 지진아에 대한 보충수업과 비교할 수 있을 것이다.

악공과 악생들이 기본적으로 지니고 있는 음악성이 달랐고, 동일한 기간 동안 동일한 시간을 투자하여 음악을 익혔다 하더라도 그 음악성에서는 개인차가 있기 때문에 실력이 각각 다른 것은 자연스러운 일이기 때문이다. 이러한 이유에서 실력이 일정하게 나아지지 않는 사람들에게는 특별한 관리를 하여 연주 실력을 일정한 수위로 올려놓게 하였다. 이는 1741년(영조 17) 당시 장악원 주부였던 조영로(趙榮魯)가 제기하여 정하게 된 법으로서 장악원 음악인들의 연주 실력을 향상시킬 수 있을 여러 방안을 고안하는 과정에서 마련된 방안이었다.

3) 궁중의 춤과 반주음악 담당자들, 무동과 여기, 관현맹인

(1) 무동

무동(舞童)이란 궁중의 각종 행사에서 일무나 정재, 즉 춤을 추는 남자 어린아이이며 여기(女妓)는 정재를 추는 여성을 말한다. 악공과 악생, 관현맹인(管絃盲人)이 왕실의 여러 행사에서 악기 연주를 주로 담당하였다면, 무동과 여기는 춤을 주로 담당하였다. 춤에 따라 무동이 출 수 있는 것이 있는가 하면 여기들만이 출 수 있는 춤도 있었다.

무동은 궁중의 여러 제사와 연향 등에서 음악과 춤을 담당하였다. 남자아이들이 담당하므로 무동을 남악(男樂)이라고도 한다. 무동으로 선발될 수있는 나이는 시기별로 다소 차이가 있지만 대개는 8세부터 14세 정도의 소년이 대상이 되었다. 8세 이상 된 어린아이를 뽑아 음악과 춤을 연습시켜서 이들이 일정 정도의 재주를 이루게 되면 종묘제향의 일무를 비롯해 회례연 등의 여타 연회에 투입시켜 춤을 담당하도록 하였다. 이들은 내연(內宴)과 외연(外宴)에서 연행하는 정재를 두루 담당하였다. 여기들의 경우 조선조의 일정 시기부터 내연에서만 춤을 연행할 수 있었던 것과 비교된다. 여악(女樂)을 사용하는 데 문제가 될 때 무동이 춤을 담당하였는데 한때는 무동에게 가면을 쓰도록 하여 정전(正殿)에서 베풀어지는 연향에서 춤을 담당하도록 한 적도 있었다.

세종 대의 무동을 모집하는 방법과 과정을 살펴본다. 세종 대에는 어린 사내아이 즉 동남(童男) 가운데 11세 이상 13세 이하의 나이로 용모가 단정하고 깨끗하고, 성품과 기질이 총명하여 왕 앞에서 정재를 출 수 있는 정도의 사람을 가려 뽑되 각 도에 일정 인원을 배당하였다. 세종 13년(1431) 당시에는 한 고을에 1인, 혹은 두서너 고을을 합하여 1인 정도의 인원을 배당하도록 했는데 경상도에 15명, 전라도에 10명, 충청도에 7명, 강원도에 7명, 경기도와 황해도 평안도에 각각 5명, 함길도에 3명, 총 57명을 정원으로 하였다. 무동으로 들어온 이후 나이가 많아져서 더 이상 쓸 수 없게 되거나, 혹 사고가 있어서 일할 수 없는 결원이 생기면 각 고을에 배정한 것을 기준으로 하여 인원수를 다시 채워 쓰도록 하는 방식으로 인원을 조달했다.

특히 어린 나이에 어버이의 품에서 떠나고 친족과 멀어지게 되면 배우기를 즐겨 하지 않을 것을 감안하여 여타 봉족과는 일정 정도 차이가 있는 대우를 하였다. 이들이 나이가 들어 무동으로 쓸 수 없게 되는 경우가 발생하면 본 고향으로 돌려보냈지만, 그 가운데 음악을 잘 익혀서 악공이 될 만한 자격을 갖춘 무동에게는 장악원의 연주 활동에 투입시켜 악공으로 일할 수 있도록 배려하기도 했다.

무동을 선발하는 데에는 여러 어려움이 있었던 것으로 보인다. 세종 13년(1431)에 이미 무동 선발에 관한 문제를 논의했지만 미흡한 점이 있었고 여전히 조달에 어려움이 있었다. 따라서 세종 16년(1434)에는 예조의 건의로 무동 선발에 관한 재논의가 이루어졌다. 무동이라는 특수성, 다시 말하면 일정 정도 성장을 하게 되면 더 이상 무동으로 일할 수 없게 된다는 사실은 늘 한편으로 새로운 무동을 충원하지 않으면 안 된다는 이야기이다. 남자아이들은 성장이 한참 이루어지는 나이에 무동으로 선발되어 나갔기 때문에 인원을 보충하는 문제는 늘 현안으로 대두되었다.

결국 당시에 모색된 대안으로는 비첩(婢妾), 즉 여자 종으로서 첩이 되어 낳은 자손, 양인의 신분이지만 천인의 일을 하는 사람들의 자손들, 기녀로서 양인에게 시집가서 낳은 자손, 기녀로서 7품 이하 관리 등에 시집가서 낳은 자손들 가운데 음률(音律)의 전습이 가능한 자, 혹은 무녀(巫女) 등의 자손 중에서 8세 이상인 자를 조사하여 무동으로 쓰게 하는 방안이 모색되었다. 또 이러한 조건에 해당하는 자를 특별히 한성부의 관리가 담당, 조사하도록 하여 무동의 조달에 차질이 없도록 하는 방안이 마련되기도 하였다.

무동 조달의 어려움은 결국 세종 29년(1447)에 현실화되어 혁파하기에 이르렀다. 무동은 기예에 익숙해질 만하면 곧 장정이 되어 버리기 때문에 계속해서 대기 어렵다는 이유에서였다. 따라서 이들은 악공에 부속시키도록 하였고, 모든 회례(會禮)와 양로연, 외국 사신을 위한 잔치 등에는 악공 가운데 노래와 춤에 능한 사람을 골라 쓰도록 하는 방안이 마련되었다. 이후 무동의 역할을 악공이 맡게 되었으나 일정 시간이 지난 후 다시 무동이 여러 의례에서 정재를 담당하였고 이러한 전통은 조선 말기까지 지속되었다.

무동들이 입는 복식은 세종 13년(1431)에 당(唐)의 제도를 본떠서 만들었다. 복식의 제정 당시부터 한동안은 사계절 모두 사라(紗羅)로 만들어 썼으나 세종 21년(1439)부터는 무동의 여름 복식을 따로 만들었다. 토우(土雨), 즉 황사나 비와 같은 궂은 날씨를 만나게 되면 옷이 더러워지고 빛깔이 바래게 되는데, 이는 다시 염색하기가 어려웠던 데다가 당시 사라와 같은 비단은 조선에서 공급이 쉽지 않았기 때문이다. 따라서 흰 모시에 사라의 빛깔을 내도록 오색 물감을 곱게 들여서 옷을 만드는 것으로 제도가 정해졌다. 무동의 여름 복식이 이때부터 만들어져 사용하게 된 것이다. 무동의 복식에 대한 그림은 『악학궤범』에 상세하다.

무동의 옷에는 원래 무늬가 있는 비단을 사용하도록 하였다. 그러나 영조 24년(1748)에는 중국 사신을 위한 연향 때에 입는 옷에 무늬 놓은 비단을 사용하지 못하도록 하는 금령이 내려졌다. 따라서 이후 사신연의 연향에 무동의 옷은 무늬 없는 비단으로 지은 관복(冠服)을 입는 전통이 시작되었다.

(2) 여기와 관현맹인

여성 음악인인 여기는 여악이라고도 하는데 주로 연향에서 악무를 담당하였다. 그런데 궁중의 연향에서 여악을 사용하는 일은 일정 시기 동안 늘 문제가 되었다. 이는 조선조에 성리학이 심화되는 역사와 궤를 같이하는 것으로 보인다. 여기들은 왕실의 연향에서, 왕이 궁 밖에서 의례에 참여한 후 궁으로 돌아오는 길에서 베푸는 교방가요(敎坊歌謠)를 올릴 때, 중궁의 하례에서, 친잠례 등에서 악가무(樂歌舞)를 담당했다. 여악은 이처럼 조선시대 악가무 연행사에서 큰 비중을 차지하고 있었다. 그러나 성리학의 심화와 함께 여악 폐지론은 늘 현실화되었고 결국 남성이 주축이 되는 외연에서 여악을 사용하는 일은 인조반정(1623) 이후 폐지되었다.

궁중음악의 연주를 담당한 또 하나의 집단이 있다. 앞을 못 보는 맹인 연주자들이다. 맹인이 앞을 못 보는 대신 소리에 민감하기 때문에 이들을 음악인으로 활용한 맥락은 한편으로는 이들에게 특정 직업을 부여하기 위한 사회복지 정책의 하나로 이해할 수도 있다. 세종 12년(1430)의 경우 관습도감에 들여온 맹인이 18인이었다. 그러나 이 가운데 재주를 취할 만한 사람은 그나마 4, 5명에 지나지 않고 대개는 초보자라 익숙하지 못한 상황이었다. 당시 관현맹인들은 "관현, 즉 음악을 익히는 일은 고생을 면하기 어렵고, 복서(卜筮), 즉 점을 치는 직업은 처자를 족히 봉양할 만한 것"으로 생각하였다. 따라서 당시 총명하고 나이 젊은 사람은 모두 음양학으로 나가고 음률을 일삼지 않았던 것이 현실이었다.

그와 같은 현실에서 조선 전기 당시에는 이들을 일정하게 격려하는 법이 없으면 고악(瞽樂)은 장차 끊어지고 말 것이라고 걱정하게 되었다. 또 앞을 못 보는 사람에게 악기를 익히도록 하면 음을 잘 살필 수 있기 때문에 이들을 포섭하기 위한 대비책이 있어야 할 것이라 생각하였다. 세종 대의 박연은 그러한 현실에 대한 대비책을 제시하였다. 품계를 올려 주는 일이었다. 즉, 관습도감에 속한 관현맹인 18인 중에 오랫동안 연회에 참가해서 악기를 연주하여 경력이 풍부해진 사람에게는 동반(東班) 5품 이상의 검직[39]을 제수하도록 하자는 것이었다. 또 총명하면서 젊고 여러 악기를 잘 다루는 사람 중 스스로 관현맹인이 되기를 원하는 사람에게는 처음에 7품의 검직을 제수했다가 일이 익숙해진 후에 6품 이상의 관직에 임명하자는 제안이었다. 그렇게 한다면 자손들에게 후일의 길을 열어 주게 되니, 이는 돈을 들이지 않고 은혜를 베푸는 일[40]이라 본 것이다.

당시 맹인들은 점치는 일 등의 직업은 처자식을 족히 봉양할 만하지만 악기를 익히는 일은 고생을 면하기 어렵다고 인식했으므로 이와 같은 자구책을 구상하기에 이른 것이다. 물론 이러한 아이디어들이 모두 시행된 것은 아니었으나 이러한 구상들을 통해 당시 맹인 음악가들이 처해 있던 환경이 어떠했는지 가늠해 볼 수 있을 것이다.

---

39 檢職: 檢校職을 말함. 정원 외의 인원을 임시로 증원할 때, 혹은 실무를 보지 않고 이름만 가지고 있도록 할 때에는 벼슬 이름 앞에 '검교' 혹은 '검'이라고 붙인다. 대개 원로를 예우하기 위한 방편으로 썼다.
40 『증보문헌비고』 「樂考」 16 '樂人'.

4) 장악원 제조와 전악의 임무

(1) 장악원 제조

장악원 제조(提調)는 종1품, 정2품, 종2품 사이의 문신이 겸하는데 장악원의 업무를 총괄한다. 오례로 거행되는 여러 국가전례에서 쓰이는 악무와 관련된 일, 예컨대 음악 연주가 잘 되고 있는지, 의례에서 노래하는 악장의 내용은 그 의미에 걸맞은지, 음률은 제대로 되었는지, 무동, 혹은 여기와 의녀,[41] 침선비[42] 등이 추고 있는 춤은 제대로 되고 있는지, 악공과 악생이 연주하는 음악이 의례와 맞게 연행되고 있는지 등을 점검해야 했다. 악기를 제작할 때는 감독하는 일을 맡기도 했고, 음악과 관련된 제도가 잘 운영되고 있는지 검토한 후 수정하는 일까지 이들의 업무였다.

이와 아울러 조선 악학의 부흥을 위한 노력도 장악원 제조에게 부여된 임무 가운데 하나였다. 심지어는 한여름에 춤을 담당한 공인들에게 더위를 가시게 하는 약을 나누어 주는 일도 장악원 제조가 생각해야 할 일이었다. 전례음악의 연주가 잘못되면 장악원 제조의 죄과를 묻기도 했다. 수없이 많은 궁중의 행사에서 연행되고 있는 악가무에 대해 총체적인 책임을

---

41 醫女: 조선시대 여성들의 질병 치료를 위한 여자 의원. 관비에게 의술 교육을 하여 여성 치료에 투입되었다. 내의원과 혜민서 소속이다. 조선 초기 궁중의례에서는 의장을 드는 일을 돕는 일을 주로 하였다가 차츰 춤을 익혀 궁중정재를 추는 데 동원되었다. 평소에 의녀의 일을 하다가 특별한 행사가 있을 때면 일정 기간 춤을 익혀 궁중연향에 투입되어 궁중정재를 추었다. 1795년(정조 19) 정조 임금이 화성에서 그의 모친 혜경궁 홍씨의 회갑연을 벌일 때에도 운운, 철옥, 난화, 양대운, 상애와 같은 의녀들이 동원되었다.

42 針線婢: 공조와 상의원에 소속되어 바느질하는 업무를 담당한 여성. 의녀나 선상기 모두 삼남 지방에서 뽑아 올렸으므로 이들을 選上妓라 한다. 평소에는 궁중에서 필요한 각종 바느질을 담당하고 있다가 특별한 행사가 있을 때면 일정 기간 춤을 익힌 후 궁중연향에 투입되어 의녀와 함께 궁중정재를 추었다. 악가무를 전업으로 하는 妓女와 비할 때 실력 차이는 있었을 것으로 보인다. 조선 후기에는 의녀나 침선비를 뽑을 때 歌舞를 잘하는 사람을 가려 뽑기도 한 것은 이러한 전통과 무관하지 않다. 1795년(정조 19) 정조임금이 화성에서 그의 모친 혜경궁 홍씨의 회갑연을 벌일 때에도 서지, 채단, 창섬, 윤옥, 득선과 같은 침선비들이 동원되어 의장을 들거나 하황은, 포구락, 무고, 아박무, 향발무 등을 추는 데 동원되었다.

져야 하는 위치에 있었던 장악원 제조는 겸직으로 하는 일임에도 불구하고 그 업무는 상당히 과중한 것이었다.

그러나 장악원 제조는 음악 전문인이 아니었다. 따라서 그들의 음악 실력에는 개인차가 있었다. 음악을 잘 알고 악기 연주에도 능한 제조가 있는가 하면 그렇지 못한 이도 포함되어 있었다. 가능한 한 장악원 제조로 임명할 사람은 음악에 대한 조예가 있는 인물을 선정하려 노력을 기울였음에도 늘 계획한 대로 되지는 않았다. 장악원이 담당하는 일이 예악(禮樂)과 관련되었다는 이유로 덕을 갖춘 인물을 제조로 선정하고자 하는 노력들도 보인다. 성종 대에 장악원 제조로 일했던 유자광이 덕망이 없다는 이유로 적당하지 않다는 건의가 제기된 적이 있었다는 사실이 그러한 예에 해당한다.

당대의 음악이 많이 잘못되어 있을 때에는 음악을 잘 아는 사람을 장악원 제조로 쓰려는 노력을 보이기도 했다. 성종 대에 장악원 제조를 지낸 바 있는 성현의 경우 음률을 잘 알고 있기 때문에 제조로 천거된 경우이다. 성현은 성종 24년(1493) 당시 경상도 관찰사로 임명되었다. 그런데 당시 장악원 제조였던 유자광이 장악원 제조로 성현을 추천한 것이다. 악공이나 악생의 연주에 대해 시험을 볼 때, 장악원 제조가 음률을 잘 알고 있어야 그들이 연주하는 음악 실력을 구분할 수 있다는 이유에서였다. 유자광은 성종 앞에서 성현을 이렇게 추천하였다. "경상 감사는 다른 사람이 할 수 있지만, 장악원의 제조는 성현이 아니면 불가능합니다."[43] 유자광 자신이 장악원 제조로 임명되었을 때 많은 반대가 있었으므로 그 자신과 함께 제조로 일할 사람만은 음악성 있는 인물을 찾아야 한다고 생각한 것이었다.

또 장악원 제조는 장악원이 소장하고 있는 악기를 늘 점검해야 했다. 망

---

43 『성종실록』 성종 24년 8월 을축(3일).

제5장 조선왕실의 음악기관

가진 악기는 모두 수리해서 잘 손질해 놓아야 하는 의무가 있었는데 그렇게 함으로써 좋은 음악을 연주할 수 있기 때문이다. 성종 10년(1479) 당시 장악원 제조였던 윤사흔은 장악원이 소장하고 있는 편종이 제대로 된 동(銅)이 아닌 잡동(雜銅)으로 악기를 만들어 음률이 잘 맞지 않아 쓸 수 없으니 다시 주조할 것을 권하기도 했다. 이는 장악원 제조로서 악기의 음률을 점검한 결과이다. 또 연습용 악기와 실제 의례에서 쓰이는 악기를 별도로 제작해서 써야 한다는 주장도 하였다.[44] 이와 같은 건의는 장악원 제조 자신이 음악적인 귀가 있었기 때문에 가능한 것이었고, 연습용 악기를 별도로 만들어야 한다는 건의 또한 합리적인 내용이라 할 수 있다. 악기를 이동하는 과정에서 훼손되거나 오염될 수 있기 때문이었다.

장악원 제조는 그 외에도 장악원의 악공이나 악생 시험이나 가전악, 전악 선발 시험에 참여하여 채점을 하기도 했다. 좋은 연주를 하는 사람을 가려 뽑는 것이 중요한 일이었기 때문이다. 이처럼 조선시대의 장악원 제조는 장악원에서 담당하고 있는 음악과 관련된 전반적인 일에 대해 총체적인 책임을 지고 있는 사람이었다. 장악원 제조로 음악성이 있는 인물을 구하였던 것도 곧 이러한 맥락으로 인한 것이었다.

(2) 장악원의 전악

전악은 정6품으로 조선시대 궁중에서 음악 전문인으로 오를 수 있는 가장 높은 품계였다. 요즘식으로 표현한다면 '음악감독'에 해당한다. 그들이 맡은 일은 기록에 보이는 것 이상으로 다양했다. 궁중의 여러 의례에서의 음악감독 역할은 전악의 가장 중요한 업무 중의 하나였다. 우선 각종 제사음악과 연향음악을 잘 연주할 수 있도록 악공과 악생의 연주 실력

---

44 『성종실록』 성종 10년 4월 을사(19일).

을 향상시켜야 했다. 그리고 실제 의례가 시작되면 각 절차에서 연주되어야 할 음악을 준비하여 각종의 전례음악 연주를 이끌어야 했다. 때론 노래와 무용을 지도하기도 했다. 음악을 연주할 무대의 전체 배치도 전악의 몫이었다. 의례를 위한 음악의 전체 구도에 대해 전악이 잘 알고 있었기 때문이다.

악대가 음악을 연주할 때는 박(拍)을 쳐서 음악의 시작과 끝을 연주하는 집박악사(執拍樂師)의 역할을 맡기도 했다. 국상(國喪)이 있을 때에는 음악 연주를 하지는 않지만 악대를 벌여 놓고[陳而不作] 그 자리를 지켜야 했다. 일식(日蝕)이 있을 때면 일식을 구제하는 의례를 행하게 되는데, 이때에는 청·적·백 3색의 북을 각각의 방위에 놓고 특정 순서에서 북을 울리는 역할도 바로 전악이 맡았다. 또 궁중행사의 음악 연주와 관련하여 왕이 부르면 언제든 나아가 묻는 내용에 대해 상세히 대답해야 했다.

그 밖에 일일이 기록하지 못한 여러 업무가 전악에게 부과되어 있었다. 전악이 하는 일은 이처럼 다양했다. 이들은 담당한 일에 따라 명칭을 집박전악, 집사전악, 감조전악, 대오전악 등의 이름을 쓰기도 했다. 집박전악(執拍典樂)이라 하면 음악의 시작과 끝을 알리는 박을 담당했을 때 쓰는 명칭이고, 집사전악(執事典樂)이라 하면 궁중의 여러 행사 때에 음악의 진행을 맡아 지휘하는 역할을 담당했을 때 쓰는 명칭이다. 또 악기 제작을 감독하는 역할을 맡을 때에는 감조전악(監造典樂), 대오를 담당하는 역할을 맡을 때에는 대오전악(隊伍典樂)으로 구분하여 부르기도 했다.

조선통신사가 일본으로 가게 되면 전악 한 명은 반드시 동행하여 음악감독 역할을 수행해야 했다. 조선의 왕이 일본에 내리는 국서 전달을 위해 필요한 악대를 이끌기 위한 것이다. 또 중국에서 유입된 악기의 연주 전승이 잘 이루어지지 않을 때면 그 기법을 배우러 떠나기도 했고 악기 구입을 위해 중국에 다녀오기도 했다. 뿐만 아니라 좋은 악기를 만들기 위해 좋은 재료가 있는지 여러 곳을 물색해 다니기도 했다.

전악은 예조 관할 궁중음악 기관인 장악원 소속의 관리이다. 장악원 소속의 직업 음악인은 정직이 아닌 잡직으로 분류되어 있어 정6품 이상으로 품계가 올라갈 수 없게 되어 있었다. 장악원 소속 관리 중 가장 낮은 품계인 종9품의 부전성(副典聲)으로부터 시작하여 일정 근무 일수가 차게 되면 정9품의 전성, 종8품의 부전음(副典音), 정8품의 전음, 종7품의 부전율(副典律), 정7품의 전율, 종6품의 부전악(副典樂)을 거쳐 정6품의 전악까지 오를 수 있는데, 여기까지 오르게 되면 더 이상 올라갈 품계는 없다. 요즘식으로 말하면 6급 공무원 이상으로 승진할 수 없게 되어 있었고 일정 기간이 지나면 은퇴하도록 되어 있었던 것이다. 간혹 예외로서 특별히 승진하는 경우도 있었지만 극히 드물었다.

수백 명에 달하는 궁중 음악인들을 총괄하는 '전악'이라는 위치는 궁중 소속의 음악인이면서 음악적으로 실력이 뛰어난 사람이라면 꿈꾸어 볼 수 있는 자리였다. 그러나 누구나 전악이 될 수 있는 것은 아니었다. 극히 숫자가 제한되어 있기 때문이다. 쉽게 오르기도 어려웠고, 또 많은 사람이 인정하는 실력의 소유자만이 맡을 수 있는 위치였다. 궁중의 음악 담당 관리로서 실제의 음악 연주와 관련된 가장 중요한 음악 업무를 담당한 관리가 전악이기 때문이다.

전악을 지낸 이후 은퇴를 하면 그 실력을 묵히지 않았다. 음악을 배우고자 하는 이들에게 가르치기도 했고, 민간의 여러 음악 수요에 응하기도 했다. 어떤 경우에는 궁에서 다시 부르기도 했다. 사맹삭, 즉 봄·여름·가을·겨울의 첫 달인 음력 1·4·7·10월에 이들을 다시 뽑게 하여 8품이나, 9품직으로 임명하여, 벼슬을 시키면서 궁중의 여러 행사에 투입시켰다. 평생토록 장악원에서 기예를 익혀 뛰어난 실력의 소유자를 그대로 묵히지 않고 활용하기 위한 방책이었다. 그런가 하면 은퇴를 한 후 조용한 곳에 은거하면서 자신이 연주했던 음악을 악보로 만들거나, 제자를 가르치는 사람도 있었다. 또 그 제자들 가운데에는 스승의 음악을 기록하여 악보집을 남겨 놓는 이들도 있었다. 장악원의 전악은 어린 시절부터 음악 활동을 시작하여 은퇴 이후까지도 그들의 재능을 묵히지 않았고 궁중에서 베풀어지는 여러 행사에 투입되어 조선의 음악을 이끌었다. 그러나 가장 중요한 것은 음악인들을 교육하는 업무를 관장하는 일이었다. 장악원의 최전방에서 음악인들의 수준을 한 단계 위로 끌어올리는 데 가장 중요한 역할을 할 수 있었던 사람이 바로 장악원의 전악이었다.

(3) 장악원 악인들의 중국 파견

장악원의 악사들은 여러 목적으로 중국에 다녀왔다. 율관 제작법, 악기 제조법 등을 배워 오거나 악기의 구입, 악기 연주법 전습 등의 목적이 대부분이었고, 중국에서 배워 온 기법은 장악원에서 활용되기도 하였다.

명종 8년(1553, 계축)에는 조선에서 사용하는 율관이 오래되어 많이 손상되었다. 당시의 율관은 영락시대(1403-1424)에 중국에서 받은 것이었으니 150여 년이 지난 것이었다. 이에 조정에서는 악관(樂官) 1원과 악사(樂師) 3인을 차출하여 중국으로 보냈다. 동지의 진하사(進賀使) 행렬을 따라가도록 한 것이다. 이들의 임무는 중국에서 율관을 주문 제작하여 사 가지고 돌아오는 일이었다.

당시 사신으로 참여한 민기(閔箕)는 중국의 예부(禮部) 측에 그러한 사실을 알렸다. 원래 사용하던 율관이 낡아 어긋나는 것이 많아 악관과 악사를 먼저 보내니 악공 등을 매수하여 율관을 교정하도록 허가해 달라는 내용이었다. 이에 따라 중국의 예부에서는 태상시(太常寺)에 알려 음률에 정통한 악무생(樂舞生) 2인을 선발하여 먼저 온 악관, 악사와 함께 율관의 음률을 하나하나 교정하였고 그 매수를 허가하였다.

당시 중국에서 만든 율관은 단시일에 제작한 것이었다. 율관은 음악의 근본이 되기 때문에 제조를 정밀히 해야 하는 것이었다. 중국 측에서는 좀 더 시간을 두고 기다려 정밀하게 만들어서 갈 것을 요구했다. 이때 참여한 악관은 송림(宋琳)으로 북경에 체류한 지 두 달 만에 돌아왔다. 그런데 당시 제작한 율관 1부 가운데 관 하나가 유독 작고, 대나무도 유난히 굽었다. 그 이유는 악관이 빨리 돌아갈 것을 생각하여 속성으로 제작할 것을 요구하자 중국의 악공들이 구차하게 충당해 주었기 때문이라 하였다.[45]

율관 제작과 관련된 하나의 일화지만 당시 조선에서 해결하지 못하는 기술적인 문제는 중국에 드나들면서 일정 정도 해소하였음을 알 수 있다. 장악원 소속의 음악인들은 사신행에 동행하여 북경에 가서 율관을 제작하는 방법을 배워 제작해 왔고 이들이 배운 것은 후일 장악원에서 율관을 제작할 때 또 하나의 제작 기법으로 남을 수 있게 되었다.

또 영조 대에는 생황의 제조법을 배우기 위해 장악원의 악사 한 사람이 동지사(冬至使)의 사행을 따라가서 생황의 금엽(金葉) 제조법을 익혀 오기도 했다. 생황의 경우 금엽이 탈락하면 버리고 사용하지 않았기 때문에 매년 중국에서 수입해 왔는데, 그 비용이 적지 않다고 하였다.[46] 그런 이유에서 제조법을 직접 배워 조선에서 제작할 수 있도록 한 것이었다. 이를 통해 장악원의 악사로서 악기 제작법을 익혀 오는 업무도 부과되어 있음을 알 수 있다. 기타 장악원 악사들이 외국에 다녀온 사례는 매우 많고, 이 가운데 특정 악기를 배우기 위한 목적으로 다녀온 경우도 있다.

(4) 중국으로 파견된 노래사절단, 창가비의 활동

창가비(唱歌婢)라 하면 노래를 중국 조정의 요구로 중국의 조정에서 노래

---

45 『춘관지』 권2 '音樂'.
46 『춘관지』 위와 같음. 이 부분에 이때 배워 온 금엽의 제작법이 상세하게 기록되어 있다.

와 무용을 전담할 목적으로 파견된 여성 노비를 말한다. 창가비는 사신과 함께 중국으로 가 궁중의 연향에서 노래와 무용을 담당하였다. 이들은 중국에 장기간 체류하면서 여러 연향에 참가하며 활동을 벌였다.

창가비가 중국으로 파견된 예로 중국 선종(宣宗) 때의 일이 『세종실록』에 보인다. 창가비를 중국에 보내기 위해 선발하는 과정, 중국에 보내는 과정, 이들이 긴 세월이 지난 후 다시 돌아오는 기록 등을 볼 수 있다. 물론 조선의 창가비들이 중국에서 벌인 활동에 대한 구체적인 실상을 일일이 확인할 수는 없지만, 이들이 중국의 연향에 참가하여 당대 중국 음악을 익혔던 정황에 대해서는 짐작이 가능하다. 그리고 이들이 다시 귀국하여 〈용비어천가(龍飛御天歌)〉를 연주하는 등의 음악 활동을 하게 되므로 음악과 관련된 중국과의 인적 교류의 한 단면을 찾아볼 수 있다. 실록의 기사를 통해 이러한 과정을 추적해 보자.

"노래 부르는 계집아이 30명을 어떻게 뽑겠는가. 12, 13세의 계집아이로서 능히 노래를 부를 수 있는 사람이 적을 것이니, 과연 30명의 수효를 다 따를 수 있겠는가…." … "사신이 … 노래 부르는 여자를 말한다면 대답하기를 '10세 이상 20세 이하의 소녀로서 노래 부를 수 있는 사람이 적은 까닭에 다만 몇 사람만 뽑았다'고 하여 10명이나 15명을 들여보내는 것이 어떻겠습니까?' 하니 임금이 말하기를 "장차 경 등이 의논한 대로 대답하겠다" 하였다.[47]

중국 측에서는 사신을 보내와 우리 측에 요구사항을 전달한다. 우리 측에서는 그 요구사항에 대한 타당성을 검토한 후 적정선에서 다시 논의를

---

47 『세종실록』 권44 세종 11년 4월 기해(24일).

제5장 조선왕실의 음악기관

하게 된다. 앞의 『세종실록』의 기사에 의하면 당시 중국 측에서 요구한 인원은 노래 부르는 계집아이 30명이었다. 그러나 그 인원을 모두 채우기 어려우므로 숫자를 줄여 뽑는다. 이들은 명나라 조정으로 떠나기 전에 판수에게서 음악을 배운다. 이런 과정이 다음의 실록 기사에 나타난다.

"가무(歌舞)아 중천금(重千金) 등 5명을 뽑아서 기생 6명과 판수(盲) 3명으로 하여금 세 번(番)으로 나누어 날마다 돌려 가며 궁궐에 가서 이들을 가르치게 하였다."[48]

판수라 하면 맹인 음악가이다. 맹인 음악가들은 모든 감각이 귀에 집중되기 때문에 음악 실력이 대체로 뛰어난 편이다. 또 이들에게 음악을 배우는 나이 어린 여자아이들은 가르치는 그대로 흡수하기 때문에 이내 좋은 실력을 갖추게 된다. 이러한 방식으로 당시 명나라에 보내기 위해 음악을 익힌 창가비는 명나라로 떠나게 된다. 떠나기 전 이들은 부모 친척들과 함께 위로연에 참가하는데 잔치판은 온통 울음판이 되어 버린다. 먼 이국땅으로 떠나 언제 돌아오게 될지 모르기 때문이다. 세종 대 당시 명나라로 갈 아이는 전체 25인이었다. 노래를 담당할 사람 8명, 요리와 관련된 일을 담당할 사람 11명 등이다. 다음의 실록 기사를 보자.

(명나라의 조정에) 진헌(進獻)할 창가녀 8인, 집찬녀(執饌女) 11인, 어린 화자(火者) 6인에게 음식을 대접하도록 명하니, 여인들은 다 슬피 흐느끼고 먹지 않았으며, 물러나 올 때에는 낯을 가리고 우니, 부모와 친척들이 서로 붙들면서 데리고 나왔는데, 곡성이 뜰에 가득하여 보는 사람들이 눈물을 흘렸

---

48 『세종실록』 권44 세종 11년 5월 무신(3일).

다. 처음에 임금이 근정전에 나와 창가녀 등을 불러 노래를 들었는데, 한 여자가 이번에 가면 다시 오지 못한다는 뜻을 노래하였는데 그 가사가 몹시 처량하고 원망스러웠으므로, 임금이 이를 슬프게 여겼다.[49]

당시 중국에 보낸 창가녀는 장기간 체류하거나 돌아오지 못하는 것이 일반적이었던 것 같다. 따라서 그런 전례를 알고 있는 창가녀와 부모 친척들이 이들을 중국으로 보낼 때에는 곡성이 가득할 수밖에 없었다. 창가비로 갈 여자아이 하나가 왕 앞에서 부른 노래 내용에서 "다시 돌아오지 못한다"라는 내용이 있어서 처량한 장면이 연출되었다. 중국에 창가녀로 떠나는 사비(私婢)는 그의 부모와 함께 신역이 면제되었다.[50] 일종의 보상으로 내려진 것이다.

중국 조정에서 활동하던 창가비들은 일정 기간 체류한 후 돌아오기도 했다. 명나라 선종이 죽고 영종(英宗)이 즉위하던 무렵인 1435년(세종 17)의 일이다. 영종은 조선에서 온 창가비들을 다시 돌려보냈다.[51] 이들을 데리고 돌아온 사신은 이충, 김각, 김복 등이었는데, 처녀 종비 9명, 창가비 7명, 집찬비 37명과 함께 왔다. 새로 즉위한 영종의 칙서도 함께 왔다. 이때 세종은 경복궁에서 칙서를 받았다. 창가비 일행은 월대(月臺)에 올라와서 왕에게 절을 했다. 이미 의복과 머리 장식은 중국의 제도였고, 중국의 예절로 여덟 번 절을 하는 팔배례(八拜禮)를 행했다. 몸을 굽히고, 머리를 숙이고, 손을 모으고 구부렸다 우러렀다 하는데, 그 모양이 마치 춤을 추는 것과 같았다. 계속하여 엎드려 머리를 조아린 후 내려간 후 남쪽 행랑에 차려 놓은 음식을 대접 받았다.[52]

---

49 『세종실록』권45 세종 11년 7월 임술(18일).
50 『세종실록』권45 세종 11년 7월 갑자(20일).
51 『세종실록』권68 세종 17년 4월 기유(8일).
52 『세종실록』권68 세종 17년 4월 정묘(26일).

제5장 조선왕실의 음악기관

중국에서 돌아와 이와 같은 의례를 행한 창가비 일행은 조선에서의 생활을 다시 시작한다. 중국으로 떠나기 전에 맹인 악사를 통해 음악을 익히고 갔지만, 이들은 중국에 가 있는 동안 중국 음악을 배우고 익혔으므로 조선에서 배웠던 음악을 많이 잊었다. 따라서 조선에 돌아온 창가비들에게 조선의 음악을 연주하도록 하기 위해서는 재교육을 시켜 활용해야 했다.

1445년(세종 27)에는 왕명에 따라 정인지, 권제(權踶) 등의 인물이 지어 올린 〈용비어천가〉를 노랫말로 하여 음악을 만들었다. 그 음악은 곧 〈여민락(與民樂)〉이었다. 조정에서는 이를 창가비들에게 익히도록 하여 연주하도록 했다. 여기서 말하는 〈여민락〉이란 요즘에 연주되는 네 종류의 여민락 가운데 〈여민락만〉과 가장 유사한 당악풍의 음악이므로 중국에서 음악 활동을 하다 돌아온 창가비에게 연주하도록 하면 가장 적합했을 것이다.

『세종실록』의 기록을 보면, 실제 중국에서 돌아온 창가비들에게 연주를 시켜 보니 악기 연주와 노랫소리가 우리나라의 음악과 맞지 않았으나 춤을 추는 모양만은 볼 만하다고 했다. 결국 창가비들에게 그 음악을 익히도록 하였고 옷 일 습(一襲)씩을 상으로 주도록 하였다.[53]

『세종실록』의 기록을 통해 창가비로 선정되어 중국으로 가서 활동한 후, 이들이 귀국한 이후의 활동까지 이어 볼 수 있었다. 이들의 음악 활동이 비록 적극적이고 자의적인 것은 아니었다 하더라도 이를 통해 예술인들의 인적 교류의 한 단면을 알 수 있다. 중국에서 활동하고 돌아온 창가비들은 비교적 후한 대우를 받았던 것으로 생각되는데, 이들의 귀국과 함께 중국의 음악문화도 간접적으로 들어왔다. 중국의 춤이 볼 만하다고 표현한 부분에서 그러한 정황을 짐작할 수 있다.

조선조에 중국과 이루어진 음악 교류는 여러 형태가 있었다. 그 가운데

---

53 『세종실록』 권109 세종 27년 9월 계미(13일).

하나가 앞서 살펴본 '노래하는 사절단, 창가비'를 통한 교류의 한 단면이다. 이들을 중국에 보내기 위해 선발하는 과정, 이들을 중국으로 떠나보내는 과정, 또 그들의 신역 관계, 다시 돌아오는 과정, 귀국 이후 행해지는 의례, 귀국 이후의 활동상 등이 실록 기사를 통해 확인되었다. 창가비는 중국에서 장기간 체류하면서 중국 조정의 연향에 참가하여 음악과 춤을 익히고 본국에 돌아와서 다시 음악 활동을 하는 음악사절단의 하나였다.

5) 장악원 관리와 음악인

악학 제조: 세종 대의 박연

세종 대의 음악이론가 박연은 1378년, 고려 우왕 때에 태어났다. 한참 사춘기 나이인 열다섯에 조국 고려가 멸망하고 또 하나의 새로운 조국 조선이 개창되었으니 격동의 사춘기를 보낸 셈이다. 박연의 본관은 밀양, 자는 탄부(坦夫), 호는 난계(蘭溪)로서 충청북도 영동에서 태어났다. 조선 태종 5년, 스물여덟에 생원이 되었고, 태종 11년(1411), 그의 나이 서른넷에 등과한 이후 집현전 교리, 세자시강원 문학, 관습도감사, 중추원부사 등을 역임했지만, 가장 큰 업적은 음악과 관련된 악학 별좌, 악학 제조를 맡는 가운데 이루어졌다. 악학 별좌나 제조는 과거에 급제하고, 음악적 역량이 있는 관리가 맡는 것이 최상이었다. 물론 박연이 악학 별좌나 악학 제조를 역임했던 것은 그의 음악적 재능과 무관하지 않다.

새로 개창된 조선은 새로운 문물을 정비해야 하는 큰 과제를 안고 있었다. 박연은 바로 그러한 과제를 안고 있었던 시기, 세종 대에 조선의 음악을 정비해야 하는 임무를 맡게 되었다. 물론 박연이 처음부터 음악과 관련된 업무를 부여받은 건 아니었다. 세종은 자신이 세자였을 때 당시 세자시강원의 문학으로 있던 박연이 음률에 밝다는 사실을 알게 되었다. 세종은 조선의 어느 왕에 비해서도 음악에 뛰어난 인물이었기 때문에 세자 시절에도 이미 음률에 밝은 사람을 알아보는 건 어렵지 않았을 것이다. 그런 연유에서 결국 박연의 나이 마흔일곱에 악학 별좌에 임명되어 음악과 관련된 중요한 사안들 대부분은 박연과 함께 이루어지게 된 것이다.

박연이 별좌로 있었던 악학이란 기관은 음악이론의 연구는 물론 궁중에서 연주 활동을 하는 음악인들을 행정적으로 관장하는 업무를 담당했다. 또 악보나 악서를 편찬하는 일, 음악의 이론적 연구, 음악인들의 복식 고증, 율관 제작, 악기 제작의 감독 등이 악학에서 해야 할 일이었다. 따라서 악학 별좌는 음악적 역량을 갖춘 사람이 그 업무를 맡는 것이 중요했다. 박연이 음악과 관련된 직책을 담당하면서 세종 대의 음악은 차츰 정비되어 나갔고, 악을 잘 아는 신하, 박연의 보좌로 인해 세종 대는 음악사적으로 중요한 시기로 자리매김하게 되었다.

박연은 악기를 만들기 위해서 율관을 제작했고, 음률이 맞지 않거나 잘 소리가 나지 않는 악기들을 수리하거나 새롭게 만들기도 했다. 또 여러 음악들을 정비하기도 했다. 박연의 여러 음악 업적 가운데 편경을 제작한 일은 매주 중요했다. 당시 조선에 있는 편경 대부분은 심하게 낡았기 때문에 제대로 된 소리를 내지 못하고 있었다. 오래전에 중국에서 들여온 악기를 쓰고 있었으나 이미 낡을 대로 낡아 있었고 소리가 제대로 나지 않아도 감수하면서 연주해야 했다. 그럴 땐 와경으로 대체해서 음악을 연주하기도 했으니 그 소리가 형편없었다는 것을 알 수 있다. 모양만 갖추어 놓고 음악을 연주하는 그런 형국이었다. 당시 조선에서는 좋은 경돌을 구하지 못했고, 악기를 중국에서 수입해 오는 일도 여의치 않았기 때문에 오랜 기간 그러한 현실을 견뎌야 했다. 그러던 당시 박연은 때마침 경기도 남양 지역에서 질이 좋은 경돌을 발견했다. 중국에서 수입한 경돌보다 더 소리가 좋았다. 결국 그 돌을 채취해서 편경 제작에 들어갔다. 편경의 국산화를 실현하게 된 셈이었다.

박연은 또 제사를 지낼 때 연주하는 아악과 회례용 아악을 정비했다. 당시 종묘나 사직, 공자를 제사하는 석전, 농사신을 제사하는 선농제, 양잠신을 제사하는 선잠제 등의 제사음악이나 회례악은 정리가 잘 되어 있지 않았다. 이에 박연은 『석전악보』라던지 『의례경전통해』의 「시악」과 같은 전적을 참고하여 음악을 정리하는 과제를 수행했다. 세종 때 박연을 중심으로 해서 정리된 아악은 지금 성균관 대성전에서 매해 봄가을 상정일에 거행되는 문묘제례의 음악을 통해서 여전히 들을 수 있다. 그 음악에 박연의 노고가 고스란히 담겨 있음이 분명하다.

음악 업적이 뛰어난 왕의 곁에는 늘 훌륭한 신하가 있었다. 세종이 세자 시절부터 이미 박연의 음악 실력을 알고 있었기에 왕이 된 이후에도 음악과 관련된 중요한 업무가 박연에게 맡겨졌는데, 그 결과 조선 세종 대는 음악사적인 면에서 중요한 성과들이 많이 이루어지게 되었다. 그리고 그 중심에는 세종과 박연이 함께 있었다. 박연은 고구려의 왕산악, 신라의 우륵과 함께 우리나라 3대 악성 가운데 하나로 칭해지고 있다.

부 록

조선시대 주요 의례를 위한
음악의 악기 편성 일람

1. 종묘제례악 악현도

1) 성종 대 『국조오례서례(國朝五禮序例)』(1474)에 수록된 종묘제례악 악현도

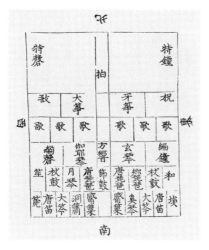
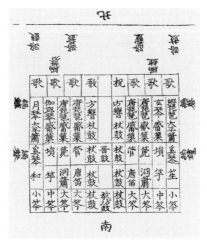

〈종묘등가악현도〉:『국조오례서례』   〈종묘헌가악현도〉:『국조오례서례』

(1) 등가악현도

노래 6, 가야금, 거문고, 당비파, 향비파, 아쟁, 대쟁, 해금, 월금 등의 현악기, 대금(大笒), 당적, 퉁소, 피리, 생, 지, 화, 훈 등의 관악기, 특종, 특경, 편종, 편경, 방향, 박, 축, 어, 장구, 절고 등 타악기, 총 25종.

(2) 헌가악현도

노래 8, 가야금, 거문고, 당비파, 향비파, 월금, 해금 등의 현악기, 대금, 중금(中笒), 소금(小笒), 당적, 퉁소, 피리, 태평소, 생, 우, 화, 관, 훈, 지 등의 관악기, 방향, 편경, 편종, 노고, 노도, 교방고, 장구, 진고, 어, 축 등의 타악기. 총 29종의 악기(노래 포함).

2) 숙종 대 『종묘의궤(宗廟儀軌)』(1706)에 수록된 종묘제례악 악현도

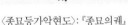

〈종묘등가악현도〉:『종묘의궤』   〈종묘헌가악현도〉:『종묘의궤』

(1) 등가악현도

노래 2, 가야금, 거문고, 당비파, 향비파, 아쟁의 현악기 5종과 대금, 당적, 퉁소, 피리의 관악기 4종, 편종, 편경, 방향, 박, 축, 장구, 절고의 타악기 7종. 『종묘의궤』에 수록된 숙종 대 종묘제례악 등가악현도는 노래까지 전체 16종의 악기가 편성되어 성종 대의 『국조오례서례』에 보이는 25종에 비해 9종이 적어졌음.

(2) 헌가악현도

노래 2. 이들은 타악기인 대금(大金), 즉 징과 소금(小金), 즉 꽹과리를 겸하여 연주함. 당비파, 해금의 현악기와, 대금, 중금, 소금, 당적, 피리, 태평소, 훈, 지 등의 관악기, 방향, 편경, 편종, 노도, 박, 장구, 진고, 축, 대금, 소금 등의 타악기, 총 21종의 악기(노래 포함). 『종묘의궤』에 수록된 숙종 대 종묘제례악 헌가악현도도 『국조오례서례』의 종묘헌가에 비해 8종의 악기가 적어졌음.

3) 정조 대『춘관통고(春官通考)』(1788)에 수록된 정조 대 종묘제례악 악현도

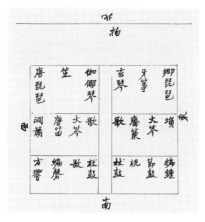

〈종묘등가악현도〉:『춘관통고』

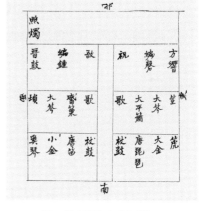

〈종묘헌가악현도〉:『춘관통고』

(1) 등가악현도

노래 2, 가야금, 거문고, 당비파, 향비파, 아쟁의 현악기 5종, 대금, 당적, 퉁소, 피리, 생, 훈의 관악기 6종, 편종, 편경, 방향, 박, 축, 어, 장구, 절고의 타악기 8종. 노래까지 포함하면 전체 20종의 악기가 편성되었음. 숙종 대에 비교해 몇몇 악기가 더 갖추어졌음. 여덟 가지 제작 재료인 팔음(八音)의 악기를 두루 갖추어 종묘제례악을 연주하고자 한 정조 대의 노력이 반영된 것으로 해석됨.

(2) 헌가악현도

『춘관통고』에 수록된 정조 대 종묘제례악 헌가악기 편성은 노래가 두 명에 당비파, 해금의 현악기와, 대금, 당적, 피리, 태평소, 생, 훈, 지 등의 관악기, 방향, 편경, 편종, 장구, 진고, 어, 축, 대금, 소금 등의 타악기가 포함되었음. 현악기 2종, 관악기 7종, 타악기 9종에 노래까지 포함하면 전체

19종의 악기가 편성되어 음악을 연주했음. 『춘관통고』에 수록된 악현도에 그 편성이 보임.

4) 대한제국 시기 『대한예전(大韓禮典)』(1898)에 수록된 종묘제례악 악현도

<종묘등가악현도>: 『대한예전』　　　<종묘궁가악현도>: 『대한예전』

(1) 등가악현도

『대한예전』에 수록된 고종 대 종묘제례악 등가 악기 편성은 노래가 두 명에 가야금과 거문고, 당비파, 향비파, 아쟁, 대쟁, 월금의 현악기 7종과 대금, 당적, 퉁소, 피리, 생, 화, 훈의 관악기 7종, 특종, 특경, 편종, 편경, 방향, 축, 어, 장구, 절고의 타악기 9종이 포함되었음. 노래까지 포함한다면 전체 24종의 악기가 편성되어 정조 대 비해 몇몇 악기가 더 갖추어졌음. 『대한예전』에 수록된 악현도에 그 편성이 보임.

(2) 궁가악현도

『대한예전』은 황제국의 악현을 그린 것이므로 제후국의 위상을 지녔던 조선의 헌가(軒架) 대신 황제국의 악현인 '궁가(宮架)'로 그 명칭을 바꾸었음.

칭제(稱帝) 이후 대한제국 시기 종묘제례악 궁가의 악기 편성은 노래가 두 명에 향비파, 해금의 현악기와, 대금, 중금, 소금, 당적, 피리, 태평소, 생, 우, 관, 훈, 지 등의 관악기, 방향, 편경, 편종, 노고, 노도, 장구, 진고, 어, 축, 대금, 소금 등의 타악기가 포함되었음. 현악기 2종, 관악기 11종, 타악기 11종에 노래까지 포함하면 전체 24종의 악기가 편성되어 음악을 연주했음. 『대한예전』에 수록된 악현도에 그 편성이 보임.

2. 사직제례악 악현도

1) 성종 대 사직제례악 악현도

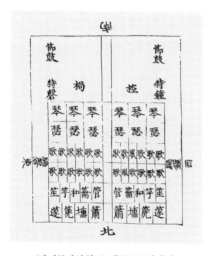
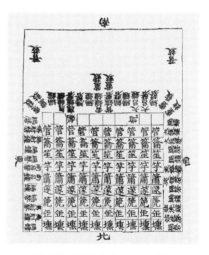

〈사직등가악현도〉: 『국조오례서례』   〈사직헌가악현도〉: 『국조오례서례』

(1) 등가악현도

남쪽으로부터 북쪽의 방향으로 보면, 제1단의 서쪽과 동쪽에 각각 절고 1,

제2단의 서쪽에는 강 1·특종 1, 동쪽에는 갈 1·특경 1, 제3단의 서쪽과 동쪽에 각각 금 3, 제4단의 서쪽과 동쪽에 각각 슬 3, 제5단과 6단의 서쪽과 동쪽에 각각 노래 6, 제7단의 서쪽과 동쪽에는 각각 관 1·약 1·화 1·우 1·생 1, 제8단의 서쪽과 동쪽에 각각 소 1·훈 1·지 1·적 1이 대칭을 이루어 편성. 서쪽에는 편종 1, 동쪽에는 편경 1.

(2) 헌가악현도

남쪽으로부터 북쪽의 방향으로 제1단의 동쪽과 서쪽에 각각 진고 1, 제2단의 중앙에 영고와 영도. 제3단에는 주로 편경과 편종, 특경과 특종이 북면(北面)을 제외한 삼면에 배치. 제4단에는 서쪽에 축 1, 동쪽에 어 1, 제5단에는 관 10, 제6단에 약 10, 제7단에 생 10, 제8단에 우 10, 제9단에 소 10, 제10단에 적 10, 제11단에 지 10, 제12단에 부 10, 제13단에 훈 10. 아악기로만 편성. 악대(樂隊)는 남향(南向)하여 음악을 연주했음.

2) 정조 대 사직제례악 악현도

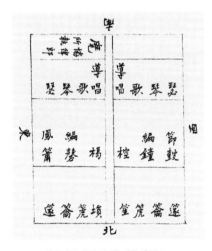

〈사직등가악현도〉:『춘관통고』   〈사직헌가악현도〉:『춘관통고』

부록 조선시대 주요 의례를 위한 음악의 악기 편성 일람

(1) 사직등가악현도

제1단 동쪽에는 협률랑(協律郞)이 휘(麾)를 들고 있고, 제2단에는 중앙으로부터 서쪽에 도창 1·노래 1·금 1·슬 1, 동쪽에는 도창 1·노래 1·금 1·슬 1이 대칭적으로 편성됨. 제3단에는 서쪽에 강 1·편종 1·절고 1, 동쪽에는 갈 1·편경 1·봉소 1이 편성됨. 제4단에는 서쪽에 생 1·지 1·약 1·적 1, 동쪽에 훈 1·지 1·약 1·적 1. 악대는 모두 남향하여 연주했음.

(2) 사직헌가악현도

남쪽으로부터 아래로, 제1단에 동서로 영도 2, 제2단 중앙으로부터 서쪽에 축 1·편경 1·진고 1, 동쪽에는 어 1·편종 1·불을 밝히는 조촉 1, 제3단 서쪽에 관 1(지로 대용함)·약 1·지 1·소 1·적 1, 동쪽에 지 1·관 1(지로 대용함)·지 1·약 1·적 1, 제4단 서쪽에 훈 1·부 1, 동쪽에 훈 1·부 1이 편성. 악대는 모두 남향하여 연주했음.

3. 정조 대 경모궁제례악 악현도

〈경모궁등가악현도〉:『춘관통고』   〈경모궁헌가악현도〉:『춘관통고』

(1) 경모궁등가악현도

북쪽으로부터 아래로 제1단의 중앙에 박 1, 제2단 동쪽에 현금 1·아쟁 1·당비파 1, 서쪽에 퉁소 1, 생 1·가야금 1, 제3단의 동쪽에 노래 1·훈 1·피리 1, 서쪽에 노래 1·대금 1·당적 1, 제4단의 중앙에 절고 1, 동쪽에 축 1·장고 1·편종 1, 서쪽에 어 1·편경 1·방향 1. 19종의 악기가 노래를 포함하여 총 20인에 의하여 연주됨.

(2) 경모궁헌가악현도

북쪽으로부터 아래로 제1단의 동쪽에 노도 1, 서쪽에 박 1, 제2단의 동쪽에 축 1·편경 1·방향 1, 서쪽에 어 1·편종 1·진고 1, 제3단의 동쪽에 노래 1·대금 1·태평소 1, 서쪽에 노래 1·피리 1·훈 1, 제4단의 동쪽에 장고 1·당적 1·향비파 1, 중앙에 대금 1이, 생 1·지 1·해금 1. 총 4열 20종의 악기가 노래를 포함하여 총 21인에 의하여 연주.

4. 문묘제례악 악현도

(1) 문선왕등가악현도

『춘관통고』에 수록된 성종 대 문묘제례악 등가악현도. 북쪽으로부터 남쪽으로 내려가면 제1단의 동쪽과 서쪽에 각각 절고 1, 제2단의 동쪽에 강 1·특종 1, 서쪽에 갈 1·특경 1, 제3단의 동쪽과 서쪽에 각각 금 3, 제4단의 동쪽과 서쪽에 각각 슬 3, 제5단과 6단의 동쪽과 서쪽에 각각 노래 6, 제7단의 동쪽과 서쪽에 각각 관 1·약 1·화 1·우 1·생 1, 제8단의 동쪽과 서쪽에 각각 소 1·훈 1·지 1·적 1이 대칭을 이루어 편성. 동쪽에는 편종 1, 서쪽에는 편경 1이 위치하여 제1단의 특종 특경과 함께 헌현의 편성을 이룸. 악대는 북향하여 음악을 연주.

(2) 문선왕헌가악현도

정조 대의『춘관통고』에 수록된 성종 대 문묘제례악 악현도. 북쪽으로
부터 남쪽으로, 제1단의 동쪽과 서쪽에 각각 진고 1, 제2단의 중앙에는 뇌
고와 뇌도가 편성되어 있으나 문묘제례는 인귀에 대한 제향이므로 노고와
노도로 보아야 함. 제3단에는 편경과 편종, 특경과 특종이 남면을 제외한
삼면에 배치됨[제후의 악현인 헌현(軒懸)]. 제4단에는 동쪽에 축 1, 서쪽에 어 1,
제5단에는 관 10, 제6단에는 약 10, 제7단에는 생 6, 화 3, 관 1, 제8단에는
우 10, 제9단에는 소 10, 제10단에는 적 10, 제11단에는 지 10, 제12단에는
부 10, 제13단에는 훈 10이 편성. 아악기로만 편성됨. 악대는 북향하여 음
악을 연주.

〈문선왕등가악현도〉:『춘관통고』

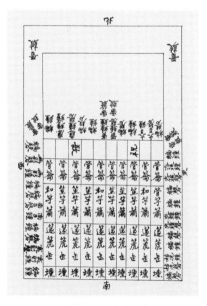

〈문선왕헌가악현도〉:『춘관통고』

5. 문소전 친행 전상악

『악학궤범』 권2

6. 문소전 친행 전정악

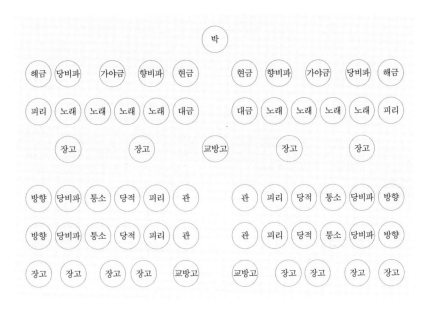

『악학궤범』 권2

7. 문소전 섭행 전상악

『악학궤범』 권2

8. 문소전 섭행 전정악

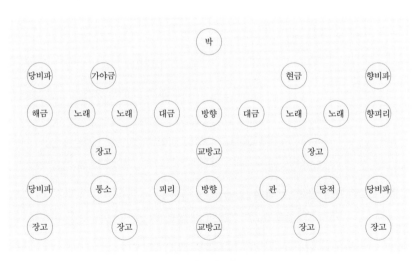

『악학궤범』 권2

9. 세종 대 조례헌가

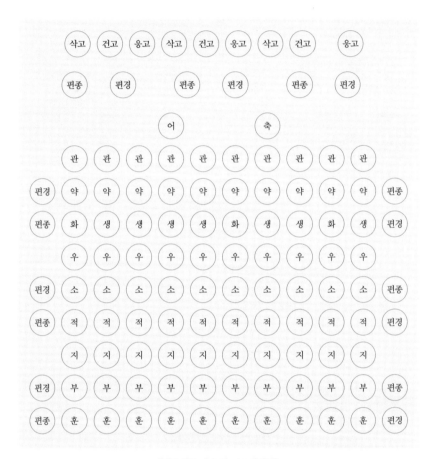

『세종실록』「오례」〈조례헌가〉

　북쪽으로부터 삭고 3, 건고 3, 응고 3, 남쪽을 제외한 3면에 각각 편종 9, 편경 9, 총 27도. 악대는 10단 구도에서 제1단에는 동쪽에 축, 서쪽에 어, 제2단은 관 10, 제2단은 약 10, 제3단은 생 7, 화 3, 제4단은 소 10, 제5단은 적 10, 제6단은 지 10, 제7단은 부 10, 제8단은 지 10, 제9단은 부 10, 제10단은 훈 10의 편성.

10. 세종 대 전정고취

방향	화	생	방향	방향	생	화	방향
노래	노래	노래	노래	노래	노래	노래	노래
비파	비파	비파	비파	비파	비파	비파	비파
피리	피리	피리	우	우	피리	피리	피리
적	적	적	월금	월금	적	적	적
대쟁	아쟁	가야금	현금	현금	가야금	아쟁	대쟁
향피리	퉁소	퉁소	향피리	향피리	퉁소	퉁소	향피리
대적	대적	대적	해금	해금	대적	대적	대적
장구	장구	장구	장구	장구	장구	장구	장구	장구	장구
장구	장구	장구	장구	장구	장구	장구	장구	장구	장구

『세종실록』「오례」〈전정고취〉

11. 세종 대 회례헌가

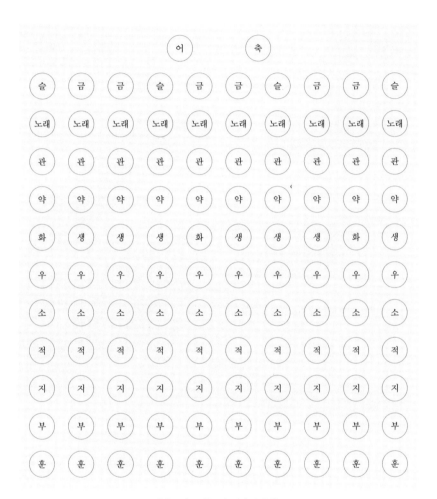

『세종실록』「오례」〈회례헌가〉

12. 세종 대 회례등가

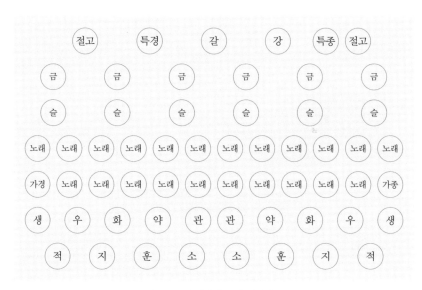

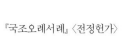

『세종실록』「오례」〈회례등가〉

13. 성종 대 『국조오례서례』의 전정헌가

악기 편성은 북쪽으로부터 건고 1을 중심으로 삭고 1, 응고 1, 편종 3, 편경 3, 축, 어 1, 생 1, 우 2, 화 1, 소 2, 훈 2, 관 2, 노래 6, 당적 2, 당비파 4, 장고 8, 방향 2, 태평소 2, 피리 6, 해금 2, 대금 4, 중금 2, 소금 2, 퉁소 2, 현금 1, 가야금 1, 교방고 1의 편성.

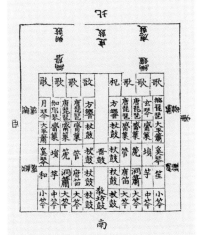

『국조오례서례』〈전정헌가〉

14. 『악학궤범』의 성종조 전정헌가

		삭고		건고		웅고		
		편종	박			편경		
편경	당비파	당비파	방향	어	축	방향	당비파	당비파	편종

편경 · 당비파 · 당비파 · 방향 · 어 · 축 · 방향 · 당비파 · 당비파 · 편종

당비파 · 피리 · 피리 · 피리 · 장고 · 장고 · 피리 · 피리 · 피리 · 당비파

향비파 · 대쟁 · 대쟁 · 장고 · 장고 · 당적 · 아쟁 · 향비파

월금 · 당적 · 현금 · 장고 · 장고 · 현금 · 통소 · 월금

통소 · 통소 · 가야금 · 장고 · 장고 · 가야금 · 통소 · 통소

편종 · 해금 · 대금 · 대금 · 대금 · 대금 · 대금 · 대금 · 대금 · 편경

『악학궤범』 권2 〈시용전정헌가〉

15. 성종 대 오례의 고취

방향 4, 화 2, 생 2, 노래 8, 비파 8, 피리 6, 우 2, 당적 3, 월금 2, 대금 9, 대쟁 2, 아쟁 2, 가야금 2, 거문고 2, 향피리 2, 퉁소 4, 향비파 2, 해금 2, 장고 18, 교방고 2의 편성, 악공 84인.

『국조오례서례』 〈고취〉

부록   조선시대 주요 의례를 위한 음악의 악기 편성 일람

16. 『악학궤범』 전정고취

『악학궤범』 권2 〈시용·전정고취〉

악사 2인, 악공 50인.

17. 『악학궤범』 전후고취

『악학궤범』 권2 〈전후고취〉

악사 1인, 악공 18인.

18. 『악학궤범』 전부고취

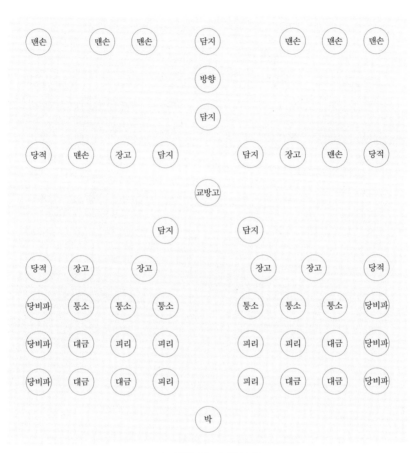

『악학궤범』 권2 〈전부고취〉

악사 1인, 악공 50인.

19.『악학궤범』후부고취

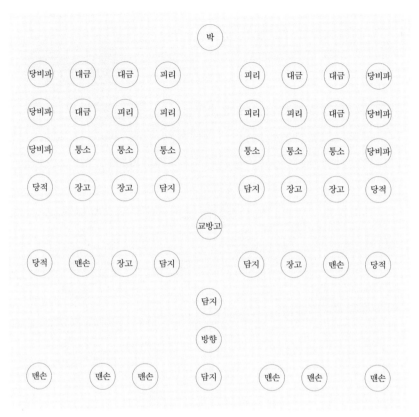

『악학궤범』권2 〈후부고취〉

악사 1인, 악공 50인.

20. 『악학궤범』 정전예연여기악공배립─등가

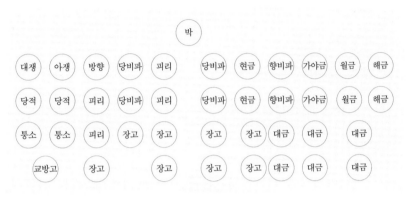

『악학궤범』 권2

21. 숙종 대 〈경현당사연도〉 등가(1720년, 숙종 46)

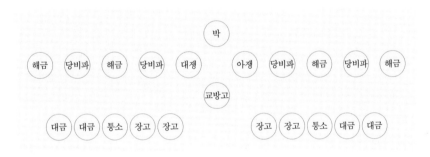

22. 숙종 대 〈경현당사연도〉 전정헌가(1720년, 숙종 46)

　　　　　부록　조선시대 주요 의례를 위한 음악의 악기 편성 일람

23. 〈기사사연도〉 처용무 반주 악현(1720년, 숙종 46)

24. 『숙종인현왕후가례도감의궤』 반차도

25. 영조 대 가례반차도 악공고취

26. 정조 대 『춘관통고』 전정헌가

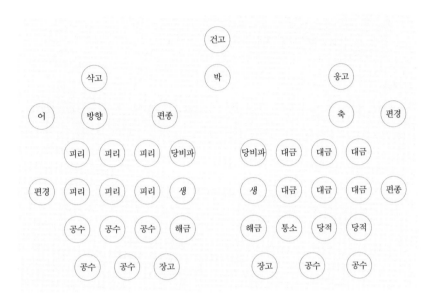

27. 순조 대 『기사진표리의궤』의 전정헌가 (1809년, 순조 9)

부록　조선시대 주요 의례를 위한 음악의 악기 편성 일람

28. 순조 대 『기사진표리의궤』의 등가(1809년, 순조 9)

교방고 교방고 당적 당적 통소 생　　생 통소 당적 당적 방향 방향

피리 피리 피리 피리 피리 장고　　장고 피리 피리 피리 피리 피리

해금 대금 대금 대금 대금 대금　　대금 대금 대금 대금 대금 대금

교방고 해금 비파 아쟁 가야금 현금 박 현금 가야금 아쟁 비파 해금 방향

29. 헌종 대 『무신진찬의궤』 등가(1848년, 헌종 14)

해금 해금 장고 양금 통소 당적 비파 아쟁 가야금 거문고 방향　　방향 거문고 가야금 아쟁 비파 당적 통소 생 가 해금 해금

대금 대금 대금 대금 대금 피리 피리 피리 피리 장고 교방고　　교방고 장고 피리 피리 피리 피리 대금 대금 대금 대금 대금

30. 헌종 대 『무신진찬의궤』 전정헌가(1848년, 헌종 14)

피리 피리 피리 장고 편경 편종 방향 삭고 어 건고 축 응고 편경 편종 장고 대금 대금 대금 대금 대금

생 생 비파 피리 피리 피리 피리 피리 박 대금 대금 대금 비파 당적 당적 통소 통소 해금 해금

31. 순조 대『문조왕세자책례도감의궤』전부고취(1805년, 순조 5)

32. 순조 대『헌종왕세손책저도감의궤』전부고취(1830년, 순조 30)

33. 고종 대『대한예전』의 전정고취

34. 고종 대『대한예전』의 전정궁가

35. 고종 대『순종왕세자수책의궤』전부고취(1875년, 고종 12)

참고문헌

1. 1차 자료

『경국대전(經國大典)』, 『경모궁악기조성청의궤(景慕宮樂器造成廳儀軌)』, 『고종무진진찬의궤(高宗戊辰進饌儀軌)』, 『고종신축진찬의궤(高宗辛丑進饌儀軌)』, 『고종임진진찬의궤(高宗壬辰進饌儀軌)』, 『고종정축진찬의궤(高宗丁丑進饌儀軌)』, 『고종정해진찬의궤(高宗丁亥進饌儀軌)』, 『국조보감(國朝寶鑑)』, 『국조상례보편(國朝喪禮補編)』, 『국조속오례의(國朝續五禮儀)』, 『국조속오례의서례(國朝續五禮儀序例)』, 『국조오례서례(國朝五禮序例)』, 『국조오례의(國朝五禮儀)』, 『국조오례통편(國朝五禮通編)』, 『궁궐지(宮闕志)』, 『난계유고(蘭溪遺稿)』, 『논어(論語)』, 『대전통편(大典通編)』, 『대전회통(大典會通)』, 『대한예전(大韓禮典)』, 『동국문헌비고(東國文獻備考)』, 『만기요람(萬機要覽)』, 『맹자(孟子)』, 『명집례(明集禮)』, 『보만재사집(保晚齋四集)』, 『보만재연보(保晚齋年譜)』, 『보만재집(保晚齋集)』, 『보만재총서(保晚齋叢書)』, 『사직서등록(社稷署謄錄)』, 『사직서의궤(社稷署儀軌)』, 『사직악기조성청의궤(社稷樂器造成廳儀軌)』, 『서경(書經)』, 『성호사설(星湖僿說)』, 『세종실록악보(世宗實錄樂譜)』, 『세종실록오례(世宗實錄五禮)』, 『속대전(續大典)』, 『순조기축진찬의궤(純祖己丑進饌儀軌)』, 『승정원일기(承政院日記)』, 『시악화성(詩樂和聲)』, 『악서(樂書)』, 『악원고사(樂院故事)』, 『악장가사(樂章歌詞)』, 『악장등록(樂掌謄錄)』, 『악학궤범(樂學軌範)』, 『여령정재무도홀기(女伶呈才舞圖笏記)』, 『연려실기술(練藜室記述)』, 『예기(禮記)』, 『용재총화(慵齋叢話)』, 『원행을묘정리의궤(園幸乙卯整理儀軌)』, 『육전조례(六典條例)』, 『의례(儀禮)』, 『인정전악기조성청의궤(仁政殿樂器造成廳儀軌)』, 『일성록(日省錄)』, 『정재무도홀기(呈才舞圖笏記)』, 『제기악기도감의궤(祭器樂器都監儀軌)』, 『조선왕조실록(朝鮮王朝實錄)』, 『종묘의궤(宗廟儀軌)』, 『주례(周禮)』, 『증보문헌비고(增補文獻備考)』, 『춘관지(春官志)』, 『춘관통고(春官通考)』, 『태상지(太常志)』, 『통신사등록(通信使謄錄)』, 『헌종무신진찬의궤(憲宗戊申進饌儀軌)』, 『홍재전서(弘齋全書)』.

2. 단행본

국사편찬위원회, 『다양한 문화로 본 국가와 국왕』, 동아출판, 2008.

_____,『음악, 삶의 역사와 만나다』, 국사편찬위원회, 2011.

금장태,『유교의 사상과 의례』, 예문서원, 2000.

김명준,『악장가사 주해』, 태학사, 2004.

김문식 외,『왕실의 천지제사』, 돌베개, 2011.

김종수,『조선시대 궁중연향과 여악연구』, 민속원, 2001.

문중양 외,『15세기, 조선의 때 이른 절정』민음한국사 1, 민음사, 2014.

박광용,『영조와 정조의 나라』, 푸른역사, 1998.

박정혜,『조선시대 궁중기록화연구』, 일지사, 2000.

서울대학교 규장각,『규장각 소장 의궤 해제집 1·2·3』, 2003-2005.

_____,『규장각 소장 분류별 의궤 해설집』, 2005.

송방송,『증보한국음악통사』, 민속원, 2007.

송지원,『정조의 음악정책』, 태학사, 2007.

_____,『한국음악의 거장들』, 태학사, 2012.

_____,『조선의 오케스트라, 우주의 선율을 연주하다』, 추수밭, 2013.

송지원 외,『새로 쓰는 예술사』, 글항아리, 2014.

신명호,『조선왕실의 의례와 생활』, 돌베개, 2002.

신병주 외,『왕실의 혼례식 풍경』, 돌베개, 2013.

유봉학,『정조대왕의 꿈』, 신구문화사, 2001.

이범직,『韓國中世禮思想 研究』, 일조각, 1991.

이성미 외,『조선왕실의 미술문화』, 대원사, 2005.

이욱,『조선시대 재난과 국가의례』, 창비, 2009.

이혜구 역주,『신역 악학궤범』, 국립국악원, 2000.

장사훈,『증보한국음악사』, 세광음악출판사, 1986.

장사훈·한만영,『국악개론』, 한국국악학회, 1975.

정민,『18세기 조선 지식인의 발견』, 휴머니스트, 2007.

지두환 외,『사직대제』, 국립문화재연구소, 2007.

한영우,『조선왕조 의궤』, 일지사, 2005.

蔣孔陽,『先秦音樂美學思想論考』, 人民出版社, 1986.

3. 논문

김종수, 「災變과 國婚에서의 用樂-조선 숙종조를 중심으로」, 『韓國學報』 제16집, 일지사, 1990.

사진실, 「宮中呈才의 공연 공간과 연출원리」, 『한국음악연구』 제38집, 한국국악학회, 2005.

서인화, 「19세기 장악원의 존재양상」, 『동양음악』 제43집, 서울대학교 동양음악연구소, 2002.

송지원, 「《시악묘계》를 통해 본 徐命膺의 詩樂論」, 『韓國學報』 제100집, 일지사, 2000.

_____, 「佾舞, 그 상징과 함의」, 『문헌과 해석』 통권 11호, 문헌과 해석사, 2000.

_____, 「《星湖僿說》을 통해 본 성호 이익의 음악인식」, 『韓國實學研究』 제4호, 한국실학학회, 2002.

_____, 「조선시대 명기 악기의 시대적 변천 연구」, 『한국음악연구』 제39집, 한국국악학회, 2006.

_____, 「조선시대 鶴舞의 연행양상 연구」, 『공연문화연구』 제15집, 한국공연문화학회, 2007.

_____, 「조선시대 장악원의 악인과 음악 교육 연구」, 『한국음악연구』 제43집, 한국국악학회, 2008.

_____, 「조선시대 유교적 국가제사 의례와 음악-하늘, 땅, 인간과 음악」, 『공연문화연구』 제27집, 한국공연문화학회, 2013.

이범직, 「朝鮮初期 禮樂論」, 『汕耘史學』 제7집, 산운사학기획편집위원회, 1993.

_____, 「朝鮮初期 五禮와 家禮」, 『韓國史研究』 제75집, 한국사연구회, 1995.

이욱, 「조선 전기 유교국가의 성립과 국가제사의 변화」, 『韓國史研究』 제118집, 한국사연구회, 2002.

이정희, 「조선시대 장악원 전악의 역할」, 『한국음악연구』 제40집, 한국국악학회, 2006.

이혜구, 「관습도감」, 『한국음악논총』, 수문당, 1976.

_____, 「《經國大典》 取材項目 取材項目 中의 唐樂과 鄉樂」, 『한국음악연구』 제21집, 한국국악학회, 1993.

정화순, 「世宗代 會禮雅樂의 성립 배경에 관하여」, 『國樂院論文集』 제15집, 국립국악원, 2003.

한만영, 「세종의 음악정신」, 『정신문화연구』 통권 9호, 한국학중앙연구원, 1981.

한형주, 「朝鮮 世宗代의 古制研究에 대한 考察」, 『歷史學報』 제136집, 역사학회, 1992.

홍순민, 「조선 후기 法典 編纂의 推移와 政治運營의 변동」, 『韓國文化』 제21집, 서울대학교 규장각한국학연구원, 1998.

찾아보기